Ervin Laszlo
Der Akasha-Code

Verlag Via Nova

Ervin Laszlo

Der Akasha-Code

Wie das kosmische Bewusstseinsfeld
uns beeinflusst

vianova
Verlag Via Nova

Originaltitel:
The Akashic Experience
Science and the Cosmic Memory Field

Copyright © 2009 by Ervin Laszlo

Zuerst erschienen bei: Inner Traditions, One Park Street, Rochester, Vermont 05767, U.S.A.

Dieses Werk wurde vermittelt durch die Literarische Agentur Thomas Schlück GmbH, 30827 Garbsen

2. Auflage 2011
Verlag Via Nova, Alte Landstr. 12, 36100 Petersberg
Telefon: (06 61) 6 29 73
Fax: (06 61) 96 79 560
E-Mail: info@verlag-vianova.de
Internet: www.verlag-vianova.de / www.transpersonale.de
Übersetzung aus dem Englischen: Evelyn Horsch-Ihle
Umschlaggestaltung: Guter Punkt, München
Satz: Sebastian Carl
Druck und Verarbeitung: Fuldaer Verlagsanstalt, 36037 Fulda

© Alle Rechte vorbehalten

ISBN 978-3-86616-169-6

Inhaltsverzeichnis

Einleitung

Erfahrungen mit dem Akashafeld: Wie sie sind und was sie bedeuten

Was ist eine Akasha-Erfahrung?

Dieser Band widmet sich der Erforschung eines grundlegenden, jedoch in der modernen Welt bisher vernachlässigten Aspekts des Lebens und des Bewusstseins: der „Akasha-Erfahrung". Er enthält 20 Erlebnis-Berichte von ernstzunehmenden, sehr bekannten und sehr glaubwürdigen Menschen, die sich mit dieser Erfahrung beschäftigen. Diese Berichte sind eine faszinierende Lektüre. Bevor sie jedoch anfangen, sich mit diesen Beschreibungen zu beschäftigen, könnten Leser sich vielleicht fragen, was eigentlich eine „Akasha-Erfahrung" ist. Diese Frage ist nur zu berechtigt und verdient eine sofortige Antwort.

Eine einfache Definition der Akasha-Erfahrung zu geben, ist – im Gegensatz zu einer wissenschaftlichen Erklärung dieses Phänomens – sicherlich nicht schwer. Eine Akasha-Erfahrung ist eine reale, gelebte Erfahrung, die einen Gedanken, ein inneres Bild oder eine Intuition übermittelt, die nicht durch unsere Sinne vermittelt wurden und durch diese sehr wahrscheinlich auch nicht übermittelt werden konnten, und zwar weder zum Zeitpunkt, als diese Erfahrung erlebt wurde, noch zu irgendeinem Zeitpunkt zuvor – wenigstens nicht in unserem gegenwärtigen Leben. Um eine populäre, wenn auch ein wenig abgegriffene und oft missbrauchte Formulierung zu benutzen: Die Akasha-Erfahrung ist eine lebendige Erfahrung im außersinnlichen oder nichtsinnlichen Bereich.

Eine Akasha-Erfahrung kann in ganz verschiedenem Ausmaß erlebt werden, auf vielerlei Arten vorkommen und in verschiedenen Atmosphären geschehen, und sie kann von sehr unterschiedlichen Menschen erlebt werden. Ihre Vielfalt übermittelt uns Informationen über die wirkliche Welt – die Welt jenseits des Gehirns und des Körpers. Die Erfahrungen reichen von künstlerischen Darstellungen und kreativen Einblicken in nicht-ortsgebundene Heilungen über Nah-Tod-Erfahrungen und

Nach-Tod-Kommunikationen bis zu persönlichen Erinnerungen an frühere Leben. Ungeachtet der großen Bandbreite, in der sie auftreten können, haben Akasha-Erfahrungen überraschend ähnliche Merkmale. Was immer sie auch sonst noch enthalten mag – eine Akasha-Erfahrung vermittelt das Gefühl, dass der Mensch, der sie erlebt, nicht mehr von den Objekten seiner oder ihrer Erfahrung getrennt ist, eine Erfahrung, in der „ich, das erfahrende Subjekt, in einer subtilen, aber realen Weise mit anderen Menschen und mit der Natur verbunden bin". In tieferen Erfahrungen dieser Art gibt es ein Gefühl, dass „der Kosmos und ich eins sind".

Die Art Erfahrung, von der in diesem Buch berichtet wird, legt trotz ihrer Vielfalt nahe, dass sie aus einer Quelle jenseits unseres Gehirns und unseres Körpers kommt und dass die Information, auf der sie basiert, irgendwo jenseits unseres Gehirns und unseres Körpers gespeichert ist. Die Akasha-Erfahrung legt ein deutliches Zeugnis dafür ab, dass wir mit einem Informations- und Gedächtnisfeld verbunden sind, das objektiv in der Natur vorhanden ist. In meinem Buch *Zuhause im Universum. Eine Neue Vision der Wirklichkeit* habe ich eine detaillierte Begründung dafür gegeben, warum ich diese erstaunliche, aber in traditionellen Kulturen seit langem anerkannte Realität das Akasha-Feld genannt habe. Hier wird uns ein Blick auf die Vorreiter in den Naturwissenschaften und ihre Wiederentdeckung dieser bemerkenswerten Facette antiker indischer Philosophie helfen zu erklären, warum wir diese Bezeichnung gewählt haben und welches das Wesen der Erfahrung ist, auf das sie sich bezieht.

Naturwissenschaften und das Akashafeld

Die Naturwissenschaften durchlaufen im Augenblick einen grundsätzlichen Paradigmenwandel. Das derzeitig vorherrschende Paradigma getrennter materieller Dinge, die durch mechanische Beziehungen von Ursache und Wirkung verbunden sind, hat ausgedient; es gibt immer mehr Dinge und Prozesse, die es nicht erklären kann. Das klassische naturwissenschaftliche Bild des Universums hat sich als fehlerhaft herausgestellt. Der ursprüngliche „Stoff", aus dem das Universum besteht, ist Energie und nicht Materie, und der Weltraum ist weder leer noch passiv – er ist gefüllt mit virtuellen Energien und Information. Das Universum ist ein sich entwickelndes integrales System, das Schwindel erregend kohärent und miteinander verbunden ist.

Führende Naturwissenschaftler sind dabei, eine tiefere Dimension des Universums zu entdecken, eine Dimension, die abwechselnd *physikalische Raumzeit, Hyperraum, Holofeld, implizite Ordnung oder Noosphäre* genannt wird. Diese Dimension wird mit dem geheimnisvollen Meer virtueller Energie in Zusammenhang gebracht, das irreführenderweise „Quantenvakuum" genannt wird (irreführend deshalb, weil diese Tiefendimension nicht Teil der Quantenwelt ist, sondern ihr zugrunde liegt, und auch kein Vakuum ist, sondern ein Plenum: gefüllter, nicht etwa leerer Raum). Dieses Einheitsvakuum – in Wirklichkeit also ein kosmisches Plenum – ist Träger des berühmten Nullpunktfelds (NPF), und die großen Einheits- und supergroßen Einheitstheorien schreiben ihm alle Felder und Kräfte der Natur zu. Es ist das Einheitsfeld, das schon Einstein zum Ende seines Lebens zu finden versuchte.

Wie die Naturwissenschaftler jetzt realisieren, ist das Einheitsvakuum – inzwischen auch als Einheitsfeld bekannt – der Urgrund und auch das Endziel aller Dinge, die in Zeit und Raum auftauchen. In dem feurigen kosmischen Geburtsprozess des Big Bang sprangen Teilchenpaare sowie Paare von Antiteilchen von dem Einheitsfeld ab und tun dies auch weiterhin in Teilchenbeschleunigern, stellaren Prozessen und wo immer auch unvorstellbar große Energien produziert werden. Im finalen Zusammenbruch der Schwarzen Löcher sterben die degenerativen Überreste überlebender Teilchen zurück in dieses Feld – vielleicht um als Paare von Teilchen und Antiteilchen bei der Geburt eines neuen Universums wieder zu entstehen.

Es kann sein, dass das Einheitsfeld sogar noch eine größere und grundlegendere Rolle spielt. Unser Universum ist nicht das einzige, was es gibt, Kosmologen sprechen von multiplen Universen, die in einem riesigen und möglicherweise unendlichen Meta-Universum oder Meta-Versum entstehen. Man kann annehmen, dass das Einheitsfeld fortbesteht, selbst wenn diese Universen entstehen und wieder vergehen – es ist die „Bühne", auf der sich das ewige Drama der kosmischen Geburt und Wiedergeburt abspielt. Es ist die Wiege und das Grab aller Universen, einschließlich unseres eigenen.

In Bezug auf seine kosmische Rolle und umfassende Wirklichkeit ist das Einheitsfeld eine Wiederentdeckung des antiken Konzepts der Akashachronik. Im alten Indien bedeutete das Sanskrit-Wort *Akasha* „kosmischer Himmel" und war gleichbedeutend mit unserer Vorstellung des Weltraums. Aber Akasha bezog sich nicht nur auf den Weltraum im neuzeitlichen Sinn, sondern auch und vor allem auf die höheren Sphären des Lebens und der Existenz. Die Hellseher der Hindus glaubten, dass alle Dinge aus einer kosmischen Quelle, die sie Akasha nannten, geboren werden und wieder in sie eingehen. Akasha wurde als das wichtigste und grundlegendste der fünf Elemente gesehen – die anderen waren *vata* (Luft), *agni* (Feuer), *ap* (Wasser) und *prithivi* (Erde). Von Akasha sagte man, dass es alle Eigenschaften der fünf Elemente enthalte. Und man nahm an, dass es die Spuren von allem in sich barg, was jemals in Zeit und Raum geschah. Akasha ist damit das bleibende Gedächtnis des Kosmos: Es ist die „Akasha-Chronik".

Swami Vivekananda beschrieb in seinem klassischen Werk über Raja Yoga das alte Konzept von Akasha so:

> „Das ganze Universum besteht aus zwei Materialien, von denen eines Akasha genannt wird (das andere ist Prana, eine energetisierende Kraft). Akasha ist das allgegenwärtige, alles-durchdringende Vorhandensein. Alles, was Form besitzt, alles, was das Ergebnis von Verbindung ist, entwickelt sich aus diesem Akasha. Es ist das Akasha, aus dem Luft wird, es ist das Akasha, aus dem Flüssiges hervorgeht, und auch das Feste; es ist das Akasha, das zur Sonne wird, zur Erde, zum Mond, den Sternen, den Kometen; es ist das Akasha, das zum menschlichen Körper wird, zum tierischen Körper, zu Pflanzen, zu jeder Form, die wir sehen können, zu allem, was mit den Sinnen wahrgenommen werden kann, und zu allem, was existiert... Am Anfang der Schöpfung gibt es nur dieses Akasha. Am Ende des Zyklus schmelzen das Feste, die Flüssigkeiten und alle Gase wieder in das Akasha hinein, und die nächste Schöpfung entwickelt sich auf ähnliche Weise weiter aus diesem Akasha.

Akasha, so sieht es Vivekananda, ist so feinstofflich, dass es selbst über die gewöhnliche Wahrnehmung hinausgeht. Aber wenn es Form angenommen hat, dann können wir es wahrnehmen. Es wird dann zur „realen" Welt, die uns umgibt. Etwa vor hundert Jahren entdeckte das unorthodoxe Genie Nikola Tesla diese Vorstellung wieder. Er sprach von einem „ursprünglichen Medium", das den Raum füllt, und verglich es mit Akasha, dem lichttragenden Äther. In seinem 1907 geschriebenen, unveröffentlichten Aufsatz mit dem Titel „Die größten Errungenschaften des Menschen" schrieb Tesla, dass dieses ursprüngliche Medium, eine Art Kraftfeld, zu Materie wird, wenn Prana, die kosmische Energie, auf es einwirkt, und dass die Materie wieder verschwindet und in Akasha eingeht, wenn diese Einwirkung aufhört. Da dieses Medium den gesamten Raum füllt, kann alles, was im Raum geschieht, darauf bezogen werden.

Diese Erkenntnis wurde zu der Zeit, als sie dargelegt wurde, von der wissenschaftlichen Gemeinschaft nicht angenommen. Im ersten Jahrzehnt des 20. Jahrhunderts übernahmen Physiker die mathematisch ausformulierte Relativitätstheorie von Einstein, nach der eine vierdimensionale Raum-Zeit die Basis der Wirklichkeit ist; und sie weigerten sich, irgendetwas wie „Äther", der den Raum füllt, auch nur zur Kenntnis zu nehmen (die Suche nach dem Einheitsfeld, das wahrscheinlich der Raum-Zeit zugrunde liegt, kam erst später). In Ermangelung von etwas

Materiellem wurde der Raum als ein Vakuum betrachtet. Teslas Theorie geriet in Vergessenheit. Nun, hundert Jahre später, wird sie wieder entdeckt.

Heute ist das Konzept eines allem zugrunde liegenden grundlegenden Substrats oder Dimension im Universum allgemein akzeptiert, und der beschränkte Materialismus, der mehr als ein Jahrhundert herrschte, wird mehr und mehr aufgegeben. Man hat entdeckt, dass „Materie" eine Seltenheit im Kosmos ist: Teilchen, die Licht reflektieren und Schwerkraft auf etwas ausüben, machen nur etwa vier Prozent der Substanzen aus, aus denen das Universum besteht. Der Rest ist dunkle Materie und dunkle Energie. Der Weltraum ist ein superdichtes Meer fluktuierender Energien, und nicht nur von Energien, sondern auch von Information. Wie der Physiker John Wheeler bemerkte, ist das grundlegendste Merkmal des Universums Information – andere physikalische Mengen sind dagegen eher Nebenprodukte. Durch Zeit und Raum hindurch ist Information vorhanden, und zwar zur selben Zeit an allen Orten gleichzeitig.

Das Einheitsfeld ist ein raumfüllendes Medium, das den manifesten Dingen und Prozessen des Universums unterliegt. Es ist ein komplexes und grundlegendes Medium. Es ist Träger der Universellen Felder: des elektromagnetischen, des Gravitationsfeldes und der starken und schwachen Nuklearfelder. Ebenso Träger des Feldes der Nullpunktenergien (Zero Point Energies (ZPF)). Und es ist auch dasjenige Element des Kosmos, das Information aufzeichnet, konserviert, und übermittelt. In letzterer Gestalt ist es das Akashafeld, das wieder entdeckte antike Konzept von Akasha. Eine erlebte Verbindung mit diesem Feld ist das Kennzeichen einer Akasha-Erfahrung.

Die gegenwärtige Zunahme der Akasha-Erfahrungen

In der menschlichen Erfahrung ist mehr enthalten, als wir bisher geglaubt haben. Der klassische Empirismus, die lange dominante Philosophie der anglosächsischen Welt, verkündete lange Zeit, dass im Geist nichts vorhanden ist, das wir vorher nicht irgendwo mit unseren Augen gesehen haben. Aber der klassische Empirismus lag damit falsch. Unsere Wahrnehmung ist nicht auf Wellenausbreitungen im elektromagnetischen Feld und in der Luft begrenzt, ebenso wenig auf unsere Körpergefühle. Wir sind auf mannigfaltige Arten und Weisen mit der Welt verbunden, die viel tiefer und weitreichender sind, als unsere Augen und Ohren bezeugen können. Dieses Faktum anzuerkennen ist wichtig – es verändert alles, was wir über die Welt und über uns selbst wissen. Es gibt uns eine völlig neue Weltanschauung.

Zu wissen oder vielleicht auch nur zu fühlen oder zu ahnen, dass wir auch in anderer Weise als nur über unsere Sinne miteinander und mit der Welt verbunden sind, ist nicht wirklich etwas Neues, sondern so alt wie die menschliche Kultur und das menschliche Bewusstsein. Traditionell wussten so genannte primitive Kulturen genau, dass sie miteinander und mit dem Kosmos verbunden waren, und sie lebten ihre Verbundenheit aus und nutzten sie auf aktive Weise. Schamanen und Medizinmänner oder –frauen schwangen sich durch intensives Training und strenge Initiationsriten auf ein spontanes Begreifen einer tieferen Realität ein, und sie empfingen ihre Visionen aus diesen nichtsinnlichen Erfahrungen. Die Gründer der größten Weltreligionen gewannen ihr prophetisches Verständnis aus ihrer Verbindung zu einer größeren Wirklichkeit – selbst wenn im Verlauf der Jahrhunderte ihre Nachfolger mehr buchstabengetreu dem intuitiven Wissen der Gründer folgten und die Substanz dieses Wissens vernachlässigten.

Die veränderten Bewusstseinszustände, in denen unsere Verbindungen offenkundig und bewusst werden, sind seit langem bekannt und werden von der großen Mehrheit der Weltkulturen hoch geschätzt. Sie sind in den yogischen Disziplinen als *samadhi* bekannt, als *moksha* im Hinduimus oder als *satori* im Zen, als *fana* im Sufismus oder als *ruach hakoddesh* in der Kabbala. Ihr Gegenstück im Christentum war die *unio mystica*, die mystische Einheit des erfahrenden Subjekts mit dem Universum.

Aber die westliche Welt sieht heutzutage nur das als wirklich an, was man wirklich anfassen kann – das, was „manifest" ist. Der Gedanke einer größeren Wirklichkeit wird von den meisten Menschen abgetan, und Berichte darüber werden als reine Phantasie betrachtet. Da das, was moderne Menschen erkennen, beschränkt ist auf das, was sie sehen *können*, wird alles, was dem Geist nicht von den Augen und Ohren übermittelt wird, von der modernen Weltsicht ausgeschlossen. Erfahrungen einer tieferen oder höheren Realitätsebene bleiben auf die unterbewussten Ebenen des Geistes beschränkt und werden lediglich in Sphären ästhetischer, mystischer oder religiöser Abgehobenheit, in der Liebe oder in der sexuellen Vereinigung anerkannt. Im alltäglichen Kontext werden die Eingebungen, die durch solche Erfahrungen übermittelt werden, der rätselhaften Eingebung von Künstlern, Dichtern, Propheten und Gurus gleichgesetzt.

Dennoch kommt heute die in den Untergrund verbannte und unterdrückte Erfahrung einer tieferen oder höheren Wirklichkeitsebene, die Menschen zu allen Zeiten besaßen, wieder ans Tageslicht. Die Kulturen des Friedens, der Solidarität und der Achtung der Natur, die sich herauszubilden beginnen, glauben nicht länger, dass alles, was wir über uns und über den Kosmos erfahren können, uns lediglich durch die „fünf Schießscharten im Turm" – die fünf Sinne – vermittelt wird, sondern sie wissen, dass wir das Turmdach dem Himmel öffnen können. Sie erkennen, dass unsere menschliche Existenz nicht nur an unser Ego und unsere Haut gebunden ist, sondern dass wir auch jenseits der Reichweite unserer Augen und Ohren in der Lage sind, Kontakt aufzunehmen und zu kommunizieren. Mehr und mehr Menschen haben Akasha-Erfahrungen.

Das Akashafeld – der Informations- und Gedächtnisbereich des Einheitsfeldes – ist keine bloße Theorie: Es ist ein Teil der realen Welt. Und, wie die Berichte dieses Bandes bezeugen, ist es zudem ein *erfahrbarer* Teil der realen Welt. Der Zugang zum Akasha-Feld – die Akasha-Erfahrung – ist ein reales und tatsächlich grundlegendes Element menschlicher Erfahrung, und, wie Edgar Mitchell es in diesem Buch vorschlägt, wir sollten sie nicht als unseren *sechsten* Sinn betrachten, sondern als unseren *ersten* – denn sie ist eigentlich unser wichtigster Sinn.

Die Bedeutung der Akasha-Erfahrung für unser Leben

Anzuerkennen, dass die Akasha-Erfahrung ein realer und grundlegender Teil menschlicher Erfahrung ist, hat eine beispiellose Bedeutung für unsere Zeit. Wenn mehr Menschen die Tatsache erfassen, dass sie Aksha-Erfahrungen haben können und vielleicht sogar schon haben, dann werden sie ihren Intellekt dafür öffnen, und diese Erfahrungen werden immer häufiger vorkommen und von immer mehr Menschen erlebt werden. In der Welt könnte sich so ein weiter entwickeltes Bewusstsein verbreiten. Menschen könnten ihr Bewusstsein von dem ego-zentrierten, körperbezogenen Bewusstseinszustand des modernen Zeitalters zu einem wechselseitig verbundenen, transpersonalen Bewusstsein wandeln, von dem schon Denker wie Sri Aurobindo, Jean Gebser, Richard Bucke, Rudolf Steiner, Stanislaw Grof, Don Beck, Ken Wilber und Eckart Tolle sowie viele andere gesprochen haben.

Die Akasha-Erfahrung bezeugt, dass wir auf subtile, aber sehr wirkungsvolle Weise miteinander, mit der Natur und mit dem Kosmos verbunden sind. Sie weckt Solidarität, Liebe, Mitgefühl und ein Gefühl von Verantwortung füreinander und für die Umwelt. Dies sind die unverzichtbaren Elemente der Denkweise, die wir brauchen, um einen Ausweg aus der globalen Krise zu finden, die unsere Welt bedroht, und mit denen wir Frieden und eine nachhaltige Entwicklung auf unseren gefährlich ramponierten Planeten bringen können.

Ein kurzer Führer zum Inhalt dieses Buches

Teil 1 dieses Buches enthält Berichte, die die erlebten Akasha-Erfahrungen der Autoren schildern. Die Berichte bezeugen, dass eine Akasha-Erfahrung, in welcher Form auch immer sie vorkommt, das Leben und das Denken für immer verändert. Manchmal beginnt sie schon im Kindesalter und wird durch ein Trauma oder durch eine gefährliche Krankheit ausgelöst. In anderen Fällen erscheint sie in einem späteren Lebensalter und markiert ein neues Entwicklungsstadium des betroffenen Menschen. In diesem Teil liegt das Schwergewicht nicht auf der theoretischen Erklärung der Erfahrung; die Berichte dienen stattdessen in erster Linie dazu, zu dokumentieren, dass es solche Erfahrungen überhaupt gibt und dass sie das Denken und manchmal sogar das Leben derjenigen für immer verändern, die sie erleben.

Teil 2 enthält eine eher praktische Dimension: Er skizziert, wie eine Akasha-Erfahrung zum praktischen Nutzen im Alltagsleben eingesetzt werden kann, genauso wie im Bildungsbereich, im Geschäftsleben, zur Heilung und in der Kunst. Die Erfahrungen, so lassen uns die Berichte annehmen, können neue Gesichtspunkte in der Ausbildung eröffnen und wertvolle Ratschläge für das Geschäftsleben geben: Sie schlagen wirkungsvolle neue Ansätze im Gesundheitswesen und im Heilbereich vor und sind eine Quelle der Inspiration für Maler, Komponisten und alle anderen kreativen Menschen.

In Teil 3 werden die Erfahrungen systematischer Überprüfung unterzogen, während die Berichte über die erlebten oder miterlebten Erlebnisse weitergehen: Sie werden Objekte wissenschaftlicher Forschung. Die Verschiedenartigkeit der Askasha-Erfahrungen, die von den Autoren untersucht wurden, umfassen die vielfältigen Formen von PSI (parapsychologischen Phänomenen) ebenso wie Nah-Tod-Erfahrungen, außerkörperlichen Erfahrungen und Kommunikationen mit Verstorbenen sowie Erfahrungen mit vergangenen Leben. Die Methoden, die zur Erforschung solcher Phänomene eingesetzt wurden, schließen innovative Ansätze aus der Psychologie und experimentellen Parapsychologie ebenso ein wie klinische Beobachtungen und statistische Analysen. Die Ansätze stellen einen Durchbruch dar, denn bisher kann eine Akasha-Erfahrung mit den Ansätzen und Methoden herkömmlicher Wissenschaft größtenteils nicht erklärt werden – sie passt eben nicht in ein materialistisches und reduktionistisches Paradigma.

Teil 4 unternimmt den Versuch, eine Gesamtübersicht und eine Einschätzung des Akasha-Phänomens zu liefern. Die Autoren, die selbst eine Akasha-Erfahrung durchlebt haben, wissen, dass es sich dabei um eine reale Erfahrung handelt, die bedeutende Heilmöglichkeiten und lebensverändernde Wirkungen aufweist. Sie haben ihr Leben der Frage gewidmet, wie sie zu unserem eigenen Wohl sowie zum Wohle aller Menschen der menschlichen Gemeinschaft aus dieser Erfahrung den größtmöglichen Nutzen ziehen können.

Der Weg, der von den vier Teilen durchlaufen wird, nimmt den Leser mit auf eine Reise, angefangen von Augenzeugenberichten über lebens- und intellektverändernde Erfahrungen über Fragen der praktischen Anwendbarkeit solcher Erfahrungen bis zur Analyse der Bedingungen und Auswirkungen dieser Erfahrungen und schließlich zur Einschätzung des Sinnes solcher Erfahrungen und ihrer Bedeutung für das Leben. Dieses Vorgehen führt auf logische Weise abschließend zu einer Zusammenfassung. Dabei versucht der Autor eine echte wissenschaftliche Erklärung der Akasha-Erfahrung zu liefern und damit die seit langem bestehende Spaltung zwischen diesem wichtigen Bereich menschlicher Erfahrung und den anerkannten Bereichen naturwissenschaftlicher Forschung zu überwinden.

TEIL EINS

LEBEN MIT DER ERFAHRUNG

1 • Reise nach Hause

Meine lebensverändernde Akasha-Erfahrung

C.J. Martes

C. J. Martes, Heilerin und Schriftstellerin, hat seit beinahe 20 Jahren Klienten in mehr als 20 Ländern der Erde geholfen. Im Jahr 2004 hat sie die Akasha-Feldtherapie (AFT) entwickelt, eine integrale Methode der Quantenheilung, die Menschen dabei hilft, ihre unbewussten negativen Muster und Glaubenssysteme auf der mentalen, körperlichen und spirituellen Ebene zu erkennen und dann zu beseitigen. Ihre Arbeit verbindet A-Feld (Akasha-Feld)-Therapie, Verhaltenstherapie und Integrale Psychologie, Schwingungsmedizin und westliche Naturwissenschaft.

Im Laufe meines Lebens habe ich die wunderbare Möglichkeit gehabt, einige sehr erstaunliche Dinge zu erleben. Diese Erfahrungen haben mein Leben geprägt. Sie machten mich zu einem besseren Menschen. Sie haben mich dazu gebracht, mich bis zur Grenze meines Bewusstseins auszudehnen. Und sie machten mir bewusst, dass es eine ganze Welt „da draußen" gibt, in der viel mehr existiert, als man mit bloßem Auge wahrnehmen kann.

Ich kam offenbar hellwach in diese Welt. Meine Mutter erzählte mir, dass eine ihrer liebsten Erinnerungen war, wie sie mich am Tag meiner Geburt im Arm hielt. Mein Kopf war von dunkelbraunem Haar bedeckt. Und ich starrte sie mit einem Paar der größten blauen Augen an, die sie je gesehen hatte. Sie sagte, sie wären so groß wie Suppentassen gewesen.

Dieses Bild meiner Kindertage war symptomatisch dafür, wie ich dann die Welt wahrnahm. Ich war ein neugieriges Kind, das immer alles wissen wollte. Ich saß stundenlang auf dem Schoß meiner Mutter und fragte sie nach diesem und jenem. Geduldig beantwortete sie meine vielen Fragen nach den Erscheinungen der Welt.

Ich hatte meine früheste Akasha-Erfahrung, als ich etwa sieben Jahre alt war. Ich hatte offenbar eine besonders sensible Wahrnehmungsfähigkeit für die Welt um mich herum. Ich erinnere mich daran, wie ich Menschen beobachtete und unmittelbar eine Menge Dinge über sie wusste. Ich konnte Dinge in mir sehen, bevor sie geschahen. Anfangs dachte ich, dass alle Menschen das Leben auf diese Weise erfahren würden. Später fand ich heraus, dass dies keineswegs der Fall war.

Ich wuchs in einer Kleinstadt in Kansas auf und ging zu einer katholischen Schule. Es gab dort eine kleine Kathedrale, und ich ging dreimal die Woche dort zur Kirche. Diese Kathedrale enthält für mich sehr viele schöne spirituelle Erinnerungen. Ich weiß noch, dass ich mich oft von der Schule oder vom Spielplatz wegstahl, um ganz allein in diese Kirche zu gehen. Ein- oder zweimal wurde ich von den Nonnen erwischt und wegen meines Verschwindens ziemlich ausgeschimpft, aber das hielt mich nicht davon ab, weiterhin dorthin zu gehen.

Ich erinnere mich daran, wie ich dort stand, ein kleiner Zwerg im Vergleich zu den turmhohen bleiverglasten Kirchenfenstern, während die Sonne regenbogenfarbige Lichtreflexe über die gesamte Wand und den Boden schickte. Meine blauen Augen schauten dem wie gebannt zu, und alle anderen Geräusche um mich her erreichten mich nicht mehr. Wundervoll. Atemberaubend. Ich war vor Ehrfurcht wie erstarrt. Die Kirche war ein besonderer Ort, riesengroß und ganz still. Ich liebte alles, was ich aufnahm, während ich ganz allein dort war. Ich ging ganz still dort hinein und wanderte bis ganz nach vorn zur ersten Bankreihe. Dort dachte ich intensiv an Gott und an die Engel. Ich weiß noch, wie ich Gott nach dem Sinn des Lebens fragte. Ich sprach ausführlich mit Gott und hörte eine mächtige Stimme antworten, die zu mir voll Liebe und Verständnis sprach. Während dieser Dialoge bekam ich ein Gefühl für das Wesen des Lebens, und dass nichts darin wirklich materiell war. Ich wuchs in dem Wissen auf, dass das Leben nur deshalb so war, wie es schien, weil wir es in dieser Weise wahrnehmen.

In dieser Kirche fühlte ich mich mit dem Göttlichen verbunden. Eine Zeitlang wollte ich sogar selbst Nonne werden, weil der Ruf, den ich fühlte, so stark war. Ich glaubte, dass es einen Grund dafür gab, dass Gott mir direkt Botschaften ins Ohr flüsterte, die niemand sonst hören konnte. Ich hatte das Gefühl, als würde ich nach Hause gerufen. Ich sprach darüber oft mit den Erwachsenen, die mir zuhörten. Ich bin nicht sicher, dass sie wirklich wussten, was sie zu mir sagen sollten, deshalb sagten die meisten von ihnen sehr wenig. Sie lächelten meist einfach, nickten und wechselten dann das Thema.

Ich erinnere mich an so viel aus diesen Kindertagen. Das Leben war ein herausforderndes Rätsel für mich, und ich versuchte ernsthaft, es zu lösen. In der Schule besuchte ich vorgeschriebenen Katechismus-Stunden. Ich weiß noch, wie ich den Pastor alle möglichen merkwürdigen Dinge fragte, wie beispielsweise: Wo lebt Gott? Warum sind wir hier? Bin ich Gott ähnlich? Die meisten meiner frühen Fragen über diese Themen wurden von den Menschen, denen ich sie stellte, schnell abgetan, aber nichtsdestotrotz fragte ich weiter. Ich habe mein ganzes Leben lang auf ziemlich hartnäckige Weise die Wirklichkeit von allem immer wieder infrage gestellt.

Eine Botschaft aus dem Jenseits

Als ich zwölf war, hatte ich ein übersinnliches Erlebnis. Meine Familie war gerade ziemlich plötzlich aus der Kleinstadt weggezogen, in der ich bis dahin aufgewachsen war. Mein Leben, wie ich es bisher gekannt hatte, war dadurch vollständig aus den Fugen geraten. Ich vermisste meine Stadt und unser Zuhause schrecklich. Ich musste mich an neue Freunde und an eine neue Schule gewöhnen. Am meisten vermisste ich meine Kathedrale. Ich weiß noch, dass es sehr schwer für mich war, mich umzugewöhnen. Alles fühlte sich ungewohnt und sehr ungewiss an.

Eines Abends ging ich sehr müde zu Bett. Ich weiß noch, wie ich an meine Heimatstadt und an meine Kirche dachte, während ich einzuschlafen versuchte. Gegen ein Uhr in der Nacht wachte ich plötzlich abrupt auf. Ich setzte mich leicht angeschlagen im Bett auf. Als meine Augen wieder klar sehen konnten, sah ich eine schimmernde Frau am Fußende meines Bettes stehen. Ich erkannte in ihr meine Urgroßmutter. Zu der Zeit war sie schon seit fünf Jahren tot. Während ich sie ansah, schien die Zeit stillzustehen. Ihre Anwesenheit machte mir überhaupt keine Angst. Im Gegenteil, mich durchlief ein Gefühl großen Friedens und umfassender Liebe. Es erinnerte mich an die Gefühle, die ich in meiner Kathedrale gespürt hatte, während ich mit Gott sprach.

Ohne die Lippen zu bewegen, begann sie zu mir zu sprechen. Sie sagte mir, dass sie eine Botschaft von meinem Großvater für mich habe. Sie erzählte mir, dass er krank sei, dass dies aber noch niemand wisse. Sie sagte, ich sollte wissen, was geschehen würde, weil er und ich uns so nah waren.

Mein Großvater lebte noch in der Kleinstadt, aus der wir gerade weggezogen waren. Er und ich hatten eine besondere Verbindung, und ich hatte unsere gemeinsame Zeit in liebevoller Erinnerung behalten. Wir hatten nachmittags immer lange

Spaziergänge gemacht. Wir hatten häufig Karten gespielt. Er hatte mich öfter beim Rommé geschlagen, als ich zählen konnte.

Die Nachricht, die meine Urgroßmutter mir übermittelte, ließ mich hochschrecken. Mich überkam eine tiefe Traurigkeit. Und als ob sie den Schlag mildern wollte, versicherte sie mir, dass er nicht leiden würde, sondern einfach irgendwann an der Krankheit auf eine für ihn leichte Weise sterben würde. Sie blieb noch einige Augenblicke lang und war dann verschwunden.

Ich saß einige Augenblicke lang da und versuchte aufzunehmen, was da eigentlich geschehen war. Dann lag ich hellwach da und dachte über das nach, was sie mir erzählt hatte. Ich fragte mich, was ihn wohl krank machen würde. Am nächsten Tag erzählte ich meiner Mutter, was geschehen war. Sie sagte mir, dies sei ein ziemlich seltsamer Traum für ein kleines Mädchen wie mich. Wie es üblich war, wenn ich ein Thema wie dieses auf den Tisch brachte, sprachen wir dann nicht weiter darüber. In meinem Herzen wusste ich genau, dass mein Großvater krank und dies keineswegs ein Traum gewesen war. Später am Abend bat ich darum, dass wir ihn anrufen sollten. Wir sprachen eine Weile mit ihm, und er schien ganz in Ordnung zu sein. Ich versuchte, mir mein Erlebnis aus dem Kopf zu schlagen. Das schien auch eine Weile lang zu funktionieren.

Sieben Monate später fand ich heraus, was mit meinem Großvater nicht stimmte. Eines Nachmittags kam ich aus der Schule nach Hause. Als ich meine Mutter an-sah, hatte sie einen ernsten Ausdruck im Gesicht. Sie bat mich, mich hinzusetzen und sagte dann: „Dein Großvater hat Alzheimer."

Ich bestürmte sie mit Fragen, denn ich wusste nicht, um was es sich bei dieser Krankheit handelte. Meine Mutter ist Krankenschwester, und sie erzählte mir, was sie bedeutete. Sie erinnerte sich nicht mehr daran, was einige Monate vorher geschehen war, ich aber schon. Wie eine Flutwelle überrollte mich das Erlebnis in meinem Schlafzimmer erneut. Ich wusste sofort, was meine Urgroßmutter mir mitzuteilen versucht hatte. Mein Großvater hatte zu der Zeit schon einige Monate lang die ersten Anzeichen der Alzheimer-Krankheit gezeigt, aber niemand hatte sie als solche erkannt.

Mein Großvater starb sieben Jahre später. Weil wir so weit entfernt lebten, konnte ich ihn nicht so oft besuchen, wie ich es gern getan hätte. Dennoch wusste ich schon, dass er gestorben war, lange bevor mich der Telefonanruf meiner Mutter erreichte. Ich war eines Abends gerade dabei, ins Bett zu gehen. Im Haus war es vollkommen still. Ich hatte mich gerade unter meiner Bettdecke zurechtgekuschelt und das Gesicht zur Wand gedreht. Plötzlich spürte ich, wie eine Präsenz den Raum betrat. Diese Präsenz füllte die Luft aus. Sie war beinahe fühlbar und vibrierend. Ich schaute über meine Schulter und drehte mich im Bett herum. Da stand mein Großvater. Er stand da mit einem friedlichen Ausdruck im Gesicht und lächelte mich an. Ich schaute eine lange Zeit zurück. Er sah so glücklich und gesund aus, so als ob er nie krank gewesen sei.

Ohne etwas zu sagen, ging er um das Bett herum und setzte sich neben mich. Er nahm meine Hand in seine. Ich konnte ein wenig Druck und ein stark kribbelndes Gefühl in meiner Hand spüren. In diesem Moment erlebte ich plötzlich all die Erlebnisse wieder, die wir miteinander gehabt hatten. Diese Augenblicke spulten sich vor meinem inneren Auge ab wie Fotos, eins nach dem anderen.

In nur wenigen Minuten erlebte ich ganz lebhaft jeden einzelnen der wunderbaren Augenblicke noch einmal, die ich mit meinem Großvater verbracht hatte. Meine Augen füllten sich mit Tränen. Ich erinnere mich an sein Lächeln und an den Ausdruck der Liebe in seinen Augen, während dies geschah.

Als der Moment der Erinnerung vorbei war, erhob er sich. Er sagte: „Bitte, sage Mutter, dass ich sie liebe und dass es mir gut geht." Ich nickte und sagte, dass ich das tun würde. Um ihn herum war ein helles Licht. Dann wurde das Licht einen Moment lang intensiver, und dann verschwand er. Ich war so dankbar, dass ich die Möglichkeit bekommen hatte, mich an jenem Abend von ihm zu verabschieden.

Erst beinahe ein Jahr später war ich in der Lage, die Botschaft meines Großvaters an meine Großmutter weiterzugeben. Es war gerade der Abend des Erntedank-Festes. Meine ganze Familie war sehr beschäftigt damit, das Fest vorzubereiten. Meine Großmutter war auch gekommen, sie wohnte praktisch um die Ecke bei meiner Tante. Ich beschloss, kurz hinüberzugehen, um sie noch vor dem Essen zu besuchen.

Wenn ich ins Haus meiner Tante komme, dann geht es dort immer sehr laut zu. Meine drei Cousins rannten hinein und wieder heraus. Meine Tante war sehr beschäftigt damit, die Küche aufzuräumen, bevor sie dann mit all den Köstlichkeiten hinüber zu unserem Haus eilen würde. Meine Großmutter saß gerade am Küchentisch, als ich eintrat. Ich setzte mich in ihre Nähe und begrüßte sie. Nach einigen Minuten schien jedoch jeder zu verschwinden und im Haus wurde es vollkommen still. Ich hatte nicht vorgehabt, mit meiner Großmutter über das Erlebnis mit meinem Großvater zu sprechen. Aber ein wohlbekanntes Gefühl überkam mich. Ich nahm die plötzliche Stille als Gelegenheit wahr, ihr davon zu erzählen.

Ich erinnere mich daran, wie ich nervös wurde. Ich war nicht sicher, wie sie auf das reagieren würde, was ich ihr sagen wollte. Aber ich überwand meine Furcht und sagte mir, dass ich meinem Großvater ja ein Versprechen gegeben hatte. Vorsichtig erzählte ich ihr, was nach dem Tod meines Großvaters geschehen war. Dann berichtete ich ihr von der Botschaft, die er mir gegeben hatte. Tränen stiegen ihr in die Augen. Sie ergriff meine Hand und drückte sie kräftig. Dann schaute sie mir tief in die Augen und fragte mich, ob ich die Gabe hatte. Ich nickte. Später erzählte sie mir, dass ich ihr das schönste Geschenk gemacht hatte, das möglich gewesen wäre. Ich war hocherfreut über ihre Antwort und auch sehr erleichtert. Sie hatte mir geglaubt.

Bald nach dieser Erfahrung überlagerte das Leben eines ganz normalen Teenagers die Erlebnisse, die ich als Kind mit Gott und der Kathedrale gemacht hatte. Ich wuchs heran, und meine Kindheitserfahrungen schienen nur noch Anklänge an etwas zu sein, was weit, weit entfernt war. Ich stellte auch das Leben nicht mehr so sehr infrage. Ich behielt meine Meinung für mich. Ich schien auch nicht länger Dinge zu sehen, bevor sie wirklich geschahen. Die Welt der Akasha-Erfahrung war aus meinem Leben verschwunden. Jedenfalls sah es so aus.

Heilung, nicht Verletzung

Die vielen Erlebnisse, die ich in meiner Kindheit hatte, bereiteten mich dennoch in keiner Weise auf das vor, was geschah, als ich etwa Mitte 20 war. Um von diesem Erlebnis zu berichten, muss ich einige Monate zuvor beginnen.

Ich traf meinen späteren Mann zufällig bei einer Freundin, als ich sie gerade besuchte. Mein Mann würde sagen, es war Liebe auf den ersten Blick. Vorher hatte ich eine Reihe fehlgeschlagener Beziehungsversuche durchlebt, die alle emotional ziemlich gewalttätig gewesen waren. Ich war durch viele emotionale Qualen gegangen, bevor ich ihn traf, und hatte eine ganze Menge Blessuren davongetragen. Trotzdem spürte ich eine unmittelbare Verbundenheit, und ich vertraute ihm.

Woran ich mich besonders erinnere, nachdem ich ihn kennen gelernt hatte, war die Tatsache, dass wir auf der Herzensebene absolut gleich fühlten. Wir betrachteten das Leben auf genau die gleiche Weise. Wir verbrachten beinahe alle Zeit miteinander. Und wir waren so glücklich, und fühlten uns so beschenkt, dass wir uns gefunden hatten. In den ersten Zeiten unserer Beziehung sprachen wir stundenlang über Dinge, die uns viel bedeuteten und fanden heraus, dass wir ganz ähnliche Ansichten hatten. Wir hatten eine so starke Verbundenheit. Wir hatten beide eine gescheiterte Ehe hinter uns, aber wir glaubten daran, dass die Liebe uns von unserer Vergangenheit befreien und zu einer gemeinsamen Zukunft führen könnte.

Irgendwann beschlossen wir zusammenzuziehen. Mein persönlicher Niedergang begann kurz danach. Ich bemerkte es anfangs beinahe nicht. Melancholische Gedanken überfielen mich, auch in Momenten, in denen schöne Dinge geschahen. Anfangs geschah dies sehr subtil, sodass ich es kaum bemerkte.

Wir hatten doch eine gute Beziehung. Jeder, der unsere Beziehung von außen ansah, meinte, dass die Dinge endlich für uns beide eine gute Wendung genommen hatten. Dennoch machten mich zunehmend schon die kleinsten Dinge traurig. Nach und nach verschwand die Farbe aus meinem Leben. Ich fühlte, wie mein Herz sich verschloss, immer ein wenig mehr. Im Verlauf weniger Monate überwältigte mich diese Traurigkeit, die anfangs nur ein Punkt auf meinem inneren Radarschirm gewesen war, vollständig.

Mit lebhafter Detailtreue erlebte ich all die früheren negativen Augenblicke meines Lebens erneut. Es fühlte sich an, als ob ich all die traumatischen Erlebnisse meines Lebens noch einmal erleben musste. Jede Erinnerung war so intensiv, dass ich sie nicht einmal angemessen beschreiben könnte. Ich war nur noch niedergeschlagen, und ich fühlte mich, als sei ich in meiner Vergangenheit buchstäblich gefangen. Dabei geschah doch gerade so viel Gutes in meinem Leben, und dennoch tröstete mich das nicht. Nichts gab mir Hoffnung, nichts machte mich glücklich.

Bald schon hatte sich die Depression vollständig ausgebreitet und hatte mich beinahe während der gesamten Zeit, in der ich wach war, im Griff. Egal, was ich tat, ich fühlte mich immer schlechter als besser. Der Schmerz, den ich in meinem Inneren fühlte, war unglaublich intensiv. Es fühlte sich an, als ob jedes Ereignis wie ein Film vor meinem inneren Auge ablief, der Bild für Bild angeschaut werden wollte. Ich tat mein Bestes, um mich davon zu trennen. Es war wirklich anstrengend.

Irgendwann hatte ich nur noch wenig Energie für die grundlegenden Dinge meines Lebens übrig. Ich verbrachte meine Tage im Bett und hatte keinerlei Verlangen und auch keine Motivation aufzustehen, um auch nur meine Grundbedürfnisse zu befriedigen. Auch meine Familie konnte mich dabei nur wenig unterstützen.

Wenn ich jetzt zurückschaue, dann tut mir mein Mann leid, der angesichts dessen, was ich durchmachte, völlig hilflos war. Er versuchte verzweifelt, mich aufzumuntern. Er brachte mir Blumen mit, Karten voll Rücksicht und Anteilnahme und sprach endlose Stunden mit mir. Ich bin sicher, dass er sich auf seine Weise genauso schlecht fühlte wie ich mich.

Ich war aber nicht nur depressiv, sondern auch sehr wütend. Ich konnte einfach nicht verstehen, wieso ich mich gerade in einem Moment buchstäblich getrennt fühlte, in dem sich die Dinge doch eigentlich so positiv entwickelten. Es kam mir wie die schlimmste Ironie vor. Da gab es endlich jemanden, der mich wirklich um meiner selbst willen liebte, und gerade dann ging es mir so schlecht, und ich konnte mich nicht daran erfreuen. Ich dachte sogar ein- oder zweimal, dass Gott mich für irgendeine Sünde strafen würde, selbst wenn ich nicht wusste, für welche.

Zwischen diesen Ausbrüchen von Ärger tat ich mir selbst unendlich leid. Monate vergingen, in denen ich ständig gegen mich selbst kämpfte. Es fühlte sich an, als würde ich von einer Welt verzweifelter Schatten gejagt. Meine Schattenseite kam jeden Tag voll heraus. Sie war stark und bedrohlich. Das war das Einzige, was ich erkennen konnte. Ich war innerlich ganz krank. Krank und müde davon, dass ich mich jeden Tag so fühlte, wie ich mich fühlte.

Dann, eines Tages, war ich gerade wieder dabei, wie gewohnt im Bett zu liegen und zwischendurch kurze Zeit auf einem der Sessel im Schlafzimmer zu sitzen. Ich weiß noch, wie ich da saß und im Geiste die vergangenen Monate meines Lebens noch einmal vor mir ablaufen ließ, bevor sie in dunkler Vergessenheit verschwanden. Ich fühlte mich von Kopf bis Fuß wie zerschlagen. Ich hatte auch keine Kraft mehr, so weiterzumachen. Ich war so erschöpft. Ich dachte, dass dies nie enden würde. Ich war allein in unserem Zimmer, aber ich begann dennoch, laut zu sprechen, einfach so, zu niemandem im Besonderen.

„Ich habe es satt, so unglücklich zu sein. Ich kann so nicht weiter. Warum muss mir das passieren?"

Stille im Raum. Keine Antwort.

„Ich bin so allein. Ich habe das Gefühl, alles ist egal. Warum muss ich mich so fühlen?"

Immer noch keine Antwort.

„Nehmt mir doch endlich diese Schmerzen weg. Ich bin es satt, so unglücklich zu sein!"

Plötzlich hörte ich eine sanfte, klare Stimme. Ein seltsamer Gedanke, der wie aus der Luft zu mir zu kommen schien.

„Du bist nicht unglücklich."

„Was meinst du damit, ich bin nicht unglücklich?", sagte ich ärgerlich zu der Stimme, die ich hörte.

„Du bist nicht unglücklich."

Einige Augenblicke lang saß ich ganz still da. Dann hörte ich die Stimme wieder, sehr klar. Es war, als ob direkt neben mir jemand saß. Und obwohl die Stimme aus dem Nichts zu kommen schien, versetzte sie mich nicht in Unruhe.

„Du bist nicht unglücklich. Du heilst."

Ich dachte sorgfältig über das nach, was ich da gehört hatte. Dass dies Heilung sein könnte, war mir noch nie in den Sinn gekommen. Ich versuchte, ob es passte. Ich dachte darüber nach, was es bedeutete, wenn dies Heilung war und nicht Unglücklichsein. Was wäre, wenn die Stimme recht hätte?

Ich sprach erneut: „Wenn dies Heilung ist, dann kann ich sie nicht allein vollziehen." Und genau in diesem Moment hob ich die Hände, so, als ob ich jemanden einladen wollte, mir zu helfen. Zum ersten Mal seit langer, langer Zeit öffnete ich mich wieder. Und ich hatte keine Ahnung, dass eine so einfache Geste all die unglaublichen Ereignisse nach sich ziehen würde, die nun folgten.

Was nun folgte, war die stärkste Akasha-Erfahrung, die ich jemals gehabt hatte; alles, was während meiner Kindheit geschehen war, verblasste dagegen. Es fühlte sich an, als ob eine erkennbare elektrische Ladung aus der Luft um mich herum herausschoss. Was mir so in Millisekunden übertragen wurde, war anders als alles, was ich je zuvor gefühlt hatte – ich prickelte von Kopf bis Fuß. Es war die vollendete spirituelle Erfahrung in einem einzigen riesigen Lichtblitz.

Ich spürte, wie sich der Raum um mich herum füllte. Ich spürte eine intensive Liebe, rein und bedingungslos. Es war auch eine Erfahrung der Nicht-Dualität, eine Erfahrung vollkommener Einheit. Die Härchen auf meinen Armen richteten sich auf. Ich wurde in rasender Geschwindigkeit von hellem Licht umgeben. Das kleine Zimmer füllte sich mit engelhaften Wesen. Es gab zwölf von ihnen, und jeder bestand aus verschiedenfarbigem Licht. Sie bildeten einen Kreis um mich herum. Ich konnte kaum glauben, was sich da vor meinen Augen abspielte.

Während ich beobachtete, was sich da in meinem Zimmer abspielte, fühlte ich, dass ich bei allem, was ich erlebt hatte, niemals allein gewesen war. Diese wundervollen, liebenden Wesen waren die ganze Zeit um mich gewesen. Und sie hatten versucht, mir zu helfen. Meine Emotionen hatten verhindert, dass ich ihre Gegenwart wahrnehmen konnte.

Alles wurde ganz plötzlich deutlich und klar. Ich konnte den Unterschied zwischen Heilung und Unglücklichsein verstehen. Ich wusste, wie es sich anfühlte, unglücklich zu sein, deshalb versuchte ich mir vorzustellen, wie es wäre, wenn ich dies als Heilung empfinden würde. Und indem ich alles als eine Heilerfahrung annehmen konnte, verlagerte sich meine Wahrnehmung ohne Anstrengung von einer Wahrnehmung vollständigen Schmerzes zu einem Gefühl hoffnungsvoller Betrachtung. Mein Körper wurde mit einer stillen Ruhe erfüllt. Zum ersten Mal seit Monaten konnte ich mich entspannen. Heilung war möglich. Ich konnte Heilung als einen Prozess erkennen, an dem ich Anteil hatte. Statt das, was ich emotional erlebte, als endloses Leiden wahrzunehmen, konnte ich nun bemerken, dass mein Leiden endlich war. In diesem Moment verließ mich jedes Gefühl von Kämpfen, das ich bisher gegen mich selbst gerichtet hatte. Es gab nichts mehr zu bekämpfen. Mein innerer Konflikt hörte auf.

Ich nenne diesen Tag inzwischen mein Erwachen. Dinge, die bisher in mir geschlummert hatten, schienen nun in mir lebendig zu werden. Alle Gaben, die ich schon als Kind in mir getragen hatte, kamen nun zurück. Ich konnte so viele Dinge erkennen. All meine Sinne waren gesteigert und fühlten sich lebendig an. Ich konnte um mich herum die Energie wahrnehmen. Und egal, was ich tat, die engelhaften Wesen blieben stets bei mir. Ich fühlte mich nie wieder allein. Lange Zeit konnte ich sogar mit ihnen kommunizieren. Es war, als hätte sich der Schleier zwischen den Welten gehoben, sodass ich direkt hindurch sehen konnte.

Ich lernte in jenem Moment mehr über das Leben als in den ganzen 25 Jahren zuvor. Ich hatte mich durch ein einziges Wort aus meinem selbst geschaffenen Gefängnis befreit. Ich lernte, wie ich mich selbst heilen und die Vergangenheit loslassen konnte. Eine andere Vorstellung kam mir an jenem Tag zu Bewusstsein und befreite mich. Ich erkannte, dass meine Wahrnehmung der Situation mich hoffnungslos festgehalten hatte – und diese Erkenntnis war der Schlüssel zu allem. Meine monatelange Qual hatte es nur deswegen gegeben, weil ich das, was ich durchlebte, so betrachtet hatte.

Wieder zuhause

Nach jenem Tag veränderte sich meine ganze Welt auf dramatische Weise. Ich bekam wieder Spaß am Leben. Ich nahm beinahe sofort meine täglichen Aktivitäten wieder auf. Ich hatte an jenem Tag ein großes Geschenk bekommen und wollte es gern mit anderen teilen. Ich erzählte jedem, der es hören wollte, was geschehen war. Ich vermute, dass einige mir glaubten und andere nicht. Aber das machte mir nichts aus. Die Erfahrung erinnerte mich an die Kindertage in meiner Kathedrale. Endlich war ich in den Trost meiner Kinderzeit zurückgekehrt. Ich war endlich wieder zuhause.

Die Erfahrung hat mein Leben in kaum sagbarer Weise verändert. Ich kann nun den reichen Teppich menschlicher Existenz als die wunderbare Sache sehen, die sie ist. Ich kann erneut an die Kraft des Göttlichen glauben. Ich kann mir selbst Mut zusprechen, um mehr aus mir zu machen als zuvor. Kurz nach dieser Erfahrung entschied ich mich, meine Gaben einzusetzen, um anderen zu helfen, ebenso wie mir selbst an jenem Tag geholfen worden war. Ich möchte gerne, dass andere auch erkennen können, was ich erkannt habe, und ich möchte ihnen dabei helfen, ihre eigenen Herausforderungen in ihrem Leben zu bewältigen.

Das Leben kann oft eine Reise sein, die voll unerwarteter Geschehnisse ist. Und manchmal kann es schwierig sein, diesen Herausforderungen zu begegnen, wenn es im Herzen eine Ungewissheit gibt. Inzwischen hat mich die Ungewissheit, die ich gewöhnlich fühlte, verlassen. Jeden Tag kann ich den Herausforderungen des Lebens mit mehr Zuversicht begegnen, weil ich weiß, dass ich nie allein bin. Diese Akasha-Erfahrungen haben mich für immer geprägt. Ich bin dabei mit dem Göttlichen in Berührung gekommen und das Göttliche mit mir. Es gibt immer mehr im Leben, als man mit bloßem Auge wahrnehmen kann; und es gibt in jeder Situation immer wieder etwas Neues zu erkennen. Vor allem aber besitze ich jetzt die tröstliche Gewissheit, dass ich immer nach Hause zurückkehren kann, ganz egal, wo ich mich gerade befinde.

2 • Erfahrungen mit dem Unendlichen Bewusstsein

Swami Kriyananda (J. Donald Walters)

Swami Kriyananda (J. Donald Walters) ist der Gründer von Ananda Sangha, einer weltweit arbeitenden spirituellen Lebensgemeinschaft, die sich den Lehren von Paramhansa Yogananda verschrieben hat und über Zweigstellen in Assisi, Italien sowie in Kalifornien verfügt. Er ist Mitglied des Clubs of Budapest und hält weltweit Vorträge, unter anderem in den USA, Europa, Indien und anderen Ländern. Kriyananda hat etwa 85 Bücher geschrieben und mehr als 400 Musikstücke komponiert. Er lebt in Gurgaon, Indien.

Die Akasha-Chronik kann einem vorkommen wie eine Art himmlisches Büro, voll mit Aktenschränken. *Akasha* jedoch bedeutet „Weltraum", und die damit verbundenen Aufzeichnungen sind Teil des Einsseins des unendlichen Bewusstseins. Sie werden so genannt, weil es möglich ist, daraus jeden spezifischen Teil der Omniscience (des gesamten Wissens aller Zeiten) abzurufen, den man möchte.

Lassen Sie mich ein Beispiel dafür geben. Ich war gerade bei meinem Guru, Paramhansa Yogananada, als er seine Kommentare zur Bhagavad Gita beendete. Und er erklärte mir: „Nun erst verstehe ich, warum mein Guru (Swami Yukeshwar) niemals wollte, dass ich andere Kommentare zur Bhagavad Gita lese. Er wollte nicht, dass ich von der Meinung anderer Menschen beeinflusst würde. Bevor ich diese Kommentare geschrieben habe, habe ich mich an Beda Byasa (den Autor der Gita, Veda Vyasa, wobei mein Guru die bengalische Aussprache seines Namens wählte) gewandt und ihn gebeten, die Kommentare durch mich zu schreiben. Diese Kommentare bringen also das Bewusstsein Byasas zum Ausdruck, das durch mich geflossen ist."

Ist das möglich? Überhaupt vorstellbar? Lassen Sie mich eine weitere Geschichte erzählen: Zu einem bestimmten Zeitpunkt wollte Yogananda eine Episode aus dem Leben eines bengalischen Heiligen namens Chaitanya erzählen. Und er sagte: „Ich werde ihn selbst die Geschichte durch mich erzählen lassen." Und die Geschichte, die so entstand, hatte eine wunderbare Unmittelbarkeit.

Viele Leute werden sagen, dass er in beiden Fällen lediglich in dichterischer Absicht gesprochen hat. Ich, der mit ihm gelebt hat, meine aber, dass er wortwörtlich die Wahrheit sprach.

Sein Gedicht *Samadhi* im Buch *Autobiografie eines Yogi*, einer Beschreibung seiner Erfahrung kosmischen Bewusstseins, enthält eine Zeile, in der es heißt: „Gedanken aller Menschen, der Vergangenheit, Gegenwart und Zukunft…" Und sie existieren tatsächlich alle im Akasha-Gedächtnis – wobei sie nicht weg-archiviert worden, sondern zugänglich sind, einfach dadurch, dass man sich auf den geeigneten „Strahl" des Unendlichen Bewusstseins einschwingt.

Im Hinblick auf die spirituelle Entwicklung kann ich mich nicht mit meinem Guru vergleichen, aber ich kann hier eine oder zwei meiner wesentlich schlichteren Erfahrungen anbieten, bei denen ich auf diese „Archive" zugreifen durfte. Im College absolvierte ich eine Griechisch-Prüfung, für die ich praktisch überhaupt nicht gelernt hatte (das Thema kam mir tatsächlich „spanisch" vor), einfach dadurch, dass ich mir ganz fest innerlich sagte: „Ich bin Grieche." Und plötzlich fand ich mich in einem Berwusstseinsstrahl wieder, der einen Zugang zur griechischen Sprache ermöglichte. Nur zwei Studenten dieser Klasse schafften es, die Prüfung zu bestehen, die sich als ungewöhnlich schwierig herausstellte. Ich war einer von ihnen.

Ich spreche sieben Sprachen und habe es stets einfacher gefunden, eine Sprache zu lernen, indem ich mich zunächst in die Bewusstseinsschwingungen einschwinge, die diese Sprache hervorbringen. Ich versuche als erstes, in dieser Sprache zu *denken*. Ich übe die Betonung und versuche, sie so richtig zu machen wie möglich. Dabei sage ich mir: „Dies hier ist jetzt, wie ich denken *will*, in *dieser* Sprache." Auf diese Weise schalte ich aus meinem Verstand jedes Gefühl von Fremdsein aus und übersetze niemals die Sätze in meinem Geist aus dem Englischen, mit der korrekten englischen Wortfolge, sondern nehme diese neue Wortfolge als richtig und natürlich an.

Musik aus dem Akasha-Feld

Dasselbe gilt für mich in anderen Bereichen: zum Beispiel, wenn ich Musik komponiere. Ich wusste praktisch nichts über dieses Thema, als ich zum ersten Mal die Inspiration bekam, etwas zu komponieren. Soweit ich wusste, gab es dabei nur zwei Regeln: dass man Parallel-Quinten (was immer das auch bedeutete) tunlichst vermeiden sollte und dass, allgemein gesprochen, der Kontrapunkt sich in entgegengesetzter Richtung zur Melodie bewegen müsse.

Die Inspiration, Musik zu komponieren, kam, weil sie mir als ein sinnvoller Weg erschien, auch diejenigen Menschen zu erreichen, die philosophische Wahrheiten weniger ansprechend finden, wenn man sie in einem Buch oder einem Vortrag erklärt. In anderen Worten, ich dachte nicht an die Musik selbst als etwas, was irgendeine besondere Fähigkeit besitzt oder bestimmte Bewusstseinsebenen vermittelt. Dennoch – immer wenn ich dem Unendlichen Bewusstsein einen philosophischen Gedanken vorlegte, dann kam praktisch ohne jede Anstrengung und beinahe gleichzeitig eine Melodie zu mir, die genau zu diesem Gedanken passte. Nach und nach erkannte ich, dass Musik doch selbst in Wirklichkeit Bewusstseinszustände zum Ausdruck bringt: Sie ist keineswegs nur ein angenehmer (oder unangenehmer, das ist von Fall zu Fall durchaus unterschiedlich!) Weg des Selbstausdrucks. Ich erinnere mich beispielsweise an einen populären Song aus den 20ern, der nicht mehr übertragen werden durfte, weil zu viele Menschen Selbstmord begingen, nachdem sie ihn gehört hatten. Der Titel des Songs: *Düsterer Sonntag*.

Als jemand, der regelmäßig Meditation praktiziert, war es für mich sehr natürlich geworden, ruhig zu bleiben. Während ich komponierte, fand ich heraus, dass ich die subtile *spirituelle* Schwingung eines Gefühls ganz ohne Anstrengung aufnehmen konnte, wenn ich mich nicht persönlich mit der Emotion identifizierte, die ich zum Ausdruck bringen wollte, sondern einfach darum bat. Was mich dann erreichte, war eine Art „Seelen Blick" auf eine menschliche Emotion, der mir ein klares Verständnis davon vermittelte, ohne mich in irgendeine Stimmung zu verstricken. Auf diese Weise bekam ich beispielsweise die Inspiration zu einem meiner traurigsten Songs an einem Tag, an dem ich besonders glücklich und heiter war. Er entzückte mich wirklich, so sehr, dass ich sogar lachen musste, als die Musik und Worte in mir auftauchten!

Viele Bücher lehren uns, unsere persönlichen Fähigkeiten zu bekräftigen, wenn wir in irgendeinem Bereich, in dem wir dies wünschen, Großes erreichen wollen: als Vertreter beispielsweise, oder als öffentlicher Redner, oder als aufstrebender Manager in einer großen Firma. Ich lernte von meinem Guru genau das Gegenteil: dass Stolz der „Tod der Weisheit" ist. Das Geheimnis ist, das Ego aus dem Weg zu räumen. Schwierig? Auf eine Art schon, aber auf eine andere wirklich leicht. Was kann es für ein Problem dabei geben, die eigene Identität der Unendlichkeit zu überlassen? Ich lernte, nicht zu affirmieren: „Ich kann das tun!", sondern: „Es ist etwas da, das getan werden sollte: Deshalb lass mich zu dem besonderen Strahl des Wissens Zugang finden, der aus der Unendlichkeit in meinem Inneren scheint und mir zeigt, was getan werden muss."

In der Musik, konsequenterweise, kam die Inspiration ohne jede Anstrengung über mich, wenn ich in der Meditation darum bat, die richtige Melodie und die richtigen Worte zu finden: Die Melodie war sofort da, und die Worte flossen nur so heraus, dass es mich erstaunte. Ganze Songs, inklusive Melodie und Texte, kamen in mir auf, als ich im Golden-Gate-Park in San Francisco spazieren ging oder über die Oakland-Bay-Brücke fuhr.

Eines Tages fuhr ich gerade zu einer Verabredung, und es regnete fürchterlich, sodass ich kaum vorankam. Einige Minuten lang meckerte ich im Geiste über dieses Hindernis vor mich hin. Plötzlich überkam mich der Gedanke: „Ich kann dieses schlechte Wetter außen nicht verändern, aber warum mache ich nicht innen einfach „gutes Wetter"?" Und sofort hörte ich innerlich eine Melodie und die ersten Worte eines Songs: „Da ist Freude im Himmel/ ein Lächeln auf den Bergen /und überall klingt Musik./ Die Blumen lachen/ heißen den Morgen willkommen/ und deine Seele ist frei wie der Wind!" Und das Lied ging so weiter, dass es betonte, wie wichtig es ist, sich über all die selbstzerstörerischen Wünsche erheben zu können. Während ich noch weiterfuhr, kritzelte ich alles, so schnell ich konnte, auf ein kleines Stück Papier, das neben mir lag, wobei ich versuchte, dennoch einigermaßen sicher zu fahren. An meinem Ziel angekommen, schrieb ich den ganzen Song bei erster Gelegenheit auf. Er ist überall mit einem Lächeln und mit begeisterter Wertschätzung aufgenommen worden. Ich nenne ihn „Schmerzlose Philosophie".

Während ich dieser Berufung folgte, entdeckte ich immer mehr, dass die Melodien – wenn ich sie mit den richtigen Akkorden und Rhythmen umgab – die Menschen unmittelbar mit ihrer Wahrheit erreichten und dass nicht einmal Worte nötig waren, um ihre Bedeutung klar zu übermitteln.

Später entdeckte ich, dass ich mich auch in ein Land hineinversetzen konnte und sofort eine Melodie empfing, die zum Seelenbewusstsein dieses Landes passte.

Eines Tages berichtete ich zwei Freunden von diesem seltsamen Geschehen. Ich sagte: „Ich setze mich jetzt mal ans Klavier und spiele etwas Japanisches." Ich wusste bis dahin praktisch gar nichts über japanische Musik, aber als ich meine Finger auf die Tasten legte, bat ich um eine passende Melodie. Und sofort kamen die Noten, genauso schnell, wie ich sie spielen konnte. Einer meiner Freunde, der viele Jahre in Japan gelebt hatte, rief aus: „Das ist ja exakt das, was du als Thema benannt hattest!" Und wie hatte ich es genannt? „Kirschblüten in Kyoto."

Ein anderes Mal bat ich, obwohl ich nichts von persischer Musik verstand, um eine Melodie, die zum *Rubaiyat* von *Omar Khayyam* passen würde, zu dem mein Guru einen tiefsinnigen spirituellen Kommentar geschrieben hatte. Eines Morgens erwachte ich aus dem Tiefschlaf, und die Melodie war in meinem Geiste da. Ich hatte sie geträumt. Jahre später spielte ich sie jemandem vor, der aus dem Iran kam, und er rief aus: „Nanu, das ist ja persisch!" Tatsächlich habe ich viele Melodien im Schlaf empfangen.

Die anspruchsvollste Form der Komposition ist, so habe ich mir sagen lassen, das Streichquartett. Von dieser Art Musik verstehe ich wirklich sehr wenig, abgesehen davon, dass ich sie gerne höre. Eines Tages jedoch beschloss ich, dass ich mich auch daran versuchen wollte. Indem ich jeden Gedanken daran, was für eine Herausforderung dies doch darstellte, aus meinem Geist verbannte, bat ich einfach um Führung. Meine Formel hier ist einfach zu sagen: „Ich selbst kann es nicht tun, doch Du, Gott, vermagst alles!" Außerdem glaube ich zutiefst daran, dass alles, was wir tun, unsere Lebensphilosophie spiegeln sollte. Indem ich dieses Quartett schrieb, beschloss ich, dass ich als Gründer verschiedener kooperativer Gemeinschaften allen vier Instrumenten Gelegenheit geben wollte, sich zum Ausdruck zu bringen, statt dass drei von ihnen – abgesehen von der Begleitung der ersten Geige und ihrer Melodie – nur wenig zu tun haben sollten. (Ihr seht also, dass man sehr klar wissen muss, um was man bittet). Ich kann gar nicht richtig erklären, wie es geschah, aber plötzlich hörte ich diese vier Instrumente fröhlich miteinander Stimme und Gegenstimme spielen, anschwellend und absteigend, so als ob sie miteinander tanzen würden.

Ein professioneller klassischer Geiger, der kürzlich dabei war, als wir dieses Quartett aufnahmen, sagte zu mir: „Der zweite Satz ist genauso gut wie irgendetwas von Beethoven!" Ich weiß nicht, was ich davon halten soll. Ich bin nicht der Komponist, und ich nehme auch nicht den Beifall dafür entgegen. Ich mag dieses Quartett – um die Wahrheit zu sagen, ich liebe es – aber ich habe einfach nur das aufgeschrieben, was ich selbst empfangen habe.

Einstimmung in das Unendliche Bewusstsein

Ich habe gelernt, dass uns alles Wissen zur Verfügung steht. Wir müssen es nicht neu erschaffen; wir müssen nur einfach darauf zugreifen. Bitte einfach in der richtigen Weise darum – nicht mit Stolz auf das, was du da erschaffst, sondern mit offenem Herzen. Ich meine nicht einmal, dass du dies besonders demütig tun solltest – in einem Sinne, dass du dich selbst dabei missbilligst. Denke am besten dabei überhaupt nicht an dich und auch nicht an deine Fähigkeiten oder deren Mangel in dir. Konzentriere dich stattdessen darauf, dich auf das Unendliche Bewusstsein einzustellen und bitte um Führung für das, was du tun möchtest. Es ist wunderbar, macht Spaß und ist eine tiefe Inspiration für deine Arbeit und dafür, dass du erlaubst, auf diese Weise eingesetzt zu werden.

Ich arbeitete mit meinem Guru an der Überarbeitung seiner Kommentare zur Bhagavad Gita. Er sagte mir, dass ein Teil meiner Arbeit darin bestehen würde, seine Texte zu redigieren. Wie es sich herausstellte, wurde es jedoch nötig, dass ich in verschiedenen anderen Bereichen weiter zu arbeiten hatte. Ich bekam deshalb keinen Zugang zu seinem Manuskript. Ich war jedoch mit dem, was von dieser Arbeit veröffentlicht worden war, nicht zufrieden. Es brachte nicht wirklich ihren wahren Geist zum Ausdruck. Und ebenso wenig ihren ganzen Inhalt.

Eines Tages dachte ich: „Ich werde langsam alt. Wer weiß, ob ich jemals noch in der Lage sein werde, diese Arbeit zu tun, aber sie sollte auf irgendeine Weise getan werden." Deshalb bat ich Yogananda innerlich, meine Bemühungen zu führen, und war mehr als erstaunt, als ich entdeckte, dass ich nach mehr als 50 Jahren in der Lage war, jede einzelne seiner Ideen, eine nach der anderen und alles, was er zu jeder Stanza gesagt hatte, zu erinnern. Ich begann am 7. Oktober mit dieser Arbeit und schloss sie am 5. Dezember ab: Weniger als zwei Monate Arbeit mit einem Werk von beinahe 600 Seiten. Seit seiner Veröffentlichung in Buchform hat es glänzende Kritiken bekommen. Viel wichtiger ist mir jedoch, dass es dem treu ist, was Yogananda selbst 1950 zu Ende geschrieben hatte.

Ich habe auch herausgefunden, dass das Unendliche Bewusstsein ebenso materielle Bedürfnisse erfüllen kann und nicht nur die notwendige Information übermittelt oder Inspirationen schenkt. In unserem Ananda-Zentrum in der Nähe von Nevada City in Kalifornien hatten wir einmal einen Event, um Sponsoren für die Verschönerung dessen zu finden, was wir immer noch skurilerweise „das Stadtzentrum von Ananda" nennen. Unsere Bitten bezogen sich auf Blumen (10 Dollar), Büsche

(15 Dollar) und andere kleine Gegenstände. Es gab jedoch auch einen Wunsch, der 3000 Dollar kostete (soweit ich weiß, sollte eine Zufahrt verbessert werden und so viel kosten). Die Hoffnung bestand ganz offensichtlich darin, dass vielleicht eine der Firmen von Ananda sich zu diesem Betrag verpflichten würde. Als ich diesen Wunsch las, dachte ich: „Wir benötigen sicherlich eine bessere Straße, aber wer wird sich zu so viel verpflichten?" Ich hatte kein Geld. Dennoch dachte ich: „Gott kann das beschaffen." Und mit diesem Gedanken unterschrieb ich eine Verpflichtung für den Gesamtbetrag.

Unmöglich? Sicherlich (jedenfalls was mich selbst betraf)! Aber ich muss in der richtigen Weise darum gebeten haben, denn eines Morgens, eine Woche oder so später (das Geld sollte bis zwei Wochen nach der Veranstaltung übergeben worden sein), fand ich einen Briefumschlag, der unter meiner Eingangstür durchgeschoben worden war. Er kam von einem früheren Mitbewohner der Gemeinschaft, der gerade zu Besuch gekommen war. Darin lag ein Brief, in dem stand: „Meine Mutter ist vor einigen Monaten gestorben und hat mir ein bisschen Geld hinterlassen. Ich wollte schon seit langem meine Dankbarkeit Ihnen gegenüber für all das zum Ausdruck bringen, was ich von Ihnen empfangen habe. Ich möchte es gern auf diese Weise tun." Dabei lag ein Scheck über 3000 Dollar.

Dinge wie diese sind mir in meinem Leben wieder und wieder passiert. Und ich hoffe, dass niemand, der diese Seiten liest, auf die Idee kommt zu glauben, ich würde hier behaupten, über eine besondere Gabe zu verfügen. Was ich allerdings sagen möchte, ist, dass wir *alle* von einem Ozean der Fülle umgeben sind: Wissen, Weisheit, Fähigkeiten, Gelegenheiten und materielle Fülle. Wie schade, dass die meisten Menschen sich vor dieser spirituellen Umwelt verschließen! Indem sie ihren Blick fest auf den Boden gerichtet halten, trotten sie durch ein Leben, das gefüllt ist mit Sorgen, Ängsten und Selbstzweifeln.

Ich könnte noch viele ähnliche Geschichten erzählen. Diese wenigen sollten jedoch schon ausreichend sein, damit mein Ansatz klar wird. In der Omniscience gibt es all das Wissen und alle Inspiration, die wir brauchen, ebenso wie alle Macht in der Omnipotence vorhanden ist.

Es gibt jedoch noch ein weiteres Phänomen, das so erstaunlich ist, dass ich gerne meinen Beitrag damit beschließen möchte.

Erstaunliche Vorhersagen

Vor vielen Jahren, im Jahr 1959, kam ein Sohn des Maharadscha von Patiala (im indischen Punjab), der bei mir einen Kurs in Raja Yoga belegt hatte, eines Tages zu mir in das Haus von Balkishen Khosla, bei dem ich wohnte, und fragte mich: „Swamiji, haben Sie schon einmal von Bhrigu gehört?"

Da ich mit dem Namen nichts anfangen konnte, fügte er hinzu: „Bhrigu wird in der Bhagavad Gita erwähnt, wo Krishna (mit der Stimme Gottes) sagt: „Unter allen Heiligen bin ich Bhrigu." Natürlich erkannte ich dann den Namen. Bhrigu lebte vor langer, langer Zeit in Indien.

Raja Mrigendra Singh, mein Besucher, sagte dann weiter: „Bhrigu schrieb ein *samhita* (ein spirituelles Dokument), in dem das Leben unzähliger Menschen vorhergesagt wird, die noch geboren werden sollten, und von denen einige heutzutage leben."

Dies erschien mir natürlich beinahe zu fantastisch. Dennoch hatte ich in diesem ungewöhnlichen und mystischen Land schon immer wieder Beispiele für das Außergewöhnliche erlebt. Bevor ich weiter berichte, lassen Sie mich vorher jedoch noch von einer alten indischen Tradition erzählen, die mein spiritueller „Großvater", der Guru meines Guru, Swami Sri Yukeswar, erläutert, und sozusagen „zurechtgestutzt" hatte, weil sich im Verlauf der Geschichte und unter ihrem Einfluss von Zerfall und Auflösung Ungenauigkeiten eingeschlichen hatten. In dieser Tradition geht es um vier Zeitalter, die nach den Angaben von Sri Yukeswar dadurch herbeigeführt werden, dass es zu siderischen Bewegungen zwischen den Galaxien kommt. Das gesamte System ist zu komplex, um es hier wiederzugeben, aber es hat auch mit den Akasha-Einflüssen zu tun.

Sri Yukeswar behauptete, dass die Erde kürzlich in *Dwapara Yuga*, das zweite dieser Stadien eingetreten sei, in dessen Verlauf die Menschen nach und nach die Energie kennenlernen werden, die die Basiswirklichkeit der Materie ist. In diesem *Dwapara*-Zeitalter also werden die Menschen Einsichten in die grundlegend illusionäre Natur des Raumes gewinnen. Und deshalb werden wir in den kommenden Jahrhunderten lernen, zu anderen Planeten zu reisen und die Vorstellungen von Entfernung im Weltraum überwinden. Bis zu einem gewissen Grad haben wir diese Entwicklung bereits vollzogen, und zwar durch die Erfindungen von Telefon, Radio, Fernsehen, Internet, Luft- und Raumfahrt.

Es wird gesagt, dass im dritten dieser aufeinander folgenden Zeitalter, *Treta Yuga*, Menschen auch Einsichten in die grundlegend illusionäre Natur der Zeit gewinnen werden. Wir werden verstehen, dass Zeit und Raum in Wirklichkeit viel elastischer sind, als sie bisher ausgesehen haben; die Zeit selbst wird als ein Kontinuum wahrgenommen werden, vergleichbar mit einem Fluss, der, wenn man ihn von einer Brücke aus wahrnimmt, nicht nur als das Wasser gesehen wird, das direkt unter der Brücke fließt, sondern auch als das Wasser, was zur Brücke hinfließt, ebenso wie dasjenige, was von der Brücke aus weiterfließt. In andereren Worten: Die Zukunft existiert schon jetzt, da sie das Ergebnis fließender Einflüsse der Vergangenheit ist, und wird sich nicht in bedeutsamer Weise ändern, wenn man dem Wasser heute etwas hinzufügt – beispielsweise etwas, was von der Brücke hinuntergeworfen wird.

Hinweise auf diese Wirklichkeiten gibt es heute schon. Aber sie werden im dritten Zeitalter so offensichtlich werden, dass man sie überall akzeptiert. Besonders begabte Menschen werden in der Lage sein, auch wenn Zyniker dies bestreiten wollen, besondere Ereignisse vorauszusagen, die weit in der Zukunft liegen.

Auch heute schon sind solche Voraussagen gemacht worden, und sie beziehen sich vor allem auf das Leben einzelner Menschen oder aber auf Geschehnisse in der Welt, die sich dann als überraschend zutreffend herausgestellt haben. Das Wissen erleuchteter Weisen hat sich dabei als ausgesprochen ungewöhnlich gezeigt.

Mir wurde eine Geschichte erzählt, die auf einer persönlichen Erfahrung von jemand basierte, den ich kannte, und der einen Heiligen in Howrah in Westbengalen besucht hatte. Er hatte den Heiligen gefragt, wie zuverlässig und wie genau eine Vorhersage sein könnte. Der Heilige antwortete, dass er ihm einige vollkommen unerwartete Geschehnisse erzählte, die diesem Mann noch am selben Nachmittag widerfahren würden. Was er sagte (und ich kann dies hier nur noch sinngemäß wiedergeben), war in etwa Folgendes: „Wenn Sie von hier wegfahren, werden Sie einen Umweg machen müssen, weil eine große Menschenmenge sich vor einem brennenden Haus versammelt haben wird. Bei diesem Umweg werden Sie einen Unfall auf der rechten Straßenseite beobachten, aber dieser wird Sie nicht aufhalten und Sie werden sicher zu Hause ankommen." Die Details waren nicht genau die, die ich hier angeführt habe, aber was tatsächlich passierte, war damit vergleichbar. Mir wurde versichert, dass die Voraussage sich in jeder Einzelheit genauso erfüllte.

Yoganandas *Autobiografie eines Yogi* enthält zahlreiche Vorhersagen von ähnlicher Natur. Ich möchte hier betonen, dass ich selbst mit dem Autor dieses Buches als dessen enger Schüler zusammengelebt habe und vollständig von seiner Aufrichtigkeit und der Wahrheit seiner Erzählungen überzeugt bin.

Zurück nun also zu meiner eigenen Erfahrung mit Raja Mrigendra und dem Text über Bhrigu, der in der Tat außergewöhnlich war. Rja Mrigendra erzählte mir, dass unweit des Ortes, an dem wir uns aufhielten, „in der Stadt Barnala eine teilweise Kopie dieses antiken Dokuments zu finden ist, und zwar in Form einer Handschrift. Sie enthält Vorhersagen über das Leben von Menschen, darunter vieler, die heute leben. Ich habe dort auch etwas über mich selbst gefunden. Wären Sie", so fuhr er fort, „daran interessiert, dorthin zu fahren, um zu sehen, ob die *samhita* etwas über Sie enthält?"

„Sind diese Vorhersagen eher in allgemeiner Form gehalten?", fragte ich. „Könnte da beispielsweise über mich stehen, dass ich von sehr weit hergereist bin und offenbar an spirituellen Themen interessiert bin?"

„Überhaupt nicht", antwortete er überzeugt „Wenn darin überhaupt etwas steht, dann ist es sehr detailliert."

Natürlich war ich fasziniert. Wir fuhren am nächsten Tag mit dem Auto nach Barnala, einer Stadt, der man in keiner Weise mystische Wunder zutrauen würde, da sie nur aus einer Ansammlung ganz gewöhnlicher, eher schmutziger Straßen und Gebäude bestand, von denen kein einziges interessant aussah. Und der Bau, der dieses wunderbare Dokument enthalten sollte, unterschied sich in keiner Weise von den ihn umgebenden Häusern. Wir waren die ersten, die ankamen, und so wurde ich dem Hüter vorgestellt, einem Brahmanen, dessen Name, wenn ich mich recht erinnere, Pundit Bhagat Ram lautete. Er hieß uns willkommen und zeigte meinem Freund gegenüber die Achtung, die seiner gesellschaftlichen Position entsprach.

Nachdem wir schnell die vorgeschriebenen Formalitäten erfüllt hatten, wurde für den Augenblick, in dem ich um ein Reading gebeten hatte, ein Horoskop erstellt. Der Pundit ging dann in einen Raum im Inneren, wo das aufbewahrte Dokument gebündelt auf vielen Regalen verteilt lag. Er zog ein kleines Bündel mit einer Zahl darauf hervor (ich erinnere mich vage an eine 54). Er öffnete das Bündel und teilte es in drei Teile. Eins davon behielt er selbst, einen weiteren Teil überreichte er Raja Mrigendra und gab mir dann den dritten Teil, einen Stapel mit Seiten. Er bat uns beide, nach einer Seite zu suchen, die ein Horoskop enthielte, das demjenigen ähnelte, das er gerade über unseren Eintrittsmoment gezeichnet hatte. Wir gingen sorgsam die Seiten durch. Ich war derjenige, der eine Seite fand, die seiner Zeichnung zu ähneln schien. Und sie war die richtige.

„Die Readings", so hatte mir Raja Mrigendra erzählt, „berichten gewöhnlich von dem letzten Leben eines Menschen, seinem derzeitigen Leben und von seinem nächsten." Mein Reading begann, wie er vorausgesagt hatte, mit meinem vorherigen Leben. Mir wurde gesagt, dass ich in jenem Leben in Indien geboren worden sei. Mein Name war Pujar Das. Ich hatte in Karatschi gelebt (dieser Name wurde anhand des ersten Buchstabens der Stadt sowie durch ihre geografische Lage identifiziert). Ich war damals verheiratet, und mir ging es finanziell gut. Wir hatten keine Kinder.

Dann folgte eine kurze Beschreibung meines Lebens bis zu einem Punkt, an dem meine Frau und ich auf eine Pilgerfahrt gingen, in deren Verlauf wir zu einer Wüste kamen (möglicherweise in Rajasthan) und dann zu einem Ort weiterreisten, an dem der antike Weise Kapila (der Gründer des philosophischen Shankhya-Systems) früher einmal seinen Ashram gehabt hatte. Dort begegnete mir mein Guru. Ich entschloss mich, dort zu bleiben und Gott zu suchen, und schickte meine Frau nach Hause. Dann folgte noch eine ziemliche Menge an Information, die aber zu persönlich ist, um sie hier zu veröffentlichen. Nichts davon war natürlich nachprüfbar, obwohl es schon wahr ist, dass ich mich auch in meinem gegenwärtigen Leben auf seltsame Weise von einem Leben in der Wüste angezogen fühle.

„Im gegenwärtigen Leben", so fuhr das Dokument fort, „wurde er in einem *mlecha* (dem Wort für unrein, eine alte Bezeichnung für den Westen) Land geboren, ist als ein Weiser des Ashtanga Yoga (nach den Lehren des Patanjali) bekannt und reist und unterrichtet in diesem Land. Sein Name ist Kriyananda."

Diese Information ließ mich buchstäblich hochschnellen. Ich war vollkommen überrascht. Kriyananda ist ein ziemlich seltener Name, obwohl zwei oder drei Mönche ihn seit der Zeit, als ich ihn annahm, auch angenommen haben. Einige weitere Menschen waren nun auch in den Raum gekommen, und ich reichte die Seite herum, um sicherzustellen, dass mein Name tatsächlich auf dieser Seite verzeichnet war. Sie bestätigten alle, dass dem so war. Das „Reading" gab keine Informationen über mein nächstes Leben, machte aber einige Vorhersagen über das derzeitige, die interessant und hoffnungsvoll waren, wenn auch ein wenig ungenau.

Die Tatsache, dass es meinen Namen nannte, war jedoch für sich genommen schon einfach unglaublich. Was es zudem über dieses Leben aussagte, war mehr oder weniger zutreffend, wenn auch allgemein. Würde ich es genauer gehabt haben wollen? Ich bin da nicht so sicher. Manchmal ist es hilfreicher, ein allgemeines Gefühl dafür zu haben, wohin die Reise geht, als sich mit zu vielen Details zu belasten, ob sie nun alarmierend oder tröstlich sind.

Was sollte ich davon halten? Das Reading schloss mit den Worten: „Heute wird es keine weiteren Readings geben." Demzufolge verließen alle mit uns zusammen den Raum.

Ich war davon fasziniert genug, um mit einigen Freunden darüber zu sprechen. Dies schien schließlich einen Beweis dafür zu liefern, dass es in der indischen antiken Zivilisation – was ich ja auch schon wusste – viel mehr gegeben hatte als Kuhherden, Bauern und primitive Dorfbewohner. Und sicherlich legte es nahe, dass es ein Erbe eines ungewöhnlichen Wissens gibt. Dies war Munition genug, um jedem Buch oder jeder Vorlesung über diese antiken Lehren Gewicht zu verleihen.

Einige Wochen später hielt ich Vorlesungen und unterrichtete in Neu Delhi, wo dieses neu geweckte Interesse mich zu einem weiteren Abschnitt der Brighu Sanhita führte. Ich empfing hier nämlich ein weiteres Reading, was erklärte: „Ich habe ihm bereits ein Reading in meinem *Yoga Valli* gegeben. Dies geschah auf der Basis von Astrologie. Jetzt wird es in Übereinstimmung mit der Macht des Yoga geschehen." Und anstatt mir erneut etwas von meinem letzten Leben zu erzählen, bezog sich das, was ich zu hören bekam, auf ein noch früheres Leben.

„Zur Zeit von Kurukshetra (einem historischen Feldzug, der in dem antiken Epos Mahabaratha beschrieben wird) war er der Herrscher eines kleinen Staates in Bharatavarsha in Indien. Aus Angst, die falsche Seite in diesem Konflikt unterstützen zu müssen, übergab er sein Königreich seinem Sohn und zog sich in die Wälder zurück, um dort ein Leben der Abgeschiedenheit und der Meditation zu führen. Hier erhielt er auch seine Initiation von seinem Guru." Das Reading beschrieb das Leben dieses Mannes weiter und erklärte, dass er aufgund seiner guten Taten danach etwa 700 Jahre in der Astralwelt verbrachte.

Das war faszinierend! Und in der Tat war mir dieser feinstoffliche Bereich schon immer realer vorgekommen als diese materielle Welt, obwohl das, was davon übrig bleibt, mehr starken Eindrücken entsprach statt klaren und präzisen Erinnerungen. Und wiederum lasse ich hier bewusst Einzelheiten jenes vergangenen Lebens aus, die zu persönlich und für diese Seiten nicht geeignet sind.

Was jedoch dann folgte, war sogar noch erstaunlicher als das Reading in Barnala. „Sein jetziges Leben", so wurde weiter ausgeführt, „ist das achte seit der Zeit von Kurukshetra. In seinem gegenwärtigen Leben wurde er in Rumänien geboren, lebte dann in Amerika (beide Behauptungen stimmten) und sein Vater nannte ihn James. (Tatsächlich ist mein erster Vorname James, aber ich war Zeit meines Lebens nur unter meinem zweiten Vornamen Donald bekannt). Er hat zwei Brüder, aber keine überlebende Schwester, weil diese bereits in der Gebärmutter der Mutter verstarb (meine Mutter gab mir gegenüber zu, als ich sie nach meiner Rückkehr nach Amerika dazu befragte, dass sie eine Fehlgeburt gehabt hatte). Nachdem er seinen Guru Yogananda traf, änderte er seinen Namen in Kriyananda. Innerhalb von zwei Monaten, nachdem er dieses Reading hier erhalten hat, wird er in sein Heimatland zurückkehren, wo er von seinen (spirituellen) Brüdern und Schwestern liebevoll empfangen werden wird und eine hohe Position bekommt."

Tatsächlich wurde ich innerhalb von zwei Monaten nach Amerika zurückberufen. Während meiner Rückreise, als ich gerade in Japan war, erhielt ich die Nachricht, dass Dr. M.W. Lewis, der ältere Vizepräsident der Organisation meines Guru, gerade seinen Körper verlassen hatte. Kurz nach meiner Ankunft in Kalifornien wurde ich zu seinem Nachfolger im Leitungsgremium und zum Vizepräsidenten ernannt. So weit war also die Präzision der Vorhersage geradezu unheimlich. Bis zum Tod von Dr. Lewis hatte ich schon eine so hohe Position innerhalb der Organisation innegehabt, wie sie für mich erreichbar war. Das Reading hatte außerdem noch von einigen weiteren angenehmen Vorhersagen gesprochen, die sich samt und sonders erfüllten.

Dann hieß es darin weiter: „Was ich bisher übermittelt habe, sind die Früchte seines guten Karma. Nun werde ich die Früchte seines schlechten Karmas nennen. Es gibt die Gefahr eines plötzlichen, unerwarteten Todes für ihn. Es gibt auch die Wahrscheinlichkeit von Hindernissen, die im Rahmen seiner Mission aufkommen sowie in seinem *sannyas* (seinem spirituellen Engagement)."

Nicht viel später, auf meiner Rückreise von Amerika nach Indien, kaufte ich in Italien eine Lambretta Vespa und ließ sie nach Indien verschiffen. Im großen, von hohen Mauern umgebenen Hof des Heimes in Alt-Delhi, das ich wie gewöhnlich besuchte, packte ich die Lambretta aus, setzte mich darauf und drehte den Schlüssel in die „An"-Position herum, wobei ich annahm, dass die Maschine dann auf weitere Instruktionen warten würde. Zu meinem Entsetzen war der Gang jedoch bereits eingeschaltet und die Vespa begann sich plötzlich, ohne die geringste Vorwarnung, mit Höchstgeschwindigkeit über den Hof in Richtung auf die hohe Mauer zu zu bewegen. Ich hatte nicht die leiseste Ahnung, was ich tun sollte. In weniger als einer Sekunde musste ich eine Lösung finden. Auf irgendeine Weise schaffte ich es, den Gang herauszunehmen, die Bremse zu finden und hastig zu betätigen und die Maschine etwa 20 Zentimeter vor der Mauer zum Halten zu bringen. Sie wäre sonst beinahe mein sicherer Tod gewesen.

Nicht sehr viel später brachen auch die „Hindernisse in meiner Mission", die Brighu vorhergesagt hatte, über mich herein: Vollkommen unerwartet kam es zu Missverständnissen auf Seiten meiner Vorgesetzten, und darauf folgte eine fristlose Entlassung aus der Organisation, der ich vollständig mein Leben gewidmet hatte, und zwar ohne Hoffnung auf Einspruch oder Begnadigung. Plötzlich fand ich mich zurück in die „Welt" geworfen, ohne Unterstützung oder Vorbereitung. Mehrere Jahre lang wurde ich so in einen Strudel inneren Aufruhrs gestürzt. Zu meinem Glück wankte jedoch die Hingabe meines Herzens, Gott durch Dienst an meinem Guru zu suchen, keinen Augenblick lang, und so gelangte ich sicher durch diesen Zeitabschnitt sehr ernsthafter Prüfung hindurch.

Das Reading hatte weiterhin von einer Zukunft voll Ruhm, Erfolg und gutem Geschick gesprochen. Allerdings sagte auch dieses nichts über mein nächstes Leben aus. Der größte Teil der Seite war diesem Leben gewidmet und brachte Einzelheiten, die sich im Laufe der Zeit als wahr herausstellten. Das Reading sagte auch etwas über meine Zukunft, was vielleicht für viele andere Menschen auch von Bedeutung sein könnte. Es sagte: „In der Zukunft dieses Landes, wenn in jedem Heim geweint werden wird…", und dann sprach es von meiner Rolle während dieser schlimmen Zeit. Ich kann diese Vorhersage über das „Weinen in jedem Heim" leicht als eine Möglichkeit annehmen, denn ich habe seit langem geglaubt, und mein Guru hat dies in der Tat auch vorausgesagt, dass eine ernstzunehmende Wirtschaftskrise kommen wird, die, so sagte er, „schlimmer sein wird als die Wirtschaftskrise von 1930." Einem anderen Schüler gegenüber sagte er: „Der Dollar wird nicht mehr das Papier wert sein, auf dem er gedruckt ist." Wenn ihr euch nur das hier von all dem zu Herzen nehmen könntet, was ich bisher geschrieben habe, dann könnte euch geholfen werden, indem ihr eine heilsame Warnung empfangt. Die Lösung, die mein Guru vorschlug, bestand darin, dass sich Menschen zusammenschließen und Grundstücke weit draußen auf dem Land kaufen sollten, um dort kleine, sich selbst erhaltende kooperative Gemeinschaften zu bilden.

Ein indischer Bekannter von mir aus Los Angeles erzählte mir, dass ein indischer Freund von ihm zur Bhrigu Sanhita gefahren war und dass ihm gesagt wurde: „Im Verlauf dieser Lesung hier kommt es zu einem Donnerschlag." Vermutlich sollte dies als ein Zeichen gewertet werden, dass die Vorhersage auf Wahrheit beruhte. Der

Himmel war an diesem Tag absolut wolkenlos. Aber genau in diesem Augenblick gab es dennoch einen lauten Donnerschlag. (Die philosophischen und naturwissenschaftlichen Konsequenzen dieses Vorfalls sind einfach Schwindel erregend.)

Ich befürchte, dass sich die Naturwissenschaft nicht leicht auf die mögliche Existenz eines Unendlichen Bewusstseins und auf eine Achtsamkeit innerhalb dieses Bewusstseins für jeden zufälligen Gedanken in jedem Geist eines jeden Naturwissenschaftlers einstellen wird. In der Bhagavad Gita sagt Krishna: „In einem Atheisten bin ich der Atheismus." Dennoch tendiert die moderne Forschung mehr und mehr zu dem starken Verdacht, wenn nicht sogar zu der tatsächlichen Schlussfolgerung, dass es mehr „hinter diesen Hügeln" gibt, als irgendjemand bisher vermutet hat oder sich heutzutage überhaupt vorzustellen vermag.

Ein Flüstern aus der Ewigkeit

Lassen Sie mich mit einer weiteren wahren Geschichte zum Ende kommen. Jemand fragte einmal Paramhansa Yogananda: „Ist es möglich, die Inspiration seinem Willen zu unterwerfen?"

„Sicherlich!", antwortete der Meister. Er war in dem Moment gerade dabei, das Haus zu verlassen, unterbrach dies jedoch, setzte sich in einen Sessel und sagte: „Schreiben Sie diese Worte auf." Und dann diktierte er:

> „Oh, Vater, als ich blind war, fand ich die Tür nicht, die zu dir führte, aber nun, da du meine Augen geöffnet hast, finde ich Türen überall: Sie führen durch die Herzen von Blumen, durch die Stimme der Freundschaft, durch die süßen Erinnerungen an alle wunderbaren Erfahrungen. Jeder Schwall meiner Gebete öffnet eine Tür in den riesigen Tempel deiner Gegenwart, die ich zuvor noch nie durchschritten habe."

Dieses Gebets-Gedicht wurde später in Yoganandas Buch *Whispers from Eternity* veröffentlicht. Ein Rezensent schrieb: „Es enthält ein Gedicht, das ich unbedingt zitieren muss." Und dann zitierte er genau dieses Gedicht.

Alles, was Sie je wissen wollten; jedes Talent, das Sie je besitzen wollten, jede Befriedigung, die Sie je erreichen wollten – sie alle erwarten Sie bereits im Akashafeld (der Unendlichen Bewusstheit, die feinstofflicher ist als der Raum selbst), umgibt Sie bereits in jedem Ihrer Gedanken, Ihrer Hoffnungen, Ihrer Ambitionen und Ihres Verlangens.

3 • Rückkehr nach Amalfi und in die Akasha-Heimat

David Loye

David Loye, Psychologe, evolutionärer Systemwissenschaftler und Schriftsteller, ist der Gründer des Benjamin Franklin Verlages. Das gesamte Ergebnis seiner Forschungen zum Thema „Vergangenes Leben" – sechs Bücher über den Darwin'schen Jahrestags-Zyklus, sechs Bücher über den Moralischen Transformationszyklus und ein Unterhaltungs- und Humoristenzyklus sind unter den 20 neuen Büchern – wurde von Loye im Benjamin Franklin Verlag veröffentlicht.

Etwas, das all diejenigen wissen, die bereits persönlich so genannte paranormale Erfahrungen gemacht haben, ist Folgendes: Zukünftige Wissenschaftler werden sich sehr wundern, wie die Naturwissenschaft des 20. Jahrhunderts in ihrer Haltung diesem Thema gegenüber genauso blind in ihrer Arroganz und Feindseligkeit war wie die Religion des Mittelalters gegenüber der Naturwissenschaft.

In beiden Fällen können wir den Versuch erkennen, die Evolution anhalten zu wollen, indem man die Fenster vor dem großen Wissensbereich verschloss, den Laszlos kühnes Abenteuer, das neue Wissen mit der alten Weisheit zu verbinden, jetzt nach und nach als ein Akashafeld offenbart. (1)

In meinem Fall bestand mein erstes Fenster zum Akashafeld in meiner Entdeckung der Psychometrie. Dabei geht es darum, dass man die Armbanduhr oder den Ring von jemandem in der Hand halten, sich selbst in eine schnelle, leichte Trance versetzen und Bilder von der Vergangenheit, der Gegenwart oder manchmal, so vermute ich, sogar von der Zukunft dieser Person empfangen kann. Indem ich das mit normalerweise überraschenden Ergebnissen tat, habe ich über die Jahre buchstäblich Hunderte von Menschen gut unterhalten und dabei gedacht: „Wie typisch: Hier gibt es diese wunderbare Kraft, aber – in diesem nach wie vor gefangenen Stadium der Evolution – haben wir nur gelernt, sie zu einer trivialen Unterhaltung einzusetzen." Das erste Fenster hatte sich schon 1970 geöffnet, als ich von Princeton auf der biederen und skeptischen Ostküste in das geistig viel offenere Kalifornien und an die dortige Medizinische Fakultät der Universität von Kalifornien (UCLA) umzog. Bald schon, wie ich auch in meinem Buch *3000 Years of Love* beschrieb, öffnete sich das Fenster zur Telepathie ganz. (2)

An der UCLA war ich jedoch entsetzt zu entdecken, dass die Psychologin Thelma Moss aus der Fakultät geworfen wurde. Die Universität hatte Angst, dass die Besessenheit, mit der sie ihre Pionierarbeit über die Hintergründe der Geistheilung betrieb, ihr Image schädigen und die Gewährung zukünftiger Forschungsmittel infrage stellen würde. Ich machte mich daran, einsam und verlassen ihre Forschungen zu den Hintergründen der Telepathie fortzusetzen, die von einer kleinen Forschungsgruppe durchgeführt wurden, die sie hinterlassen hatte, wurde bald ihr Sponsor und gehörte innerhalb weniger Wochen zum inneren Kreis der besonders Empfänglichen. Nach einem Jahr, als der Erfolg in der Telepathie beinahe schon zur Routine geworden war, stürzte ich mich zusammen mit der Gruppe auf das Thema Vorhersage. Unser verblüffender Erfolg war der Auslöser für mein Buch *The Sphinx and the Rainbow* (das im Jahr 1984 veröffentlicht und in 2000 aktualisiert wurde, wobei wir die Chaostheorie einbezogen und dem Buch einen neuen Titel gaben, nämlich *An Arrow through Chaos*). (3)

In der ersten Hälfte von *The Sphinx and the Rainbow* hatte ich den sicheren Weg gewählt, indem ich darüber schrieb, wie wir das Gehirn und den Geist benutzen, um die Zukunft zu lesen. Ich tat dies, um ein akzeptables Grundprinzip für die Naturwissenschaft aufzustellen. In der zweiten Hälfte jedoch traute ich mich mutig in das Feld der Hellsichtigkeit, was dazu führte, dass ich von zwei Seiten große Ermutigung erhielt. Einmal lobte der Gehirnwissenschaftler Karl Pribham meine Theorie darüber, wie Hellsichtigkeit funktioniert, als einen „Holo-Sprung", ein Wort, das auf Karls zentraler, aber zu jenem Zeitpunkt noch umstrittener holografischer Gehirn- und Geistestheorie basierte. Andererseits lud mich Ervin Laszlo ein, nachdem er *Sphinx* gelesen hatte, der Forschungsgruppe beizutreten, die dann später zur Forschungsgruppe für Allgemeine Evolution wurde und die ihn mit jedem Buch tiefer in das Akashafeld führte.

In jenen Jahren jedoch, in denen ich darauf angewiesen war, mein Brot zu verdienen, war ich vorsichtig darauf bedacht, mir einen Ruf zu verschaffen, der mir Forschungsgelder und eine sichere Professur garantieren würde. Aber als ich dann von den brillanten Arbeiten von Russell Targ und Harold Puthoff über die

Fernheilung las, merkte ich, dass dieses faszinierende neue Fenster Möglichkeiten praktischer Nutzung eröffnete, die weit über reine Unterhaltung hinausgingen. (4) Ich war in der Lage, Hellsehen mehrfach zu praktizieren, als meine Kinder oder besser die Kinder meiner Frau hunderte oder sogar tausende Kilometer entfernt möglicherweise in Gefahr waren und nicht erreicht werden konnten. Um dies zu überprüfen, versetzte ich mich einfach in eine leichte Trance und konnte sehen, dass sie in Sicherheit waren. Gleichzeitig war ich in der Lage, die Kraft dieses neuen Handwerkszeuges meines Geistes zu bestätigen, denn ich sah etwas, was ich keinesfalls auf andere Weise hätte erfahren können. Einzelheiten dessen, was ich wahrgenommen hatte, wurden später von meinen Kindern bestätigt, die zeigten, dass ich tatsächlich „im Geiste dort gewesen war", wie beispielsweise ein seltsames Geräusch, das ich gehört hatte, das sich dann als der genaue Klopfton der Schneeketten des Busses herausstellte, mit dem meine anvisierte Stieftochter gerade während eines Schneesturms einen Berg hinauffuhr.

All dies war jedoch nur das erste Fenster im Gang zu der großen Tür, die sich vor mir öffnete, als ich mich auch in die Vergangenheit wagte, ein Unternehmen, über das ich in meinem Buch *Return to Amalfi* geschrieben habe.

Durch die Tür zur Vergangenheit

Da es die unmittelbare Erfahrung ist, die selbst die größten Skeptiker überzeugt, werde ich diese nun darzulegen versuchen, indem ich einige Ereignisse vorstelle, und zwar genau, wie sie sich ereignet haben.

Ich bin in dem komfortablen Gästehaus, in dem Nadya Giusi, eine befreundete Psychologin, mit ihren Klienten arbeitet. Das Haus befindet sich in meiner Heimatstadt Carmel-by-the-Sea auf der Monterey Halbinsel in Kalifornien. Nadya sitzt neben mir. Ich habe mich auf der klassischen Psychologencouch ausgestreckt und mich in drei Atemzügen in eine leichte Trance versetzt. Ich nicke Nadya zu.

Während einer früheren Sitzung hatte sie vorgeschlagen, dass ich mich auf einen Bereich in meinem Körper konzentrieren sollte, in dem ich anhaltenden Schmerz spürte, um von dort in die Vergangenheit zu reisen. Eine weitere vorherige Stunde hatte mit den Worten begonnen: „Was siehst du, wenn du zu deinen Füßen hinunterschaust?" Dieses Mal jedoch übergeht Nadya diese Vorbereitungsfragen, da ich bereits nachgewiesen habe, dass ich mit nur minimalen Anreizen leicht in andere Leben eintreten kann.

„Wo bist du? Was siehst du?"

Beinahe unmittelbar befinde ich mich im Hafenviertel einer Stadt, die offenbar einen Seehafen besitzt. Ich bin ganz nahe am Wasser.

„Ich kann in meiner Nähe ein Dock oder einen Kai sehen, an dem ein Schiff aus alter Zeit vertäut liegt. Es scheint ein Dreimaster mit dem hohen Bug und Heck zu sein, wie es im Mittelalter typisch war. Ich kann sehen, wie die Seeleute die Fracht entladen. In der Nähe links kann ich einen Tisch sehen, an dem mehrere Männer sitzen. Einer hat ein offenes Buch vor sich liegen, ein Hauptbuch, in das er entweder Dinge hineinschreibt oder mit dessen Hilfe er etwas überprüft."

„Wer bist du?"

„Ich bin – haah!" Ich lache überrascht auf, weil ich plötzlich so sicher bin, dass ich es genau weiß. „Ich bin ein Gewürzhändler, der hier ist, um eine Ladung Gewürze in Empfang zu nehmen, die das Schiff für mich aus dem Orient mitgebracht hat."

Ich kann gar nicht darüber hinwegkommen. Es ist, als ob ich in einem Kino wäre, mir einen Film ansehen würde und dabei Popcorn äße – nur dass dies hier kein Film ist, in dem Sinne jedenfalls, dass er auf eine Leinwand projiziert würde. Ich bin einfach dabei – *im* Film, während ich gleichzeitig Popcorn esse.

Am seltsamsten aber ist, dass dieses angebliche vergangene Leben im Vergleich zu dem, was man auf einer Leinwand sehen kann, rund um mich her geschieht, in allen Dimensionen. Es ist etwas, von dem ich ein realer Teil bin, während der Popcornessende gegenwärtige Teil sich anfühlt wie das, was die Physiker uns von uns erzählen, ein Durcheinander von Atomen, das durch die Zeit schwirrt.

Es ist, als ob ein Traum real geworden wäre und die Wirklichkeit der Traum.

„Welches Jahr ist gerade?", fragt Nadya.

„1611", antworte ich ohne Zögern.

Statt etwas undeutlich „irgendwann im Mittelalter" zu antworten, kommt hier eine genaue Jahreszahl aus mir heraus!

1611?

Dieses Jahr verlegt meine Erfahrung zurück in die Zeit der späten Renaissance – was die Frage aufwirft, warum ich gerade dieses Leben gewählt habe. Und warum bin ich dieser schmuddelige Niemand?

Wenn ich dies hier gerade erfinde, warum bin ich dann angeblich – in einer solchen Periode schaffensreicher Genies und farbenprächtiger Machenschaften – nur einer dieser Milliarden Menschen, die Jahrhundert für Jahrhundert ins Leben kommen und wieder daraus verschwinden und nichts auf dem Planeten oder im Fluss der Zeit hinterlassen?

Bei all den großen Figuren der späten Renaissance und bei all den farbenprächtigen und bedeutungsvollen Beschäftigungen dieser Zeit, aus denen man hätte wählen können – warum fand ich mich angeblich im Leben eines bescheidenen Gewürzhändlers wieder, in einem Land, das aussah wie Italien? Warum hatte ich nicht entdeckt, dass ich Michelangelo war, der gerade liebevoll den Marmor polierte, aus dem er dann die große Pietà der Maria zum Leben erwecken würde, die den Körper des toten Jesus in den Armen hält? Oder Leonardo da Vinci, wie er gerade diesen leichten Schwung vielsagenden Lächelns auf das Gesicht der Mona Lisa malt? Oder wenigstens ein berühmter Dichter oder Entdecker in diesem Zeitalter aller Zeitalter großartiger Aufbrüche?

Warum um alles in der Welt würde der Geist von irgendjemandem so fernab aller Möglichkeiten suchen und sich ausgerechnet dieses scheinbar so bedeutungslose Leben eines unbekannten Gewürzhändlers als vergangenes Leben aussuchen?

„Und was geschieht jetzt?" Nadyas Frage brachte meine Aufmerksamkeit zurück.

„Ich habe meine Geschäfte abgeschlossen und gehe nun hinauf in die Stadt. Und mit „hinauf" meine ich wirklich hinauf. Es gibt eine steile Steigung vom Hafenviertel nach oben ins Stadtzentrum. Der Anstieg ist auch deshalb ein bisschen schwierig, weil die Steine unter meinen Füßen ziemlich uneben und rau sind."

Ich merke, wie ich mich frage, warum um alles in der Welt es einen solch steilen Aufstieg in einer Hafenstadt gab, der es ja schwer machen würde, Waren aus den Schiffen nach oben zu schleppen. Es schien aber ebenso sinnlos zu sein, dass es nur ein so kleines Stück flaches Land zwischen dem Meeresufer und dem Aufstieg gab. Viel logischer wäre es gewesen, wenn eine Hafenstadt über reichlich flaches Land verfügt hätte, damit man dort Lagerhäuser hätte errichten können. Dennoch, hier waren offenbar keine.

„Wohin gehst du?" Nadya braucht nur zu fragen, und es ist, als ob ich gleichzeitig sowohl der Hauptdarsteller in einem Film bin wie auch der Kameramann, der mit einem leichten Zoom auf mich zufährt, während die Erfahrung spürbarer wird.

Ich gehe nach Hause, merke ich. Ich steige weiter nach oben, höher und höher, hoch über das Hafenviertel, die rauen Pflastersteine unter meinen Füßen, in ein buntes Gewirr von Straßen, die sich in verschiedene Richtungen davonschlängeln.

Indem ich eine Richtung nach rechts wähle, nähere ich mich einem Viertel mit Häusern, die alle ähnlich aussehen. Sie sind alle zwei oder mehr Stockwerke hoch und aus massivem Holz und aus Stuck sowie Stein gebaut. Das Holz ist dunkel und bildet eine Grundlage für einen Aufbau aus Stuck oder Stein. Die hölzernen Stützpfosten und Gebälke bilden das Untergeschoss, während die Holzbalken im zweiten und in allen weiteren oberen Stockwerken über Kreuz angeordnet sind. Das zweite Stockwerk steht auch leicht über das untere hinaus.

Nun nähere ich mich einem dieser Häuser, von dem ich weiß, dass es mein Zuhause ist. Es hat eine Tür, die in der Mitte geteilt ist, sodass man die obere Hälfte öffnen kann, während die untere Hälfte geschlossen bleibt. Sie hat auch einen Riegel von der besonderen Art, die man bis vor Kurzem noch in alten Bauernhäusern fand. Er hat eine Stange, die in einen Schlitz fällt und die sich hebt, wenn man auf das Daumenstück Druck ausübt. Es wird verschlossen durch einen Pflock, der auf der Innenseite in ein Loch eingeführt wird, und der verhindert, dass irgendjemand von der Außenseite den Riegel öffnen kann.

Ich öffne den Riegel und gehe hinein. Die Decke ist ziemlich niedrig. Ich habe ein undeutliches Gefühl, dass ich hier auch eine Frau habe, aber sie macht sich nicht deutlich genug bemerkbar, dass ich sie beschreiben könnte.

„Gibt es etwas, das dir in diesem Leben wichtig ist und das du beschreiben könntest?"

Ich bin mir bewusst, dass ich eine Tochter habe, die für mich die Welt bedeutet. Sie ist unser einziges Kind. Sie ist sechzehn. Sie wird krank. Es ist schrecklich. Es hat etwas mit ihrer Kehle zu tun. Sie kann nur schwer atmen. Eine Heilerin, die ich mag und der ich vertraue, scheint in der Lage zu sein, ihr etwas Erleichterung zu verschaffen, aber meine Frau besteht darauf, dass wir einen männlichen Arzt holen, den ich auf den ersten Blick nicht leiden kann und dem ich auch nicht vertraue. Meiner Tochter geht es ständig schlechter. Sie stirbt dann nach einem schrecklichen Todeskampf und ich bleibe mit einer tiefen, anhaltenden Verbitterung und voll Hass zurück.

Hier in Carmel – sowohl in als auch außerhalb des „Films" – ist meine emotionale Reaktion so stark, dass ich Lust habe, auf etwas draufzuschlagen.

Aber ich bleibe liegen.

Ich kann nichts tun, als nur das plötzliche, überwältigende Bedürfnis zu fühlen, auf etwas draufzuschlagen – und trotzdem frustriert zu sein.

Ich hasse Ärzte leidenschaftlich wegen ihrer sinnlosen Quacksalberei. Ich hasse Gott leidenschaftlich, weil er sie mir genommen hat. Und vor allem hasse ich die Kirche, die an alldem in irgendeiner Weise beteiligt ist. In einem Zeitalter und an einem Ort, wo der Glaube an Gott und an die Kirche eine fundamentale gesellschaftliche, politische und wirtschaftliche Notwendigkeit ist, sind meine Reaktionen seltsam. Aber der Gewürzhändler, der ich ja angeblich bin, ist ein glühender Atheist. Dennoch scheint dies meine Geschäfte nicht zu beeinträchtigen, da ich in der Lage bin, diese Gefühle hinter einer Maske von Umgänglichkeit und den Möglichkeiten eines Kleinhändlers, charmant zu sein, zu verbergen.

Naya hinterfragt: „Kannst du ein bedeutsames Ereignis irgendeiner Art in diesem Leben finden?"

Der Ort verändert sich, und ich befinde mich auf einem Hochplateau über der Stadt. Es ist ein Ort, an dem Menschen meiner Klasse gerne zum Picknick kommen, Kleinhändler, Gewerbetreibende und Handwerker – das Bürgertum jener Zeit. Es ist ein Fleckchen Grün über den roten Ziegeldächern der Stadt. Wir picknicken gerade, als es plötzlich einen Aufschrei gibt. Ein junges Mädchen ist über die Klippenkante auf die Dächer darunter gefallen.

Ich werde nervös. Ich benetze meine Lippen und schaue mich um.

„Möchtest du etwas Wasser trinken?"

„Nein." Ich möchte nicht riskieren, meine Verbindung zu der Szene zu verlieren. „Lass uns weitermachen."

Ich eile zu der Klippenkante und schaue hinunter. Das Mädchen hat eine Wurzel oder einen Stein fassen können und hängt nun dort. Wenn sie hinunterfällt, wird sie wahrscheinlich nicht tot sein – es ist dreieinhalb bis höchstens sechs Meter tief dort. Aber sie könnte sicherlich ernsthaft verletzt werden und sich die Knochen brechen.

Ich kümmere mich schnell um ihre Rettung. Indem ich die Umstehenden bitte, mir ihre Jacken, Blusen und Hemden zu geben, wickele ich jedes Kleidungsstück zu einem Tau und knote alle zusammen, um daraus ein langes, dickes Kleiderseil zu machen. Am Ende mache ich eine Schlinge und lasse sie über die Klippenkante herunter, bis sie das Mädchen erreicht. Sie umklammert sie, hängt sich hinein, und wir ziehen sie hoch und sie ist gerettet.

„Und was geschieht dann?"

Ich befinde mich in einem riesigen erleuchteten Raum. Es ist ein Ort einer Behörde, der Palast oder der Hauptempfangssaal des Chefs oder des Hauptverantwortlichen des Hafens jener Zeit. Ich werde wegen der Rettung des Mädchens geehrt.

Der Raum ist von einer wundersamen Größe, goldglitzernd und von vielen Kerzen erhellt. Der Herrscher sitzt auf einem erhobenen Podium, sein Vertreter direkt neben ihm. Ich und meine Freunde stehen in einer Gruppe sechs bis sieben Meter links davon entfernt.

Ich bin mir bewusst, dass meine Ehrung nur eine sehr geringfügige Sache an diesem Tag ist, aber für mich und meine Freunde bedeutet sie viel. Wir warten, während der Stellvertreter dies und das vorliest und der Herrscher sich erhebt und deklamiert und sich dann wieder hinsetzt, und schließlich bin ich an der Reihe. Der Stellvertreter liest eine kurze Zusammenfassung der Rettungsaktion von einer Rolle ab. Der Herrscher erhebt sich und lobt mich, händigt mir die Rolle aus, und die Szene ist vorbei.

„Wie sieht der Herrscher aus?"

„Er ist ein in Rot gekleideter Mann mit buschigen Augenbrauen, elegant, mit einem Schnurrbart mit gewachsten Spitzen und einem starken, nach Van-Dyck-Art zugespitzten Bart. Er sieht sehr wie die Fotos des großen Bassisten Fjodor Schaljapin in seiner Rolle als Mephisto in Gounouds Oper *Faust* aus."

Indem ich mich weiter auf ihn konzentriere, habe ich den Eindruck, dass er ein willkürlich handelnder Mensch ist, den man fürchten muss, aber nicht mögen kann, mit einem gewissen spielerischen Charme und einem sehr, sehr kalten Herzen. Er hat Ähnlichkeit mit einem spanischen Konquistadoren – derselbe leicht geringschätzige Ausdruck und dieselbe gebieterische Haltung, die man auf den Bildern in den Geschichtsbüchern sehen kann.

„Was sonst noch?"

Von irgendwoher kommt jetzt eine flüchtige Erinnerung an meine Kindheit. Ich bin auf einem Schiff. Es ist das Schiff meines Vaters. Er ist der Besitzer dieses Schiffes und anderer Boote. Ich mag es sehr, auf dem Meer zu sein.

„Lass uns nun weitergehen bis zu deinem Todestag. Was siehst du?"

Ich bin überrascht, dass ich mich erneut auf genau demselben grünen Plateau hoch über der Stadt wiederfinde, wo sich kurze Zeit zuvor die Rettung des jungen Mädchens abgespielt hatte. Ich schaue von der Hochebene hinunter und erneut nimmt mich der Anblick der vielen roten Dachziegel mit dem Meer dahinter gefangen.

Ich bin jetzt etwa fünfzig Jahre alt, ein gesetzter und respektierter Mitbürger bei dem fröhlichen Treffen der Kleinhändler und Handwerker, die dort picknicken, zusammen mit Familien und Kindern, und alle amüsieren sich prächtig. Alles geht gut, bis zwei junge Männer anfangen, laut miteinander zu streiten. Sie ziehen Pistolen hervor, und jeder ist sofort auf der Hut. Ich spüre innerlich sowohl ein Gefühl meiner Verantwortung als Älterer und auch eine Art Vertrauen in mich, dass ich in der Lage bin, Frieden wieder herzustellen („Aha", denke ich, als das geschieht, „ich bin also wieder einmal der Retter, wie schon in anderen früheren Leben und wie auch so oft in meiner Fantasie"). Ich gehe also auf die beiden zu und beginne, ihnen Vorhaltungen zu machen.

Sehr freundlich und sanft dränge ich sie, die Pistolen wegzulegen und sich zu beruhigen. Aber zu meinem großen Erstaunen dreht sich einer der jungen Männer, derjenige auf meiner rechten, der etwa sechs Meter von mir entfernt steht, wütend zu mir um und feuert seine Pistole auf mich ab. Zu meinem noch größeren Erstaunen erkenne ich, dass ich mitten ins Herz getroffen worden bin. Aber ich kann nichts fühlen – nur Überraschung, dass mir so etwas geschehen konnte. Ich habe keine Schmerzen, aber ich erkenne – im Bewusstsein, was ein Herzdurchschuss bedeutet – , dass ich tot bin. Und alles, was ich fühle, ist ein überwältigendes Gefühl der Überraschung; ich spüre die Ironie und den seltsamen Sinn für Humor, der in der Situation verborgen liegt. Ich könnte sogar anfangen zu lachen.

Mord? Warum, wo oder wann?

War dies wirklich geschehen? Dies war die erste Frage, die mich überfiel, nachdem die Erfahrung vorbei war. Und: War das wirklich ich, in einem vergangenen Leben? Wenn dies wahr war, dann hatte es ganz sicher auch weitere Leben gegeben. Warum war ich gerade auf dieses gestoßen? Und warum antwortete gerade dieses Leben auf die Einladung „durchzukommen", warum in dieser merkwürdigen kleinen Stadt in dieser besonderen Zeit?

Wenigstens gab es hier einen Mord, der die alte Frage aufwarf: Wer hatte ihn begangen? Und warum? Oder noch besser: Um was ging es überhaupt dabei?

Sehr schnell wird solchen Fragen jedoch ein Dämpfer aufgesetzt, wenn es um das Problem der Beantwortung geht, und darauf folgt ein Gefühl, dass es wahrscheinlich doch nichts anderes war als eine Fantasie. Aber dieser letzte Dreh, der geschah, führte dazu, dass meine Skepsis nicht vollständig die Tür zu dieser Erfahrung zuschlagen konnte. Den Rest konnte ich reiner Erfindungsgabe zuschreiben; alles konnte rein als ein weiteres Beispiel dieses Ideenreichtums abgetan werden, den wir in der Nacht zeigen, wenn wir träumen, Tagträumen nachhängen oder als Autoren Romane erfinden. Aber mit einem Herzdurchschuss getötet zu werden, keinen Schmerz zu spüren, zu wissen, dass man tot ist und sogar noch den Impuls zu haben zu lachen?

Meine frühen Jahren erfolgreichen Studiums und weniger erfolgreichen Schreibens von Kurzgeschichten, Stücken und sogar Romanen ließen es mir eindeutig erscheinen, dass meine Reaktionen schon ziemlich merkwürdig waren und nicht einfach so abgetan werden sollten. Ein Schriftsteller   selbst ein genialer – würde entweder den Todeskampf darstellen, den sprichwörtlichen Ganz-Lebens-Film als einen blitzschnellen Durchlauf ausmalen oder ihn als knallharter Typ wie etwa Hemingway vielleicht nur kurz streifen. Aber erschossen zu werden, keinerlei Schmerz zu spüren, zu wissen, dass man tot ist und dann noch den Impuls zu haben zu lachen – das hatte etwas von einem seltsamen Gefühl von Realität, die jenseits jeder Erfindung liegt.

Wenn etwas Wahres in meiner Erfahrung lag, wo hatte das Ganze dann vermutlich stattgefunden? Ich besaß ein Datum und eine ziemlich detaillierte Beschreibung des Ortes, aber ich hatte keine Ahnung, wo dies gewesen sein konnte – abgesehen von dem starken Gefühl, dass es in Italien gewesen war. Aber dieses Italien war ganz anders als das Land, das ich ein bisschen kannte.

Es sah ganz anders aus und fühlte sich auch ganz anders an als dasjenige Italien, das meine Frau und ich aus unseren Besuchen in den mit vielen Türmchen übersäten Bergdörfern und sanften Hügeln der Toskana kannten, wo wir uns in Ervins Villa in der Nähe von Pisa aufgehalten hatten. Und es war auch ganz anders als das im Binnenland liegende Rom oder Florenz, wohin wir zu unserer ersten großen Konferenz unserer Forschungsgruppe für Allgemeine Evolution gefahren waren. Ich zerbrach mir auch den Kopf über diese merkwürdige Form eines grünen Plateaus über roten Ziegeldächern und dem Meer dahinter, und ich beschrieb diesen Ort einem Mitentdecker auf dem Weg in die Rätsel des neuen Bereichs der Chaostheorie und der evolutionären Systemwissenschaft, Monty Montuori.

„Amalfi", sagte Monty sofort. „Es gibt Hafenstädte an der Küste von Amalfi, die genauso aussehen. Es könnte sogar Amalfi selbst sein."

Rückkehr nach Amalfi

Vier Jahre vergingen, und nach und nach verblasste die Erfahrung. Dann verkaufte meine Ehefrau und Partnerin Riane Eisler gleichzeitig die italienischen Rechte für ihre beiden Bücher, das zunehmend populäre „The Chaldice and the Blade" und ihr neues Buch „Sacred Pleasure". Der Verlag Nuove Pratiche in Mailand wollte „Il Calice e la Spada" veröffentlichen und der Verlag Frassinelli, der sich ebenfalls in Mailand befand, das Buch „Il Piacere dello Sacro".

Und wieder öffnete sich die Tür zum Akashafeld einen kleinen Spalt breit. Denn zum ersten – oder besser, zum zweiten – Mal war ich in Amalfi. Ich war auf den ersten Blick wie betäubt, denn – als ich neben der Autobahn hoch oben am Abhang in der Hier-und-Jetzt-Wirklichkeit stand – sah ich exakt das, was ich bereits in einer sehr realen früheren Wirklichkeit auch gesehen hatte.

Die Nacht brach eben herein, die Brise, die von den Bergen herunterwehte, wurde kühler, die Schatten zeichneten Abhang und Stadt in ein strahlendes Chiaroscuro. Und dort, unterhalb des großen felsigen Erdrutsches der Latari-Berge, befand sich die terrassenförmige Abfolge grüner Plateaus über roten Dachspitzen. Dort, beschienen von der Abendsonne, war dasselbe warme Getüpfel der Elfenbeingebäude. Und da war dasselbe Meer, das sich blau und bereits im Schatten liegend, aber dennoch wie in Flammen stehend, endlos weit bis zum Horizont ausstreckte.

Ein Gefühl von Dankbarkeit stieg in mir auf, von lang gesuchter Verbundenheit, von Erfüllung, mit solcher Intensität, dass es unausweichlich war und nicht mehr zu bestreiten. Es war, als würde man aus dem Krieg nach Hause zurückkehren oder als junger Mensch aus der Universität oder, wie wenn man nach langer Abwesenheit seine Kinder wieder in die Arme schließen kann.

Aber würde alles andere, was ich in Carmel erlebt und erfahren hatte, sich auch bestätigen? Ich werde die Fragen, die sich mir gestellt hatten, hier einmal darstellen:

Akasha – Fragen und Antworten

1. Was das Verhältnis zwischen der Strandpromenade und dem möglichen Kai in Bezug auf die Stadt betrifft: War das Hafenviertel heute immer noch so, wie ich es gesehen hatte?
Ich hatte sofort das Gefühl, dass es sich bei meinem inneren Bild um genau diesen Ort hier gehandelt haben könnte. Der Bogen des engen Strandstreifens war derselbe und ebenso das Gefühl der ansteigenden Stadt dahinter und, vor allem, die Wellenbrecher. Denn dort, direkt vor mir, war dieser Wellenbrecher, ein schmaler, felsiger Kai, exakt an der Stelle, wo sich das Dock oder der Kai in meiner Erfahrung im 17. Jahrhundert befunden hatte.
Aber würde das, was sich dort vor 400 Jahren befunden hatte, nicht inzwischen zerstört sein?
Natürlich. Und natürlich konnte der bevorzugte Ort für den Umgang mit den Schiffen inzwischen an eine andere Stelle verlegt worden sein. Aber dann fiel mir ein, dass spätere Bauwerke, egal, um welche es sich handelt, im Allgemeinen derselben Linie im Verhältnis zum Wasser oder zum Land folgen wie frühere.
Ein Teil dieser Überlegung kann mit günstigen geografischen Bedingungen zusammenhängen, wie beispielsweise die beste Anlage eines Kais im Verhältnis zu den vorherrschenden Strömungen, Winden und der nächstmöglichen Entfernung zu dem Ort, von dem die Güter aus den Schiffen ausgeladen und weiter verfrachtet werden.
Ein anderer Teil kann auch mit bestimmten Traditionen zusammenhängen – dem konservativen Gefühl, dass ein neues Bauwerk dort errichtet werden sollte, wo auch schon ein altes stand. Ansonsten würde es einfach nicht richtig aussehen. Dies könnte einer der Hauptgründe vor allem in Italien sein, wo – in krassem Gegensatz zu den rohen, neuen Knallbumm-Traditionen in den USA – das Aussehen von Dingen viele Jahrhunderte lang wichtiger war als

die Frage, ob sie rentabel waren oder maximal günstig gelegen. Dort war es wahrscheinlich, dass spätere Bauwerke aufgrund des Gefühls für Ästhetik der Italiener exakt am selben Platz errichtet werden würden wie frühere.

Egal, welches nun der Grund war, da war der Wellenbrecher, der etwa hundert Meter in die Bucht hinausragte. Ich konnte beinahe das Schiff sehen, das ich vor so langer Zeit beim Ausladen dort beobachtet hatte.

2. Würde ich die steile Straße finden, die ich gesehen hatte? Und auch diese harten, abgerundeten, Kopfsteinpflaster, die ich unter meinen Füßen gefühlt hatte?

Auf der Piazza an der Strandpromenade von Amalfi fand ich genau diese Steine. Rau und schwarz, sowohl in gleichen wie auch in ungleichen Formen waren sie in den Mörtel unter meinen Füßen gesetzt worden. Aber war dies nur ein Stückchen Land, das bald in Asphalt oder Beton übergehen würde, sobald ich in die Stadt hinaufstieg?

Ich stieg so Straße um Straße hinauf und suchte dabei etwas, was einmal mein Haus oder irgendeine einprägsame Einzelheit gewesen war. Die Steine gab es immer noch überall unter meinen Füßen. Tatsächlich wurde die Präsenz dieser Steine immer augenfälliger, je höher ich stieg. Wie John Steinbeck über die sogar noch besser bekannte, vergleichbare Attraktion an der amalfitanischen Küste, das Städtchen Positano, geschrieben hatte: „Seine Häuser klimmen so steil den Berg hinauf, dass er sogar passender ein Kliff genannt werden könnte – gäbe es nicht die Treppen, die überall dort hineingebaut worden sind."

3. War Amalfi zu jener Zeit ein bekannter Ort für den Gewürzhandel gewesen? Ich hatte gedacht, dass mein Handel mit Gewürzen etwas ziemlich Schmutziges und Eintöniges gewesen sei. Heutzutage ist ja das Gewürzregal in einem Supermarkt im Vergleich zu anderen Abteilungen ziemlich klein. Wir selbst benutzen meist nur zwei oder drei, vielleicht Zimt oder Thymian oder Dill, dazu einige Gewürzmischungen wie beispielsweise italienische Gewürze für Pizza. Aber als ich anfing, die Geschichte von Amalfi zu erkunden, fand ich heraus, dass in den Jahrhunderten vor der Erfindung moderner Gefriertechniken Gewürze die weltbesten Ersatzstoffe dafür gewesen waren – besonders in den heißen Ländern rund um das Mittelmeer, wo Nahrungsmittel schnell schlecht wurden.

Mit den richtigen Gewürzen konnte man ein leckeres Mahl aus Gemüsesorten zaubern, die beinahe schon am Rande ihrer Verwandlung in einen stinkenden Brei standen, oder aus Fleischstücken, die fast schon grün anliefen. Sie halfen auch dabei, gekochte Nahrungsmittel länger zu konservieren.

Historisch betrachtet führte dieser grundsätzlich funktionale Vorteil zu angenehmen Entdeckungen, als nämlich mehr und mehr Köche mit Gewürzen zu experimentieren begannen, vor allem in Italien und Frankreich. Denn sie fanden heraus, dass mit diesen Gewürzen das Kochen in eine Kunstform verwandelt werden konnte, mit denselben Regeln und Nuancen wie ein Gemälde oder ein Musikstück.

Je mehr ich mich damit beschäftigte, desto mehr erkannte ich, dass der Gewürzhändler jener Zeit dieselbe Art kommerziellen Charismas und denselben gesellschaftlichen Status gehabt haben musste, wie dies heute ein Computer- oder Softwarehändler besitzt. Zu jener Zeit konnte der gutsortierte und kenntnisreiche Gewürzhändler die Verlockungen aller Wunder kulinarischer Erfahrungen anbieten, ähnlich der gegenwärtigen Anziehungskraft des elektronischen Software-Wunderlands.

„Seine Schiffe fuhren über alle Meere, handelten mit Ländern des Nahen und Mittleren Ostens, transportierten Gewürze und Seidenstoffe sowie das kostbare Holz, die im Westen so gesucht waren", schrieb Steinbeck über Positano. Und wenn Positano, das noch einen kleineren Hafen als Amalfi besitzt, so aktiv im Gewürzhandel gewesen war, dann war dies höchstwahrscheinlich auch ein wichtiger Industriezweig in meiner alten „Heimatstadt" gewesen. Steinbeck identifzierte vor allem das 16. und das 17. Jahrhundert, an denen ich so interessiert war, als die Zeit, in denen der Gewürzhandel eine wichtige Rolle in jener Gegend spielte. Eine *Kurze Geschichte von Amalfi*, die ich dann in einem Andenkenladen entdeckte, bestätigte dies, denn dort stand, dass die Produkte, die aus Amalfi in den Osten exportiert wurden, „vor allem Rosenwasser, Eisen, Holz, Konserven und Handarbeiten waren, während die Produkte, die nach Italien eingeführt wurden, Gewürze, Parfums, Salz und Pfeffer, Seidenstoffe, Teppiche und Schmuckstücke waren."

4. War Amalfi zu der Zeit, in der ich vermutlich dort gelebt hatte, und zwar nicht als jemand, der in irgendeiner Weise bekannt oder verändernd tätig war, sondern schlicht und einfach als ein unbekannter und gewöhnlicher Gewürzhändler, immer noch ein Meereshafen ?

Diese Frage wurde durch meine Entdeckung unterstrichen, dass die Stadt im Jahr 1073 n. Chr. von einem Tsunami getroffen wurde, der solch eine immense Kraft besaß, dass alle Schiffe im Hafen dabei untergingen und die halbe Stadt entlang des Hafenviertels bis zum Dom ausgelöscht wurde, sodass die Überlebenden gezwungen waren, weiter den Berg hinauf zu bauen. Dies erklärt die seltsame Anlage, die ich während meiner Erfahrung in Carmel bemerkt hatte und die sich vor Ort in Amalfi bestätigte: Der steile Anstieg und die schwierige Wegstrecke nach oben, die sich von der Wasserlinie bis in die Stadtmitte hinzog, sowie das Fehlen des üblichen Landstreifens für das Ausschiffen und Lagern von Waren.

Meine Studien der Geschichte jener Gegend zeigten, dass diese Verwüstung ganz sicher zu einem Niedergang Amalfis als Seehafen führte. Konnte es sein, dass sich dennoch der aktive Handel gehalten hatte, dessen Zeuge ich vermutlich im Jahr 1611 dort noch gewesen war? Die Drucke örtlicher Gemälde, die ich in den Läden Amalfis fand, machten es offensichtlich, dass die Antwort auf diese Frage ein ganz eindeutiges Ja war. Ich entdeckte wenigstens ein Dutzend unterschiedlicher Ansichten von Amalfi, die über die Jahrhunderte hinweg gemalt worden waren. Erstaunlicherweise unterschieden sie sich alle ganz grundlegend voneinander. Die allgemeine Ansicht war dieselbe, aber die Einzelheiten dessen, was dort zu sehen war und was nicht, waren sehr unterschiedlich. Eine weitere Schwierigkeit bestand darin, dass keiner der alten Drucke datiert war, sodass ich die zeitliche Zuordnung anhand der Schiffstypen und der Kleidungsstile der abgebildeten Menschen vornehmen musste. Die meisten von ihnen zeigten Schiffe im Hafen.

Einige Schiffe waren auf dem Meer. Manche ankerten in der Nähe oder waren an Kais festgekettet. Manche waren wahrscheinlich bei Hochwasser auf den Strand geschleppt worden. In jedem Fall war eindeutig, dass Amalfi durch das gesamte 16. Jahrhundert hinweg bis heute weiter als Seehafen gedient hatte, wenn auch als einer von geringer Bedeutung.

5. Könnte ich vielleicht sogar etwas finden – so unmöglich dies nach so langer Zeit auch schien – was noch stand und in etwa so aussah wie damals mein Haus, das ich gesehen, dessen Tür ich geöffnet und das ich betreten hatte?

Definitiv nicht. Die Gebäude, die heute standen, bestanden aus reinem Stein und hatten eine glatte Oberfläche.

Aber ich hatte irgendwo, zu einem früheren Zeitpunkt, diese Art Häuser aus Stein oder Stuck mit Holzbalken und hölzernen Stegen gesehen, die ich auch bei meinem „Besuch in Amalfi" damals in Carmel sah. Als ich mein Gedächtnis durchforstete, erkannte ich, dass dies vor Jahren in Bologna in Norditalien gewesen war. Obwohl diese Häuser im Mittelalter gebaut worden waren, standen viele noch.

Vielleicht hatte es denselben Typ Häuser, wenn auch nur an manchen Stellen, in Amalfi im frühen 17. Jahrhundert gegeben, wo sie später dann aber zerstört wurden. Vielleicht aber hatte auch mein bewusster Verstand auf der Suche nach einem maßgeblichen Bild für das, was ein unmaßgebliches geistiges Bild eines Hauses gewesen sein könnte, einfach ein abgespeichertes Bild von etwas hineingestellt, was zum Thema „Haus aus dem Mittelalter in Italien" in meinem Kopf vorhanden war. Viele Forschungsergebnisse zeigen, dass unser Verstand oft auf diese Weise arbeitet, wenn er Erinnerungen vergangener Ereignisse zusammenfügt, um sie in unser derzeitiges Leben zu transportieren.

6. Würde ich also einen Türriegel dieses besonderen Typs finden? Oder eine Tür, deren obere Hälfte offen stand? Oder diese besonderen niedrigen Decken? Auch das nicht. Inzwischen sind die Türen dort meist senkrecht geteilt – und sie sehen so aus, als gäbe es sie schon seit ziemlich langer Zeit. Und auch hier hatte es die senkrechten Teilungen entweder schon früher gegeben, oder mein bewusster Verstand hatte wieder ein abgespeichertes Bild aus meiner Gedächtnisbank eingesetzt.

7. Und dann der Tod meiner geliebten Tochter. Wie stand es mit der Situation, dass es ihr durch die Behandlung einer weiblichen Heilerin besser gegangen war, zu der ich Vertrauen hatte, und dass sie starb, nachdem meine Frau einen männlichen Chirurgen gerufen hatte, und dass ich hinterher einen solch wilden Hass auf die Kirche hatte?
An dieser Stelle half uns das Buch weiter, das uns den Weg nach Amalfi finanziell ermöglicht hatte: *The Chalice and the Blade* von meiner Frau. Es gab uns zumindest einen Teil der Antwort. Wie sie darlegt, haben sorgsame Studien ergeben, dass durch brutale Folter, Verbrennen und Hängen zwischen 100 000 und einer Million Frauen, die Hexen genannt wurden, getötet wurden und dass dies nur die Folge eines wesentlich komplexeren Prozesses der Abwertung von Frauen im Mittelalter durch die katholische Kirche war. Statt dass sie verrückte oder zumindest seltsame Frauen waren, die angeblich Zaubersprüche über Menschen sprachen und dem Teufel sexuell verfallen waren, waren die meisten dieser Frauen in Wirklichkeit in ihren Gesellschaften traditionelle Heilerinnen gewesen.
Sie waren die, die in moderneren Zeiten Heilpraktiker oder Volksmediziner genannt wurden. Sie waren sanfte Heilerinnen, die mit Kräutern arbeiteten, ausgebildet in überliefertem Wissen, das über Tausende von Jahren zusammengetragen worden war und das heute erneut und überzeugend bestätigt wird. Sie waren auch die, die wir heute Energiemediziner nennen würden, Menschen, die mit Techniken arbeiten, die heute als Trend und im Verständnis enorm zurückkommen.
Im Mittelalter weitete die Kirche ihre Kampagne aus, um etwas zu stoppen, was sie sowohl als eine Form der Häresie als auch als eine gefährliche Konkurrenz für die Loyalität ansah, über die ihrer Ansicht nach einzig die Kir-

che selbst sowie der Papst ausschließliche Befehlsgewalt haben sollten. Im Mittelpunkt ihrer Kampagne stand die Ausbildung ausschließlich männlicher Ärzte, die von der Kirche gesegnet wurden und die die gefährlichen weiblichen Heilerinnen ersetzen sollten.

Dies bedeutete nicht nur eine Umkehrung des Geschlechts bei den von der Kirche und bald auch von der Gesellschaft gesegneten hauptsächlichen Gesundheitsanbietern. Es bedeutete auch, dass im Gegensatz zu den sanften, pflegenden Methoden weiblicher Heiler – und trotz der seit langem bewiesenen Wirksamkeit ihrer Heilmethoden – diese Kirchenärzte vor allem auf zwei fundamental unterschiedliche Heilmethoden zurückgriffen.

Eine legitimierte Methode war das Gebet. Die Vorstellung dabei war die, dass, wenn ein Priester oder ein Kirchenarzt für einen Patienten beten würde, dieser am Leben bleiben würde, wenn es Gottes Wille war – wenn nicht, dann würde er leider sterben.

Die andere Methode war zusammengesetzt aus etwas, was zunehmend „heroische" Maßnahmen genannt wurde. Diese reichten von der Austreibung von „Teufeln" über das Abhacken oder Absägen störender Gliedmaßen, Händen oder Beinen, bis zum Aderlass durch Schnitte oder mit Hilfe von Blutegeln. Gerade diese letzte Methode führte zum Tod von unzähligen Opfern, darunter George Washington, der sich mit einer Kopfgrippe, aber ansonsten vollkommen gesund ins Bett legte, und in wenigen Tagen von einer Folge von Amateur- und professionellen Aderlass-Spezialisten zu Tode gebracht wurde.

Aber war dies wirklich die Situation im Italien des frühen 17. Jahrhunderts? Aufzeichnungen zeigen, dass es zwischen 1596 und 1785 im Bereich Venedig 777 Anklagen wegen Hexerei gab, die Hälfte davon gegen Frauen, die sich vor allem mit der Heilkunst beschäftigten. „Nach einer anfänglichen Beschäftigung mit protestantischen Häretikern", so berichtet uns eine der besten Quellen der Hexenjagd, „richtete sich die Mehrheit der Inquisitionsfälle in Italien gegen Volksheiler und Hellseher."

8. Gab es irgendeinen Beweis für die Picknick-Versammlungen der Händler und Handwerker auf den Plateaus über den Dächern jener Zeit? Und könnte durch einen unglaublichen entfernten Zufall ein Bericht über meine Rettung des jungen Mädchens überlebt haben, das von dem hochgelegenen Picknick-Plateau heruntergestürzt war?

Der Direktor der Bibliothek von Amalfi, Andrea Cerenza, bestätigte ebenso wie ein Giuseppe Cobalto die Möglichkeit solcher Picknicks. Obwohl sie nicht in der Lage waren, eine Erwähnung solch eines Picknicks oder anderer gesellschaftlicher Zusammenkünfte der Händlerklasse jener Zeit zu zitieren, fanden sie, dass diese sicherlich möglich gewesen seien, da „die Einwohner von Amalfi solche Dinge liebten."

Wie ich erwartet hatte, gab es jedoch keinen besonderen Bericht über die Rettung, der in irgendetwas von irgendeiner Bedeutung aus jener Zeit aufbewahrt worden wäre.

9. Könnte ich vielleicht ein Bild jenes Potentaten finden, der mit hochtrabender Gleichgültigkeit allem außer seiner Geste gegenüber und nur der Form halber diesem niedrigen Gesellen jenes Zertifikat überreicht hatte, das an meine große Tat erinnern sollte?

Dies war vielleicht die faszinierendste meiner Entdeckungen. „Wie sieht er denn aus, dieser Herrscher?", hatte Nadya damals in Carmel gefragt. Ich hatte ihn früher als einen „Mann in Rot mit starken Augenbrauen" beschrieben, „elegant, mit einem Schnurrbart mit gewachsten Spitzen und einem scharf geschnittenen, nach Van-Dyk-Art zulaufenden Bart. Er sieht den Fotos des großen Bassisten Fjodor Schhaljapin in seiner Rolle als Mephisto, dem Teufel, in Gounods Oper *Faust* ähnlich… Ich habe den Eindruck, dass er ein willkürlich handelnder Mensch ist, den man fürchten muss, aber nicht mögen kann, mit einem gewissen spielerischen Charme und einem sehr, sehr kalten Herzen. Er hat Ähnlichkeit mit einem spanischen Konquistadoren – derselbe leicht geringschätzige Ausdruck und dieselbe gebieterische Haltung, die man auf den Bildern in den Geschichtsbüchern sehen kann."

Ich fand heraus, dass Italien zu dieser Zeit von den Spaniern beherrscht wurde, aber darüber hinaus fand ich nichts, obwohl ich zusammen mit einer Assistentin suchte. Dann plötzlich tauchte sie auf, tanzend vor Genugtuung – und hatte herausgefunden, dass im frühen 17. Jahrhundert zwei Vizekönige von Neapel Amalfi besucht hatten. Der erste Vizekönig, der 1610 ankam, war Alfonso Pimental d'Herrera. Der zweite, der Amalfi 1615 besuchte, war Pedro Fernandes de Castro, die beide offensichtlich vom spanischen König ernannt worden waren. Wenn die Rettung des jungen Mädchens 1611 stattgefunden hatte, dann wäre Vizekönig Alfonso Pimental d'Herrera, der im Jahr zuvor angekommen war, der wahrscheinliche stellvertretende Herrscher zu der Zeit gewesen, als der Gewürzhändler geehrt wurde. Außerdem fand ich das Zweitbeste nach einem realen Bild dieses Mannes. Ich entdeckte, dass die beiden bekanntesten Hofmaler der spanischen Herrscher jener Zeit niemand anderes waren als der berühmte Peter Paul Rubens und der ebenso berühmte Diego Rodriguez de Silva y Velasquez, den man heute einfach unter dem Namen Velasquez kennt. Ich durchforstete ihre Gesamtwerke, und es wurde schnell deutlich, dass die überwältigende Mehrheit der spanischen Adeligen – und dann auch jeder andere Mann, der irgendein offizielles Amt innehatte – die bekannte Kombination aus Spitzbart und gezwirbeltem Schnurrbart trug, den man heute als „Van-Dyke-Stil" kennt – nach dem anderen großen Hofmaler jener Zeit, Anthony Van Dyke. Es schien tatsächlich das Hauptmerkmal männlicher Autorität oder das Symbol für offizielle Ämter jener Zeit zu sein. Es tauchte so häufig auf, Porträt nach Porträt, dass ich es „den Look" nannte.

Die anderen Möglichkeiten waren, entweder bartlos zu sein, was aber auf sehr junge Männer beschränkt war, oder sich nur einen Schnurrbart wachsen zu lassen, den aber nur Philip IV. mit Stolz trug. Und dies, so vermutete ich, tat er nur, weil er entweder Schwierigkeiten damit hatte, sich einen ausreichend beeindruckenden Bart wachsen zu lassen, oder weil er sich in gewisser Weise von seinen Untertanen abheben wollte und ihnen deshalb verbot, seinen Stil zu kopieren.

Um dies zu beweisen, stellten wir folgende Forschungen an, die in ganz wissenschaftlicher Manier durchgeführt wurden, und hier ist das Ergebnis:

- Bei Rubens: „Der Look": 4; bartlos: 1; nur Schnurrbart: 1
- Bei Velasquez: „Der Look": 11; bartlos: 2; nur Schnurrbart: 6

Wenn ich diejenigen Männer ausschloss, die zu jung waren, um als Vizekönige ernannt zu werden (deren Hauptzweck natürlich der war, bedrohlich genug auszusehen, um die Bevölkerung einzuschüchtern), dann lag die Wahrscheinlichkeit, dass „mein" Vizekönig, Alfonso Pimental d'Herrera, auch „den Look" trug, in dem „ich" ihn gesehen hatte, bei 95 Prozent!

10. Und was war nun mit meinem plötzlichen und ironischen Tod? Gab es etwas, was zu der Zeit schon lange schwelte und was zwei junge Heißblütler so erregen konnte, dass sie ihre Pistolen ziehen und ein friedliches Picknick plötzlich in einen blutigen Mord an einem Älteren verwandeln konnten? Konnte es sein, dass ich in einen wütenden Konflikt zwischen Generationen, Klassen, Ideologien, Reichen oder Armen geraten war, den es zu jener Zeit dort gab?

Die Antwort auf diese Frage ließ mich noch tiefer in die Geschichte Amalfis einsteigen. Mit unbeschreiblicher Aufregung entdeckte ich, dass diese Suche plötzlich etwas mit der Weltgeschichte zu tun bekam und dass sich Persönlichkeit und Entwicklungsgeschichte dynamisch miteinander verflochten. Die genaueren Einzelheiten können aber nur in meinem *Return to Amalfi* dargelegt werden.

War ich wirklich dort gewesen? Lag darin ein Hinweis und eine Botschaft, die gerade noch rechtzeitig für einen dieser rastlosen Millionen von uns kam – die immer wieder und so oft von einem Gefühl verfolgt werden, eine Art vertriebener Vagabund zu sein, der wie ein Flipperball zwischen den aufblitzenden Lichtern, den Freudenschreien und dem fröhlichen Abdrängen und den Warnglocken der Welt von heute hin- und herschießt?

Ich glaube, dass es zweifellos eine Reise in das Akashafeld war. Das bedeutet, so war es für diejenigen, die daran glauben. Die Skeptiker werden natürlich weiter im gegenwärtigen Gefängnis ihres Geistes eingeschlossen bleiben, so lange, bis die Naturwissenschaften und die Gesellschaft sich weit genug entwickelt haben, dass dieses Denken so betrachtet wird, als ob man noch daran glaubte, dass die Erde eine Scheibe ist.

4 • Unterwegs im Akashafeld mit Geflecktem Rehkitz

Stanley Krippner

Stanley Krippner ist Professor für Psychologie am Saybrook Graduate School and Research Centre in San Francisco. (1) Er ist der Preisträger des 2002 von der Amerikanischen Psychologenvereinigung APA verliehenen Preises für Besondere Beiträge zur Internationalen Weiterentwicklung der Psychologie und erhielt im selben Jahr darüber hinaus noch den J.B. Rhine-Preis für sein Lebenswerk in der Parapsychologie. Er ist der ehemalige Präsident der Internationalen Vereinigung für die Erforschung von Träumen, der Vereinigung für Humanistische Psychologie und der Vereinigung für Parapsychologie. Krippner ist Mitautor einer Reihe von größeren wissenschaftlichen Studien und hat zahlreiche Arbeiten in Fachzeitschriften und populären Zeitschriften veröffentlicht.

Im Jahr 1970 wurde ich von Mickey Hart, einem der Schlagzeuger der Rockband Greatful Dead, dem Stammes-Medizinmann Rolling Thunder vorgestellt. Diese Begegnung sollte eine Schlüsselrolle im Leben von Rolling Thunder spielen, weil ich ein Jahr später ein Treffen zwischen Rolling Thunder und Irving Oyle, einem osteopathisch arbeitenden Arzt, arrangierte. Nachdem sie mehrere Stunden allein auf der Ranch von Hart im kalifornischen Novato verbracht hatten, wo es auch ein Aufnahmestudio gab, kamen die beiden Fachleute Arm in Arm heraus. Und Oyle kommentierte: „Wir haben unsere Arbeit verglichen. Rolling Thunder sagte, dass er, wenn ein Kranker zu ihm kommt, eine Diagnose stellt, ein Ritual für ihn vollzieht und dem Patienten ein Medikament gibt, das seine Gesundheit wieder herzustellen hilft. Ich habe geantwortet, dass ich, wenn ein Patient zu mir kommt, eine Diagnose stelle, das Ritual der Verschreibung für ihn vollziehe und ihm damit ein Medikament gebe, um seine Gesundheit wieder herzustellen. In beiden Fällen ist ziemlich viel Magie im Spiel – diejenige Art Magie, die man „Glauben an seinen Arzt" nennen könnte."

Im Jahr 1971 war ich Programmdirektor bei der Konferenz für Innere Selbstregulation, die von der Menninger Stiftung in Kansas gesponsert worden war. Bei der Konferenz wandte sich Rolling Thunder zum ersten Mal an eine Gruppe von Ärzten und Wissenschaftlern. Er beschrieb die „Anderwelt", aus der er nach seinen Angaben eine Menge seiner Heilkraft bezog, und bemerkte: „In einer Vielzahl von Fällen weiß ich nicht, welche Art Medizin ich einzusetzen gedenke, bis das „Doktorn" einfach geschieht, und manchmal, wenn es vorbei ist, weiß ich nicht mehr, was ich eingesetzt habe. Der Grund dafür ist der, dass nicht ich es bin, der das „Doktorn" vollzieht. Es ist der Große Geist, der durch mich arbeitet."

Dann, im Jahr 1974, besuchte ich zum ersten Mal Rolling Thunder in seinem Zuhause in Carlin, Nevada. Als meine Freunde und ich ankamen, war Rolling Thunder mit der Eisenbahn „auf Tour", für die er als Bremser arbeitete. Stattdessen wurden wir von seiner Frau Geflecktes Rehkitz warm begrüßt, die auch am nächsten Morgen das Frühstück für uns zu bereitete. Rolling Thunder, inzwischen von der Eisenbahn zurück, kam mit uns zum Frühstück und lud uns hinterher ein, es uns im Wohnzimmer gemütlich zu machen. Er setzte sich unter einen ausgestopften Adler und begann zu sprechen: „Wenn ich eine Pflanze finde, die ich nie zuvor gesehen habe, dann kann ich sie in die Hand nehmen und weiß, welchen Nutzen sie in sich trägt. Sie kommuniziert mit mir. Sie singt ihre Lieder und enthüllt ihre Geheimnisse." Während unseres Gespräches hielt das allzeit bereite Lächeln von Geflecktes Rehkitz, ihre herzliche Gastfreundschaft und das endlose Bereitstellen von Erfrischungen unseren Austausch wohl in Gang.

John Rolling Thunder Pope war als Cherokee geboren worden, wurde aber später von Mitgliedern des westlichen Shoshonen-Stammes adoptiert. Helen Geflecktes Rehkitz Pope war eine westliche Shoshonin. Im Laufe der Jahre traf ich mehrere ihrer Kinder: Mala Gefleckter Adler, Büffelpferd, Ozella Morgenstern und Patty Spottdrossel. Jeder von ihnen wählte sich irgendwann seinen oder ihren eigenen Weg, blieb aber gleichzeitig der traditionellen Weisheit treu, die ihnen von ihren Eltern beigebracht wurden.

Als er aus dem Eisenbahndienst ausschied, gründete Rolling Thunder eine kleine spirituelle Gemeinschaft, die er „Meta Tantay" oder „Geh in Frieden" nannte. Besucher, vor allem aus Westeuropa und Nordamerika, konnten verschieden lange Zeiten im Meta Tanay verbringen und dort die Medizin der Indianer und ihren traditionellen Lebensstil kennen lernen. Hier gelangte auch Geflecktes Rehkitz in ihre eigene Macht und Kraft. Sie wurde als das „Herz" von Meta Tantay betrachtet und wurde zur „Clan Mutter". Sie war die höchste Autorität in allen Angelegenheiten, die Frauen betrafen. Ein Vetorecht bei allen Fragen, die die Gemeinschaft betreffen, ist Teil der Autorität einer Clan-Mutter, aber Geflecktes Rehkitz zog es vor, eine Vermittlerrolle zu spielen; und als Ergebnis wurde ihre Meinung auf allen Ebenen gesucht und respektiert.(2) Ken Cohen, ein Tao-Meister, der oft in Meta Tantay unterrichtete, staunte darüber, wie „Geflecktes Rehkitz alles organisierte – ohne ihre Arbeit würden Rolling Thunder oder Meta Tantay nicht halb so wirkungsoll sein."

Die Rolle vom Gefleckten Rehkitz in Meta Tantay

Geflecktes Rehkitz übernahm Ausreißern und Ausgestoßenen gegenüber eine mütterliche Rolle ein, mit Frauen, die zum ersten Mal während ihrer Menstruation die „Mondhütte" aufsuchten, hatte sie die Rolle einer Lehrerin, beim Küchenpersonal, das Tag für Tag dreimal ein herzhaftes Mahl zubereitete, fungierte sie als Supervisorin, und sie übernahm eine spirituelle Rolle, wenn sie am Lagerfeuer Geschichten erzählte, Gesangsfestivals leitete und Campmitglieder beriet, die in Schwierigkeiten steckten. Einige der Beiträge von Geflecktem Rehkitz, an die sich die meisten gern erinnerten, waren ihre spontanen Vorträge über die Beziehung zwischen den Geschlechtern, die sie mit grafischen Beispielen, praktischen Ratschlägen und dramatischen Fallgeschichten veranschaulichte, die sowohl offen als auch oft sehr komisch waren. Die jungen Frauen in Meta Tantay hätten keine versiertere – und auch keine ausgeflipptere – Leiterin für ihren Unterricht in Sexualkunde haben können. Dr. Jean Millay, die während ihrer Besuche in San Francisco ziemlich viel Zeit mit Geflecktem Rehkitz verbrachte, bemerkte: „Diese Dame war der Prototyp einer Clan-Mutter – liebreizend, liebevoll, sanft, heilend und gleichzeitig erfüllt von einer besonderen Kraft."

Geflecktes Rehkitz hielt auch viel von Ritualen und erinnerte ihren Mann beispielsweise daran, wann eine Meditation zum Sonnenaufgang notwendig war. Sie nahm stets aktiven Anteil an vielen der heiligen Zeremonien, die in Meta Tantay durchgeführt wurden. Sie hatte das Gefühl, dass Rituale ein Weg waren, „die Schwindler zu enttarnen", denn den Ritualen, die von Schwindlern durchgeführt wurden, fehlte der richtige Zusammenhang, die richtige Organisation und der Respekt für die Tradition, die authentische Darbietungen charakterisierte.

Wenn es um die Nahrungszubereitung ging, dann erzählte Geflecktes Rehkitz der Küchen-Crew, dass sie nicht nur eine Ernährung für den Körper bereitstellten, sondern auch für den Geist. In Bezug auf die „Mondsitten" erinnerte Geflecktes

Rehkitz die jungen Frauen daran, dass dies eine heilige Zeit war, in der sie sich reinigen und ihre Stärke erneuern konnten. „Wenn Großmutter Mond zu Besuch kommt", erläuterte Geflecktes Rehkitz, „dann ist es Zeit für Gebete und Erneuerung." Die Menstruation war eine Zeit, in der die Macht der Frau offensichtlich wurde, und um das Gleichgewicht zu erhalten, das sowohl von Rolling Thunder wie auch von Meta Tantay gebraucht wurde, saßen die Frauen während der Zeit ihrer Menstruation im Hintergrund der Zuhörerschaft und verhielten sich zurückhaltend. Sie vermieden die Zeremonien zum Sonnenaufgang und blieben häufig in einer besonderen „Mondhütte". Geflecktes Rehkitz erklärte mir, dass dies in keiner Weise eine Diskriminierung der Frauen bedeutete, sondern vielmehr ihre Kraft und ihre besonderen Bedürfnisse während ihrer „Mondzeit" anerkannte.

Während der Jahre im Meta Tantay war Rolling Thunder als Vortragender sehr gesucht; ich erinnere mich daran, wie ich ihn als Redner vor einem Publikum von Tausenden Menschen in Köln im Jahr 1982 ankündigte und ebenso bei kleineren Anlässen in der Sonoma State University und der Saybrook Graduate School. In der Zwischenzeit hielt Geflecktes Rehkitz, oft mit Hilfe anderer Familienmitglieder und Altbewohnern von Meta Tantay, den Zusammenhalt aufrecht, der so dringend notwendig war, um die Gemeinschaft durch die turbulenten 1970er und 1980er Jahre zu führen. Bei einer Gelegenheit reiste sie ohne Rolling Thunder nach San Francisco, um dort Familienmitglieder zu besuchen. Ich arrangierte eine Überraschungsparty für sie; und sie war aufrichtig berührt, weil, in ihren eigenen Worten „niemand jemals eine Party zu meinen Ehren veranstaltet hat." Ich antworte: „Nun, dann wird es wirklich Zeit!"

Ein wirklich aktives Strahlungsgelände

Im Jahr 1955 arbeitete ich in Richmond, Virginia, und sah dort einen Film, *Der Eroberer*, eine sehr fantasievolle Version der Heldentaten von Dschingis Khan, mit denen er sein Reich errichtete. Einige Monate zuvor war ein geringfügiges Ereignis der Filmgeschichte geschehen, das jedoch verheerende Folgen für die Filmgesellschaft hatte. Am 6. Juli 1954 hatte die örtliche Wapiti-Loge in St. George, Utah, ein Baseball-Spiel gegen die Filmgesellschaft von *The Conqueror* veranstaltet, die schon am Drehort war. Susan Hayward kickte ihre Schuhe weg, rannte die Male barfuß ab und schaffte einen Lauf. John Wayne (der unwahrscheinlicherweise als Dschingis Khan, der Mogulenkaiser, gecastet worden war) und Dick Powell (der Regisseur des Opus) schafften jeder mehrere Läufe. Agnes Moorehead, ein anderer Filmstar, jubelte ihnen von der Haupttribüne aus zu. Drei Jahrzehnte später waren sie alle vier an Krebs gestorben, und die Hälfte der 400 Mitglieder der Besetzungsliste des Films sowie des Film-Teams waren ebenfalls an Krebs erkrankt.

Radioaktiver Niederschlag vom Testgelände in Nevada, die in der Sommerausgabe der Zeitschrift „Schamanentrommel" als das „strahlungsreichste Testgelände der Welt" bezeichnet worden war, war wie gewöhnlich von Winden nach St. George und in die benachbarten Gegenden geweht worden. Der gesamte radioaktive Niederschlag der Atomtests von 1951, 1952 und 1953 hatte den Boden von Utah, Arizona und Nevada ungleichmäßig bedeckt, aber er war am stärksten in und um das Gebiet gefallen, wo das meiste Filmmaterial für den Film gedreht wurde. Viele Spaltprodukte wie Strontium 90 und Caesium 137 zerfallen sehr langsam; und sie werden von Regen und Schnee unter die Oberfläche des Bodens befördert. Wenn der Boden aufgewirbelt wird, dann kommen die vergrabenen Giftstoffe wieder an die Oberfläche. Während des Filmdrehs gab es staubige Kampfszenen und während der simulierten Kämpfe wälzten sich Schauspieler und Statisten im Sand. Elektrische Windmaschinen wurden herbeigeschafft, die Sandstürme simulieren sollten. In den Kostümen sammelte sich so viel Sand an, dass die Schauspieler abgespritzt werden mussten, bevor sie sie ausziehen konnten.

Das Land, auf dem die Tests rechtmäßig durchgeführt wurden, gehört dem westlichen Shoshonen-Volk, aber weder die Vereinigten Staaten noch Großbritannien baten um Erlaubnis für die Tests von Nuklearwaffen, die beide Länder hier durchführten. Nicht weit entfernt von der Teststrecke lebte Geflecktes Rehkitz als junge Frau mit ihrer Familie. Im Jahr 1984, drei Jahrzehnte später, bekam sie die Diagnose Krebs. Ein- oder zweimal pro Woche besuchte ich sie im Letterman-Gedächtnis-Krankenhaus in Presidio, San Francisco, wo Geflecktes Rehkitz als Indianerin eine billige medizinische Behandlung in der wuchtigen Militäreinrichtung bekommen konnte. Auf Bitten von Geflecktes Rehkitz führte ich sie durch eine Serie von angeleiteten Imaginationsübungen, um ihre Schmerzen zu vermindern. Das wirkungsvollste Bild schien beruhigendes, friedliches blaues Licht zu sein. Wenn sie sich in ihrer Vorstellung mit diesem Licht verband, dann wurde ihr Unbehagen gelindert und verschwand manchmal vollständig.

Während dieser Zeit nahm Rolling Thunder das Angebot von Mickey Hart an, auf seiner Ranch in Novato zu wohnen. Jeden Tag fuhren Rolling Thunder und seine Clan-Mitglieder von Novato nach San Francisco, um Geflecktes Rehkitz zu beruhigen, und Rolling Thunder gab all seine dürftigen Mittel dafür aus, sich hervorragender Heiler sowohl aus der allopathischen Medizin als auch aus der alternativen und komplementären Medizin zu versichern. Zusätzlich brachte ich Freunde mit ins Presidio Krankenhaus, die Geflecktem Rehkitz verschiedene Methoden der Selbst-Regulierung und Schmerzkontrolle in dem Versuch beibringen konnten, ihren Schmerz zu vermindern. Diese Psychologen, Ärzte und Körpertherapeuten kannten sich im Biofeedback ebenso aus wie in Meditationstechniken, im Autogenen Training, in der Jacobsen-Technik und andere Techniken der Selbstregulation. Geflecktes Rehkitz hieß diese ganze Aufmerksamkeit willkommen und blühte auf. Sie folgte gründlich allen Anweisungen. Rolling Thunder gehorchte den Vorschlägen genauso und erklärte, dass er sie benützen wollte, um den persönlichen Stress zu lindern, den die Erkrankung seiner Frau in ihm ausgelöst hatte.

An einem Nachmittag im Juli verbrachte ich eine Stunde mit Geflecktem Rehkitz, begleitete sie durch eine Serie von Übungen zur Progressiven Muskelentspannung und beendete die Sitzung mit dem Bild des Blauen Lichts, das ihr in den vergangenen Sitzungen so viel Erleichterung verschafft hatte. Geflecktes Rehkitz sagte mir, dass diese Sitzung besonders unwiderstehlich gewesen war und dass sie Schwierigkeiten gehabt habe, aus dem Licht zurückzukehren. An diesem Punkt spürte ich, dass Geflecktes Rehkitz dem Tode nahe und mit ihrem Zustand im Frieden war. Tatsächlich brachte sie mir auf indirekte Weise bei, dass „Heilung" etwas anderes bedeutet als „gesund werden". Geflecktes Rehkitz war vielleicht nicht wieder gesund geworden, aber sie hatte eine tiefgehende Heilung erreicht, eine Erfahrung, die die Folge von Liebe, Respekt und Annahme ist statt von intellektuellem Verstehen.

Träume in Mexiko

Im August 1984 nahm ich an einer Konferenz über Parapsychologie in Mexiko teil. Am 15. August hatte ich einen Traum, in dem ich auf der Ranch von Mickey Hart ankam. Als ich hineinfuhr, kamen Rolling Thunder und seine Gruppe eben herausgefahren. Rolling Thunder hatte einen ernsten Ausdruck auf dem Gesicht, ebenso wie die anderen Mitglieder seines Gefolges. Ich fragte: „Wo ist Geflecktes Rehkitz?" Er drehte leicht den Kopf nach hinten zum hinteren Teil des Lasters, und ich sah dort einen Holzsarg, der am Boden festgebunden war. Ich wusste, dass er die irdischen Überreste meiner lieben Freundin Geflecktes Rehkitz enthielt. An jenem Morgen erlebte ich das, was man eine hypnomorphische Vorstellung nennt. Obwohl die meisten dieser Vorstellungen optisch sind, war diese hörbar. Ich hörte die Stimme von Geflecktem Rehkitz, die mir in einer sehr natürlichen Weise sagte: „Weißt du, ich werde dich nicht mehr sehen."

Als ich wieder in den USA ankam, hörte ich, dass Geflecktes Rehkitz genau in jener Nacht gestorben war. Rückblickend betrachtet, waren der Traum und die Stimme Hinweise und hatten deshalb nur einen sehr geringen offensichtlichen Wert für streng wissenschaftliche Zwecke. Nichtsdestotrotz kam es mir so vor, dass Geflecktes Rehkitz und ich gemeinsam im Akashafeld unterwegs gewesen waren, und ich war in der Lage, auf Entfernung Informationen über ihren Zustand zu erhalten. Der Begriff „Akashafeld", der von Ervin Laszlo geprägt worden ist (3), ist dem sehr ähnlich, was Parapsychologen wie Roll (4) und Stokes (5) und auch Cheney (6) hypothetisch als „PSI-Feld" bezeichnet haben, das von Natur aus zeit- und raumübergreifend ist.

In der Parapsychologie – der Disziplin, die manchmal „übersinnliche Forschung" oder auch „PSI-Forschung" genannt wird – bezieht sich das Wort PSI auf anormale Interaktionen. Beispiele solcher Interaktionen sind Berichte von Ereignissen wie Telepathie, Hellsehen oder Psychokinese. Einige Ermittler fügen dieser Liste noch erstaunliche Heilungen, Leben nach dem Tod und Erlebnisse mit früheren Leben hinzu. Jedes dieser Beispiele könnte Teil des „kosmischen Informationsfeldes" sein, das von Laszlo diskutiert wird, der es das „Akashafeld in Ehrung des alten Sanskrit-Begriffes" nennt, was ein „alles-durchdringendes Raum-Zeit-Kontinuum" bedeutet.

Jede dieser Erfahrungen können auf unterschiedliche Weise untersucht werden, um festzustellen, ob sie eigentlich raumübergreifend (wie beispielsweise beim Hellsehen, dem angeblichen Erhalten von Information über Entfernungen hinweg) oder zeitübergreifend sind (wenn man sich beispielsweise bewusst an Ereignisse aus der Vergangenheit erinnert oder, wie beim Vorhersehen, mögliches Wissen über zukünftige Ereignisse erhält). Parapsychologen benutzen in ihren Studien Fragebögen, Interviews, und Feldbeobachtungen. In jedem dieser Fälle gibt es eine Möglichkeit, dass die konventionelle wissenschaftliche Erklärung, auch die berichtete Erfahrung erklären kann. Einige dieser möglichen Erklärungen sind feinste Sinnes- oder motorische Aktivitäten, Fehlinterpretationen, schlechtes Gedächtnis bei einem Ereignis oder absichtliche Fälschung. Wenn eine Nachforschung systematisch solche konventionellen wissenschaftlichen Erklärungsmöglichkeiten ausschließt, dann sagt man, dass sie unter „PSI-Aufgabe"-Bedingungen durchgeführt wurde.

Mein Traum über den Tod von Geflecktem Rehkitz in jener Nacht und die Stimme, die ich hörte, als ich aufwachte, waren nicht unter solchen Bedingungen erzielt worden. Dennoch hatten sie eine Bedeutung und ließen vermuten, dass unser Bewusstsein sich im Akashafeld getroffen hatte. Laszlos Konzept ist also eins, das möglicherweise in der Lage ist, eine Erklärung für diese Art Erfahrungen zu liefern.

Das Vermächtnis von Geflecktem Rehkitz

Kurz nach dem Tod seiner Frau beendete Rolling Thunder den größten Teil seiner Heiltätigkeit. Er behielt jedoch eine aktive Vortragstätigkeit bei, und wir besuchten uns häufig, sowohl in Nevada wie auch in Kalifornien. Aber Meta Tantay löste sich langsam auf. Ohne das Herz von Meta Tantay, das den Vorrat der Gemeinschaft an Liebe und Energie wieder auffüllte, verliefen sich die Menschen allmählich oder verbrachten einfach weniger Zeit auf dem Land. Im Jahr 1997 vereinigte sich Rolling Thunder wieder mit Geflecktem Rehkitz in der „Anderwelt" und hinterließ ein beeindruckendes Vermächtnis, das sich aus meiner Perspektive darauf bezog, in seinen Klienten den „inneren Heiler" zu aktivieren und ihn mit allen verfügbaren Ressourcen eines Menschen zu verbinden, mochten sie nun spirituell oder gesellschaftlich, biologisch, geistig oder emotional sein.

Rückblickend betrachtet, hinterließ auch Geflecktes Rehkitz ein Vermächtnis. Sie brachte mir und vielen anderen bei, dass es nicht genügt, ein Projekt intellektuell zu planen und durchzuführen. Wenn ein Projekt wachsen und sich weiter entwickeln soll, dann muss es im Spirit, in der Gemeinschaft und ebenso im Intellekt verwurzelt sein. Und in den letzten Monaten ihres Lebens ertrug Geflecktes Rehkitz ihre Not in Würde und stets guter Laune. Sie war weder weinerlich noch beklagte sie sich. Sie schätzte die Hilfe, die meine Kollegen und ich ihr gaben, und machte oft sogar Witze über ihren Zustand. Zum Beispiel hatte ihr Leberversagen zu einer Aszites geführt, einer Ansammlung von Flüssigkeit im Bauchraum, was wiederum zu einem vergrößerten Bauch führte. Geflecktes Rehkitz sprach oft über ihre „Schwangerschaft" und wie sehr Menschen wohl überrascht sein würden, wenn sie gebären würde! Aus meiner Perspektive gebar Geflecktes Rehkitz in den letzten Wochen ihres Lebens tatsächlich, und zwar ein neues Verständnis und eine Wertschätzung des Lebens bei denen, die mit ihr in Kontakt kamen.

Geflecktes Rehkitz erfüllte mich darüber hinaus mit einem tiefen Respekt für das Land, für die Traditionen der amerikanischen Ureinwohner und für die Bedeutung des Dienens. Geflecktes Rehkitz war für mehr Menschen, als sie selbst erkannte, eine wahre Clan-Mutter. Sie lehrte viele von uns die Kunst des Sorgens: sorgen für Mutter Erde, für unsere unmittelbaren und erweiterten Familien, für unsere kulturellen Traditionen und füreinander.

Sowohl Rolling Thunder als auch Geflecktes Rehkitz hatten mir beigebracht, dass „spirituelles Heilen" mit dem Respekt für den Großen Geist beginnt – für das

Leben und die Liebe, die man in jedem Geschöpf der Natur finden kann. Jeder Teil der Schöpfung hat seinen eigenen Willen, seinen eigenen Weg und seinen eigenen Zweck. Diese Wege müssen vom Menschen respektiert und dürfen nicht ausgebeutet werden.

5 • Meine „ganz gewöhnlichen" Akasha-Erfahrungen

Jude Currivan

Jude Currivan ist Kosmologin, intuitive Heilerin, Autorin von vier Büchern (von denen eins, CosMos, zusammen mit Ervin Laszlo geschrieben wurde), und Erzieherin. Sie hat einen Doktortitel in Archäologie und hat sich besonders mit antiken Kosmologien beschäftigt. Außerdem ist sie diplomierte Physikerin und hat sich auch hier in Kosmologie und Quantenphysik spezialisiert. Anfangs eine hochkarätige Geschäftsfrau, inspiriert sie nun mit ihrer weltweiten Arbeit andere, wobei sie Spitzenwissenschaft, neueste Forschungen zum Thema Bewusstsein und spirituelle Weisheit miteinander verbindet, um das aufsteigende Bewusstsein einer integralen Wirklichkeit zu erklären und erfahrbar zu machen.

Ich war vier Jahre alt und kuschelte mich gerade zum Einschlafen hin, als ich in der zunehmenden Dunkelheit meines Schlafzimmers den schwachen Schein einer unbekannten Präsenz fühlte und dann auch sah. Mit einem Gefühl von Neugier, das meine Mutter mir bereits seit meiner Geburt bescheinigt, war ich an diesem Geistwesen eher interessiert, als dass es mir Angst machte. An diesem Abend begann meine Führung und Ausbildung.

Auch wenn es sich nicht so anfühlte, als „sollte" ich niemandem etwas von dieser Präsenz erzählen, wusste ich irgendwie, dass ich sie und ihre Führung für mich behalten sollte. Aber in den folgenden Monaten erlebten meine Eltern eine unglaubliche Zunahme meines Interesses an Dingen, die ihnen selbst vollkommen unbekannt waren – und ebenso irgendjemand anderem in unserer Familie und in unserer Umgebung.

Mit fünf Jahren und unterstützt von meinem Geistführer studierte ich bereits modernste Naturwissenschaft und antike Weisheitslehren. Ich erlebte auch das, was wir heute mit dem Begriff „nicht-ortsgebundenes Bewusstsein" bezeichnen – eine Akasha-Bewusstheit jenseits der Begrenzungen von Raum und Zeit. Für mich war dies etwas ganz Normales, nichts Paranormales, ganz natürlich, nicht übernatürlich.

Ich war im Jahr 1952 in eine Familie der Arbeiterklasse in den industriellen englischen Midlands geboren worden. Meinen biologischen Vater lernte ich nie kennen, denn meine Mutter ließ sich von ihm scheiden, als ich eben drei Jahre alt war. Als sie wieder heiratete, nahm sie einen sanften Riesen von einem Bergmann, der mich und meinen jüngeren Bruder adoptierte, aber leider sehr jung starb, als ich zehn und mein Bruder erst sieben war. Unsere geliebte Mutter wurde eine allein erziehende Mutter – was in jenen Tagen sehr ungewöhnlich war. Aber neben der Bewältigung all der materiellen Herausforderungen unserer Erziehung schenkte sie uns jederzeit bedingungslose Liebe im Überfluss. Ihre uneingeschränkt unterstützende, wenn auch sicherlich oft ratlose Akzeptanz meiner leidenschaftlichen Suche nach universellen Wahrheiten war die Basis eines Strebens, das bis heute anhält.

Ich erinnere mich an einen Nachmittag, als ich ungefähr acht Jahre alt war. Meine Mutter hatte unsere Nachbarn eingeladen, damit sie mich über Quantenphysik reden hören sollten. Ich war ganz in meinem Element, als ich die wechselseitigen Verbindungen zwischen allem in uns und jenseits unseres Universums erklärte. Meine Mutter hatte mein unfreiwilliges Publikum mit Tee und Keksen versorgt. Und obwohl ich nicht sicher bin, ob irgendjemand überhaupt verstand, was ich sagte, glaube ich, dass sie alle Freude an den Erfrischungen hatten!

Meine Erlebnisse des „Wanderns zwischen den Welten" vermittelte mir ebenso wie mein Studium antiken Wissens sehr früh, was eine Akasha-Erfahrung ist und dass sie etwas Wertvolles ist. Das Spektrum der Bewusstheit, des kosmischen Geistes, von dem ich, wie ich merkte, ein Teil war, enthüllte sich mir Schritt für Schritt, beinahe wie ein Initiationsweg. Während dieser frühen Jahre wurde ich mir ebenfalls der Identität meines Geistführers bewusst. Da ich von den Weisheitslehren der alten Ägypter so fasziniert war, erkannte ich, dass es sich um den archetypischen Weisheitsübermittler Thoth handeln musste. Nachdem ich mich an seine Gegenwart gewöhnt hatte, wurde ich mir bewusst, dass mich auch noch weitere transpersonale Wesen anleiteten. Von Anfang an ist das Wechselspiel meines direkten Zugangs zum Akashafeld und zu einem höherem Bewusstsein sowie die Bestätigung des daraus bezogenen Wissens der Grundstein im Zentrum meines sich immer noch weiter entfaltenden Verständnisses der unreduzierbaren Ganzheit jener Wirklichkeit gewesen, die wir gemeinsam mit Evin Laszlo, die „Ganzheits-Welt" nennen.

Physikalische und emotionale Schwarze Löcher

Als ich aufwuchs, war es mir immer klar, dass der kosmische Bereich des Akasha-feldes die physikalische Welt erzeugte und nicht anders herum. Um zu verstehen, wie dies nun genau war, bewarb ich mich an der Universität Oxford, um einen Abschluss in Physik zu machen, mit einer Spezialisierung in Quantenphysik und Astrophysik. Obwohl ich die Suche nach Wissen dort liebte, bestand die grundlegende Überzeugung meiner Lehrer darin, dass es außer der materiellen Welt nichts gibt und dass Bewusstsein einzig und allein als Endergebnis der physikalischen Entwicklung entsteht. Die Begrenzungen ihres reduktionistischen Ansatzes und ihre ausschließlich materielle Grundlage frustrierten mich, aber sie brachten mir nichtsdestoweniger die kosmische Sprache der Mathematik bei und versetzten mich in die Lage, weiter in den Mechanismus der physikalischen Erscheinung einzudringen – was alles ausschlaggebend für meine anhaltende Entdeckungsreise ist.

Ich argumentierte, dass die Quantentheorie implizierte und dass Experimente zeigten, dass Bewusstheit dem Kosmos selbst innewohnt, obwohl ich noch nicht so weit war, dass ich die Quelle meines eigenen Wissens durch meine Akasha-Erfahrungen aufdecken konnte. Aber in den 1970ern, als Studentin in der akademischen Enklave, die die Universität Oxford darstellt, hatte ich auch nur eine geringe Chance, die tief verwurzelten Ansichten um mich herum zu verändern. Die intellektuelle Sicherheit der Universitätsprofessoren ernüchterten mich, wenn ich auch ihre Suche nach einem Universalwissen schätzte. Und trotz meiner Bedenken wollte ich weiterhin immer noch Kosmologin sein und werden.

Nach einem frühzeitigen Erfolg bei meinem Universitätsexamen und einem prestigeträchtigen Preis, den ich für einen Essay über die aufkommende Entdeckung der Schwarzen Löcher geschrieben hatte, sorgte ein emotionales Trauma und eine Erkrankung dafür, dass mein Schlussjahr in Oxford mit einem enttäuschenden Examen endete, womit die Aussichten auf eine akademische Karriere auf null sanken. Zu jener Zeit und in meinem ernüchterten Geisteszustand, in dem ich annahm, dass all meine Träume sich auf null reduziert hatten, erkannte ich nicht, dass alles im Leben einen Sinn hat.

Inzwischen bin ich in der Lage, die Vollkommenheit der inneren und äußeren Entdeckungsreise wahrzunehmen, die wir unser Leben nennen. Ich weiß inzwischen, dass meine lebenslange Suche nach einem tieferen Verständnis des Kosmos darauf begrenzt worden wäre, was vom wissenschaftlichen Mainstream akzeptiert wurde und immer noch erst dann akzeptabel ist, wenn ich eine Mainstream-Wissenschaftlerin geworden wäre. Stattdessen hat meine Lebensreise mich in die Lage versetzt, als Wissenschaftlerin dorthin zu gehen, wo die Beweise mich hinführten – zu dem aufkommenden neuen Paradigma der integralen Wirklichkeit.

Zu jener Zeit jedoch fiel auch die Führung von Thoth weg, der mich gestützt und als Mentor betreut hatte. Meine Einsamkeit durch diese Zerstörung meiner spirituellen Verbindung hielt fast die nächsten 20 Jahre meines Lebens an. Ich verschloss mich, sowohl emotional wie auch spirituell, und begann einen Weg des reinen Materialismus, entschlossen, in der Welt erfolgreich zu sein. Während der nächsten 20 Jahre wurde ich eine erfolgreiche internationale Geschäftsfrau. Zum Schluss wurde ich die weltweite Finanzdirektorin der Musik-Einzelhandelskette HMV. Anfang 1991 wurde ich zur Gruppen-Finanzdirektorin der Fußpflege-Firma Scholl ernannt, eine Position, die mich zu jener Zeit zur ranghöchsten Geschäftsfrau in Großbritannien machte. Die Unternehmungen von Scholl in beinahe 40 Ländern der Erde brachten es mit sich, dass ich nicht nur alle Finanzoperationen des Konzerns managte, sondern auch an der Entwicklung und Einführung geschäftlicher Strategien sowie am Veränderungsmanagement beteiligt war.

Diese wunderbaren Erfahrungen vermittelten mir eine wirklich globale Perspektive und lehrten mich, Vielfalt wertzuschätzen und ebenso die Anteile jedes Einzelnen daran zu sehen und zu optimieren. Was ich zu jener Zeit noch nicht erkannte, ist, dass dieser Teil meines Lebens mich in einer Weise erdete, die mich in die Lage versetzte, die nun folgenden außergewöhnlichen Ereignisse in die Essenz meines Lebens zu integrieren, so lange, bis sie normal wurden, beinahe alltäglich.

Glauben ist sehen

Als ich Ende 30 war, verlor sich die Begeisterung über mein auf rein materiellen Grundlagen basierendes Leben nach und nach, und ich war unfähig, mich noch länger vor der Erkenntnis zu drücken, dass ich in meinem Inneren eine Leere spürte. Seit meiner Zeit in Oxford war meine spirituelle Verbindung zu Thoth eher entfernt gewesen. Aber das sollte sich bald ändern! Wie eine Glühlampe, die in mir angeknipst wurde, begann ich innerlich wieder „zu erwachen". Schritt für Schritt entdeckte ich die spirituelle Verbindung meiner Kindheit wieder und fand heraus, dass meine Lebenserfahrungen mich darauf vorbereitet hatten, mich mit Thoth und meinen anderen Führern sowie dem Kosmos in einer wesentlich tieferen Weise neu zu verbinden.

Im Verlauf der nächsten Jahre wurde ich spirituell bereit, einen Vertrauenssprung ins Unbekannte zu wagen. Ende 1996, nachdem ich alles erreicht hatte, was mein Ehrgeiz gewesen war, verließ ich die Geschäftswelt. Ich lebte zu der Zeit in einem wunderschönen Haus in der heiligen Landschaft on Avebury in Südengland, wo ich anfing, mich mit dem Land und seinen antiken Monumenten zu verbinden. Erzengel Michael wurde mein Führer in die Energien und das Bewusstsein der lebendigen Erde und alle ihre Königreiche.

In der Geschäftswelt war ich gewohnt gewesen, dafür zu sorgen, dass „Dinge geschahen", und mich auf Ergebnisse zu konzentrieren. Ich war ständig damit beschäftigt gewesen, Ziele von Ereignissen und Umständen herbeizuführen oder sie anzuregen, statt mich auf meine höchste Absicht einzustellen und dann zu ermöglichen, dass das beste Ergebnis sich entfalten konnte. Ich war ständig „beschäftigt". Mein Kalender war schon ein Jahr vorher mit Terminen voll und ich plante und managte sorgfältig meine eigene Arbeit und die Aktivitäten der Geschäftszweige, an deren Leitung ich beteiligt war. Es brauchte Zeit, um rund 25 Jahre Leben auf diese Weise loszulassen, deshalb war ich anfangs immer noch versucht, meine wieder entdeckte spirituelle Reise auf genau dieselbe Art und Weise zu planen und zu kontrollieren.

Die Landschaft um mein Haus herum war numinos, und ich lernte, wie ich mit den Geistführern dieser antiken Denkmäler kommunizieren konnte. Insbesondere ein Geistführer war so voll Energie, dass ich meinen ganzen Körper auf einem solch hohen Niveau vibrieren fühlte, dass ich nicht mehr in der Lage war zu schlafen. Eines Abends, nachdem ich mit Freunden ausgegangen war, fuhr ich mit dem Auto nach Hause, als ich plötzlich eine laute, hellhörige Botschaft meines Geistführers bekam, der mir sagte, ich solle zu diesem Denkmal fahren – ein so genanntes Mehrkammern-Hünengrab, das vor etwa 6000 Jahren gebaut worden war.

Es war Neumond, und in dieser ländlichen Gegend gab es keine Straßenbeleuchtung. Ich zögerte, denn ich hatte kein Fernlicht am Auto, und das Denkmal war ein Stück von der Straße entfernt. Aber als ob sie meine Ängste beruhigen wollte, sprach die innere Stimme eine erneute Botschaft, die besagte: „Du wirst sehen!" Und so geschah es. Als ich von meinem Auto zum Denkmal und in diese tintenschwarze Nacht hineinging, konnte ich, tatsächlich, genau einen Schritt vor mir sehen. Aber dieser eine Schritt war genug. Und als ich allein davorstand, lediglich mit meinem Geistführer als Begleiter, zeigte er mir hellseherisch, wie ich es ermöglichen konnte, dass eine kraftvolle tellurische Energie ganz einfach durch meinen Körper floss. Danach, als ich zurück zu meinem Auto ging, hörte ich: „Du brauchst immer nur einen Schritt vor dir zu sehen. Aber tue diesen Schritt dann auch!" Als ich nach Hause zurückkehrte, schlief ich zum ersten Mal seit vielen Nächten friedlich und ruhig.

Diese spirituelle Führung, welche Form auch immer sie annimmt, ist mir immer zugute gekommen. Tatsächlich sind Dinge eigentlich immer nur dann schief gegangen, wenn ich sie gehört, aber mich geweigert habe, ihr „zuzuhören" und danach zu handeln. Als Wissenschaftlerin sollte ich immer sicherstellen, dass die Bewusstheit und Führung aus einer Ebene der Bewusstheit und des Wohlwollens entstehen, die über meine ego-zentrierte Wahrnehmung hinausgehen. Seit Thoth mir zum ersten Mal erschien, und durch die unzähligen und unglaublichen Erfahrungen hat sich im Verlauf der Jahre Vertrauen entwickelt und mich in die Lage versetzt, mein Selbstgefühl weit über die illusionären Begrenzungen meiner menschlichen Persona hinaus auszuweiten.

Wenn wir uns einmal der Möglichkeit einer solchen nicht-ortsgebundenen Wachheit öffnen, dann beginnen Dinge zu geschehen! Das alte Sprichwort „Sehen heißt glauben" wird wortwörtlich umgekehrt. Wenn unsere durch die Kultur entstandenen Schleier sich heben und unsere Wahrnehmung klar wird, dann beginnen wir, durch „Glauben zu sehen". Wir erleben jedoch alle diese „Distanzwahrnehmung" auf unterschiedliche Weise. Während einige von uns hellsichtig werden (sehen), entwickeln andere hellhörende (hören) Fähigkeiten, und einige wenige können einen nicht ortsgebundenen Sinn des Hellriechens erleben. Aber für die meisten von uns gilt, dass sich unser Sinn des Hellfühlens (fühlen) erweitert. Im Laufe vieler Jahre haben meine eigenen Erkundungen der multidimensionalen Räume, die ich erlebt habe, dazu geführt, dass ich alle vier miteinander verbinde, obwohl es im Allgemeinen vor allem das Hellfühlen ist, das sich bei mir am meisten hervortut.

Dennoch hatte ich vor einigen Jahren ein Erlebnis, bei dem das Hellhören eine wichtige Rolle spielte. Ein alter Freund von mir war gestorben, und am Morgen seines Begräbnisses fuhr ich zu einem Blumenladen, um einige Blumen auszuwählen. Als ich den Laden betraf, hörte ich seine Stimme, die mir beinahe ins Ohr brüllte: „Rose!" Und als ich mich umsah, kam eine zweite Botschaft: „Gelbe Rose." Direkt vor mir standen einige wundervolle dunkelgelbe Rosen, aber ich fühlte, dass sie nicht die richtige Farbe hatten, und ich schaute mich um, bis ich einige blassgelbe, beinahe cremefarbene Rosen im Hintergrund des Geschäfts erblickte. Ich spürte seine Zustimmung und „wusste", sie waren genau richtig. Die Stimme meines verstorbenen Freundes machte mir klar, dass er wollte, ich solle nur eine einzige dieser Rosen kaufen. Mir war das ein bisschen peinlich; denn was würde seine Ehefrau von meinem Mann und mir denken, wenn wir nur mit einer einzigen gelben Rose ankamen, während jeder andere ganz sicher einen Strauß oder einen Kranz mitbringen würde! Dennoch, die Stimme bestand darauf, und ich verließ das Geschäft mit einer einzigen Rose.

Als wir bei dem Begräbnis ankamen, konnten wir die Frau unseres Freundes sehen. Sie sah ganz einsam und traurig aus, und wir wollten sie eigentlich nicht stören. Aber die Stimme kehrte zurück und sagte: „Gib ihr jetzt die Rose." Ich ging zu ihr hinüber und gab ihr die wundervolle Rose. Dabei sagte ich ihr ganz ehrlich, dass sie nicht von uns war, sondern von ihrem Mann. Ihre Augen hellten sich auf, aber es war keine Zeit mehr, mehr zu sprechen, denn das Begräbnis begann dann schon. Später jedoch hatten wir Gelegenheit zu sprechen. Sie erzählte mir, dass ihr Mann ihr während ihrer langen Ehe jede Woche einen Blumenstrauß mit einem Dutzend roter Rosen mitgebracht hatte – und einer einzelnen blassgelben Rose. Seit seinem Tod hatte sie sich schrecklich allein gefühlt und hatte sich vor dem Begräbnis gefürchtet. Aber als ich ihr die Rose gab und die Worte zu ihr sprach, hatte sie in dem Moment erkannt, dass ihr geliebter Ehemann immer noch bei ihr war, und sie wusste, dass er da bleiben würde, solange sie ihn brauchte.

Eine globale Suche

Einige meiner wichtigsten Erfahrungen mit dem multidimensionalen Bereich des Akashafeldes haben mich ganz wörtlich rund um den Globus geführt – in einer Art globaler Suche, um unser spirituelles Erbe und unser kosmisches Schicksal besser zu verstehen. Sie schlossen eine Fülle so genannter Synchronizitäten ein – „sinnvolle Zufälle", wie sie C. G. Jung nannte – unerklärlich innerhalb der Begrenzungen des physikalischen Raum-Zeit-Gefüges. Auf solche Synchronizitäten und „Zufälle" zu achten und ebenso auf die inneren und äußeren Pfade der Entdeckungen, für die sie sehr oft als Wegweiser fungieren, war und ist immer noch entscheidend für denjenigen Aspekt meiner Arbeit gewesen, der versucht, unsere menschliche Aufgabe hier auf der Erde zu verstehen.

Meine globale Suche begann am 4. Mai 1998, als ich in Beantwortung einer klargehörten Botschaft, die mich am Tag zuvor erreicht hatte, nach Silbury Hill fuhr, dem antiken monumentalen Hügel in der Landschaft von Avebury. Auf der Spitze des Hügels und in voller Sichtweite lag ein riesiger Kornkreis in Form einer herrlichen goldenen Scheibe mit einem Durchmesser von etwa 70 Metern im benachbarten Rapsfeld. Ich hatte früh am Morgen entdeckt, dass er über Nacht erschienen war.

Als ich mich hinsetzte, um mein Bewusstsein auf den Hügel und den Kornkreis einzuschwingen, fühlte ich mich zutiefst friedlich, so, als ob alle meine inneren Fragen beantwortet worden seien. Von diesem schlichten Moment an begannen sich auf unglaubliche Weise Synchronizitäten und Zeichen zu entfalten, die zu einer sechsjährigen Suche führten, in deren Verlauf ich zusammen mit anderen, die mit mir fuhren, rund um die Welt reiste. Eine Folge von 13 Reisen nach Ägypten, Südafrika, China, Alaska, Peru, Australien, Neuseeland, Chile, Ostisland, Hawaii, in den Indischen Ozean, England und schließlich Jerusalem enthüllte unser verborgenes Erbe und wurde zu 13 Stufen unserer eigenen inneren Transformation.

Im Lauf jener Jahre erlebten ich und auch meine Mitreisenden tiefgründige Einsichten und eine tiefe persönliche emotionale Heilung. Wir erkannten ebenso, wie die verursachende Co-Kreativität des Akashafeldes sich in dem immer noch anhaltenden Fließen und den Prozessen der Versöhnung und Lösung manifestierte, die wir unterstützten und die wir auf transpersonaler, archetypischer und kollektiver Ebene auf der ganzen Welt als Zeugen erlebten.

Ich erlebe, dass ein grundsätzlicher Aspekt des gegenwärtigen Bewusstseinswandels darin besteht, dass die kleinen und großen Synchronizitäten an Häufigkeit zunehmen und uns immer wieder daran erinnern, dass es ein alles durchdringendes Akashafeld und einen kosmischen Geist gibt, von dem alles, was wir Realität nennen, ebenso wie wir selbst, ein integraler Teil ist. Eine dieser herzgefühlten Synchronizitäten geschah, nachdem ich zusammen mit anderen eine Reise einer Gruppe Menschen nach Ägypten geleitet hatte.

Wie schon viele Monate zuvor geplant, führte uns unsere Reise am 9. Oktober 2007 nach Gizeh und zu einem Besuch der Großen Pyramide, zu deren Besuch auch von innen wir eine besondere Erlaubnis hatten. An dem Morgen hatte ich den Fernseher in meinem Hotelzimmer angeschaltet, um Nachrichten zu hören. Genau in diesem Moment sagte uns der Nachrichtensprecher, dass an diesem Tag der Geburtstag von John Lennon sei. Sofort flossen die Worte seines wundervollen Songs *Imagine* durch meinen Kopf, und mein Herz wurde von ihrer schlichten Weisheit durchströmt. Da es gerade noch genug Zeit war, bevor wir die Gruppe treffen und unsere Reise zu der Pyramide beginnen konnten, loggte ich mich in den Hotelcomputer ein und lud eine Kopie des Songtextes herunter. Danach rannte ich im Eiltempo mit den Kopien zum Bus.

Später, als wir alle in der Königsgrabkammer dieses mächtigen Denkmals zusammenkamen, sangen wir als Würdigung für John und die vielen anderen Friedensaktivisten, die für Heilung und Versöhnung gearbeitet haben und dies immer noch tun, zusammen *Imagine*, und die Akkustik in der Kammer ließ unsere Stimmen zu einer treibenden Kraft anschwellen.

Einige Wochen später, als ich gerade meinen Koffer packte, um nach Vermont zu fahren, wo ich den Schlussvortrag bei einer Konferenz über heilige Plätze halten sollte, hatte ich das ganz starke Gefühl, dass ich den Text von *Imagine* mitnehmen sollte. Nachdem die Organisatorin der Konferenz mich am Flughafen abgeholt hatte, fragte ich sie versuchsweise, ob es in Ordnung wäre, wenn ich alle Teilnehmer bitten würde, nach meinem Vortrag mit mir zusammen diesen Song zu singen. Sie sagte: „Natürlich, wir singen *Imagine* immer am Ende unserer Konferenzen!" Am Ende der Konferenz erzählte ich von dieser Synchronizität, und dann nahmen sich mehrere hundert Menschen bei den Händen und bildeten einen riesigen Kreis, der den gesamten Raum füllte. Als wir uns so in diesem Lied der Hoffnung und des Friedens miteinander verbanden, umgab und durchflutete uns ein wundervolles Gefühl der Freude.

Die Mainstream-Wissenschaft würde solch eine Synchronizität – die frei von den offenkundigen Begrenzungen von Zeit und Raum ist – als reinen Zufall abtun. Tatsächlich geht ja die gegenwärtige Mainstream-Ansicht davon aus, dass das ganze Universum zufällig und sinnlos ist. Ich aber glaube, dass dieses begrenzte und begrenzende Verständnis dabei ist, sich radikal zu verändern. Die revolutionäre neue Sichtweise des Universums, die dabei ist, emporzusteigen, zeigt einen grundsätzlich miteinander verbundenen und sinnvollen Kosmos – einen, den ich die Ehre habe, mein ganzes Leben lang zu erforschen. Dieses selbstbestärkende Verständnis der Welt fördert unsere angeborenen Fähigkeiten, achtsam zu sein, und beeinflusst unsere Wirklichkeiten jenseits der Begrenzungen von Zeit und Raum.

Dieses erweiterte Verständnis von *allem*, was wir Wirklichkeit nennen, zeigt, dass bedeutungsvolle Zufälle wirklich sind! Und indem wir uns mehr und mehr der Bedeutung solcher Synchronizitäten in unserem Leben bewusstwerden, können sie zu Wegweisern werden, die uns auf unserem spirituellen Weg helfen, und auch zu Schlüsseln, die uns tiefere Einsichten schenken. Wenn wir also dann an Freunde denken, von denen wir schon monatelang nichts mehr gehört haben, und sie dann plötzlich anrufen, oder wenn eine Folge von Ereignissen auf magische Weise zu geschehen scheint, dann können wir diese Synchronizitäten näher betrachten. Es könnte sein, dass unser spirituelles Selbst uns zeigt, wie wir über unsere wahrnehmbaren Begrenzungen hinausgehen und mit der Wirklichkeit spielen können.

Ein neuer Weg zu sein

Die aufsteigende Vision des Akashafeldes und der integralen Essenz der „Ganzheits-Welt" lässt uns erkennen, dass wir sowohl Geschöpfe des Kosmos wie auch Mitschöpfer unserer Wirklichkeit sind. In meinen Akashaerfahrungen umfasst diese Co-Kreativität viele Ebenen des Bewusstseins, von oft vergessenen Impulsen und Antworten auf unser Unterbewusstes über „normale" Wahrnehmungen unserer menschlichen Persönlichkeit im Wachzustand oder transpersonale, kollektive und achetypische Bewusstseinsebenen bis hin zur höchsten Vereinigung mit dem unendlichen kosmischen Geist.

Sowohl auf persönlicher wie auch auf kollektiver Ebene erweitert sich unsere Achtsamkeit derzeit schnell über die Begrenzungen der Vergangenheit hinaus. Der Bewusstseinswandel ermöglicht uns tiefere, stärkendere Einsichten in unser wirkliches Wesen und das der „Ganzheits-Welt". Indem wir uns den Akashaerfahrungen und dem höheren Bewusstsein öffnen, die unser angeborenes Erbe und unser Schicksal sind, können wir, so glaube ich, unsere Egos transzendieren – nicht um „ego-los" zu werden, sondern „ego-frei". Indem wir dies tun, schwingen wir uns mehr und mehr auf den sich entwickelnden Fluss des Kosmos ein und werden zu immer bewussteren Mitschöpfern.

Je mehr wir uns einschwingen, desto mehr werden die Entscheidungen, die wir treffen, uns selbst stärken und gleichzeitig uneigennützig sein. Indem wir alles wertschätzen, was wir sind – sowohl Licht als auch Schatten –, tranzendieren wir unsere Urteile, die wir aufgrund unserer auf Gegensätzen basierenden Wahrnehmung fällen, und beginnen, die bedingungslos liebende Bewusstheit der Einheit zu verkörpern, die letztlich die „Ganzheits-Welt" des Akashafeldes und des kosmischen Geistes ist.

Dies ist eine neue Art zu sein. Vor 2000 Jahren sagte Jesus: „Ebenso, wie ich die Dinge tue, so sollt ihr sie tun, und besser." Und, wie die Ältesten der Eingeborenenvölker behaupten, die immer noch auf der Erde wandeln: Wir sind diejenigen, auf die wir gewartet haben. Der Bewusstseinswandel ist unser nächster Evolutionssprung. Er versetzt uns in die Lage, uns zu erinnern, wer wir wirklich sind, und letztlich unser spirituelles Wesen und unsere angeborene, nicht-ortsgebundene Verbundenheit bei unseren menschlichen Erfahrungen in ihrer ganzen Fülle zu verkörpern.

Während meiner ganzen Suche und bei all meinen Abenteuern bin ich jedes Mal wieder an die Wichtigkeit erinnert worden, die Gewöhnlichkeit meines Alltagslebens mit der außergewöhnlichen Erkundung der Ganzheits-Welt zu verschmelzen. Aber die tiefere Bedeutung ihres Verwebens verstand ich eines großartigen Morgens mitten in der Avebury-Landschaft. Als ich mich umschaute und die Schönheit der Landschaft um mich herum wahrnahm, wobei mein Herz in der stillen Freude des Morgens mit Musik erfüllt war, vernahm ich die Worte: „In der Normalität unserer Menschlichkeit sind wir alle gewöhnlich. In der Normalität unserer Göttlichkeit sind wir alle außergewöhnlich."

Zu der Zeit war ich auf einer spirituellen Suche rund um die Welt gereist, was ich irgendwann in meinem Buch *The 13th Step (Der 13. Schritt)* darstellen wollte, und ich hatte mich auch in die Studien antiker Kosmologien für meine Doktorarbeit in Archäologie vertieft, und ich war deshalb von außergewöhnlichen Erfahrungen voll, zwar nicht „über-wältigt", aber kurz davor. Und ich lief Gefahr, meine ganz „gewöhnlichen" Verantwortlichkeiten und Beziehungen zu ignorieren, wenn nicht sogar zu verschmähen. Die einfachen, aber tiefgehenden meines Geistführers an jenem Morgen veränderten etwas in mir. Ich wurde mir plötzlich bewusst, was ich verpasste, weil ich nicht in *jedem* Aspekt meines Lebens vollkommen gegenwärtig war. Statt diesen Teilen meines Lebens, die ich für gewöhnlich hielt, mit einer Haltung der Freude, der Kreativität und der Heiligkeit zu begegnen, hatte ich sie als weniger bedeutsam beurteilt. In jenem Moment erkannte ich, dass ich das Gleichgewicht und die Ganzheit, die ich suchte, nur dann verkörpern konnte, wenn ich das Ungewöhnliche im Gewöhnlichen wahrnahm, wie etwa in der chinesischen Glyphe des Yin und Yang.

Diese schlichte Einsicht veränderte mein Leben. Ich begann eine sogar noch größere Glückseligkeit in meinem Inneren zu entdecken. Ich suchte nicht mehr nach irgendetwas, sondern freute mich darüber und war dankbar dafür, wie jeder Tag erblühte. Ich erkannte, dass die Fähigkeit, wirklich in jedem Moment gegenwärtig zu sein, mich in die Lage versetzte, mich auf meine höhere Führung und auf das Fließen der Bewusstheit in mir besser einzustellen.

Meine Anwesenheit in der Landschaft von Avebury an jenem Morgen hatte damit zu tun, dass ich dort eine archäologische Feldstudie für meine Doktorarbeit durchführte. Dieser Aspekt meiner Forschung war tatsächlich sehr „gewöhnlich". Tag um Tag, manchmal mit einer Gruppe von Helfern und manchmal ganz allein, ging ich mit dem Ziel, Flintsteine zu finden, durch die gepflügten Felder einer Landschaft, die seit den Zeiten des Neolithikums kontinuierlich bewohnt worden war, um das Muster dieser frühen Besiedelung nachzuweisen. Nachdem ich schon viele Monate in diesen Feldern gesucht und dabei viele Meilen zurückgelegt hatte, nachdem ich viele tausend Stücke gespaltener Flintsteine analysiert hatte, kam (glücklicherweise) schließlich der letzte Tag der Feldstudie heran. Eine Anzahl Freiwilliger half mir an jenem Tag, und sie schienen immer die interessanten Fundstücke aufzuheben, während ich bisher nichts anderes als riesige Mengen Bruch aufgehoben und geprüft hatte.

Während ich den letzten Abschnitt des letzten Feldstücks des letzten Tages entlangging, bat ich den Kosmos um etwas, irgendetwas! Und als ich beim letzten Meter des langen, langen Projekts angekommen war, wortwörtlich bei meinem letzten Schritt, da schaute ich nach unten. Und da, direkt vor meinen Füßen, lag eine perfekte Pfeilspitze aus Flint, von einem unbekannten Jäger vor etwa 4000 Jahren ausnehmend schön aus einem weißen Felsen geschnitten. Nach der harten Arbeit von so vielen Monaten war ich begeistert über dieses kleine und dennoch so außergewöhnliche synchrone Geschenk.

Viele Jahre später, während ich gemeinsam mit Ervin Laszlo *CosMos* schrieb, arbeitete ich an einem Kapitel über den mittleren Informationsgehalt und den Zeitpfeil in unserem physikalischen Universum. Während ich mich noch abmühte, die besten Worte zu finden, um zu erklären, wie die außergewöhnliche Ordnung zu Beginn unseres Universums den Zeitpfeil in die Lage versetzte hatte, loszufliegen, schaute ich nach oben, wo die antike Pfeilspitze nun in meinem Büro lag, und die richtigen Worte begannen auch loszufliegen.

Über einen Zeitraum von mehr als 50 Jahren haben mich meine Erfahrungen und die Erforschung der Ganzheits-Welt inzwischen zu einem Verständnis geführt, dass wir in jedem Augenblick unsere Wirklichkeiten von Neuem mit-erschaffen. Mit jedem Atemzug, jedem Herzschlag und mit jedem Gedanken können wir eine neue und andere Wahl treffen. Ich schrieb einmal:

Wenn wir Angst wählten, können wir jetzt die Liebe wählen.
Wenn wir Tränen wählten, können wir jetzt Lachen wählen.
Und wenn wir den Tod wählten, können wir jetzt das Leben wählen.

Heute glaube ich mehr als je zuvor, dass der Bewusstseinswandel uns sowohl individuell als auch gemeinsam in die Lage versetzt, eine Wahl zu treffen, die in den nächsten Jahren schon unser kollektives Schicksal bestimmen wird. Und während unser Bewusstsein sich erweitert, werden wir fähig werden, unsere auf unserem Ego basierenden Ängste zu transzendieren und, statt in den angedrohten globalen Zusammen-bruch zu stürzen, stattdessen gemeinsam einen Durch-bruch zu erzeugen. Nachdem wir so lange schon unser stärkendes Selbstgefühl an äußere Autoritäten und Gurus weggegeben haben, ist es jetzt an der Zeit für uns, unser eigener Guru zu werden!

6 • Ein journalistisches Treffen mit der Akasha-Erfahrung

Guido Ferrari

Guido Ferrari ist Fernseh-Journalist und Regisseur. Er hat zahlreiche Dokumentarfilme im Kunstbereich gedreht und eine große Anzahl bekannter Persönlichkeiten interviewt und biografische Sendungen über sie gemacht. Seine biografischen Filme und Interviews schließen den Dalai Lama, Erich Fromm, Karl Popper, Eugene Ionesco, Ervin Laszlo, Elisabeth Kübler-Ross und Marie-Luise von Franz ein. Unlängst produzierte er in Zusammenarbeit mit Matthieu Ricard zwei DVDs über den Buddhismus.

Ich bin Fernsehjournalist und Regisseur und bin seit vielen Jahren verbunden mir dem Schweizer italienischen Fernsehen. Im Verlauf meiner Arbeit sind mir überraschende Erfahrungen zuteil geworden – Erfahrungen, die bestätigen, dass wir mehr sind als Fleisch und Blut, dass wir miteinander und mit jedem einzelnen Gegenstand verbunden sind, Erfahrungen, die bezeugen, dass wir außersinnliche Wahrnehmungen haben können, die voll Bedeutung sind und die uns Antworten auf grundlegende Fragen geben.

Ein sehr kostbares Geschenk

Im Jahr 1982 produzierte ich eine Dokumentation über Nah-Tod-Erfahrungen (NTE), bei der ich auch Regie führte. Ich suchte dazu einen tibetischen Mönch, der in der Lage war, über die Erfahrungen des *bardo* (einen Zustand zwischen Leben und Tod, der im tibetischen Buddhismus beschrieben wird) zu berichten. Ich fand ihn und der Kontakt mit ihm stellte sich als eins der wichtigsten Dinge in meinem Leben heraus.

Ich wusste zu dem Zeitpunkt beinahe nichts über den Buddhismus. Ich erinnere mich, dass der Dalai Lama vorschlug, ich sollte mir einige seiner Vorträge anhören, bevor ich anfing. Wir waren sechs oder sieben. In einer sehr schlichten Weise sprach Lama S. über Liebe und über Mitgefühl, über die Gifte des Geistes und, wie sich alles ändert, sowie über den Fehler der Anhaftung. Ich erinnere mich, dass mein Herz sich einer neuen Wärme zu öffnen begann, die meinen ganzen Körper füllte, während mein Geist sich ausruhte, klar war und voll Raum. Ich hörte seine Worte wie einen Widerklang der Wahrheit, die ich von Zeit zu Zeit schon gekannt hatte, die dann aber unter negativen Emotionen begraben worden war. Es war wie ein „Nach-Hause-Kommen", eine Erfahrung unmittelbarer Einheit, von Kommunikation ohne Worte, von Frieden und Harmonie. Ich konnte fühlen, dass das menschliche Herz gütig und vollkommen ist und dass wir alle eins sind. Dies war eine außergewöhnliche Entdeckung für jemanden wie mich, der in einer streng wissenschaftlichen Tradition erzogen worden war, die wenig Raum für das Herz oder für Emotionen ließ. Er hatte mir das kostbarste Geschenk gemacht, das es gibt.

Von diesem Moment an widmete ich mein Leben der Entwicklung und Erhaltung dieses Gefühls der Einheit. Lama S. schlug vor, dass ich eine kurze Zeit meditieren sollte. Das war das erste Mal für mich. Es zeigte sich, dass dies eine außergewöhnliche Erfahrung war, sowohl verwirrend wie auch rätselhaft, die mir im Lauf der Jahre half, viele Dinge zu verstehen. Ich fand mich selbst dabei wieder, dass ich über Berge flog, dann in den Weltraum, der kohlrabenschwarz wurde. Weiße Linien formten im Himmel ein Quadrat mit zwei Diagonalen. Ich flog ins Zentrum der weißen Linien und durchfuhr einen weißen Wirbel, nur um mich selbst in einem tibetischen Kloster wiederzufinden, wie ich später herausfinden sollte. Dort traf ich alte Schulkameraden und Freunde und schrie vor Freude, als ich sie wieder erkannte. Sie bedeuteten mir, leise zu sein: Ein Meister war da, im Zustand tiefer Meditation, ein Mann, dessen Stärke mir einen bleibenden Eindruck machte.

Und dann gab es die Rückreise. Ich sah mein ganzes Leben ein zweites Mal, ich verstand meine Fehler, fühlte meine Wut in eine heilende Wärme schmelzen und fand mich dann in einem Tempel wieder, wo Lama S. mit sanfter Stimme ein Gebet „sang" – auf eine Weise, die noch immer tiefe Gefühle in mir hervorruft, wenn ich daran denke. Meine Erfahrung im Zustand der Meditation war ähnlich der beim Sterben. Während der folgenden Wochen war ich ständig in einem Zustand offener und empathischer Bewusstheit.

Ich verbrachte Jahre damit, das zu verstehen, was mir geschehen war. Es war eine absolut reale Erfahrung, obwohl ich keinerlei vorheriges Wissen von einem tibetischen Kloster oder von meinen Klassenkameraden hatte.

Während ich diese Worte schreibe, kommt die Erinnerung an ein anderes Akasha-Erlebnis wieder in mir hoch. Dies geschah auch während einer Meditation mit Lama S., aber ein wenig später. Damals fand ich mich am Eingang eines engen Alpentals wieder, durch das ein Fluss floss und das von Bergen mit Nadelholzbäumen umgeben war. Die Szene veränderte sich dann in den Moment, in dem ein Kind geboren wurde – die Wände des Tals waren die Beine der Mutter und der Fluss die Vagina. Die Mutter nahm das Kind sofort in ihre Arme, und ich sah dann meinen Vater und meine Mutter als junge Leute, nicht so, wie ich selbst mich an sie erinnerte, sondern so, wie sie vor meiner Geburt gewesen waren. Dennoch waren sie ganz real, und sie machten langsam Liebe miteinander, sehr langsam und liebevoll. Ich erinnere mich an das Gefühl reiner Liebe und Freude, die mein Herz füllte: Sinnlichkeit voll Respekt, erfahren in einer realen Beziehung ohne Anhaftung. Es war eine sehr bewegende Erfahrung. Ich hatte reine Liebe erfahren, den Austausch, das Geschenk. Etwas ganz Wundervolles war mir gezeigt worden, und auch die Ebene der Bewusstheit, die damit verbunden ist. Die Vision war dennoch eine große Überraschung für mich: Sie kam ziemlich unerwartet! (1)

Eine weitere Erfahrung, die auch mit diesem Thema Geburt, Mutterschaft und Sexualität verbunden war, machte ich während eines Seminars mit holotropem Atmen, das von zwei Schülern von Stanislaw Grof gegeben wurde. Ich fand mich plötzlich in einem Wald wieder, am Fuß einer großen Stange sitzend, die weiß gestrichen worden war, in der Mitte einer Menge Menschen, die weinten und beteten. Unsere Körper waren auch weiß angemalt. Wir waren Teil einer Begräbniszeremonie. Ich sah an mir herunter: Ich war eine alte Frau, deren Brüste ausgetrocknet waren. Ich konnte in mir den ganzen Schmerz über den Verlust meines Kindes spüren, etwas, das schon Jahre zuvor geschehen war. Ich verstand, dass Leben auch bedeutete, das Liebste zu verlieren. Mein Herz war ruhig, ich war in ganz zärtliche Erinnerungen vertieft. Ich erlebte erneut den Austausch der Zärtlichkeiten mit einem jungen Mann, der wahrscheinlich der Vater meines Kindes gewesen war. Dies gehörte auch zu meiner Jugend und war eine süße Erinnerung aus meiner Vergangenheit. Ich erinnere mich, dass ich auch in meiner Vision den Wald riechen und die Begräbnislieder hören konnte: Ich war da, alles war Wirklichkeit.

Einige Zeit später hörte ich Radio, als ich eine Melodie hörte, die von einem Pygmäenstamm gesungen wurde. Unerwartet brach ich in Tränen aus. Trotz der

Wirklichkeit jenes Vorfalls gab es keine offensichtliche historische Verbindung dazu. Es fühlte sich an, als wäre es eine alte Erinnerung oder als wäre sie aus einer Parallel-Existenz gekommen.

Mein Weg zu höheren Bewusstseinszuständen durch Klang

Bei meiner neuen Akasha-Erfahrung ging es in die Welt des Klangs und die Bedeutung der Entdeckungen von Robert Monroe. Monroe hatte Klänge erzeugt – so genannte Hemi-sync-Klänge – die die Synchronisierung der beiden Gehirnhälften erleichtern. Sie enthalten Frequenzen, die mit verschiedenen Bewusstseinsebenen korrespondieren. Es ist möglich, sich auf diesen Klang einzustimmen und dadurch einen Zugang zu höheren Bewusstseinszuständen zu erhalten. (Dies ist die Version der Schamanentrommel, des Mantras, des Psalmsingens und der gregorianischen und Sufi-Gesänge des elektronischen Zeitalters.) Ich fuhr nach Virginia, um Monroe zu besuchen, interviewte ihn dort ausführlich, und wir führten dann einige lange Gespräche. Zum ersten Mal, seit ich Lama S. getroffen hatte, hatte ich jemanden gefunden, der meine Erlebnisse verstand und bereit war, über sie zu sprechen.

Monroe war ein bodenständiger Ingenieur und Forscher, ein pragmatischer Mensch, der keineswegs zu Spekulationen neigte. Er hatte eine Anzahl von Außer-Körper-Erfahrungen (englisch: out-of-body experiences, OBEs) erlebt, die ihn dahin führten, über das Wesen der Wirklichkeit und des Bewusstseins nachzudenken. Er hatte ein Versuchslabor in einer Hütte errichtet, wo OBEs durch Klänge ermöglicht werden. Dank seiner eigenen Erlebnisse und derjenigen einer Anzahl „Erforscher" erkannte er, dass es möglich ist, bei vollem Bewusstsein in diese und andere Dimensionen zu reisen, auch außerhalb der Begrenzungen von Zeit und Raum. (2)

Während meines Aufenthalts am Monroe-Institut hatte ich noch weitere Akasha-Erfahrungen. Mich den Hemi-sync-Klängen auszusetzen, öffnete in mir die Welt innerer Erfahrung, und lenkte mich und andere, die mit mir gereist waren, zu höheren Bewusstseinsebenen. Der Prozess fängt mit einem Zustand tiefer Entspannung an, in dem der Körper schläft, während der Geist wach bleibt; dann folgt eine Ausweitung des Bewusstseins, die tiefer und tiefer reicht, bis man in weitere Dimensionen eintritt, jenseits von Zeit und Raum.

Die Erfahrung, die die größte Auswirkung auf mich hatte, war eine, die mit der vollen emotionalen Wucht einen entscheidenden Augenblick meiner Kindheit zurückbrachte. Ich war damals drei oder vier Jahre alt, als ich nach einem Anfall von Diphterie, für die es in jener Zeit kein Penicillin oder andere Antibiotika gab, in lebensbedrohlichem Zustand ins Krankenhaus gebracht wurde. Ich erinnere mich an die Hilflosigkeit meiner Mutter, und ich befürchtete, von ihr verlassen zu werden. Ich erinnere mich daran, wie ich meine Großeltern, die damals schon tot waren, in einem Garten traf und wie sie mir sagten, dass ich zurück in mein Bett im Krankenhaus gehen sollte. Erst später verstand ich, dass ich selbst eine Nah-Tod-Erfahrung gehabt hatte.

Am Monroe-Institut begann meine Erfahrung, als ich mich am Morgen zurechtmachte; sie begann damit, dass ich das Gefühl hatte, von meiner Mutter berührt zu werden, und zwar so, wie sie mich liebevoll berührt hatte, als ich noch ein Kind gewesen war (meine Mutter war wenige Jahre zuvor gestorben). Das Gefühl ging beim Frühstück weiter, als ich mich daran erinnerte, wie ich mich geweigert hatte zu essen, nachdem ich aus dem Krankenhaus entlassen worden war, und so gegen meine Mutter rebellierte. Das Trauma, dass ich mich so verlassen gefühlt hatte, sowie die Erfahrung, dem Tode mit einer abgesunkenen Körpertemperatur so nah gewesen zu sein, hatte in mir das Gefühl erzeugt, dass die Wärme des Lebens außerhalb von mir existierte, dass sie ganz in meiner Mutter war, die sie in Besitz genommen hatte.

Dann, während einer Sitzung im Institut, in der ich mich in den Weltraum vorwagte, hatte ich plötzlich das Gefühl, sehr, sehr weit weg zu sein, in einer Nacht voller Sterne, in der wunderschöne Galaxien sichtbar wurden. Ich hatte das Gefühl, riesengroß zu sein und das gesamte Universum zu enthalten: Die Sterne, die Galaxien, die Sonne… alles war in mir. Ich hatte das deutliche Gefühl, dass die Erde mein Herz war und dass die Hitze der Sonne darin lag. Die Wärme des Lebens war körperlich und emotional zu mir zurückgekommen. Sie war in mir, und ich verstand, dass ich mich darum kümmern konnte, sie wachsen lassen konnte und sie anderen geben konnte.

In einer der folgenden Sitzungen fragte ich, was ich tun könnte, um die Wärme meines Herzens noch größer werden zu lassen. Die Antwort, die ich erhielt, lautete: „Vergib!", denn „das Universum antwortet". Tatsächlich sind bei näherer Betrachtung alle Erfahrungen, die ich hier beschrieben habe, Antworten. Es gibt Zeiten, in denen reale, greifbare Botschaften ankommen, die ich in mir hören kann, und manchmal kommen diese Botschaften auf sehr überraschende Weise, wie beispielsweise, als ein indischer Mystiker erschien; er war mit Kochen beschäftigt und sagte mir, dass ich ihn nicht mit meinen Fragen stören sollte, auf die ich doch schon selbst antworten konnte.

Diese und andere Akasha-Erfahrungen während meines Lebens als Fernsehjournalist und Regisseur haben mit eine Menge beigebracht. Sie haben meinem Leben einen ungeahnten Sinn verliehen.

TEIL ZWEI

MIT DER ERFAHRUNG ARBEITEN

7 • Das lebendige Klassenzimmer

Christopher Bache

Christopher Bache war 30 Jahre lang Professor für religiöse Studien an der Youngstown State University und ist in jüngster Zeit Lehrbeauftragter am Kalifornischen Institut für Integrale Studien. Er war Leiter der Abteilung für transformatives Lernen am Institut für noetische Wissenschaften. Sein Unterricht konzentriert sich vor allem auf Östliche Religionen, auf die Psychologie der Religion und auf Transpersonale Psychologie. Bache ist Autor von drei Büchern.

Es war ein ganz gewöhnlicher Tag in der Klasse, ganz so wie andere Tage an der Universität von Ohio, wo ich am Fachbereich Philosophie und religiöse Studien unterrichte. Die Vorlesung war zu Ende und der Raum leerte sich gerade, als ein Student zu mir kam und sagte: „Wissen Sie, es ist komisch, dass Sie dieses Beispiel benutzt haben, dass Sie heute in der Klasse erwähnten, weil es genau das ist, was mir selbst in dieser Woche passiert ist." Dann beschrieb er seine kürzliche Erfahrung, und sie war tatsächlich ganz genauso abgelaufen.

Ich hatte nach einem Beispiel gesucht, um ein Konzept zu illustrieren, das ich meinen Studenten nahezubringen versuchte. Indem ich schnell alle Möglichkeiten durchging, die mir einfielen, stoppte mein Bewusstseinsstrom plötzlich und aus der Stille heraus kam aus irgendeinem tieferen Ort ein Beispiel hervor, das ich noch nie zuvor benutzt hatte. „Versuch es damit...", sagte es. Ich benutzte es, und es funktionierte. Die Studenten schienen es zu verstehen, und die Vorlesung ging weiter. Aber was für die anderen Studenten im Raum ein zufällig gewähltes Beispiel gewesen war, lag hart an der Schmerzgrenze dieses einzelnen Studenten. Er hörte seine eigene unlängst erlebte Lebenserfahrung durch meine Worte zu sich zurückkommen, und dies erregte seine Aufmerksamkeit. Es war, als habe er eine besondere persönliche Einladung erhalten, sich vertieft mit diesem Kurs zu beschäftigen, und er tat es.

Als mir so etwas vor etwa 25 Jahren zum ersten Mal passierte, schob ich das als reinen Zufall beiseite, wie es alle guten Wissenschaftler zu tun gewohnt sind. Uns wird beigebracht, dass unsere Denkweisen grundsätzlich getrennte und eigenständige Einheiten sind, eine Denkweise pro Gehirn. Jegliches mutmaßliche Überschneiden oder Durchdringen der Denkweisen ist angeblich unmöglich – eine Illusion, eine Einbildung der Umstände. Aber es geschah wieder, einige Monate später, und wieder nach diesem Mal. In den folgenden Jahren wurde es zu einem nicht ungewöhnlichen Vorkommnis in meinen Klassen, und es geschah gerade oft genug, dass ich es nicht mehr einfach so beiseiteschieben konnte. Meine Studenten fanden dies und das aus ihren eigenen Lebenserfahrungen oder aus den Erfahrungen ihrer nahen Familienangehörigen in meinen Vorlesungen wieder. Unabsichtlich und sogar, ohne dass ich mir bewusst war, wann es nun genau geschah, schien mein Bewusstsein eine Art informationales Feld anzuzapfen, in dem ihre Lebenserfahrungen abgespeichert waren. Aber wie und warum geschah dies? Sowohl als Philosoph, der sich für Fragen des Bewusstseins interessiert, als auch als Erzieher wollte ich verstehen, was diese Ereignisse antrieb.

Dies war der Anfang einer langen Odyssee mit meinen Studenten, eine Entdeckungsreise, die Jahrzehnte dauerte. Irgendwann brachte sie mich zu einem neuen Verständnis der Dynamik kollektiver Bewusstseinsfelder und dazu, anzuerkennen, dass eine wahre *kollektive Intelligenz* im Klassenzimmer am Werk war.

Es ist klar, dass die meisten meiner Universitätskollegen mir nicht geraten hätten, diese Untersuchungsfrage weiter zu verfolgen. Da sie eben die guten Wissenschaftler sind, die sie sind, wissen sie, dass das vorherrschende materialistische Paradigma uns sagt, dass dies rein zufällige Zusammentreffen sind. Wenn man aber an all die Lebenserfahrungen denkt, die in unseren Studenten verstaut sind, dann müssen wir einfach von Zeit zu Zeit auf die Erfahrung von einem von ihnen stoßen. Wenn man Woche für Woche vor ein paar hundert Menschen Vorlesungen hält, dann muss man früher oder später einen Volltreffer landen, selbst wenn man dabei die Augen geschlossen hat. Kalkuliert das selbst, und es wird weniger bedeutsam aussehen, als es sich anfühlt. Aber die „Passung" zwischen dem Leben und der Vorlesung war so präzise und wiederholte sich so oft in meinem Unterricht, dass ich irgendwann überzeugt war, dass hier mehr als der Zufall am Werk war.

Resonanz im Klassenzimmer

Eines Abends unterrichtete ich einen Kurs über Östliche Religionen. Es waren ungefähr 30 Studenten im Klassenraum. Mitten in meinem Vortrag machte ich plötzlich, für mich selbst unerwartet, eine erzählerische Schleife und flocht die Geschichte eines Zen-Meisters ein, der eine genaue hellseherische Wahrnehmung seines bevorstehenden Todes hatte, ähnlich den Berichten, die Sushila Blackman später in ihrem Buch *Graceful Exits* darstellte. Ich hatte noch nie zuvor in dieser Vorlesung über dieses besondere Thema gesprochen. Es war nur eine kleine Nebenbemerkung, etwas, das mir einfach so eingefallen war, um der Diskussion über die Fähigkeiten des Geistes aus östlicher Perspektive eine kleine anekdotische Note zu geben.

Nach dem Unterricht kam eine ältere, silberhaarige Dame zu mir, um mit mir zu sprechen. Ich hatte sie noch nie zuvor im Unterricht gesehen. Sie war keine Teilnehmerin unseres Kurses, sondern war von einer Freundin mitgebracht worden, einer anderen älteren Dame, die den Kurs belegt hatte. Ihre Freundin hatte sie an jenem Abend mit in den Vortrag geschleppt, weil sie sich Sorgen um sie machte. Ihr Ehemann war drei Monate zuvor gestorben, und ihre Freundin dachte, sie würde zu Hause nur durchhängen und hätte es nötig, einmal aus dem Haus zu kommen.

Im folgenden Gespräch erzählte sie mir ihre Geschichte. Ihr Ehemann war ein erfahrener Autoverkäufer und bei guter Gesundheit gewesen. Kurz vor seinem unerwarteten Tod hatte er die meisten Autos seines Postens ohne irgendeine Erklärung verkauft und hatte seine gesamten Finanzen in Ordnung gebracht. Einige Tage später sahen er und seine Frau gerade fern, als er seine Zeitung beiseite legte und sich auf eine Art, die eigentlich gar nicht zu ihm passte, an seine Frau wandte. Er sagte: „Liebling, ich möchte dich einfach wissen lassen, dass du – selbst wenn ich morgen sterben würde – mein ganzes Leben wertvoll gemacht hast." Eine Woche später starb er im Schlaf.

Die Dame wollte nun wissen, ob ich dachte, dass ihr Ehemann möglicherweise unbewusst schon geahnt hatte, dass er sterben würde, wie der Mensch, den ich in meinem Vortrag beschrieben hatte. Ich sagte, dass dies so klang, als sei es möglich, und dieser Gedanke war tröstlich für sie. Das führte nun zu einem längeren Gespräch, in dessen Verlauf sie die Herausforderungen und Möglichkeiten beschrieb, die sein Tod für sie bedeutet hatten. Mitten in ihrer Trauer hatte sie ebenfalls gespürt, wie überbehütend er gewesen war und wie sie nun die Gelegenheit erhielt, sich selbst auf eine Art und Weise weiterzuentwickeln, die seine in guter Absicht erfolgte Fürsorge stets verhindert hatte. Mitten in unserem Gespräch entschied sie sich plötzlich, wieder aufs College zurückzukommen. Das tat sie und sie blühte dort im Verlauf von mehreren Jahren regelrecht auf.

Als solche Dinge erstmals in meinen Kursen begannen, war ich noch ganz am Anfang meiner Karriere. Ich war auch noch ganz am Anfang meiner spirituellen Praxis, und hier wird die Sache langsam interessant. Um es kurz zu machen: Als meine spirituelle Praxis sich im Laufe der Jahre vertiefte, geschahen diese Synchronizitäten in meinen Unterrichtsräumen immer öfter. Es war, als ob dadurch, dass ich tiefer in eine bewusste Verbindung mit den tieferen Strukturen des Lebens eintauchte, die Stärke dieser Strukturen um mich herum aktiviert wurde. Und diese kognitiven Resonanzen geschahen nicht nur häufiger, sie berührten auch immer empfindlichere Bereiche im Leben meiner Studenten, wie das obige Beispiel zeigt.

Es war, als ob ein Radar aktiviert worden war, der unterhalb der Schwelle meiner Bewusstheit arbeitete, ein Radar, der einige Bereiche ihres Lebens, die schmerzten oder beschränkt waren, gleichsam auf Null setzte. Manchmal berührte er eine Frage, die sie schon seit Jahren in sich trugen, oder bewirkte eine Einsicht, nach der sie schon lange gesucht hatten, etwas, das sie herausfinden mussten, bevor sie den nächsten Schritt in ihrem Leben tun konnten. Manchmal öffnete er einen persönlichen Schmerz, den sie in sich verschlossen hatten. Bei dieser rätselhaften Gemeinschaft, die sich so zwischen meinen Studenten und mir eröffnete, war es so, als ob ihre Seelen mir Botschaften zukommen ließen, mir Hinweise gaben, wie ich sie am besten erreichen konnte, wo sie verletzt waren und was am wichtigsten war, welchen Einfall sie brauchten, um den nächsten Schritt in ihrer Entwicklung zu machen.

Als die Jahre vergingen und der Prozess sich vertiefte, fingen meine Studenten ebenfalls an, ungewöhnlich tiefe Erfahrungen mit einigen der Konzepte zu machen, die ich während meines Unterrichts vorstellte. Es war, als ob ihr Leben von etwas aktiviert wurde, was mehr war als die Vorstellungen selbst, als ob sie von der eigentlichen *Erfahrung* dieser Wiklichkeiten irgendwie berührt würden, die nun aufgrund meiner Praxis in mir lebendig waren.

Als Professor für religiöse Studien habe ich mehr Veranstaltungen mit dem Titel „Einführung in die Weltreligionen" unterrichtet, als ich erinnern kann; sie sind ein

Hauptbestandteil unseres Fachbereichs. Mein Ansatz in diesem Kurs ist tief von Huston Smith und der Gelehrsamkeit rund um die immerwährende Tradition beeinflusst worden – Vorstellungen, die so essenziell sind, dass sie immer wieder im Verlauf der Geschichte in allen möglichen Kulturen auftauchen, wie mehrjährige Blumen, die jedes Jahr wieder blühen. Wenn die Studenten die wiederkehrenden Wahrheiten der spirituellen Traditionen der Welt in einer einfachen Sprache hören, wenn sie an Dinge erinnert werden, die lange, lange vergessen, aber am Rande ihres Bewusstseins nach wie vor vorhanden sind, dann gibt es manchmal einen Funken des Wiedererkennens, das schnell zu einer Flamme werden kann. Diese Flamme ist ansteckend und stimuliert manchmal ein wohlwollendes Mitschwingen der anderen Studenten im Raum. Die Studenten fühlen dann vielleicht, dass sich ihre Energie kollektiv zu höheren Bewusstseinszentren verlagert, obwohl sie vielleicht nicht einmal verstehen, was da gerade geschieht. Symptome von Chakraöffnungen und kundalini-ähnliche Energie-Aufstiege können anfangen, sich zu manifestieren. Energie fließt, Herzen öffnen sich und Einsichten tun sich auf.

Dies können starke Erlebnisse für die Studenten sein. Eine Studentin im zweiten Studienjahr beschrieb eine solche Erfahrung einmal in einem Essay, den sie am Ende des Kurses verfasste. Sie passierte ihr an dem Tag, an dem ich das buddhistische Verständnis der Beziehung zwischen dem individuellen Geist und dem nondualen Bewusstsein beschrieb. Um den Studenten diese Auffassung nahezubringen, benutze ich manchmal das Beispiel eines Baumes, wobei ich das Bewusstsein eines Blattes (des persönlichen Geistes) dem Bewusstsein des Baumes als Ganzes (des nondualen Bewusstseins) gegenüberstelle. In dieser Übung bitte ich die Studenten sich vorzustellen, dass die Blätter zwar ein individuelles Bewusstsein haben, aber sich noch nicht über das Leben des Baumes bewusst sind, dessen Teil sie sind, so lange, bis sie einen Moment eines Durchbruchs dieses Bewusstseins erleben. Es ist eine kraftvolle Übung, die ich mir gewöhnlich so lange aufhebe, bis ich denke, dass die Studenten reif dafür sind, ihre Tragweite wirklich aufzunehmen. An diesem besonderen Tag erlebte diese junge Frau nun Folgendes:

„Die Sache, die mich am meisten von all dem, über das wir im Unterricht sprachen, betroffen gemacht hat, war die Sache mit dem Blatt-Bewusstsein und dem Baum-Bewusstsein. Es war dieser Vergleich, der alles für mich zusammenfasste. Er ließ mich die wechselseitige Abhängigkeit von jedem mit jedem verstehen und ließ mich aufhören, in Angst zu leben. Ich war davon so bewegt, dass ich alles, was ich besaß, einsetzen musste, um nicht in Tränen auszubrechen, nicht, weil ich so traurig gewesen wäre, sondern weil ich von einer lebensverändernden Erkenntnis getroffen worden war. Dies verursachte eine so starke Gefühlszunahme in mir, wie ich sie noch nie zuvor so empfunden hatte, und ich wusste nicht wirklich, wie ich darauf reagieren sollte."

Eine andere Studentin, eine Frau von Mitte 30, fasste eine ähnliche Erfahrung in einer anderen Veranstaltung mit folgenden Worten zusammen:

> „Ich sitze im Unterricht und fühle mich, als ob ich in einem dieser Briefbeschwerer aus Glas bin, in denen man es schneien lassen kann. Man schüttelt die Kugel, und es beginnt ein Durcheinander von falschen Schneeflocken, die überall herumfliegen. … Ich konnte der Vorlesung nicht mehr folgen. Mein Gehirn kämpfte darum, sich zu konzentrieren und die Worte weiter zu verstehen, aber ich bekam nichts mehr mit.

> Später… zu Hause… allein. Alles kam in mir wieder hoch, die ganze Vorlesung. Vor allem Gefühle, Tränen, Wiedererkennen, Verstehen – nachdem ich zuließ, dass alles eine Zeitlang vor sich hin köchelte. Die Erkenntnis, dass alles, wenn ich nicht versuchte, danach zu greifen, einfach dort wartete, dieses Wissen, diese kleinen hellen Flecken sich offenbarender Erkenntnis. Ich schrieb Tagebuch. Ich weinte. Manchmal nur wenig und sanft, so ein Weinen, das sich gut anfühlte. Manchmal aber auch Schluchzen, aufreibend und erschöpfend. ICH DACHTE EIN PAARMAL, ICH WÜRDE DEN VERSTAND VERLIEREN.

> Statt Ihre Vorlesungen mit meinem Gehirn- und-Intellekt-Verständnis aufzunehmen, hörte ich Sie von ganz woanders sprechen. Von der Herz-Seele her vielleicht? Ohren dieser Art habe ich bisher noch nicht ausgebildet. Oder vielleicht sind sie auch verkümmert. Sie haben ihnen jedenfalls ein Workout gegeben. Oder das Feld in der Klasse war so intensiv, dass es meinen kontrollierenden dominanten Gehirn-Geist durchdrang bis in meine Herz-Seele, wie wenn man ein Herz schockt, um es wieder zum Leben zu erwecken.

> Das Resultat? Ich werde das, was ich vor langer Zeit war. Das Feld umging meinen Intellekt, fuhr mir direkt ins Herz und hebelte es auf. … Ich weiß jetzt, was tief in mir schon seit Jahren begraben war, und das beste Geschenk von allen und von dem andauernden Prozess liegt darin, dass ich weiter in der Energie der Leute in unserer Klasse sein kann. Es ist nicht aus mir selbst heraus entstanden."

Ich sollte vielleicht erwähnen, dass es nicht meine Ansicht war, solche tiefen und existenziellen Reaktionen bei meinen Studenten auszulösen. Tatsächlich versuchte ich sie eher zu dämpfen, weil ich fürchtete, dass sie in einem universitären Setting nicht angebracht wären. Aber ich fand heraus, dass dies nicht möglich war, ohne dass der Lehrprozess Schaden genommen hätte. Wann immer meine Studenten und ich zusammenkamen und uns schlicht mit dem vorgesehenen Material beschäftigten, geschahen diese Dinge spontan, ohne dass ich sie bewusst herbeiführte. Es war, als ob sich Feuer an Feuer entzündete. Wenn wir uns schlicht auf die Aufgabe konzentrierten, unser Verständnis miteinander zu teilen, dann kamen diese Resonanzen lebendiger Erfahrung auf unvorhersagbare Weise – nicht immer, aber oft – unter uns auf, und zogen die Studenten in einen erhöhten Bewusstseinszustand.

Als Wissenschaftler war ich so geprägt von dem atomistischen, auf Newton und Cartesius aufbauenden Paradigma, dass es Jahre brauchte, ehe ich bereit war, das zuzugeben, was inzwischen für mich wie die offensichtliche und natürliche Interpretation dieser Ereignisse aussieht – dass nämlich unter der Erscheinung der Getrenntheit unsere Leben auf tiefgehende Weise miteinander und mit den Menschen um uns herum verknüpft sind und dass meine spirituelle Praxis, die ich außerhalb des Klassenzimmers übte, auf irgendeine Weise diese Vorfälle von Resonanz innerhalb des Klassenzimmers auslöste. Dies geschah jedoch nicht dadurch, dass ich es bewusst lenkte, sondern unabsichtlich, durch irgendeine Form energetischer Resonanz. Die transpersonalen Bewusstseinszustände, die sich bei meiner Praxis zu Hause öffneten, schienen die Meridiane eines latenten Feldes des Bewusstseins zu aktivieren, das auch meine Studenten einschloss.

Diese synchronistischen Verbindungen wurden während eines Zeitabschnittes besonders stark, in dessen Verlauf ich eine Serie kraftvoller transformativer Erfahrungen in meiner Praxis durchmachte, die mich auf sehr tiefer Ebene zusammenbrechen ließen. Die Einzelheiten dieser Erfahrungen sind nicht wichtig und sind auch in meinem Buch *Dark Night, Early Dawn* beschrieben. (3). Alle spirituellen Traditionen beschreiben eine Phase innerer Arbeit, die beinhaltet, dass man die Grenzen zwischen sich selbst und anderen auflöst. Sie beschreiben eine Membrane, die diese Grenze zwischen einem individuellen geistigen Feld und den es umgebenden Bewusstseinsfeldern markiert. Auf der uns zugewandten Seite der Membran scheint die Welt aus getrennten Wesen zusammengesetzt zu sein, von denen jedes eine eigene private Existenz besitzt. Auf der uns abgewandten Seite der Membran dagegen erscheint die Welt als ein integrales Ganzes, ein Kontinuum der Energie, das unergründlich komplex und verschwenderisch schön ist. Daher wird diese Grenzmembran oft als ein Bereich von Tod und Wiedergeburt beschrieben, als Tod des Gefängnisses des individuellen Selbst und als Wiedergeburt in eine größere Ordnung von Ganzheit, die unter der Vielfalt des Lebens liegt und sie durchtränkt. Wenn ein Praktizierender durch dieses Gebiet zieht und gerade an der Schwelle zwischen diesen beiden paradoxerweise kompatiblen Wirklichkeiten steht, dann manifestieren sich manchmal kraftvolle Synchronizitäten mit Menschen in der unmittelbaren Umgebung.

Während meine innere Arbeit sich mehr und mehr auf diese Grenze konzentrierte, begannen einige meiner Studenten gleichzeitig besonders schwierige Herausforderungen in ihrem Leben zu erfahren. Die meisten meiner Studenten kamen natürlich nicht in diese Gewässer hinein und rutschten durch meine Kurse hindurch, ohne dass sie von dieser Dynamik berührt wurden. Aber einige betraten diesen Raum genauso. Diejenigen, die das taten, hatten manchmal den Eindruck, dass sie mit sich selbst kurz vor einem Durchbruch in ihrem Leben standen oder vor einem Augenblick, in dem sie ein extremes Risiko eingehen sollten. Es war, als ob sie und ich durch einen kollektiven Strudel von Leben und Tod zusammengezogen wurden, einen Strudel, der uns alle auf unterschiedliche Weise zusammenbrechen ließ, der tief vergrabene Schmerzen nach oben brachte und beschränkende Grenzen in unserem Leben zerschmetterte.

Während sie in eine tiefe innere, persönliche Transformation hineingezogen wurden , entschlossen sich einige Studenten, schlecht laufende Ehen zu beenden oder verwundete zu heilen. Andere beendeten Karrieren, aus denen sie hinausgewachsen waren, an denen sie aber bisher noch festgehalten hatten. Manche stellen sich ihren Süchten und anderen, um sich Menschen wieder zu nähern, von denen sie sich seit langem entfremdet hatten. Eine Frau, Mitte 40, gibt einen Hinweis auf den tiefgreifenden Zusammenbruch ihrer inneren und äußeren Welt, der während dieses Zeitabschnitts geschah, als sie sich im Verlauf eines Kurses über weltweiten Buddhismus spontan von den schmerzlichen Erinnerungen eines kindlichen Missbrauchs zu heilen begann:

> „Während und nachdem ich Ihre Vorlesungen besucht hatte, wurde meine innere Welt zunehmend chaotisch, als Dämonen aus schmerzlichen psychologischen Erinnerungen aufzutauchen begannen und irgendwann meine äußere Welt auch mit ihrer Farbe erfüllten, wobei sie all das infrage stellten, was ich dachte, was ich war, und bekannte Bezugspunkte auflösten. … Als ich darum kämpfte, diese machtvollen Erinnerungen des Schmerzes zu durchbrechen, sprachen Sie zu meiner Seele und nährten sie und machten es so möglich, mich noch tiefer auf meine spirituelle Reise einzulassen."

Während diese Art Antworten in einer bestimmten Art von Seminaren erwartet werden können, wie beispielsweise in einem Seminar über psychotherapeutische

Beratung, war dies eigentlich nicht der Fall bei der Art Seminare, die ich gab. Eher schienen diese Ereignisse die *indirekte Wirkung* unseres schlichten Zusammenkommens und Studiums zu sein. Es war offensichtlich nicht das Thema des Seminars, das offenbar diese Wirkungen hervorzurufen schien, sondern etwas Tieferes. Ich glaube, es hatte etwas mit der Nebeneinanderstellung und Interaktion unserer Lebensenergien auf einer sehr tiefen Ebene zu tun.

Was für Erklärungen Physiker dieser grundlegenden Ebene irgendwann auch immer geben werden, diese Erfahrungen überzeugten mich von einer einfachen Tatsache: *Geklärte Bewusstseinszustände sind ansteckend.* Meine Bemühungen, tiefere Seinszustände zu verwirklichen, schienen meine Person dazu gebracht zu haben, als eine Art Lichtbrücke zu wirken, die Funken von ähnlichem Erwachen bei jenen Studenten auslöste, die für diesen Einfluss empfänglich waren. Dies ist ein vollkommen natürliches Phänomen und eine nicht aufzuhaltende Wirkung. Unsere spirituelle Ökologie lässt einfach kein „privates" Erwachen zu.

Lernfelder und Gruppengeist

Zusätzlich zu diesen Erfahrungen, über die ich gerade berichtet habe, gab es weitere ungewöhnliche Phänomene, die sich in meinem Seminarraum ereigneten und die mich dazu drängten, über das Lehrer-Schüler-Verhältnis hinauszudenken und *die kollektive Dynamik der Gruppe als Ganzes* in Betracht zu ziehen.

Vielleicht war die wichtigste Beobachtung, die mich in Richtung auf ein kollektives Verständnis dieser Ereignisse drängte, das reine Ausmaß der Kräfte, die offenbar daran beteiligt waren. Die Leben von zu vielen Menschen waren zu tief davon betroffen, als dass ich mir vormachen konnte, dass das, was sich abspielte, ausschließlich mit der Resonanz auf meine eigene individuelle Energie zu tun hatte. Wenn meine Person in irgendeiner Form eine Art Katalysator dafür war, dass diese Erfahrungen an die Oberfläche kommen konnten, dann war das, was da insgesamt an die Oberfläche kam, etwas Größeres als das, was ich auslösen konnte. Und als ich begann, meine Denkweise auf dieses „Größere" auszurichten und ein kollektives Bewusstseinsfeld in Betracht zu ziehen, begannen verschiedene konzeptionelle und erfahrungsbezogene Puzzlesteine sich an die richtige Stelle zu setzen.

Die Studenten wurden ja nicht nur durchlässiger für mich, sondern auch füreinander. Sie tauchten manchmal in den Träumen anderer Studenten auf, und zwar auf eine Art, die sehr bedeutungsvoll war. Synchronizitäten untereinander nahmen zu, und lebenserweiternde „Zufälle" wurden zunehmend „normal" in meinen Seminaren. Wie ein Student, der nach 20-jähriger Abwesenheit wieder ans College zurückgekehrt war, mir berichtete:

> „Jedes Quartal schien neue und erwartete Veränderungen und Synchronizitäten zu erzeugen. Ich kam in ein Netz persönlicher Beziehungen und Treffen mit Menschen, die mein Leben auf sehr tiefer Ebene beeinflussten. Ich „fand" Menschen, deren Umstände auf unheimliche Weise ähnlich den meinen waren, Menschen, die Freunde von mir aus unbekannten Orten in der Welt kannten, Menschen, die zur selben Zeit wie ich dieselben Bücher lasen, die ich gerade las, und die Erlebnisse hatten, die für sie auf dieselbe umwerfende und gleichzeitig beglückende Weise transformierend waren."

Eine Studentin sandte mir die folgende Beschreibung der Verbundenheit, die sie mit anderen Studenten während dieses Zeitabschnitts erlebte:

> „Alle, die in Ihrem Seminar waren, spüren eine tiefe Verbundenheit miteinander. Wir wissen nicht genau, was dies eigentlich genau bedeutet. Wir wissen nur, dass sie da ist. Und alles, was ich weiß, ist, dass ich etwas Verbindendes zwischen uns allen spüre. Ich erinnere mich, wie Dinge um mich her bei anderen Studenten im Seminar geschahen. Wir waren für die Gedanken und Gefühle untereinander empfänglich. … Ich habe mich immer gefragt, ob Sie wissen, was da geschah, weil Sie niemals etwas darüber sagten!"

Manchmal tauchten spontane Einsichten im Seminarraum auf, die nicht von mir zu kommen schienen und auch nicht von irgendeinem anderen individuellen Studenten, sondern durch die Stärke unserer miteinander verbundenen *kollektiven Bewusstheit*.

Das ist eine sehr feinstoffliche und dennoch unverwechselbare Erfahrung. Manchmal, wenn ich einfach meine Arbeit tue und die Aufgaben des Tages erfülle, ist es, als ob sich der Boden plötzlich auftut. Die Atmosphäre im Seminarraum ist dann bis zum Bersten aufgeladen und jeder scheint in einem integrierten Zustand zu erstarren. Mein Geist wird dann ungewöhnlich weit und klar, und die Augen meiner Studenten sagen mir, dass sie sich in einen besonders aufnahmebereiten Zustand hineinbewegt haben. Unsere Herzen scheinen sich miteinander zu verbinden, und aus diesem geöffneten Feld des Mitgefühls heraus beginnt ein langsamer Gedankenstrom zu fließen, den ich, als eine Art Gruppensprecher, aufnehme und mit dem ich dann arbeite.

In diesen flüchtigen Augenblicken erhöhten Bewusstseins habe ich manchmal das ganz ausgeprägte Gefühl, dass es im ganzen Raum nur einen einzigen Geist gibt. Es ist, als ob die Wände, die uns normalerweise voneinander trennen, plötzlich zu hauchdünnen Vorhängen geworden sind. Individuelle Menschen verschmelzen in ein weich glühendes Energiefeld, und dieses Einheitsfeld denkt und fühlt und hungert danach, zu sprechen. Weil dieses Feld die Lebenserfahrung jedes Einzelnen im Raum umfasst, finden wir natürlich manchmal die Einzelheiten unserer getrennten Geschichten spontan darin auftauchen. Und weil es unsere ganz individuellen Hoffnungen und Ängste enthält, sind wir manchmal zutiefst von dem berührt, was daraus hervorgeht.

Und dann gab es noch die merkwürdige Art, in der meine Studenten anfingen, von Zeit zu Zeit in ihrem Gruppenlernen „Vorwärtssprünge" zu machen. Ich fand heraus, dass ich von Zeit zu Zeit mein Kursmaterial darauf einstellen musste, da die Studenten offenbar in ihrer Empfänglichkeit den Vorstellungen gegenüber, die ich präsentierte, einen Quantensprung vorwärts gemacht hatten. Nach Jahren einer sorgfältig ausgearbeiteten Straßenkarte, um ein präzises intellektuelles Ziel zu erreichen, signalisierte mir eine neue Generation von Studenten oft, dass sie im Lehrplan schon um Wochen weiter waren. Es war, als hätten sie eine Abkürzung genommen, um zu bestimmten Schlussfolgerungen zu gelangen, und brauchten es nicht länger, dass ich den längeren Weg mit ihnen einschlug. Natürlich können zu dieser Entwicklung viele verschiedene Faktoren beigetragen haben, einschließlich einer allgemeinen Veränderung der kulturellen Haltung oder eine selbst-selektive Studentenpopulation oder einfach auch eine verbesserte Vermittlung des Lehrinhaltes. Aber nachdem ich diesen Kreislauf mehrere Male und immer wieder beobachtet hatte, überzeugte mich das davon, dass hier mehr dahintersteckte als nur dies. Diese Veränderungen geschahen zu plötzlich und zu häufig, als dass man sie nur mit diesen Erklärungen ausreichend begründen konnte.

Langsam begann ich zu erkennen, dass sich da im Hintergrund eine Art Meta-Lernen abspielte, ein Lernmuster, das tiefer reichte als das Lernen einzelner Studenten. Ich begann zu verstehen, dass es Lernfelder gab, die um meine Seminare herum wuchsen, Bewusstseinsfelder, die das Lernen registrierten, das sich dort Semester für Semester abspielte, Einflussfelder, die es den nachfolgenden Studentengenerationen einfacher machten, denselben Stoff zu lernen.

Leser, die mit der Pionierarbeit von Rupert Sheldrake über die morphischen Felder vertraut sind, werden deren Einfluss hier wieder erkennen (4). Sheldrake hat mir dabei geholfen, diese Phänomene zu verstehen, indem er mir ermöglichte, sie als

Symptome eines aufsteigenden kollektiven Geistes zu betrachten. Seine Arbeit gab mir die Erlaubnis, den radikalen Schritt zu tun und zu erkennen, dass nicht nur individuelle Menschen mit komplexen Nervensystemen einen Geist besitzen, sondern dass auch *Gruppen einen Geist* haben. Meine Erfahrung, Jahr um Jahr mit Studenten zu arbeiten, trieb mich dazu, diese revolutionäre Hypothese sogar noch einen Schritt weiterzutragen. Selbst vorübergehende Gruppen manifestieren unter bestimmten Bedingungen eine Art Gruppenbewusstsein. Diese Bedingungen sind folgende: 1. Eine kollektive Absicht, die sich auf ein emotional fesselndes Gruppenprojekt richtet; 2. ein Projekt, das über eine gewisse Zeit aufrechterhalten wird, und 3. eine Wiederholung desselben Projekts in etwa derselben Form über mehrere Male.

Wenn man das feldhafte Wesen des Geistes annimmt, so öffnet dies eine Tür zu einer neuen Generation von Einsichten in die kollektive Dynamik des Bewusstseins, und eine neue Kategorie pädagogischer Strategien für Lehrer und jeden, der mit Gruppen arbeitet, entsteht. Da Bewusstsein ein Feld ist, und Felder ihrer Natur nach durchlässig sind, kann die Transformation eines Menschen nicht isoliert von den Transformationen anderer in seiner Nähe geschehen. Und wenn man sich der *Tiefe* des Bewusstseins öffnet, dann aktiviert man gleichzeitig die *Breite* des Bewusstseins.

Die feldartige Natur des Geistes anzuerkennen, macht es auch leichter zu verstehen, wie sich der Geist von mehreren Menschen miteinander verbinden kann und selbst „Abschnitts-Verbindungen" mit dem Geist anderer eingeht, um ein größeres Arbeits-Ganzes zu bilden. Diese Tendenz, sich auf nahegelegene andere Systeme einzuschwingen, ist nicht auf das Bewusstsein beschränkt, sondern ist charakteristisch für die Natur als Ganzes, und wahrscheinlich unterliegt sie auch dem zeit- und raumübergreifenden Akashafeld. (5) Wie Steven Strogatz in seinem Buch *Sync* sagt: „Aus Gründen, die wir bisher nicht ganz verstehen, ist die Tendenz zur Synchronisierung eine der überall spürbaren Antriebsenergien des Universums und erstreckt sich vom Atom bis zu Tieren, vom Menschen bis zu Planeten." (6)

Letztlich streichen oder negieren diese Einsichten in die kollektive Dynamik von Bewusstheit nicht die Individualität, die wir im Westen so preisen und hochhalten. Eine zunehmende Gruppe von Beweisen lässt vermuten, dass das, was wir tun, andere beeinflusst und dass das, was andere tun, uns beeinflusst und dass Individualität dennoch in dieser Matrix nicht erdrückt, sondern im Gegenteil auf paradoxe Weise zu tieferen Formen des Selbstausdrucks befreit wird. Das Selbst, das erkennt und auf bewusste Weise Anteil an der Durchlässigkeit des Seins nimmt, wird mehr als das Selbst, das dies nicht erkennt. Uns durch Erfahrungen dem Akashafeld zu öffnen, das uns umgibt, schmilzt die Grenzen des „privaten" Ego und lässt das geschehen, was man als „Tod des Selbst" bezeichnet und von dem so oft in der spirituellen Literatur gesprochen wird; indem das Ego aber stirbt, wird eine neue Form von Individualität geboren – keine isolierte Individualität, sondern eine, die in diesem tieferen Geben und Nehmen blüht. Letztlich, so denke ich, werden wir sehen, das wir, indem wir die Breite unserer bewussten Teilnahme an der uns umgebenden Matrix des Lebens ausdehnen, zu einer neuen Tiefe persönlicher Präsenz in der Geschichte kommen.

8 • Heilung über Raum und Zeit hinweg

Maria Sàgi

Maria Sàgi ist Doktor der Psychologie der Universität Budapest und assoziiertes Mitglied („Kandidatin") der ungarischen Akademie der Wissenschaften. Sie war wissenschaftliche Mitarbeiterin des Instituts für Soziologie der Akademie und arbeitet als Wissenschaftliche Direktorin der Stiftung Club of Budapest in der ungarischen Hauptstadt. Sie ist Gründerin und Direktorin des Körbler-Instituts Ungarn, mit einer aktiven Praxis für Neue Homöopathie und Informationsmedizin.

Es ist jetzt 25 Jahre her, dass ich entdeckte, dass ich auf andere Weise heilen kann als mit den Methoden konventioneller Medizin. Diese Entdeckung überraschte mich: Als Kind träumte ich davon, Pianistin zu werden, und später studierte ich, um Psychologin zu werden.

Ich war 15 Jahre alt und studierte Klavier, als ich in meinem Sportunterricht eine Nervenverletzung erlitt und daraufhin mehr als ein Jahr kein Klavier mehr spielen konnte. Ich konnte auch nicht schreiben oder etwas Schweres hochheben oder mit meinem rechten Arm irgendeine Hausarbeit machen. Dies entschied über meine Karriere. Es war anfangs schwer für mich anzunehmen, dass ich meine Karrierepläne verändern musste, aber ich wandte mich der Psychologie zu und schrieb mich an der Universität ein. Mein Ziel wurde es, verstehen zu wollen, welche Motive menschlichem Verhalten zu Grunde liegen.

Zu jener Zeit, während der ersten vier Jahre meines Studiums, besuchten Psychologiestudenten auch Seminare im Fach Medizin zusammen mit Medizinstudenten. Mir machte dieses Fach großen Spaß, denn ich glaubte, dass jeder, der sich mit der Untersuchung des Geistes beschäftigte, auch die Physiologie des Körpers kennen sollte.

Während meines fünften Jahres an der Universität kam meine Leidenschaft für Musik wieder an die Oberfläche. Ich begann, die Wirkungen von Musik auf den Geist zu untersuchen, und arbeitete in diesem Zusammenhang mit Collegestudenten, Musikern, Malern und anderen, wobei ich verschiedene Methoden wie projektive Tests, Assoziierungsanalysen und Musikmalerei mit ihnen ausprobierte. Die nächsten zehn Jahre forschte ich im Bereich Musikpsychologie, Kunstpsychologie und Sozialpsychologie und erwarb einen Doktortitel an der ELTE Universität von Budapest. Danach erwarb ich einen zweiten Doktortitel, mit dem ich mich als Assoziiertes Mitglied („Kandidatin") der ungarischen Akademie der Wissenschaften qualifizierte. Meine Forschungsinteressen prägten den Rest meines Lebens.

Meine erste Begegnung mit Formen alternativer Heilung

Von der Zeit meiner Jugend an und auch noch viele Jahre danach hatte ich geringfügige, aber ärgerliche Probleme damit, das Kantinenessen in unserer Schule und später in meiner Firma zu verdauen. Ich fühlte mich, als hätte ich stundenlang einen Stein in meinem Magen, gefolgt von einem plötzlichen Schmerz und dem Gefühl von Säure, die meinen Magen glühend-heiß werden ließ. Dies geschah jedes Mal, wenn ich an diesen Orten aß. Ich ließ mich medizinisch untersuchen, ohne Ergebnis. Tabletten zur Reduzierung von überschüssiger Magensäure brachten auch nur zeitweilige Erleichterung. Ich probierte die Medikamente aus, die mir von den Ärzten verschrieben wurden, aber sie halfen auch nicht. Ich konsultierte daraufhin einen weisen alten Priester, der angeblich in der Lage war, mit einer ziemlich ausgefallenen Methode zu heilen. Er war unter dem Namen „Vater Lajos" bekannt, und er benutzte eine Medizin-Rute, um die Probleme der Patienten zu diagnostizieren, die zu ihm kamen. Mit Hilfe eines Pendels wählte er dann eine besondere Diät und eine Mischung von Pflanzen-Heilmitteln für seine Patienten aus. Seine Therapie half.

Mein Leben veränderte sich dramatisch, als ich begann, seiner Methode zu folgen. Ich machte die Diät, die er mir verschrieben hatte, die Fleisch, Milch, Brot und Zucker vermied. Neben meinen wissenschaftlichen Forschungen studierte ich Pflanzentherapie und den Umgang mit der Medizin-Rute, und dann entdeckte ich die Makrobiotik. Nachdem ich am Amsterdamer Kushi Institute Makrobiotik studiert hatte, betrieb ich meine Karriere zweigleisig: wissenschaftliche Forschung und alternatives Heilen. Ich verschrieb denen, die mich aufsuchten, eine Kombination einer bestimmten Ernährung und Phytotherapie: Nach einer Weile war ich in der Lage, Patienten, die weit entfernt lebten, nach einer ersten Konsultation zu behandeln, ohne sie noch einmal zu sehen, indem ich mein Pendel einsetzte, wie ich es von Vater Lajos gelernt hatte. Es machte mir große Freude zu sehen, wie sie sich schnell erholten. Ich widmete dem Heilen mehr und mehr Zeit.

Ich hatte das Glück, in Wien den österreichischen Techniker und innovativen Heiler Erich Körbler kennen zu lernen. Er entwickelte eine Heilmethode, die sich Neue Homöopathie nannte. Körbler diagnostizierte den Zustand seiner Patienten nach den Prinzipien der chinesischen Medizin, wobei er eine speziell entwickelte Rute einsetzte, die oszilliert und den Zustand des Patienten angibt. Dies versetzte Körbler in die Lage, ein genaues und detailliertes Bild des Energiezustands des Körpers seines Patienten zu erhalten, der zeigte, inwiefern sein Zustand von dem normalen Gesundheitszustand abwich.

Erich Körbler starb 1994, aber ich habe zusammen mit meinem Bruder István weiter seine Methode gelehrt, angewandt und weiterentwickelt. Ich habe Seminare über die Körbler-Methode und über Informations-Medizin, die seine Weiterentwicklung war, in Deutschland, der Schweiz und Österreich gegeben („Information" im Begriff „Informationsmedizin" bezieht sich auf die Art und Weise, in der sowohl die Diagnose als auch die Therapie durchgeführt werden: nicht mit gewöhnlichen materiellen und biochemischen Mitteln, sondern durch Lesen und Bewegen der Information, die dem Körper innewohnt.) Indem Information bei der Diagnose und Therapie verwendet wird, konnte ich meine Heilmethode auch aus der Entfernung praktizieren. Ich untersuchte die Seminarteilnehmer, die mich konsultieren wollten, zunächst direkt, dann fuhr ich fort, sie aus der Entfernung zu behandeln.

Mitte der 90er studierte ich Klassische Homöopathie und wurde bekannt mit der Psionic-Medizinischen Gesellschaft von England. Diese Gesellschaft, die aus renommierten und zugelassenen Ärzten besteht, arbeitete ausschließlich mit Fernheilung und verband dabei westliche Medizin und klassische Homöopathie mit medizinischer Rutentechnik. Ich arbeitete mit der Gesellschaft neun Jahre lang zusammen. Die Kombination der psionischen Methoden mit der Körbler-Methode ist seither die Basis meiner Heilarbeit gewesen. Sie hat neue Möglichkeiten eröffnet und einige irrsinnig spannende Perspektiven mit sich gebracht.

Fallgeschichten aus meiner Erfahrung
mir dem Raum und Zeit übergreifenden Heilen

Ich praktiziere diese Art Heilung, die die Grenzen von Raum und Zeit überschreitet, nun seit vielen Jahren, und während dieser Zeit habe ich viele bemerkenswerte Erlebnisse gehabt. Im Folgenden zitiere ich einige Fälle:

Seit vielen Jahren schon wache ich morgens oder bei Sonnenaufgang auf und spüre den nächsten Heilschritt für einen Patienten, der am Morgen kommt. Der Name des Patienten erscheint, zusammen mit dem Medikament oder der Behandlung, die er oder sie benötigt. Wenn eine homöopathische Behandlung indiziert ist, dann steigt das geeignete Medikament in mir auf, gewöhnlich mit der erforderlichen Potenz. Ich kann normalerweise das korrekte Medikament für einen Patienten erkennen, selbst wenn er oder sie mich nicht persönlich aufgesucht hat, sondern stattdessen einen Heiler aufsuchte, der mich dann telefonisch um Rat gebeten hat, indem er mir den Namen des Patienten und das Wesen seines Problems mitgeteilt hat.

Es gibt weitere Abwandlungen dieser Fähigkeit. Erzsébet – die in Tibet studiert hat und eine Meisterin der Heilung ist, bei der sie traditionelle tibetische Symbole einsetzt (eine Disziplin, die ich mit ihr zusammen studiert habe) – ruft mich oft an. (Ich sollte hinzufügen, dass diese Symbole im Verlauf der Jahrhunderte stets eine feinstoffliche, aber erstaunlich anhaltende Wirkung auf die Körperfunktion gezeigt haben. Sie scheinen mit der Information des Biofelds zu interagieren, das die Körperprozesse regelt.) Sie rief mich eines Morgens an, als ich mich gerade fertig machte, um das Haus zu verlassen. Sie sagte mir, welches tibetische Heilsymbol ich an eben diesem Tag anwenden sollte. Den ganzen Tag lang wunderte ich mich, warum sie mir dies wohl gesagt haben könnte. Am Abend nahm ich meine Rute und begann nach einer Antwort zu suchen. Ein naher Verwandter, der 200 Kilometer entfernt wohnt, kam mir in den Sinn. Ihm ging es nicht gut und er bat um Hilfe. Das Symbol, das Erzsébet mir gegeben hatte, war das Medikament für ihn.

Am nächsten Morgen dankte ich Erzsébet für ihre Führung. In diesem Moment hatte sie es gerade eilig, aber sie brachte nichtsdestotrotz ein weiteres Symbol in mein Bewusstsein. An diesem Abend suchte ich nach dem Menschen, der dieses Symbol brauchen würde, und erkannte, dass es derselbe Mann war. Sowohl das erste als auch das zweite Symbol stellten sich als lebenswichtige Hilfen heraus, da mein Verwandter zu der Zeit in einem relativ schlechten Zustand war. An einem

Abend im vergangenen Monat rief mich ein alter Freund gegen neun Uhr an und berichtete von starken Schmerzen in seinem Zahnfleisch in der Nähe seines letzten Zahnes. Er hatte schon versucht, ein antiseptisches Gel aufzutragen, aber es hatte ihm keine Erleichterung verschafft. Ich untersuchte ihn mit der Fernheilungsmethode mit der Rute und sandte ihm eine Heilinformation mit einer ganz genauen Verweildauer von sieben Stunden. Am folgenden Morgen teilte mein Freund mir mit, dass er zu Anfang der Nacht immer noch Schmerzen gehabt habe, dass der Schmerz aber ein wenig später aufgehört habe und er schlafen konnte. Nach dem Frühstück war der Schmerz zurückgekommen, wahrscheinlich, weil er ein trockenes Toastbrot gegessen hatte. Ich sandte ihm eine modifizierte Heilinformation und bat ihn, mich zurückzurufen und mir zu erzählen, ob es eine Veränderung gebe. Wir sprachen am nächsten Tag wieder miteinander, weil wir auch noch andere Themen zu besprechen hatten. Als wir diese beendet hatten, fragte ich nach den Schmerzen in seinem Zahnfleisch. „Oh, das habe ich beinahe ganz vergessen", antwortete er. „Gestern Abend haben sie vollständig aufgehört."

Ein weiterer Fall war der von Veronica, einer 32-jährigen Zahnärztin und langjährigen Freundin von mir. Sie bat ihren Vater, mich anzurufen, weil sie in Genf bei einem Zahnärztetreffen war und rote, geschwollene Augen mit brennenden Abszessen hatte. Sie sah aus, als hätte sie die ganze Nacht geweint, und fühlte sich so, dass sie in diesem Zustand nicht unter Menschen gehen konnte. Ich untersuchte sie mit der Fernrute und sandte ihr Heilinformationen. Ich sagte dem Vater auch, dass sie für sich selbst ein Heilmittel herstellen könne. Das Heilmittel – das aus einer Information bestand, die in ein Glas Wasser codiert wurde – sollte zweimal innerhalb eines Zeitraums von fünf Stunden hergestellt werden, und bei jedem Mal sollte es zusammen mit unterschiedlicher Heilinformation angewandt werden. Am folgenden Morgen rief ihr Vater erneut an und berichtete, dass die Augen seiner Tochter am Abend immer noch gejuckt hatten, aber dass sie am Morgen vollständig wiederhergestellt aufgewacht war. In diesem Fall, obwohl die Beschwerden eine Entzündung der Augen waren, hatte ich nicht die Augen behandelt, sondern ihr Immunsystem gestärkt. Die Entzündung war ein Symptom des unregelmäßigen Funktionierens ihres Dünn- und ihres Dickdarms, und als ihr Immunsystem gestärkt worden war, konnte es das Problem allein in den Griff bekommen.

Ein interessanter Fall ist der eines Jungen, der mit einem Geburtsschaden auf die Welt gekommen war. Balász wurde im Alter von zwei Jahren mit einem ernsthaften Stoffwechselproblem zu mir gebracht (Hyperammonämie, einen krankhaft erhöhten Ammoniakgehalt im Blut). Sein Zustand hatte nicht auf eine konventionelle Behandlung angesprochen, und der Hausarzt hatte empfohlen, dass der

Junge in eine Dauerunterbringung für chronisch kranke Kinder gebracht werden sollte. Seine Eltern hatten diesen Rat nicht angenommen und brachten den Jungen stattdessen zu mir. Sein Stoffwechselproblem trat in Resonanz zu einer makrobiotischen Diät, homöopathischen Medikamenten und Heilinformationen.

Dennoch hatte Balász von Zeit zu Zeit Wutausbrüche, in deren Verlauf er mit seinem Kopf gegen eine Wand stieß und an seinen Fingerknöcheln und Fingern nagte, bis sie blutig waren. Diese Anfälle dauerten eine halbe Stunde lang. Die Mutter rief mich an und wir gingen das Problem über Fernheilung an. Der Junge beruhigte sich dabei, obwohl er zusammen mit seiner Familie 150 Kilometer entfernt wohnte. Im Verlauf mehrerer Jahre begann die Behandlung bemerkenswerte Ergebnisse zu zeigen. Balász begann zu sprechen, als er sechs Jahre alt war. Einer seiner ersten Sätze war: „Die Wolken ziehen segeln wundervoll über den Himmel." Heute ist er 16 Jahre alt und besucht eine Schule für entwicklungsverzögerte Kinder. Vor nicht allzu langer Zeit belegte er den dritten Platz bei einem Pferderennen, das für 14-16-jährige gesunde Kinder veranstaltet wurde.

Zwei Fälle mit einem besonderen „Dreh"

In den folgenden Fällen kam die spezielle Behandlung, die sich dann als richtig herausstellte, mir spontan in den Sinn, obwohl ich nicht besonders danach suchte.

Einer der Fälle war Balászs Mutter. Sie bekam aufgrund der ständigen Anfälle ihres Sohnes emotionale Probleme und rief mich eines Tages an, um mich um Hilfe zu bitten. Zur der Zeit war ich gerade dabei, umzuziehen, deshalb konnte ich ihr nicht genügend Zeit widmen. Ich schickte sie deshalb zu einem homöopathischen Arzt, der mit einem Bioresonanzgerät arbeitete. Am späten Abend, bevor sie einen Termin bei ihm hatte, duschte ich gerade, als der Name des homöopathischen Medikaments in mir hochsprang: *Staphysagria*. Ich wusste sofort, dass dies ihr Heilmittel war und dass sie es in der M-Potenz (100er Potenz) nehmen sollte. Ich dachte, ich sollte ihr sagen, dass sie gar nicht zu dem Arzt zu gehen brauchte, aber ich entschloss mich, mich nicht einzumischen. Am folgenden Abend, nachdem sie bei ihm gewesen war, rief sie mich an und erzählte mir, dass das Bioresonanzgerät ein Heilmittel angezeigt und dass der Arzt es ihr verschrieben hatte: Es war *Staphysagria* in der M-Potenz.

Der nächste Fall beschäftigt sich mit Sándor, der 59 Jahre alt war, als er vor neun Jahren mein Patient wurde. Die letzten 20 Jahre waren wir in einer Kleinstadt in den Bergen von Mátra, wo er mit seiner Familie lebte und wo wir ein Ferienhaus haben, Nachbarn gewesen. Sándor baute als Hobby Obst in seinem Garten an, der an einem Hügel liegt. Er hörte von meiner Arbeit mit der Rute und bat mich zu testen, welche Mineralien er seinen Obstbäumen geben sollte. Er erwähnte auch, dass er seit 18 Jahren Schmerzen in den Gelenken hatte, die ständig entzündet waren. Der Schmerz flammte unerwartet auf, und zwar immer in unterschiedlichen Gelenken. Wir vereinbarten eine Zeit, wann ich seine Bäume testen wollte, und was sein persönliches Problem betraf, schlug ich ihm vor, dass er mich wissen lassen sollte, wann der Schmerz erneut aufflammte.

Einige Wochen später begleitete ich Sándor, um seine Obstbäume zu untersuchen. An dem Morgen spürte er plötzlich Schmerzen im Arm, sein Handgelenk wurde nach und nach steif, sodass es schwer für ihn war, selbst nur die zwei Kilometer zu seinem Garten zu laufen. Die Schwellung war an seinem Handgelenk nicht zu sehen, deshalb sprach er nicht darüber. Aber als wir die Bäume untersuchten, schrie Sándor plötzlich laut auf und wies auf sein linkes Handgelenk. Es begann sich dort eine rote Beule zu bilden, die nach zehn Minuten so groß wie eine Walnuss wurde. Als ich auf diese erstaunliche Erscheinung schaute, kam das Wort *Phosphor M* in mir hoch. Ich war überzeugt, dass dies das richtige Heilmittel für ihn war. Da ich es nicht dabei hatte, begann ich, ihm die damit korrespondierende Energie in die harte, rote Beule an seinem Handgelenk zu schicken. Ich erinnere mich gut, dass ich mich völlig ausgelaugt fühlte, als die Energie durch mich hindurchfloss.

Am nächsten Tag musste ich aus der Stadt wegfahren. Als wir uns dann im Herbst wiedertrafen, erzählte mir Sándor, dass er zu seinem größten Entzücken vollständig geheilt war. Er hatte keine Klagen mehr, bis er sich drei Jahre später überanstrengte, als er schaufelte, um beim Bau seines Hauses zu helfen. Da kehrte der Schmerz in sein Handgelenk zurück. Er wandte sich sofort an mich, damit ich ihm helfen sollte. Dieses Mal jedoch reagierte der Schmerz auf die Heilinformation und auf das andere, was ich ihm geraten hatte.

Mit Blick auf diese erstaunliche Heilung entschloss ich mich, eine detaillierte Fallgeschichte zu erheben. Sándor war etwa 40 Jahre alt, als plötzlich all seine Gelenke, mit Ausnahme der in seiner Wirbelsäule, sich entzündeten. Der Schmerz in seinen Fingern, Handgelenken, Ellenbogen, Schultern, Zehen, Fußgelenken und Hüften wurde beinahe unerträglich. Seine Füße wurden so schwach, dass er kaum noch gehen konnte. Zusätzlich bildete sich manchmal ein harter, roter Knoten auf seinen Handgelenken, der schnell größer wurde und unglaubliche Schmerzen hervorrief. Er reagierte sehr wechselhaft auf medizinische Behandlungen – manchmal verminderte sich die Schwellung, manchmal nicht.

Nach eineinhalb Jahren entschloss sich Sándors Arzt, die Behandlung mit konventionellen Medikamenten aufzugeben, und gab ihm einmal pro Woche *Auredan*-(Gold) Injektionen. Er wies Sándor an, mit dem Rauchen aufzuhören, und er tat das auch. Dann unterzog sich Sándor drei Wochen lang einer hydrotherapeutischen Behandlung. Seine Schmerzen hörten auf. Der akute Zustand seiner Erkrankung ging in einen chronischen über, bei dem alle zehn Tage oder so nur irgendein einzelnes Gelenk sich entzündete, aber sehr zufällig. Da die Entzündung nur immer jeweils ein Gelenk betraf, war er in der Lage, weiter zu arbeiten. Es war jedoch unmöglich zu sagen, was diese Entzündung hervorrief. Sie konnte mit Temperaturunterschieden aufgrund eines Wetterwechsels zusammenhängen oder einfach damit, dass er sich erkältet hatte. Sie trat auch ohne offensichtlichen Grund auf, beispielsweise, nachdem er Hühnchen gegessen hatte. Dieser Zustand hatte inzwischen 16 Jahre lang angehalten. Ich fragte ihn dann, was ihm vorausgegangen war.

Sándor sagte, dass er zu der Zeit, als die Symptome zum ersten Mal auftraten, kurz zuvor Hühnchen in einem Restaurant gegessen hatte. Das Hühnerbein war auf der Außenseite gut durchgebraten gewesen, aber in der Nähe des Knochens roch es eindeutig nicht gut. Er hatte sofort aufgehört, es zu essen, und so wurde er nicht krank. Plötzlich bekam ich eine Erleuchtung. Der Grund, weshalb *Phosphor M* so erfolgreich gewesen war, bestand darin, dass es ein Entgiftungsmittel ist. Indem er dies einnahm, half Sándor seinem Immunsystem, die negative Information auszugleichen, die er durch das schlecht gewordene Fleisch aufgenommen hatte. Als ich an dieses Heilmittel gedacht hatte, wusste ich noch nichts von dem Problem des schlecht gewordenen Hühnerfleisches. Dennoch endeten Sándors 18 leidvolle Jahre dank dieser plötzlichen und spontanen Eingebung, und die Schmerzen sind seit neun Jahren nicht mehr zurückgekehrt.

Im Fall chronischer Erkrankungen ist es gewöhnlich notwendig, die ursprüngliche Krankheitsursache aufzuspüren, um eine Heilung durchzuführen, selbst wenn dieser Grund in einer weit zurückliegenden Vergangenheit liegt. Die nächsten beiden Fallgeschichten illustrieren dies.

János, ein Mann in den 70ern, litt schon seit 20 Jahren unter Neurodermitis. Nach einer früheren Diagnose seiner Ärzte war er gegen 72 verschiedene Nahrungsmittel allergisch. Ich versuchte nicht, seine Allergien zu heilen, indem ich an seinen Symptomen arbeitete, sondern suchte stattdessen nach dem darunter liegenden

Grund. Ich fand heraus, dass János ein Trauma erlitten hatte, als er fünf Wochen alt war, und dass dieses Trauma mit seiner derzeitigen Erkrankung verbunden war. Ich lenkte ihn zurück zu diesem frühen Stadium seines Lebens und sandte die angezeigte Heilinformation dort hinein. Während der Zeit, als ich die Heilinformation sandte, weinte er laut und winkte wie ein Säugling mit den Armen. Danach beruhigte er sich und wurde ganz still. Er nahm die Diät an, die ich als Therapie vorschlug, und befolgte sie ganz rigoros. Drei Monate später schrieb er mir, dass die allergischen Flecken und der Schmerz in seinen Händen, seinen Armen und Füßen verschwunden waren und dass er sich vollständig wiederhergestellt fühlte.

Die zweite Fallgeschichte ist die von István, der zu der Zeit, als er mich konsultierte, 21 Jahre alt war. Er hatte Asthma gehabt, als er sechs Monate alt war. Dieses Problem war gelöst, aber seit er zwei Jahre alt war, hatte er Symptome von Neurodermitis auf dem Hals, den Beinen und manchmal auch auf dem Mund. Die Tests zeigten eine Lactoseunverträglichkeit. Da István ein professioneller Tänzer war und viel reisen musste, konnte er keine rigorose Diät befolgen. Deshalb suchte ich als ersten Schritt meiner Therapie nach der Ursache seiner Allergie. Als ich ihn mit der Rute testete, fand ich einen möglichen Grund an einem Punkt, als er 21 Tage alt war. Ich sandte ihm eine wieder ausgleichende Information und bat dann seine Eltern, ob sie diesen Hinweis aufklären konnten. Es stellte sich heraus, dass die Milch der Mutter an jenem Tag versiegt war und sie ihn nicht länger stillen konnte. Er bekam daraufhin synthetische Babykost und wurde damit ernährt, in der Folge dann auch in Kombination mit normaler Kuhmilch. Ich schlug homöopathische Heilmittel vor, und Istváns Allergien verschwanden in einem Zeitraum von drei bis vier Monaten.

Raum und Zelt übergreifende Heilung: Wie sie funktioniert

In meiner Praxis für Fernheilung bleiben die Schritte normalerweise dieselben, egal, wie unterschiedlich die Patienten sind oder wie verschieden ihr Problem sich darstellt. Der erste Schritt besteht darin, Informationen bezüglich des Zustands des Patienten zu sammeln. Die Information, die ich über die Rute bekomme, zeigt mir den allgemeinen Gesundheitszustand des Patienten an und ebenso das Wesen seiner oder ihrer Beschwerden. Diese Diagnose kann ebenso detailliert sein wie jede andere, die durch Untersuchungen in der Praxis eines Arztes gestellt wird. Dann versuche ich zu entdecken, ob der Patient an einer vorübergehenden Erkrankung leidet oder an einer chronischen Krankheit. Ich arbeite dann daran, die Ursache des Problems herauszufinden, zu erkennen, bis zu welchem Grade es aufgrund von Umwelteinflüssen wie elektromagnetischer oder geomagnetischer Strahlung oder Umweltverschmutzung entstanden ist.

In der nächsten Phase analysiere und strukturiere ich die Information über den Patienten. Ich komme dann zu einer Diagnose und schlage eine Therapie vor. In Abhängigkeit vom Wesen des Problems verschreibe ich vielleicht allopathische Heilmittel, eine spezielle Diät, Phytotherapie, homöopathische Heilmittel oder Heilung durch Information. Ich übermittle die Einzelheiten der Behandlung dem Patienten über Telefon oder auch über Email. Wenn die Therapie keine bewusste Zusammenarbeit mit dem Patienten erfordert, kann ich die Heilung auch durchführen, indem ich einfach Informationen sende, ohne dass er überhaupt weiß, dass ich das tue, oder auch nicht, was genau ich ihm schicke. Bewusstsein auf Seiten des Patienten ist kein Faktor, solange er um Behandlung bittet und diese auch annimmt. Ansonsten könnte das Empfangen der Heilinformation blockiert sein.

Heilinformation kann über jede Entfernung übermittelt werden. Die Information beeinflusst den Zustand des Patienten und die Wirkung kann durch darauf folgende Tests gemessen werden. Diese wiederum können mit der Rute oder mit konventionellen Methoden durchgeführt werden.

Zwei kontrollierte Fernheilungs-Experimente

Das erste der beiden kontrollierten Experimente, die ich hier darstelle, erfolgte bei einem Seminar der Hagia-Chora-Vereinigung in der Stadt Hohenwart in Deutschland am 3. Juni 2001. Es wurde von Günter Haffelder durchgeführt, dem Direktor des Instituts für Kommunikation und Gehirnforschung in Stuttgart. Das Experiment wurde von etwa 120 Seminarteilnehmern beobachtet und von Dr. Haffelder und einem freiwilligen Arzt, Dr. Heinrich Treugut, überwacht. Es wurde in der Folge in der Zeitschrift *Hagia Chora* in der Ausgabe vom 9. August 2001 beschrieben.

Am Anfang des Experiments bat ich die Versuchsperson – einen 48-jährigen Freiwilligen, einen der Seminarteilnehmer –, mir einen Bericht über seinen körperlichen Zustand zu geben. Er sagte: „Vor vier Jahren habe ich mich wegen eines ernsten Problems in meinen Händen an einen Arzt gewandt. Ich konnte mein Handgelenk kaum bewegen, und meine Finger waren angeschwollen und taten weh. Der Arzt diagnostizierte multiple Arthritis. Ich entschloss mich zu einer Therapie, die in einer vegetarischen Diät bestand, und spirituelle Entwicklung zu studieren. Inzwischen kann ich Gelenke meiner Finger und mein rechtes Handgelenk bewegen, aber mein linkes Handgelenk ist immer noch steif."

Danach trennten wir uns. Die Versuchsperson setzte sich in den Hauptseminarraum, zusammen mit Dr. Haffelder und den anderen Teilnehmern, und ich ging zusammen mit Dr. Treugut in einen anderen, weit entfernten Raum. Sowohl die Versuchsperson als auch ich waren mit Elektroden verdrahtet, die auf unseren Köpfen angebracht waren. Große Monitore in der Halle übertrugen die elektrische Aktivität unserer Gehirne zu den Teilnehmern.

Das Experiment ging dann wie folgt weiter. Zunächst brachte ich mein Gehirn und mein Nervensystem in eine empfängliche Haltung für Ferninformation, und als ich mit meiner Empfindsamkeit zufrieden war, begann ich die Versuchsperson zu untersuchen, wobei ich eine Kombination der Körbler-Methode und der Heilmethode durch Information einsetzte, die ich entwickelt habe. Ich untersuchte seine Hauptorgan-Systeme und dann seine Meridiane. Der Darm zeigte eine leichte Unregelmäßigkeit und ich suchte und sandte dann die geeignete Heilinformation. Dann entdeckte ich einen Hinweis auf eine Entzündung des linken Handgelenks, und für dieses suchte ich auch die dafür relevante Information. Dann verlangte der Lebermeridian noch nach Korrektur. Schließlich untersuchte ich noch die Bauchspeicheldrüse des Freiwilligen und korrigierte eine leichte Fehlfunktion dort. Als ich so weit war, dass kein Organsystem und auch kein Meridian mehr der Korrektur bedurften, verstärkte ich den balancierten Energiezustand der Versuchsperson, indem ich tibetische Heilsymbole anwandte. Zum Schluss testete ich noch die exakte Dauer der Anwendung der Heilinformation und fand heraus, dass die Behandlung für den Dickdarm und das linke Handgelenk zehn Tage lang dauern sollte und die für die Bauchspeicheldrüse 6,5 Tage. Diese Wirkungen entfalteten sich ohne weiteren Beitrag von meiner Seite.

Als er das Experiment darstellte, schrieb Haffelder:

„In diesem Experiment, das etwa 20 Minuten lang dauerte, erschien eine außergewöhnlich starke Delta-Aktivität im Gehirn der Heilerin, was die Übertragung nonverbaler Kommunikation von der Heilerin auf den Patienten anzeigte. Die Heilerin nimmt die Fehlfunktion im Patienten wahr, gleicht das Muster aus und sendet es in einer transformierten Form zu dem Patienten zurück. Im Allgemeinen zeigt sich der Prozess der Untersuchung durch die Heilerin in einer starken Delta-Aktivität in Form einer signifikant höheren Abweichung vom normalen Rhythmus in ihrer linken Hemisphäre im Umfang von 3-5 Sekunden bei Perioden von

3-4 Sekunden. Synchronisch mit dem Rhythmus dieser Gehirnaktivität geschieht auch im Patienten eine Aktivität im Bereich der Delta- und Alpha-Schwingungen. Die Delta-Aktivität zeigt an, dass die Information empfangen wurde, die Alpha-Schwingung zeigt an, dass sie wirkungsvoll integriert wurde.

Die Delta-Aktivität, die in diesem Experiment auftauchte, ist typisch für die Tiefschlafphase bei Erwachsenen, während Alpha-Schwingungen typischerweise in einer erholsamen Phase mit geschlossenen Augen auftauchen. (Im normalen Wachzustand erzeugen externe Stimuli Beta-Wellen in einem höheren Frequenzbereich.) Es ist von Bedeutung, dass ich während dieses Experiments meine Augen geöffnet hatte und dass mein Gehirn dennoch Wellen anzeigte, die typisch für den Tiefschlaf sind. Ebenso bedeutungsvoll war, dass die Versuchsperson dasselbe EEG-Muster zeigte und entspannt dasaß, aber nicht schlief. Er zeigte sich fähig, die Information aufzunehmen, die ich von einem entfernten Ort aussandte, obwohl es zwischen uns keinen sinnlich wahrnehmbaren Kontakt gab.

In meiner jahrzehntelangen Praxis habe ich diese Art Abfolge immer wieder eingesetzt, wenn ich akute Zustände von Entzündungen, Schmerzen oder Verletzungen sowie eine Vielzahl schwerwiegenderer Erkrankungen behandele.

In etwa dasselbe Experiment wurde einige Monate später in Haffelders Institut für Kommunikation und Gehirnforschung in Stuttgart wiederholt. Auch dieses Experiment am 29. Oktober desselben Jahres wurde von der spektral-analytischen Methode der EEG-Aufzeichnng überwacht und später dokumentiert, derselben wie bei dem früheren Hohenwart-Experiment.

Bevor wir mit diesem Experiment begannen, beschrieb die Versuchsperson, Katharina, die zu dem Zeitpunkt 45 Jahre alt war, ihre Beschwerden. Sie litt schon seit zehn Jahren unter einer allergischen Bronchitis, ein Leiden, das besonders unerträglich in den Morgenstunden ist. Sie hatte bereits eine Anzahl von Ärzten konsultiert und eine große Anzahl Medikamente bekommen, angefangen von Steroiden und Antibiotika bis hin zu homöopathischen Heilmitteln. Ich erkannte, dass kein großer Sinn darin lag, sich auf die Symptome selbst zu konzentrieren, sondern dass ich eher nach den Ursachen suchen sollte Dann wurden sie und ich mit Elektroden verdrahtet, und Katharina ging in einen anderen Raum im Labor, während ich in einem Raum, den ich mit den Experimentatoren teilte, mit dem Diagnoseverfahren begann. Die elektrische Aktivität unserer Gehirne wurde auf Monitoren sichtbar gemacht und auch aufgezeichnet.

Nach einer vorläufigen Untersuchung fuhr ich damit fort, in Katharinas Leben zurückzugehen, bis ich ein spezielles Trauma entdeckte, dass ihr Leiden erklären konnte. Dieses Ereignis trug sich direkt nach der Geburt zu. Ich schickte Heilinformation in die zehnte Minute nach der Geburt, und dieser Prozess dauerte 2 Minuten und 41 Sekunden. Die Zeiten ganz exakt einzuhalten ist ausschlaggebend für die Wirksamkeit dieser Heilung. Die Heilinformation muss präzise sein – ein Unterschied von nur einigen Sekunden kann die Heilung unwirksam machen oder unerwünschte Wirkungen hervorrufen. Und sie muss sich auf den exakten Augenblick richten, in dem das Trauma im Leben des Patienten geschah. In dem infrage stehenden Fall sandte ich eine Behandlung in das Trauma, das 17 Minuten nach Katharinas Geburt geschehen war, und die Heilinformation dauerte 45 Sekunden lang.

Während der Zeit, in der ich die Untersuchung durchführte und die heilenden Botschaften schickte, zeigte mein Gehirn EEG-Wellen im niedrigen Delta-Bereich. Katharinas Gehirn bildete mein Wellenmuster mit einer Verzögerung von etwa zwei Sekunden nach. Die Wirkung zeigte sich ganz klar: Als ich ihr die Heilinformation schickte, zeigte sie eine Symptomverschlimmerung und hustete wild. Als wir das Experiment abschlossen, hörte das Husten auf und Katharina beruhigte sich.

Am 23. Mai 2002 schrieb Katharina: „...was meine Hustenanfälle betrifft, gab es (nach dem Experiment) einige ruhigere Zeitabschnitte und einige Zeiten, in denen ich bis zu acht Stunden lang wie wild husten musste. Inzwischen ist es ruhiger als je zuvor geworden. Das Husten ist nicht vollständig verschwunden, bewegt sich aber in tolerablen Grenzen. Ich habe eine so ruhige Periode wie jetzt seit zehn Jahren nicht erlebt."

Meine Erfahrung zeigt, dass es möglich ist, Informationen über den Zustand eines Patienten über eine Entfernung zu empfangen, und zwar aus seiner Gegenwart ebenso wie aus seiner Vergangenheit. Dies ist für mich ein signifikanter Beweis dafür, dass ein nicht-ortsgebundenes Informationsfeld den Austausch von Informationen zwischen Heiler und Patient vermittelt. Das Akashafeld ist kein abstraktes Theoriekonzept, sondern eine funktionierende Wirklichkeit.

9 • Der Einsatz der Akasha-Information im Geschäftsleben

William Gladstone

William Gladstone ist Anthropologe, Schriftsteller, Filmemacher, Literaturagent und Gründer und Inhaber der Waterside Production Inc. Er bekam seinen Bachelor-Abschluss vom Yale College und seinen Masterabschluss in kultureller Anthropologie von der Universität Harvard. Gladstone ist Autor von drei Sachbüchern und einem Roman, *„The Twelve"*. Er ist Direktor des Clubs of Budapest, war Sprecher für Nordamerika beim Barcelona Forum der UNESCO 2004 sowie einer der Gründer der GlobalShift-Universität.

Ich bin weder Wissenschaftler noch ein spiritueller Lehrer. Ich bin mir jedoch bewusst, dass ich beinahe seit meiner Geburt Zeit und Raum übergreifende, „nicht ortsgebundene" Informationen empfange. Diese Akashainformationen haben mein Leben geprägt, und besonders im Hinblick darauf, wie ich an Geschäftsbeziehungen herantrete, an Geschäftstreffen und an Geschäftsplanung. In diesem Bereich kann ich eine Darstellung davon geben, wie Information, die jenseits des Umfangs unserer Sinne liegt, zu meinem Erfolg bei meiner Karriere als Filmemacher und Literaturagent beigetragen hat.

Schon als Kind merkte ich, dass meine Mutter über erstaunliche übersinnliche Fähigkeiten verfügte. Wir hatten keine Bezeichnung für ihren seltsamen „sechsten Sinn", und wir zollten dem keine Aufmerksamkeit. In den meisten Fällen wurde es einfach als selbstverständlich hingenommen, dass sie manchmal vorhersagen konnte, was mit uns oder unseren Freunden geschehen würde.

Neben anderen Dingen hatte sie die unheimliche Fähigkeit, Menschen kennen zu lernen, die später auf sehr unerwartete Weise in mein Leben traten. Sie war beispielsweise mit meinem Vater in Europa und traf einen jungen Mann und seine Freundin in einem Restaurant in Paris. Sie und mein Vater hatten viel Spaß daran, mit den jungen Leuten zusammen zu sein, und sie befreundeten sich miteinander. Die beiden nahmen meine Eltern in die Discotheken in Paris mit, die gerade besonders „in" waren – sodass sie die Schickimicki-Szene treffen konnten – und als Gegenleistung bezahlten meine Eltern die Rechnungen für die Clubs und Mahlzeiten während der drei Tage, in denen sie zusammen waren. Sechs Monate später segelte ich gerade aus meinem letzten Jahr an der Highschool an Bord der MS Aurelia, einem Billigschiff, auf dem man als Student fahren konnte. Bei diesem Trip befreundete ich mich mit einem Collegestudenten, und ganz zufällig stand er neben mir, als das Schiff gerade in New York festmachte. Meine Eltern warteten am Kai auf mich und winkten mir zu. Mein neuer Freund war entgeistert, als er sie sah. Er war der junge Mann gewesen, mit dem sie sich in Paris angefreundet hatten.

Das dramatischste Beispiel des sechsten Sinns meiner Mutter spielte sich während eines weiteren Europatrips ab, als ich noch viel jünger war. Sie wachte in Paris mitten in einem Traum mit dem Vorgefühl auf, dass der Boiler im Keller unseres Hauses in Scarborough, New York, kurz vor dem Explodieren stand. Sie war sich ihres Vorgefühls so sicher, dass sie die Kinderfrau anrief, die in der Zeit auf mich und meine drei Geschwister aufpasste – wir waren alle unter zwölf Jahre alt –, und darauf bestand, dass die Frau die Feuerwehr anrief und uns evakuieren ließ. Durch den Zeitunterschied war es gerade erst neun Uhr abends in New York. Als die Feuerwehr eintraf und den Boiler überprüfte, fand sie heraus, dass er im Lauf einer weiteren Stunde explodiert wäre, wenn er jetzt nicht repariert worden wäre.

Ich muss etwas von den Fähigkeiten meiner Mutter geerbt haben, mir solche Zeit und Raum übergreifenden Informationen aus dem Akashafeld zugänglich zu machen, denn in meinem Geschäftsleben habe ich oft Ahnung oder Vorgefühle, die sich meist nicht nur als wahr herausstellten, sondern auch überaus nützlich im Zusammenhang mit meinen geschäftlichen Vereinbarungen waren. Als Beispiel zitiere ich hier einige dieser Fälle.

Akasha-Informationen bei meiner Suche nach den Rätseln der Antike

Als junger Mann von 22 bekam ich durch einige unerwartete Zufälle die Möglichkeit geboten, als Rechercheur und Produktionskoordinator für das Fernseh-Special *Auf der Suche nach den Rätseln der Antike* zu arbeiten, das von Rod Sterling, dem Erfinder der Fernseh-Serie *Twilight Zone* gesprochen wurde. Dieses Fernseh-Special war eine Fortsetzung des Specials von Erich von Däniken *Auf der Suche nach den Astronauten der Antike.* Beide TV-Specials wurden in den frühen 1970ern übertragen und waren die erfolgreichsten Dokumentarsendungen des ganzen Jahrzehnts. Jede von ihnen wurde im Verlauf der 70er Jahre zweimal im Jahr wieder ausgestrahlt und führte zu der erfolgreichen Fernsehserie mit demselben Titel *Auf der Suche nach den Rätseln der Antike.* Diese Serie wurde von Leonard Nimoy gesprochen, der die Rolle von Dr. Spock in der ursprünglichen *Star Treck*-Fernseh-Serie spielte.

Es war während der Arbeit an diesem Dokumentar-Fernseh-Special, dass ich mir zum ersten Mal der Macht der Akasha-Information bewusst wurde, mir zu helfen. Ich hatte antike Rätsel recherchiert, die das Drehbuch erforderte, und ich suchte besonders nach so vielen „antiken Astronautenbildern" und –hinweisen wie möglich. Dies schloss die Nazca-Linien und andere wirkliche Rätsel ein, die mit potenziellen Theorien eines extraterrestrischen Kontakts verbunden werden konnten, aber auch andere, die sich als vollständig gefälschte Hinweise herausstellten. Statt in Panik zu verfallen, wenn ich herausfand, dass eine Felsformation, die angeblich einer antiken Rakete ähneln sollte, dies Aussehen nur im Monat März unter besonderen Wetterbedingungen einnahm, öffnete ich einfach meinen Geist für die Möglichkeit, dass wir schon einige echte „antike Rätsel" finden würden, nachdem wir eine ganze Filmcrew mitsamt ihrer Ausstattung praktisch um die halbe Welt geflogen hatten. Und unausweichlich geschah dies auch. Ich hatte ein Gefühl, dass das Universum selbst mir die richtigen Stichworte liefern würde, sodass der Film demonstrieren konnte, dass es antike Technologien mit unerklärlichen Errungenschaften gab – wie beispielsweise Gehirnchirurgie, die im Peru des 16. Jahrhunderts durchgeführt wurde, oder der Bau von Gebäuden wie der Sacsayhuaman außerhalb von Cuzco, der heutige Bautechniken in den Schatten stellt.

Weitere Akasha-Eingebungen

In meiner darauf folgenden Geschäftskarriere fuhr ich fort, Ahnungen und Vorgefühle zu haben, die sich als außerordentlich nützlich herausstellten. Als Literaturagent und Leiter der Waterside Productions verkaufte ich allein in den sechs Monaten zwischen März und September 1983 mehr als 60 Selbsthilfe-Computertitel und etablierte mich schnell als zuverlässigste Quelle in diesem Technikbereich. Dies erzeugte etwas, auf das ich nun zurückschaue als einen wahren Wirbel von Energie und Intuition. Wenigstens 20mal während dieses Zeitabschnitts erhielt ich einen Anruf von einem Verlagsleiter oder Autor, die eine besondere technische Fähigkeit benötigten, oder ein Buchprojekt, und innerhalb fünf oder zehn Minuten rief mich genau die richtige Person für diese Nachfrage an oder kam sogar völlig unerwartet in mein Büro! Diese Instinkte erinnerten mich an das, was ich während der Dreharbeiten zu *Auf der Suche nach den Rätseln der Antike* erlebt hatte. Sie waren immer außerordentlich fruchtbar. Und obwohl ich zu der Zeit lediglich eine Teilzeit-Assistentin hatte, verkaufte ich in einer einzigen Zwölf-Monats-Periode nach nur zwei Jahren, nachdem ich in den Bereich der Agententätigkeit für Computerbücher eingestiegen war, 299 Titel mit der großartigen Hilfe dieser bemerkenswerten Zufälle.

In den ersten Jahren meiner Arbeit als Literaturagent riefen mich oft Autoren an, um nach möglichen Vorschüssen auf ihre Verträge zu fragen, da sich Verlage manchmal Wochen, wenn nicht Monate Zeit damit ließen zu zahlen und die Autoren meist dringend Geld brauchten. In solchen Momenten fragte ich gewöhnlich meine Assistentin, ob wir irgendwelches Geld bekommen hatten, das wir dazu benutzen konnten, den Autor zu bezahlen. Häufig sagte sie nein, seltener ja. Aber ich sagte dann meist: „Okay, schreib einen Scheck aus, weil irgendwelches Geld schon bald eingehen wird", – und selbst wenn dies nicht der Fall war, konnten wir den Scheck immer noch zurückhalten. Aber das geschah nicht ein einziges Mal, da meine Intuition sich immer als richtig herausstellte und Geld ankam, manchmal sogar noch am selben Tag und sogar in Fällen, in denen man nicht damit rechnen konnte.

Meine geschäftlichen Aktivitäten profitierten weiterhin von diesen Akasha-Informationen. Ein Skeptiker könnte vielleicht einwenden, dass ich in meiner Karriere als Literaturagent und Filmemacher außergewöhnlich viel Glück gehabt habe, aber ich könnte daraufhin fragen: „Ja, das kann schon wahr sein, aber was liegt denn solchem Glück zugrunde? Konnte es nicht vielleicht ein Hinweis auf Prozesse sein, die am Werk sind, die man am besten als Akasha-Erfahrungen versteht und die in diesem Fall die Form spontaner Ahnungen und Eingebungen annehmen, die auf solch wundersame Weise wirken?"

Ich bin inzwischen überzeugt davon, dass wir alle offen gegenüber all der Information bleiben müssen, die unser Gehirn und unseren Geist erreicht, egal, ob sie durch unsere Augen und Ohren zu uns kommt oder durch feinstofflichere Kanäle, die aber ebenso wirkungsvoll sind. So überraschend dies auf den ersten Blick auch erscheinen mag, kann selbst geschäftsbezogene Information aus dieser rätselhaften Schatzkammer zu uns kommen, die die Alten als Akasha-Chronik kannten und die Laszlo mit der Vorreiter-Wissenschaft verbindet und das Akashafeld nennt.

10 • Zu Besuch im Omniverse-Zentrum

Eine geist-transformierende Akasha-Erfahrung

Oliver Markley

Oliver Markley hat einen Master-Abschluss in Ingenieurs-Wissenschaften von der Universität Stanford und einen Doktor in experimenteller Sozialpsychologie von der Northwestern University. Er ist Professor emeritus und früherer Präsident des Graduiertenprogramms der Studien der Zukunft an der Universität von Houston-Clear Lake (UHCL); und davor war er Projektleiter und Managementberater bei der Gruppe für Management und Soziale Systeme am Stanford Forschungsinstitut (Heute SRI International). Mitglied des Verbandes für Welt-Zukunftsforschung, ist Markley Autor und Mitautor von vier Büchern und mehr als 50 anderer Publikationen und ist als Berater für verschiedene Organisationen in verschiedenen Bereichen der Gesellschaft tätig gewesen.

Obwohl meine erste Akasha-Erfahrung schon Jahre zurückliegt, als ich nämlich drei Jahre alt war, begannen diese Erfahrungen so richtig, als ich Student war und später, als Fachkollege des verstorbenen Willis W. Harman. Eine der phänomenalsten Erfahrungen, die mein Berufsleben mir eröffnete, bestand drin, dass ich auf eine außergewöhnliche Akasha-Quelle des Wissens und der Fähigkeiten stieß, die sich selbst als „Das Omniverse-Zentrum für Kulturelle Entwicklung" bezeichnete.

Der methodologische Kontext der „Omniverse"-Erfahrung

Im Jahr 1969, als frischgebackener Wissenschaftler mit einem Doktortitel, bekam ich die Aufgabe übertragen, die Entwicklung der Methodenlehre an der neuen Ideenfabrik für Zukunftsforschung zu leiten, die Harman gerade am Stanford Forschungsinstitut (heute SRI International) gründete. Und als ob es nicht schon schwer genug gewesen wäre, herauszufinden, wie man holistische Forschung über die möglichen Zukunftsaussichten der Gesellschaft (wahrscheinlich, möglich und zu bevorzugen) betreiben könnte, zeigten unsere ersten Ergebnisse, dass von den etwa 50 der am meisten plausiblen alternativen zukünftigen Geschichtsentwicklungen der Gesellschaft nur eine kleine Handvoll beim besten Willen erstrebenswert waren und dass die meisten von ihnen eine tiefgreifende Transformation bezüglich der ihnen unterliegenden Haltungen, der Vorstellungen, des Raubbaus der Ressourcen, der Umweltverschmutzung, des Baus gefährlicher Waffen und so weiter beinhalteten – Problemen, die Harman kollektiv als „das Makroproblem der Welt" bezeichnete.

Meine methodologischen Verantwortlichkeiten im Kopf, schlussfolgerte ich umgekehrt, dass Forschungsmethoden, die auf rational-analytischen Arten zu denken basierten, prinzipiell für eine kreative Erforschung transformationaler alternativer Zukunftsperspektiven nicht geeignet sind, da solche Denkweisen im Prinzip und im Kern nur mechanistische Hochrechnungen dessen sind, was bereits geschehen ist.

Mein Wissen über kognitive Psychologie verwies darauf, die *Intuition* als geeigneten geistigen Modus einzusetzen; deshalb stellte ich mir selbst die Aufgabe, so viele unterschiedliche Wege wie möglich herauszufinden, wie man die eigene Intuition öffnet.

Zu der Zeit, als ich den Vorfall erlebte, den ich weiter unten beschreibe, hatte ich bereits versuchsweise gelenkte kognitive Sprachbilder als die am meisten geeignete Technologie ausgewählt, um Menschen zu helfen, ihre intuitiven Wissensquellen anzuzapfen. Ich war mir bewusst, dass ich bisher nicht die Methode des „Trance-Mediums" (die heutzutage „Channeln" genannt wird) überprüft hatte, aber ich fühlte wegen des ziemlich unakzeptablen Images, das die Tatsache, ein Medium zu sein, oft bei Menschen mit einer wissenschaftlichen Orientierung hat, ein gewisses Zögern, dies zu tun. Dennoch, und da Aufgeschlossenheit Alternativen gegenüber ein zentrales Charakteristikum guter Zukunftsforschung ist, hatte ich das Gefühl, ich schuldete es mir selbst, wenigstens zu prüfen, was diese Modalität vielleicht eröffnen würde.

Wie es sich herausstellte, beantwortete das folgende Erlebnis – ebenso wie andere Dinge, zu denen es führte – alle Fragen in Bezug auf Medium-Sein oder Channeln, von denen ich glaubte, dass ich sie zu der Zeit zu verfolgen hätte.

Inhalt und Prozess der „Omniverse"-Erfahrung

An einem Nachmittag im Frühjahr des Jahres 1976 – nur etwa eine Woche, bevor ich vorhatte, ein Trance-Medium zu besuchen – fuhr ich mit meinem Fahrrad von meinem SRI-Büro in Menlo Park zu meiner Wohnung in Palo Alto (was eine Entfernung von etwas mehr als drei Kilometern ist, und zwar hauptsächlich durch Wohnviertel). Gerade als ich die SRI-Institutsgrenze verließ, hörte ich eine Stimme sagen:

„Hallo, ich bin Henri. Ich würde dir gern etwas zeigen. Würdest du bereit sein, mit mir zu kommen?"

Meine erste Reaktion war die, über meine Schulter zu schauen, um die Quelle dieser Stimme zu erkennen. Da ich niemanden sah, erkannte ich, dass sie aus meinem eigenen Inneren kam, genau wie in „Hearing Voices".

Meine zweite Reaktion war eine des Interesses an der Tatsache, dass ich, da ich in Französisch nicht bewandert bin, eigentlich keine Ahnung haben konnte, wie der Name Henri ausgesprochen würde, und den Klang dieses Namens nicht einmal verstanden haben würde, wenn ich nicht gleichzeitig durch irgendein Mittel nonverbaler Intuition seine korrekte Schreibweise übermittelt bekommen hätte, und zwar auf eine Weise, die unmittelbar offensichtlich war.

Da dies aber nun einmal der Fall war, schlussfolgerte ich sofort, dass dies irgendeine Art Erfahrung war, die ein „höheres Bewusstsein" einschloss, und dass, obwohl dort niemand war, den ich „sehen" konnte, der zu mir gesprochen hatte, es wahrscheinlich keine schlechte Idee wäre, bei der Situation mitzuspielen und zu sehen, was geschehen würde. (Schließlich hatte ich aufgrund der oben beschriebenen kontextbezogenen Faktoren sowieso geplant, eine Erforschung von Trance-Medien zu beginnen, und diese Erfahrung schien auf irgendeine Weise mit dieser Absicht in Zusammenhang zu stehen.)

Deshalb dachte ich: „Sicher, ich komme gern mit dir."

In den nächsten Augenblicken schienen wir unterwegs zu einem mir unbekannten Ziel zu sein, das, so wurde mir still übermittelt, „jenseits von Zeit und Raum" lag. In der Zwischenzeit versicherte ich mich, dass ich normal funktionierte, mit einer klaren Bewusstheit dessen, was da im Äußeren vor sich ging: Ich konnte, in anderen Worten, sicher weiterhin Fahrrad fahren, obwohl in meinem Inneren eine neue Art mentaler Erfahrung vor sich ging.

Das nächste, dessen ich mir bewusst war, war, dass wir auf irgendeine Weise unsere Reise beendet hatten – wann immer und wo auch immer unser Ziel lag. Wo waren wir? Ich wusste es nicht. Und auch Henri gab mir keinerlei Hinweis. In der unbewegten Stille bekam ich irgendwie die Eingebung, dass der nächste Schritt bei mir lag.

Da dies eine vollkommen neue Erfahrung für mich war, fragte ich mich: „Welches Wissen oder welche frühere Erfahrung habe ich, die hier Anwendung finden könnte?"

Zwei Begriffe aus der okkulten Literatur schossen unmittelbar in meinen Geist: „Wächter der Schwelle" und „Intuition". Mit diesen Worten als Führer, formulierte ich den nächsten Gedanken, den ich dann still demjenigen „übermittelte", der diese Erfahrung lenkte, die ich gerade erlebte: „Ich weiß nicht, wo ich bin und warum ich hier bin, aber ich habe nicht darum gebeten, hier zu sein – ich wurde eingeladen. Alles, was ich sagen kann, ist das Folgende: Obwohl ich nicht weiß, um was es hier bei all dem geht, werde ich entweder die Verantwortung für alles übernehmen, was ich hier finden werde, oder ich werde es überhaupt nicht benutzen."

Sofort, und es fühlte sich an, als ob ein unsichtbarer Schutzschirm entfernt worden sei, fand ich mich selbst mental auf eine Stadt von unglaublicher Schönheit schauen, die im Raum unmittelbar vor mir schwebte. Zur selben Zeit wurde mir übermittelt, dass die Stadt, die ich sah, nur eine dreidimensionale Raummetapher der multidimensionalen Wirklichkeit sei, eine persönliche „Projektion", die notwendig war, wenn ich wahrnehmen sollte, was hier war, und zwar auf eine Weise, die für einen Erdling wie mich sinnvoll war.

Als wir die Stadt betraten, bemerkte ich ein Gebäude auf der rechten Seite der Straße, das wir betraten. Auf der Seite seines Foyers war eine Öffnung, die aussah wie das Garderobenfenster im Palladium in Hollywood, das ich als Jugendlicher gekannt hatte, als ich in Südkalifornien lebte. In diesem Fenster war ein Lichterschwarm, der ziemlich genau wie winzige weiße Tannenbaumlichter aussah. Aber jedes Licht war offenbar ein fühlendes Wesen, und der ganze Schwarm war auch wiederum insgesamt und als Ganzes fühlend. (3) Der Schwarm sprach über mein Denken zu mir: „*Willkommen!*"

Ich dachte zurück zum Schwarm: „Danke. Wo bin ich? Was ist das hier für ein Ort? Hat er einen Namen?"

Sie dachten zurück: *„Du (oder besser, deine Spezies) würde ihn das Omniverse-Zentrum für kulturelle Entwicklung nennen. Es ist eine intellektuelle Oase für Entwicklungsarbeiter, wie du einer bist."* (Um das zu verdeutlichen, sollte ich hinzufügen, dass das Wort *Omniverse* in diesem Zusammenhang ganz eindeutig bedeutete „alle Epochen der Schöpfung betreffend, vergangen und zukünftig". Obwohl es ein paradoxes Konzept ist, schien es mir vollkommen einleuchtend, als sie es mir über Gedankenübertragung beibrachten. Und das Wort *Oase* hatte in diesem Zusammenhang ähnlich verschiedenartige Bedeutungen, die jetzt, viele Jahre später, seit das Wissen über das Akashafeld mir zur Verfügung steht, für mich viel mehr Sinn machen.)

Ich war sofort übervoll mit Freude, dass so etwas möglich war und dass eine Erfahrung wie diese mir geschenkt wurde, ohne dass ich auch nur darum gebeten hatte.

Ich dachte, an sie gewandt: „Was macht ihr hier?"

Sie antworteten: *„Wir stellen Führung und Übersetzungsdienste zur Verfügung, so dass Besucher wie du das hier finden können, was sie brauchen."*

Ich dachte zurück: „Und welche Gegenleistung bekommt ihr in dieser Regelung?"

Es war exakt dieser Augenblick, der mich davon überzeugte, dass das, was ich hier erlebte, wirklich eine echte Erfahrung war, denn als ich diese Frage stellte, fuhr eine Welle Gelächter durch den ganzen Schwarm, wie eine gekräuselte Bewegung, als sie antworteten: *„Wir bekommen alles (die Information/das Wissen/ die Intelligenz/das Bewusstsein), das durch uns hindurchgeht, damit wir es einsetzen können."*

An diesem Zeitpunkt war es offenkundig für mich, dass ich mich an eine ganze Population telepathisch fühlender Wesen wandte, deren Platz in der multidimensionalen Bewusstseinsökologie, den das „Omniverse-Zentrum" miteinander verknüpfte, darin bestand, dass sie Besuchern bei allem halfen, was diese brauchten.

Meine nächste Frage war also vorhersehbar: „Was kann man sich denn hier anschauen?"

Und statt dass ich nun eine Art Straßen- oder Landkarte gezeigt bekam, wurde ich im selben Augenblick überschüttet mit einer schnellen Folge luzider Eindrücke, die dem sehr ähnlich sind, was Computerbetreiber einen „Speicherauszug" nennen. Auch wenn das viel zu schnell ablief, als dass ich bei einem Eindruck hätte verweilen können, bekam ich dennoch ein gutes Gefühl für das Ganze, von dem allerdings das Meiste sowieso jenseits dessen lag, was ich für möglich oder auch nur für denkbar gehalten hätte.

Ich fragte als Nächstes: „Und was sollte ich mir als Erstes ansehen?"

Aber sie weigerten sich, mir da einen Rat zu geben, und zeigten mir so, dass ich mich selbst zu etwas entschließen musste, was ich sehen oder erfahren wollte.

An diesem Punkt zog ich mich in mich selbst zurück und dachte über die Tatsache nach, dass, historisch betrachtet, auf der Erde, wenn eine relativ „fortgeschrittenere" Kultur in Kontakt mit einer „primitiveren" kam, die Dinge sich für die primitivere meist nicht allzu gut entwickelten. Deshalb fragte ich versuchsweise: „Wie ist das Verhältnis von Krieg und Frieden im Omniversum?"

Ich wurde nach unten in eine Halle auf der linken Seite geführt und hielt vor einem Gerät an, das einen Bildschirm, ähnlich dem eines Fernsehers, besaß. Der Bildschirm begann sich zu erwärmen und zeigte eine Traube Lichter, die durch ein Netzwerk leuchtender Fäden miteinander verbunden waren. Manche dieser Lichter waren weiß, andere rot (die Bedeutung der Farben war sofort augenscheinlich). Das Mengenverhältnis war ungefähr 2/3 weiß zu 1/3 rot. Ich fragte: „Aber wie ist der Trend?"

Nach einigen Augenblicken kam eine tiefe übersinnliche Stimme (die sich in mir wie die Stimme von „Gott-Vater" *anfühlte*) von oben und sagte so etwas wie: „Wir sind zu dem Urteil gekommen, dass du (das heißt, dein Intellekt, das Maß deiner geistigen Entwicklung und so weiter) noch nicht ausreichend entwickelt bist, um eine sinnvolle Antwort auf deine Frage zu verstehen. Nichtsdestotrotz, wenn du darauf bestehst, werden wir einen Weg finden, dir so gut zu antworten, wie wir können."

Ich fügte mich. Nachdem ich noch einige andere Dinge betrachtet hatte, erkannte ich, dass ich inzwischen nur noch wenige Blocks von meinem Zuhause entfernt war, und da ich meine Frau und meine Kinder nicht in diesem Zustand begrüßen wollte, begann ich das Omniverse-Zentrum zu verlassen. Henri wartete auf mich, als ich herauskam. Er fragte: *„Hast du noch Fragen?"*

Ich antwortete, dass ich nur eine einzige hätte: „Kann ich wiederkommen?"

Er sagte: *„Du kannst wiederkommen, wann immer du es brauchst."*

An jenem Abend, nachdem meine Frau und meine Kinder sich zurückgezogen hatten, saß ich in dem Kippstuhl, den ich in meinem Büro zu Hause stehen hatte, ließ mich selbst in eine nicht ortsgebundene Bewusstseinsebene entspannen und versuchte dann herauszufinden, ob es möglich war, zum Omniverse-Zentrum zurückzukehren. Meine Absicht bestand darin, mich nach einem technischen Problem zu erkundigen, das ich für einen geeigneten Weg hielt, den Nutzen dieses neuen Werkzeugs für mich zu erkunden.

Indem ich mich dieser Möglichkeit öffnete, war sie in meinem Bewusstsein sofort wieder gegenwärtig. Ich stellte meine Frage, die ich mitgebracht hatte, bekam eine zufriedenstellende Antwort und ließ mein Bewusstsein über das Zentrum los. Ich schrieb dann die Antworten in mein Tagebuch und ging zu Bett.

Am nächsten Tag kehrte ich mental in das Omniverse-Zentrum zurück und bekam eine weitere Antwort auf eine noch andere Frage, aber als ich nach mehr als einer Woche erneut zurückkehren wollte, war dies für mich nicht möglich. Stattdessen merkte ich, wie ich mich zu erinnern versuchte, was Henri gesagt hatte, als ich ihn zum ersten Mal verlassen hatte…, dass ich zurückkommen konnte, wann immer ich dies *brauchte*. Ich schloss daraus, dass diese aufregende Ressource nicht auf leichtfertige Weise genutzt werden konnte, und speicherte geistig die Vorstellung, dass das Omniverse-Zentrum wahrscheinlich eine Ressource für solche Momente bleiben würde, in denen es wirklich *gebraucht* würde. Was aber *wirkliches Brauchen* in diesem Zusammenhang bedeutete, war vermutlich nur durch Intuition zugänglich und nicht durch oberflächliches Rationalisieren oder eine Meinung, die ich hatte.

Beratungen mit dem Omniverse-Zentrum

Während dieses allgemeinen Zeitabschnitts engagierte ich regelmäßig eine kleine Gruppe meiner SRI-Zukunftsforscher-Kollegen, um mir zu helfen, mit einem Pilotversuch die verschiedenen geführten Visualisations-Verfahren zu prüfen, die ich entwickelte, um den Einsatz von Intuition als Mittel einzusetzen, die Zukunft zu erforschen. Unsere Anwendungsmethode war schlicht. Jeden Freitag am frühen Nachmittag trafen wir uns auf dem Anwesen von Arnold Mitchell, dem

Gründer des SRI VALS (Werte und Lifestyle) Programms in Atherton. Während wir einige leichte Erfrischungen zu uns nahmen, sprachen wir gewöhnlich über die Forschungsprojekte, die jeder gerade durchführte, mit Blick auf die Auswahl interessanter Forschungsfragen, die durch die visionären/intuitiven Verfahren erhellt werden könnten, die ich gerade entwickelte. Nachdem wir einige interessante Ziele für die weiteren Nachforschungen ausgewählt hatten, gestaltete ich intuitiv spezifische Methoden, die wir bei unserer Nachmittagsarbeit einsetzen würden, und dann fingen wir an. (Um dies zu illustrieren: In einer Sitzung entschieden wir uns, mögliche Smog-Mengen in der Zukunft zu erforschen. Nachdem wir zunächst eine bestimmte Art von Entspannung und einen mentalen Fokus eingesetzt hatten, der sinnvoll schien, um uns in den richtigen Zustand „nicht-ortsgebundener Bewusstheit" für diese Art visionärer/intuitiver Erforschung zu versetzen, stellten wir uns alle vor, wir würden gemeinsam in denselben drei Meter im Durchmesser großen Augapfel klettern – was heutzutage wohl ein „virtuelles Raum-Zeit-Schiff" genannt werden würde. Wenn wir einmal darinnen waren, flogen wir als Gruppe zu verschiedenen Raum-Zeit-Orten wie beispielsweise über das Los-Angeles-Becken in einer Höhe von 650 Metern im Jahr 2020. Wir tauschten dann darüber, was wir gesehen hatten, Notizen aus: Die Ergebnisse wurden dann in der „regulären" Zukunftsforschung genutzt, die wir in der folgenden Woche in unseren Büros durchführten.)

An einem besonderen Freitagnachmittag sprachen zwei Forscher unserer Gruppen über ihre Schwierigkeiten, ein Szenario zu entwickeln, bei dem „der Mann auf dem Weißen Pferd" vorkommen sollte (ein Begriff aus der Sozialwissenschaft, der sich auf das Phänomen eines charismatischen Führers bezieht, der die Gesellschaft revolutioniert, häufig, indem er einen Sündenbock findet, dem man für die gegenwärtigen gesellschaftlichen Probleme die Schuld geben kann.) Sie konnten einfach kein Szenario zum „Laufen" bringen und fragten deshalb, ob es keine visionäre intuitive Methode gab, die vielleicht ihr Problem lösen könnte.

Wie es meine Gewohnheit bei solchen Anlässen ist, bei denen ich eine solche Anfrage bekomme, „ging ich nach innen", um zu erkennen, was meine Intuition mir als eine dazu passende Übung vorschlagen würde (Beinahe von Anbeginn dieser Art Arbeit habe ich herausgefunden, dass geführte Visualisationen am besten funktionieren, wenn der Lenkende sich selbst von seiner Intuition lenken lässt, statt dass er einem vorgefertigten Skript oder Anleitungsmanual folgt.)

Meine Intuition schlug sofort „das Omniverse-Zentrum" als Zugang vor, mit dem ihre Fragen auf eine passende Weise beantwortet werden konnten. Das überraschte mich ziemlich, denn ich hatte die Möglichkeit, andere zu dem „Ort" im Bewusstsein mitzunehmen, der außerhalb der normalen Zeit und des normalen Raums lag, bisher niemals in Erwägung gezogen, und ich war nicht einmal sicher, wie ich das denn überhaupt tun sollte.

Mein Zögern wich jedoch schnell meinem Interesse, als meine Intuition ebenso vorschlug, dazu die „Nachtmusik" von Bartoks *Musik für Streicher, Celesta und Schlagzeug* als Hintergrund für die Forschungsreise zu spielen, denn dieses besondere Musikstück ist oft entscheidend dafür gewesen, mir den Eintritt in interessante Bewusstseinzustände erleichtern zu helfen. Also legte ich es auf und erklärte den Teilnehmern, dass ich, wenn sie Lust dazu hätten, sie jetzt auf eine neue Art visionärer Reise führen würde – eine, die sich sogar vielleicht so anfühlen könnte, als ob sie außerhalb von Zeit und Raum läge; aber dass sie sich keine Sorgen zu machen brauchten, weil ich schon zuvor dort gewesen sei und sie in die Erfahrung hineinführen würde.

Ich benutzte dann eine konventionelle Entspannungsmethode und schlug vor, dass wir zu unserem Ziel kommen würden, wenn wir gemeinsam „in Formation" fliegen würden, wie Luftwaffenpiloten es tun. Ich würde die Spitze übernehmen und ich würde sie zu einem spannenden Ort mitnehmen; einmal da, sollten sie ruhig alles tun, was sich für sie geeignet anfühlte, um Zutritt zu bekommen und sinnvolle Antworten für unsere Fragen zu erhalten. (Drei Menschen meldeten sich als Freiwillige, um über das Charisma-Thema des Mannes auf dem Weißen Pferd zu forschen; die anderen wollten einfach mitkommen und bekamen schlicht die Anleitung, das mitzubringen, was sie interessant finden würden.)

Unser Versuch, „in Formation" zu fliegen, funktionierte einwandfrei, und als ich einmal da war, machte ich einen „Appell", indem ich überprüfte, ob die anderen auch angekommen waren. Ich sagte dann, ich würde ihnen zehn Minuten Zeit geben, um zu erforschen, was immer sie wollten, während ich sozusagen am Eingang „Wache stand", und dass ich sie dann in „den Raum" zurückbringen würde (unseren Begriff für den normalen Bewusstseinszustand, von dem wir zu unseren visonären Expeditionen aufgebrochen waren).

Die Ergebnisse waren überwältigend. Die „Mitreisenden" hatten Erlebnisse, die, obwohl sie interessant waren, besser nicht veröffentlicht werden sollten. Die drei andererseits, die losgingen, um über das Thema Charisma zu forschen, kamen so tief bewegt zurück, dass wir eine 15-minütige Pause einlegen mussten, damit sie in der Lage waren, ihre Erfahrungen zu integrieren und ihre Gefühle zu stabilisieren. Es stellte sich heraus, dass jeder der drei vom Omniverse-Zentrum zurückkam mit etwas, das man nur eine „religiöse Bekehrungs-Erfahrung" nennen kann, in der sie die Wirklichkeit charismatischer Einsicht in ihr eigenes Leben erfuhren und erkennen konnten, wie Charisma ein maßgeblicher Anteil bei jeder Form von berechtigter Führung ist. Sie erkannten, dass sie das Szenario ihrer Forschung radikal neu konzipieren mussten, in eine Geschichte, in der Charisma auf konstruktive Weise, und nicht nur auf destruktive Weise, in der Gesellschaft genutzt werden kann.

Ohne Frage hat die Erfahrung mit dem *Omniverse-Zentrum* meine Weltanschauung – also meine Vorstellung der Wirklichkeit – unwiederbringlich transformiert, und das geschah auch mit denjenigen SRI-Kollegen, die mich dorthin begleiteten. Mehr noch, die Information, die wir dort bekommen hatten, erwies sich als sehr nützlich auch im Hinblick auf die reale Welt.

11 • Mit dem Feld singen

Das Gänseblümchen-Herz des Spiralbewusstseins

Raffi Cavoukian (Raffi)

Raffi Cavoukian, C.M., Sänger, Aufnahmekünstler, Schriftsteller und Ökologieanwalt, am besten bekannt als Raffi, ist Gründer der Child Honoring und Präsident von Troubadour Music. Er ist Preisträger des Earth Achievement Preises der Vereinten Nationen und war für das Weltregister 500 nominiert. Raffi besitzt zwei Ehrentitel, ist Mitglied des Ordens von Kanada, des Darwin Projekt Rates, der Spirituellen Allianz für den Stopp Sexueller Gewalt und des Club of Budapest.

Ich? Einen Bericht über Akasha-Erfahrungen schreiben? Sobald ich meine Zweifel beiseite wischte, fielen mir Beispiele solcher Erfahrungen – ungewöhnlich, unerklärlich, Besorgnisse außerhalb der normalen Wahrnehmung – ganz anstrengungslos ein, und ich akzeptierte die Einladung von Ervin Laszlo.

Ich hörte erstmals von der Akasha-Chronik in den spirituellen Büchern, die ich las, als ich Mitte der 1970er Jahre Yogaunterricht nahm, und ich fand das Konzept faszinierend. Wenn es ein kollektives Unbewusstes gab (wie Jung dies behauptet hatte), warum sollte es dann nicht auch ein universelles Unbewusstes oder *Überbewusstes* geben, ein riesiges Reservoir all dessen, was je war und jemals sein wird? Der Geist schreckt davor zurück, und dennoch können wir wertschätzen, dass eine riesige Schatzkammer voll mit manifesten und unmanifesten Phänomenen irgendwo im zeitlosen, raumlosen Bereich vorhanden ist, die wir Ewigkeit nennen, oder Gott, oder Die Quelle.

Es ist tröstlich zu wissen, dass wir diese Quelle „anzapfen" können, wenn wir Führung brauchen, Wissen oder Inspiration – indem wir sie bewusst einladen, beten oder meditieren. Woher kommen denn Vorstellungen? Grundfunktions-Gedanken kommen vielleicht aus dem Ich-Interesse oder dem sich selbst bewahrheitenden Antrieb unserer Physiologie. Aber kreative Vorstellungen erreichen uns vielleicht von anderswo, aus dem universellen Archiv unendlicher Möglichkeiten.

Indem ich genau dies hier schreibe, verwandelt es sich in eine Erfahrung der Akasha-Untertöne, denn ich schreibe mit geschlossenen Augen das, was multisensorielle Impulse meinen Fingern zu tun eingeben. Eine Pause , um zu atmen, zu reflektieren, zu atmen. Und dann tippe ich wieder.

Woher kommen musikalische Ideen? Ich bin oft mit einer Song-Idee schwanger gegangen, die an meine Bewusstseinstür geklopft hat und die, einmal „eingelassen", zu wachsen begann. Oft führt dies dazu, dass die Idee an Fülle zunimmt und dass daraus ein Song geboren wird. Manchmal aber auch nicht. Einige Song-Ideen schaffen es nicht, sich gegen die vollgestopften Umrisse meines Alltagslebens durchzusetzen.

Seit ich im Jahr 1979 zu meditieren begann (jedenfalls beständig, wenn auch nicht so regelmäßig, wie ich es vorhatte), bin ich ein erfolgreicher Songschreiber geworden, der voll Hingabe ist an das größte Gut und der mit seinem kreativen Ego versucht, dem Ganzen zu dienen. Interessanterweise kann ich mich nicht erinnern, jemals eine „Schreibblockade" gehabt zu haben. Durch einen stets aufrecht erhaltenen Kanal dankbarer Anfragen über das Menschliche und das Göttliche werde ich von Ideen nur so überflutet. (Noch ein Grund mehr, still zu sitzen und im Akasha-Reich zu baden, im universellen Geist).Wenn es überhaupt ein Problem gibt, dann das, dass die Zahl der Songfragmente und Themen für Geschichten, die in mich hineinströmen, eigentlich mehr Zeit und Beachtung erfordern würden, als es Stunden an einem beliebigen Tag der Woche gibt. Diese kreative Fülle ist eine große Freude und, nur manchmal, auch eine Last.

Gnade mit einem großen „G"

Die Akashaerfahrung kommt in verschiedenen Farben und Größen. Botschaften und Visionen von unterschiedlicher Länge und Klarheit scheinen einfach dazuzugehören. In meinen 20ern in Toronto, als ich einmal Bier schlürfend in einem Innenhof stand und über meinen schwarzen Bart strich, schaute ich plötzlich hoch und eine waagrechte Kette Glühbirnen (von einem Nachbargrundstück) zog meine Aufmerksamkeit auf sich, so, als wollte sie mich grüßen, und eine nach der anderen zündete sie auch ein Licht in mir an – ein Hinweis, alle Sorgen hinter sich zu lassen. Im Licht dieses ruhevollen Moments, der noch eine Weile dauerte, erinnere ich mich schwach, dass ich die Rechnung bezahlte und in einem Zustand stiller Leichtfertigkeit und gedemütigten Respekts zu meiner Wohnung hinüberging. Während meines kurzen Spaziergangs hörten die Geräusche plötzlich auf und die Lichter summten beinahe ihre Gegenwart. Ein tiefer Zustand von Wohlbefinden hielt mich umfangen, als ich meinen Weg ging, einen Fuß vor den anderen setzend. Ich war wie in einer Blase, die ich nicht selbst erzeugt hatte, mit der ich aber einverstanden war, und ich bemerkte das Besondere dieses Gefühls sogar noch, während ich mich gleichzeitig wunderte, wie lange es wohl dauern würde. Ohne Eile atmete ich dieses nuancierte Geschenk der Zeit, indem ich diesen zeitlosen Zustand ein- und ausatmete. Dies war das erste von vielen dieser Erlebnisse, und sie begannen, lange bevor meine spirituelle Reise bewusst angefangen hatte.

Während herausfordernder Zeiten in meinem Leben haben lebhafte Träume immer Botschaften und Bestätigungen enthalten. Ein sehr klarer Traum brachte mir eine sehr spürbare Form von Gnade. In dieser Traumszene, in die sie hineinkam, lag ich auf dem Boden zusammen mit Freunden, und wir schauten ein sich drehendes LP-Album an, dessen Label im Zentrum plötzlich dreidimensional wurde und aufwärts schwebte wie eine wundervoll gefärbte Kugel, die sich langsam in der Luft drehte. In diesem herrlichen Augenblick – in dem wir alle sehr entspannt waren und über diese Magie nur lächeln konnten –, der unverkennbar sagte: „Ja, ALLES ist zutiefst in Ordnung und JA, ohne Zweifel gibt es einen Gott und es gibt keinen Grund für Angst oder Sorgen", kam die Personifikation der Gnade herein, eine glückselige Brünette, die lächelte, als sie ihre Hand zu mir ausstreckte und meine schüttelte. Meine Güte, was für eine süße Botschafterin!

Und vor einigen Jahren wurde ich in meinem Appartement in Vancouver im vierten Stock von einer unsichtbaren Gnade (engl. Grace, was auch ein Vorname ist, aber dann mit großem „G", Anmerkung der Übersetzerin) besucht, die mit dem großen „G". Ich wusste nicht, wie ich sie sonst nennen sollte, weil „es" einfach nicht passte. Aus dem Nichts und aus allem heraus kam sie, eine Vibration, ein Gefühl, ein Wissen, dass alles „zutiefst richtig ist und auch richtig sein wird." Eine emotionale und körperliche Zusicherung. Eine Seelenmassage mit aller Sorgfalt, die half, dass meine Schultern sich senkten und mein Gesicht sich entspannte und meine Lippen sich in einer gleichzeitigen Antwort in Zeitlupen- und in Blitzgeschwindigkeit auf diese Gnade zu einem schwachen Lächeln öffneten. Wenn ich überhaupt fühlte, was (oder wer) dies war, dann, weil ich an einigen Punkten in meinem Leben solche Dinge erlebt hatte, kurze Gipfelerfahrungen, die in keine bekannten Akten oder Kategorien passten. Zur Zeit jener Erfahrung war ich mehr als bereit dazu. Es brachte mich überhaupt nicht aus der Fassung, dass einige der gerahmten Bilder an den Wänden meines Appartements signalisierten, dass sie neu arrangiert werden wollten. Ich lächelte und ließ zwei Gemälde ihre Plätze tauschen und war mit dem Ergebnis zufrieden. Grace brachte mich dazu, mich vor diesen Erbstücken meiner verstorbenen Eltern zu verneigen, die diese Welt auf sehr dramatische Weise verlassen hatten – aus unterschiedlichen Gründen, aber im selben Krankenhaus, mit nur zwölf Stunden Abstand voneinander. Erinnerungen an sie tanzten erneut in meinem Wohnzimmer herum.

Zu meinem andauernden Entzücken blieb Grace etwa zwei Stunden bei mir. Ich riss mich dann zusammen und fuhr zur Arbeit, tat jeden Schritt und jede Bewegung ganz bewusst und einen nach dem anderen, obwohl ich in einem wirklich hohen Energiezustand war. Ich betrat meine Arbeitsstätte, rief meine Assistentin zu mir ins Büro und erklärte ihr, was da gerade geschah. Mit viel Verständnis und Einfühlungsvermögen nickte sie und schloss die Tür, damit ich mich meinen Gedanken überlassen konnte. Als das Erlebnis nachließ, blieben selbst beim Mittagessen noch Spuren dieses großartigen und Demut erzeugenden Gefühls übrig, das höher als alles war, was ich je gekannt hatte. Ganz unerwartet gab es einige Monate später noch einen kürzeren Besuch, aber danach ließ sie sich nicht mehr „spüren". Dennoch ist Grace mir in verschiedenen Verkleidungen begegnet.

Eine Vision an einem Sonntag

Im Jahr 1997 bekam ich eine Vision, erschreckend, aber nicht wirklich überraschend. Nach Jahren, in denen ich meinen Geist und mein Herz auf die Welt der Jungen eingestellt hatte – als populärer Familien-Entertainer, der Songs für Kinder schrieb, und wenn man die Faktoren bedenkt, die die menschliche Entwicklung auf unserem Planeten formen – kam sie zu mir.

Um sechs Uhr morgens an jenem Sonntag, aus dem Schlaf hochschreckend, sodass ich mit weit offenen Augen aufrecht im Bett saß, sah und hörte ich die Worte „Kinder-Ehrung", kristall-klar. Ich verstand sofort, dass das Ehren von Kindern, eine einzigartige Philosophie zu einem kritischen Zeitpunkt der Geschichte und für die gesamte Menschheit, auf der Vorstellung basiert, dass die Art und Weise, wie wir die Kinder behandeln, der beste Weg ist, um humane und (deshalb) umweltgerechte Kulturen zu erzeugen. Und ich fühlte in diesem Moment, dass mein ganzes Leben bis zu diesem Augenblick mich zu dieser Erkenntnis geführt hatte und dass dies meine Arbeit für den Rest meines Lebens sein würde. („Was für eine Erleichterung, wenn man seine Bestimmung kennt", dachte ich). Und in jenem Moment wusste ich intuitiv, was dann noch Jahre brauchte, „zu wissen, was ich wusste", und diesen eingepackten Schatz jenes Augenblicks konzeptionell zu entwickeln und auszupacken. In meiner Träumerei mit weit offenen Augen erkannte ich, dass ich hier eine Philosophie geschenkt bekam, die das Persönliche, das Kulturelle und auch planetarische Domänen wie nie zuvor zusammenbrachte, mit dem Kind als Geistesblitz. Ich konnte mich an keine Gesellschaftsrevolution der Geschichte erinnern, bei der es um das heranwachsende Kind gegangen war, dem universellen Wesen aller Kulturen. Ich zitterte vor Erregung und auch vor Angst. Und dennoch hörte ich in meinem Geist, dass ich, obwohl ich vielleicht lächerlich für das gemacht werden würde, was einige als simplizistisch abtun oder verspotten könnten, niemals wanken würde, um diese Philosophie vorwärtszubringen.

Ich wusste dann ganz genau, wie wichtig es war, die Punkte zu verbinden zwischen dem, wie wir Eltern sind, den kulturellen Werten, die wir vermitteln (bewusst oder unbewusst), und die Bedingungen auf diesem Planeten, die die Physiologie ausmachen. Sie alle beeinflussen nämlich das Verhalten und die Entwicklung. Ich konnte mir die enormen Veränderungen vorstellen und fühlen, die geschehen konnten, wenn die Gesellschaft die entscheidende Bedeutung der frühen Jahre für die Bildung der *Entwicklungs-Intelligenz* verstehen würde – dem Schlüssel zu dem Gebäude, das manche das „Sozialkapital" nennen. Ich wusste, dass unsere gesamten institutionellen Werte sich ändern müssten, wenn sich dieses Wissen wirklich verbreiten würde. Wir würden Himmel und Erde bewegen, um unsere wichtigsten Mitspieler zu schützen und zu unterstützen: die kleinen Kinder, deren überwältigende Gehirne und angeborene Intelligenz uns zur Pflege übergeben wurden.

Hin und wieder wundere ich mich über die Fülle des Wissens in diesem einen Moment, das einem in Kairo geborenen Sohn armenischer Eltern gegeben wurde, der im Alter von zehn Jahren nach Kanada kam (im Jahr 1958) und der aufwuchs, um mit Kindern und Eltern meines Adoptivlandes und mit seinen Nachbarn im Süden zu singen und zu tanzen. Und das wusste ich auch in jenem Moment: dass der Begriff „Kinder-Ehrung" Fragen in den Herzen derjenigen hervorbringt, die ihn hören. Es fängt an mit: „Wurden Sie als Kind für das geehrt, von dem Sie fühlten, dass Sie es sind?"

Einige Jahre vor diesem Ereignis hatte ich das mit einem Bindestrich versehene Wort „Kinder-Ehrung" in Artikeln als Adjektiv benutzt. Und jetzt kamen die Worte neu arrangiert zu mir und bezeichneten eine vollständige Philosophie. Ich konnte meine Aufregung nicht verbergen, und Gott weiß, dass ich seitdem immer unerträglich einseitig gewesen bin – sehr zur Enttäuschung meiner Fans, die mich die alten Lieblingslieder singen hören wollten, und zum Verdruss meiner Freunde, die manchmal einfach über etwas anderes sprechen wollten! Während ich heute bei weitem mehr in der Lage bin, Small-Talk zu betreiben oder mich mit einer Anzahl ernsthafter Themen zu beschäftigen, fährt das Kind als Inspiration fort, meinen punkt-verbindenden Verstand zu überwältigen, manchmal aus keinem anderen Grund als dem, dass das Kind nicht in Isolation lebt, sondern im Kreis all unserer Beziehungen; es berührt alles, was uns etwas bedeutet. Oh, und da ist auch noch ein anderer Grund: Weil wir das Kind als Quantenwesen ansehen können – ein Zustand des Möglichen!

Der Kristall zur Ehrung des Kindes

Bis zu einem gewissen Maß glaube ich, dass das Kind als universeller Mensch, in dem die grundlegende Menschlichkeit noch am meisten sichtbar ist, mir den „Kinder-Ehrungs"-Kristall gebracht hat, da die Vision davon sich zunehmend selbst enthüllte. Als Kristall reflektiert und bricht jede Seite und jede Facette des Kinder-Ehrens die anderen. Wie man darauf schaut – und wie man den Kristall in seinem innersten Sein hält – beeinflusst, was man sieht, und wo und wie man ihn anschaut, zeigt unterschiedliche Anblicke, je nachdem, in welchem Winkel (oder in welcher Abweichung) des Lichts, des Geistes oder Herzens man ihn betrachtet. Glücklicherweise für mich fanden einige sehr enge Freunde das Bild des Kristalls sehr faszinierend und ihre Annahme erleuchtete die vielkammerige Linse dieser facettenreichen Philosophie. Das Kind, das „gesehen, gehört und respektiert" wurde, wurde zu einer Linse und Metapher für all das, was als kostbar in einem Menschen und auf unserem Planeten, unserem Zuhause, gesehen und gekannt werden will.

Entschieden kümmerten wir uns um „Kinder-Ehrung" – Kritiker und Bewunderer, wir drängelten und pressten das Thema und seine Prinzipien aus, um jedes Gramm Bedeutung und Sinn darin zu entdecken. Wir stritten uns, lachten und weinten darüber, was es alles für das eigene Selbst und für die Gesellschaft bedeuten kann. Nach einiger Zeit rührte die Frage „Wurden Sie als Kind für das geehrt, was Sie fühlten, dass Sie es sind?" viele zu Tränen, als sie sich mit dem weit von Ehrung entfernten Trauma ihrer Kinderjahre auseinandersetzten. Es bewegte mich, mir eine Welt vorzustellen, in der solcher Schmerz nicht die Norm ist.

Die Enthüllungen der Akasha-Welt eines einzigen Tages haben über die letzten zehn Jahre hinweg das gehalten, was sie versprochen haben. An Orten, die so unterschiedlich waren wie Harvard, der Parlamentshügel von Ottawa und die New Yorker Akademie für Medizin (und auf Universitätsgeländen quer durch Kanada und der Vereinigten Staaten) ist diese Philosophie enthusiastisch aufgenommen worden. Die Worte „Kinder-Ehrung" verursachen alle möglichen emotionalen Reaktionen in Menschen, je nach dem Grad ihres persönlichen Wachstums und ihrer emotionalen Bewusstheit. Eine Vielzahl hat sich von dem Blick durch die Linse tief berührt (und aufgewühlt) gefühlt. Manche Eltern fühlen erstmals Schuldgefühle darüber, dass sie vielleicht keine so guten Eltern waren, auch wenn wir noch so sehr versichern, dass es bei dieser Arbeit nicht um Schuld geht. Fröhliche und zustimmende Antworten kamen von denen, die merkten, dass sie nun einen Meta-Rahmen für einen Paradigmenwandel besaßen, der für sie mehr und mehr Sinn machte, je mehr sie sich dafür engagierten. Und dennoch konnte ich in vielen auch eine Distanzierung von Kindern und der Kindheit beobachten, als ob die frühkindliche Erfahrung ein fremdes Gebiet und nicht dasjenige ist, in dem wir alle gespielt haben.

Manchmal habe ich mich dagegen gewehrt, den Atem anzuhalten und darüber nachzudenken, welche Philosophie mir hier anvertraut worden ist, um eine Vision zu verwirklichen, die nicht nur meine ist, sondern hoffentlich ausersehen, ein geteilter Traum zu sein, eine Vorstellung, deren Zeit gekommen ist. Warum ich?, habe ich dann gefragt. Warum ist mir diese Vision geschenkt worden? Ich bin weder Vater noch zertifizierter Erzieher; ich bin Sänger mit einem forschenden Geist und einem offenen Herzen. Ist das genug? War da etwas in meiner Wertschätzung Kindern und ihrer reinen Liebe gegenüber, die „den Ruf empfangen" hat? War es mein Ruf als Troubadour, eine Stimme, die unabhängig und ungebunden und unbeeinflusst von irgendeiner Seite des Status Quo war? Vielleicht war es auch die Freude und Liebe von Millionen von Kindern, die meine Lieder in den vergangenen drei Jahrzehnten täglich gesungen haben. Oder mein Einsatz für Ökologie, der so sehr in meinem Bewusstsein ist, wie nichts anderes in meinen Jahren als Erwachsener. Wie immer auch die Akasha-Eindrücke ertönten, es ist ein Demut auslösendes Gefühl, eine große Erleuchtung zu haben, in deren Kristallschwingungen man einen Paradigmenwandel kopernikanischen Ausmaßes erahnen kann. Und vielleicht gerade noch rechtzeitig für die bedrohte Menschheit eines Planeten, der in Gefahr ist.

Als Sohn eines Fotografen bin ich überwältigt gewesen von dem ersten NASA-Foto unserer blau-weißen Erde, wie sie aus dem Weltraum aussieht. Was für ein ungewöhnliches „Gruppen-Portät"! Etwas Unvorhersagbares und vollkommen mitreißend. Das Heim, das Ganze von Mutter Erde, ist nun für alle ihre Kinder sichtbar. Und welche widerstreitenden Faktoren mussten kombiniert werden, um uns allen dieses archetypische Bild zu vermitteln: explosive Raketentechnik und fortgeschrittenste Fotografie brachten nicht nur den optimalen Abstand hervor, aus dem man die gesamte Erde sehen konnte, sondern auch die Mittel, um diese Meisterleistung aufzunehmen. Und mit der Internet-Technologie, die eigentlich aus militärischen Quellen hervorging, ein ikonenhaftes Bild für eine sich entwickelnde Bewusstheit, die aus dem von fossilen Brennstoffen geprägten Zeitalter der Konquistadoren hervorging, aus dem die Menschheit herauswachsen muss, wenn wir noch eine lebensfähige Zukunft haben wollen.

Seit Jahrzehnten sind Kinder und Ökologie die Doppelhelix gewesen, die in mir wuchs und tanzte, als ich die menschliche Entwicklung, die Evolution, und die zahlenmäßige Basis der manifesten Sicht-und-Sound-Welt zu verstehen versuchte. Die Welt als Schwingung inspirierte mich wieder und wieder. Sie löste eine erneute Anerkennung für die Magie der Schöpfung in mir aus. In meinem Zuhause auf einer kleinen Insel vor der kanadischen Westküste ist diese Magie in Fülle vorhanden und greifbar.

Gänseblümchen, Gänseblümchen

Welche möglichen Fotoimages konnten den Atem und die Tiefe einer Philosophie vermitteln, deren Name das Wort *Kind* in sich trug und dennoch so viel mehr war? Welches Bild konnte die Linse des Kinder-Ehrens, das Kristall-Design des Seins und der Zugehörigkeit einfangen? Die Antwort kam als eine wunderbare Überraschung: das Gänseblümchen. Ich fotografierte eins in meinem Vorgarten, und seine schlichte Schönheit ziert die Titelseite der Anthologie, die 2006 veröffentlicht wurde. (!) Die Spiralform des Herzens des Gänseblümchens – was einige auch die heilige Geometrie nennen – schien perfekt geeignet für das Rätsel und die Anmut, in dieses Feld der Wunder hineingeboren worden zu sein.

Es war großartig, wie Erleuchtungen eben passieren. Ich bekam eine neue Linse geschenkt, die ein Mandala des universellen menschlichen Herzens enthielt – das Kinderherz als sehr starker Attraktor für alle, die wir umarmen konnten, Vergangenheit und Zukunft kamen in einer leuchtenden Gegenwart voller Möglichkeiten zusammen. Ich kann sagen, dass mein Leben (meine Vergangeheit und Zukunft) vor dem Auge meines Verstandes aufblitzten und Eindrücke für zukünftige Momente hinterließen, in denen sie reaktiviert werden konnten. Kleinere Erleuchtungen ändern von Zeit zu Zeit eben erfolgreich die Verständnisebenen.

Wie gesegnet ich mich fühle, an jenem Sonntagmorgen aufgewacht zu sein, mit einem neuen Lied auf den Lippen, mit einer neuen Linse zum Sehen und einem Gänseblümchen, um mich zu erinnern. Wie kann ein Gänseblümchen (und seine große Cousine, die Sonnenblume) solche Spiralen bekommen? In Gyorgy Doczis Buch „*The Power of Limits*" (1981) treffen wir Spiralen an, und das Zahlenverhältnis, das sie ins Leben bringt. Dieses erlesene Buch enthüllt die verhältnismäßigen reziproken Designs der Natur und die mathematische Basis, die ihren Formen zugrunde liegt. Es war ein italienischer Gelehrter, Fibonacci, der die Folge von Zahlen entdeckte, die, wenn man sie ins Verhältnis setzt, die Kurve jeder Spirale beschreibt. (Das Fibonacci-Verhältnis spielte eine große Rolle in Dan Browns *Da Vince Code*). Wenn man sich einmal der Anwesenheit von Spiralen in der Welt bewusst ist, dann scheint man sie überall zu sehen. Und das kleine Gänseblümchen mit seinem spiraligen Herzen kann auch Sie faszinieren, genau wie mich.

An einem Nachmittag auf einer kleinen Insel vor der kanadischen Westküste kam ein Gänseblümchen an die Oberfläche, das eine unerwartete Magie verursachte. Ein fünfjähriges Mädchen mit Namen Emily hielt es hoch. Emily war Teil einer kleinen Menge, die zusammengekommen war, um mich das Kinder-Ehren vorstellen zu hören. Fast zum Ende meiner Präsentation in Wort und Klang, während des Songs „Turn this World around" („Dreh die Welt herum"), bei dem ich gerade sang „Turn, turn, turn, turn this world around, for the children (Dreh, dreh, dreh, dreh, dreh die Welt herum, für die Kinder)", machte Emily etwas ganz Eigenständiges, ohne jede Aufforderung. Sie brachte ein Gänseblümchen in die Halle und ging herum, wobei sie die Blütenblätter an die Anwesenden verteilte. Sie gab das Spiralherz des Gänseblümchens einer Frau, die schwanger war.

Als das, was ich da vor mir sich abspielen sah, später von einer gemeinsamen Freundin (und Kollegin) bestätigt wurde, war ich voll Ehrfurcht. Dieses kleine Mädchen hatte mit ihrem Vater während der ersten Hälfte meiner Präsentation in der dritten Reihe gesessen, und als ich dann zu singen anfing, begann sie umherzugehen, vielleicht angeregt durch den Rhythmus der Playbackmelodien, zu denen ich sang. Sehr wahrscheinlich hatte sie die Kinder-Ehrungs-Anthologie gesehen (auf der das Gänseblümchen abgebildet war), die im Hintergrund der Halle zum Kauf angeboten wurde, und war dann hinausgegangen und wieder hereingekommen, eine frisches Gänseblümchen in der Hand, eins, das sie verschenken wollte. Reiner Zufall, würden manche sagen. Und dennoch war dies für mich ein erstaunliches Zusammentreffen. Sie handelte in Verbindung und mit einem Wissen, das weit über ihr zartes Alter hinausreichte. War sie vielleicht mit dem Schwingungsfeld des Objektes in ihrer Hand in Berührung gekommen?

Zweifelsohne hatte dasselbe Feld der Quelle, das mich an jedem schicksalsreichen Sonntag aufgeweckt hatte, auch das kleine Mädchen bewegt, ihr Gänseblümchen mit auserlesenem Timing mit den anderen zu teilen. Was für ein überwältigendes Spiel! Die unergründlichen Rätsel des Lebens enthüllen manchmal Teile des holografischen Universums, in dem jeder von uns seinen Part zu spielen hat. Die gewöhnliche Wahrnehmung verneigt sich vor diesen außergewöhnlichen Eingebungen, bei denen wir flüchtige Einblicke in die ungebundene multidimensionale Bewusstheit, in der wir leben und wachsen, bekommen, emotional und spirituell. Meine Erfahrung mit Gott oder der Akasha-Quelle ist Demut erzeugend, Ehrfurcht-gebietend und mehr, mit jedem neuen Blitz oder „AAAH!" auf den Spiralringen des Bewusstseins.

Während ich älter werde, habe ich ein zunehmendes Gefühl sowohl für die temporale Zeit wie auch für die ewige, und zwar gleichzeitig, für den gleich bleibenden Zeugen, der das beobachtete Leben lebt. Das galaktische Ausmaß unserer riesigen und spiraligen Milchstraße mit den milliardenfachen Sternen um uns herum macht meinen Geist schwindelig und lässt ihn dennoch zur Ruhe kommen. Dann und wann gibt es eben doch einen Zustand der Gnade.

12 • Im kreativen Prozess verbunden mit dem universellen Geist

Alex Grey

Alex Grey ist Künstler, spezialisiert in spritueller und psychedelischer Kunst (Visionskunst), der manchmal mit der New-Age-Bewegung verbunden wird. Sein Oeuvre erstreckt sich über eine Vielzahl von Formen, darunter Performance-Kunst, Prozesskunst, Installationskunst, Skulpturen, Visionskunst und Gemälde. Grey ist Mitglied des Integralen Instituts und ist auch im Rat des Zentrums für Kognitive Freiheit und Ethik sowie Vorsitzender des Sacred Art Departments der Wisdom University. Er und seine Frau, Allyson Grey, sind Gründer der Kapelle Heiliger Spiegel, einer gemeinnützigen Organisation, die die Visionskultur in New York City unterstützt.

Im Jahr 1976 hatten meine Frau Allyson und ich gleichzeitig eine Vision, eine mystische Erfahrung, die unser Leben und unsere Kunst veränderte. Wir hatten in einer heiligen Zeremonie eine große Dosis LSD genommen und uns ins Bett gelegt. Ich kam in einen veränderten Bewusstseinszustand, in dem ich die physikalische Wirklichkeit oder meinen Körper in einem konventionellen Sinn nicht länger sehen konnte. Ich fühlte und sah meine Verbundenheit mit allen Wesen und Dingen im Gitter des Universellen Geistes. Jedes Wesen und Ding im Universum war ein Brunnen und Abfluss für Liebesenergie, ein Zellknoten oder Juwel in einem Netzwerk, das in alle Richtungen endlos und gleichzeitig miteinander verbunden ist. Alle Dualitäten des Selbst und Anderer waren in dieser Dimension überwunden.

Nachdem ich meine Augen geöffnet hatte, um Allyson und unser Schlafzimmer erneut wahrzunehmen, berichtete sie genau von derselben Erfahrung. Sie beschrieb dieselbe transpersonale Dimension aus ihrer Erinnerung und in ihren Zeichnungen dieses Ehrfurcht gebietend immensen und wundervollen Seinszustandes. Dieses unendliche Netz des Geistes zu erleben, transformierte unser Leben und das Thema und den Fokus unserer Kunst und unserer Berufung.

Psychisch verzehrt von dieser Erfahrung durchsuchte ich viele Literaturhinweise und entdeckte Nahtod-Forschungen und mystische Literatur, die auf kraftvolle Weise diese Art Offenbarung betrafen. Die hwa-yen-buddhistische Beschreibung des Juwelennetzes von Indra wies eine solche Ähnlichkeit auf:

> „Im Domizil von Indra, Gott des Raumes, gibt es ein Netz, das sich unendlich in alle Richtungen ausdehnt. An jedem Kreuzungspunkt des Netzes gibt es ein Juwel, das so stark poliert und so vollkommen ist, dass es jedes andere Juwel im Netz reflektiert."

Die gesamte Arbeit, die wir seither getan haben, bezieht sich auf die Eingebungen aus diesem transzendentalen Zustand und den damit verbundenen spirituellen Erlebnissen. Allyson begann ihr ein Leben lang andauerndes Malen von heiligen geometrischen, netzartigen Yantras. Sie benannte zwei bahnbrechende Arbeiten mit dem Titel *Juwelennetz von Indra*. Ich begann eine Reihe von Gemälden, die ich die *Heiligen Spiegel* nannte und die Ansichten des *Universellen Geistnetzes* zeigten, wobei ein Gemälde ein transpersonales Gitternetz lebendiger Lichtkörper porträtierte, die geometrische Infrastruktur wechselseitig miteinander verbundener Wesen.

Die *Sacred Mirrors* sind 21 Gemälde, die als ein einziges zusammengehören und die erforschen, wer und was wir sind, wobei sie Schicht für Schicht die materiellen, biologischen, soziopolitischen, feinstofflichen und spirituellen Aspekte des Selbst enthüllen. Weil sie Gemälde sind, steht der Betrachter vor jedem von ihnen nacheinander und ist eingeladen, über die porträtierten Systeme nachzudenken oder sich mit ihnen zu identifizieren, wie beispielsweise dem *Nervensystem* und dem *Cardiovaskulären System*. Die unterschiedlichen physiologischen und anatomischen Systeme verwurzeln den Betrachter in der bekannten physikalischen Welt.

Die Inspiration, die *Sacred Mirrors* Serie zu kreieren, wurde von Allyson beschleunigt, die vorschlug, ich sollte eine materiell-bis-spirituelle Landkarte erschaffen, die die Verbundenheit des Betrachters mit diesen Systemen wieder erwecken könnte. Psychedelische Erfahrungen durchdringen bestimmte Gemälde wie beispielsweise das *Universelle Geistnetz*, das *Übersinnliche Energiesystem* und das *Spirituelle Energiesystem*. Die allem zugrunde liegende Vision der *Sacred Mirrors* schlägt einen transpersonalen Ansichtspunkt vor, der nicht an eine bestimmte Religion gebunden ist, sondern auf die Weisheit verweist, die durch alle heiligen Traditionen fließt.

Ein Besuch in der Akasha-Chronik

Einmal, nachdem wir LSD genommen hatten, besuchte ich die Akasha-Chronik. Sie sah aus wie eine x-y-z-Matrix unendlich langer und 100 Meter breiter Flure oder Korridore. Die Wände bestanden aus lebendigen, schimmernden Steinen und waren beschriftet mit vielen Symbol-Schriften, wie Hieroglyphen oder Piktogrammen, mathematischen und physikalischen Schaubildern in jeder bekannten und unbekannten fremden Sprache. Alles, was je geschehen war, gerade geschah oder geschehen würde, war dort wie ein genetischer Code eines Menschen notiert. Dennoch war dies der historische oder metrische Code des Planeten Erde und seiner Beziehungen zu anderen planetarischen, galaktischen und interdimensionalen Nachbarn. Obwohl die Wände beschriftet waren, schien ihre lebendige Natur Weisheit aufzunehmen, zu modifizieren und zu verbessern, Kreuzbezüge herzustellen und sie zu updaten, wie eine Suchmaschine im Internet.

So unendlich weit und dicht dieser stets wechselnde Bauplan der Existenz auch war, ich konnte sicher sein, dass dies nur ein kleiner örtlicher Teilbereich einer Bibliothek war, die ein endloses und wechselseitig miteinander verbundenes Netzwerk darstellte. Ich spürte eine überwältigende Unwissenheit, eine Unmöglichkeit, diese Chronik zu lesen oder jemals wirklich das profunde Rätsel des Kosmos zu verstehen, das in diesem Text verschlüsselt war.

Als ich mich den Wänden näherte und die Symbole betrachtete, bekam ich ein unmittelbares Verständnis davon, so als ob die Wand selbst ein selbst-übersetzendes „Übergehirn" wäre, eine Ressource, die von jedem Wesen angezapft werden konnte, um Einsicht oder Inspiration aus dem allwissenden Gedächtnisfeld von allem, was ist, zu gewinnen. Als Schöpfer auch sprachlicher unendlicher Intelligenz überträgt es alle Weisheitstexte und Dichtung. Bei einer Gelegenheit hatte ich die Möglichkeit, eine solche Übertragung, wenn auch schwach, zu hören. Ich habe eine Sammlung dieser mystischen Wortschwälle in einem Buch zusammengefasst, das *Art Psalms* heißt.

Das Gemälde mit dem Titel *Netz des Seins* stellt eine visionäre Ayahuasca-Erfahrung unendlichen Raums dar, der aus unendlich vielen Wesen zusammengesetzt ist, die alle ein unendliches Bewusstsein teilen. Ein feuriges Netz von Augen und Galaxien bildet ein Netz miteinander verbundener Götterköpfe durch alle Welträume hindurch und errichtet so eine neue Topologie für das Selbst als ein Kontinuum. Im gemeinsamen Herzen eines jeden dieser vierseitigen Quadrate vergießt

Gott ein unheimliches, kaum fassbares Licht, während ein weißer Lichtball in jedem Kopf als Quelle der Leuchtkraft für eine Ebene darunter und jenseits des Sehvermögens dient – ein Geflecht, das das mythische Juwel des Indra oder des Buddhafeldes aus der *Avatamsaka* heraufbeschwört.

Mystisches Bewusstsein und der kreative Prozess

In einem Versuch, die vielen Stadien des kreativen Prozesses zu beleuchten, würde ich gern etwas von der Geschichte teilen, die hinter meinem Bild *Transfiguration* („Verklärung") liegt. Ich bin immer schon von der Körper-Geist-Beziehung und von der Schwierigkeit fasziniert gewesen, wie man diese multiplen Dimensionen der Wirklichkeit in einem Kunstwerk sichtbar machen kann, aber erst seit meinen LSD-Erfahrungen wollte ich das mystische Bewusstsein selbst zum Thema meiner Kunst machen.

Ich brauchte zehn Jahre des Kunstschaffens voll besessener Reflektionen über dieses Thema, um bei einem Verständnis anzukommen, dass dies eins meiner vorrangigen künstlerischen Probleme war, ein wichtiger Teil meiner Vision. Ich bereitete eine Diashow vor und sprach über das Thema „Verklärung" und zeigte dabei künstlerische Darstellungen transzendentalen Lichts oder der Energie in Beziehung zum Körper. An diesem Punkt wusste ich nicht, dass ich je ein Bild mit diesem Titel malen würde. Es gibt eine Art „Brutkasten"-Stadium im kreativen Prozess, wenn die große Gebärmutter des Unbewussten übernimmt und das Problem austrägt. Das embryonale Kunstwerk wächst so ohne jede Anstrengung in seinem eigenen Tempo. Bei meinem *Transfiguration*-Bild dauerte diese Phase etwa ein halbes Jahr. Dann, an einem Morgen in aller Frühe, wachte ich von einem Traum auf. In diesem Traum hatte ich ein Bild gemalt, das *Transfiguration* hieß. Das Bild hatte eine einfache Komposition, zwei gegenüberliegende sphärische Kurven, die von einer Figur miteinander verbunden wurden. Über der Erde schwebend, wurde eine menschliche Figur, an den Füßen noch fleischig, nach und nach immer durchscheinender. Ungefähr auf Höhe der Leiste „platzte" sie plötzlich in eine helle halluzinogene Kristallsphäre hinein.

Der Traum zeigte mir eine einzigartige Lösung für mein siedendes ästhetisches Problem, wie ich den verklärten Menschen porträtieren sollte. Aber diese Erleuchtungs- oder Inspirationsphase, mein „Aha"-Moment, der mir von diesem Traum geschickt wurde, wurde noch übertroffen und verstanden, als ich im späteren Verlauf der Woche zum ersten Mal DMT rauchte. Als ich die unmittelbar wirkende und extrem potente psychedelische Droge rauchte, gelangte ich zu einer First-Hand-Erfahrung des verklärten Menschen meines Gemäldes. In meiner Vision waren meine Füße die Basis der materiellen Welt. Und als ich einatmete, schien sich die materielle Dichte meines Körpers aufzulösen und ich „platzte" in die helle Welt lebendiger Geometrie und unendlichen Geistes hinein. Ich bemerkte fremdartige juwelen-ähnliche Chakra-Zentren innerhalb meines glänzenden, drahtgitter-ähnlichen Geistkörpers und Spektralfarben, die in meinem Traumgemälde nicht vorgekommen waren. Ich war *in* meinem zukünftigen Gemälde und erlebte eine unmittelbare Erfahrung dieses Zustands, damit ich es besser erschaffen konnte.

Nachdem ich diese beiden visionären Begegnungen mit demselben Gemälde gehabt hatte, begann ich in meinen Skizzenblock zu zeichnen, was ich gesehen hatte. Dies war der Beginn der Übersetzungsphase, die die innere Lösung meines künstlerischen Problems in eine äußere Form bringt. Ich zeichnete den Körper und arbeitete am Computer, um eine akkurate Strukturkarte des elektrischen Netzes rund um die Sphäre des Übergeistes zu entwerfen.

Die essenzielle Einsicht

Die Lehre, die von diesen beiden Erlebnissen vermittelt wurde, war irgendwie ähnlich und steht in Bezug zum Akashafeld. Es gibt eine universelle kreative Kraft, die alle Wesen und Dinge miteinander verbindet, eine Quelle der Liebe und der Weisheit, die durch die Erschaffung von Kunstwerken vermittelt und deutlich gemacht werden kann. Für mich selbst, ebenso wie für andere Künstler, haben Halluzinogene im kreativen Prozess eine entscheidende Rolle bei der visionären Verbindung zum Universellen Geist des Akashafeldes gespielt. Dennoch rate ich nicht, dass Künstler sich in einem andauernden Dunst chemisch induzierten, veränderten Bewusstseins aufhalten, und einige besonders empfindsame Künstler sollten sich sicher vollständig von solchen Substanzen fernhalten. Meditation ist der Königsweg und ist äußerst hilfreich für mich gewesen, um die visionären mystischen Dimensionen des Bewusstseins zu katalysieren.

Wie immer sich jemand mit dem Universellen Geist und dem Akashafeld auch verbindet, mögen die feinstofflichen inneren Welten der Imagination und Erleuchtung eine endlose Quelle der Inspiration für eine neue und universelle heilige Kunst eröffnen.

13 • Sich wieder mit dem Feld verbinden

Eric Pearl

Eric Pearl hat mehr als 45 000 Menschen in mehr als 60 Ländern im Reconnectiven Heilen ausgebildet. Er ist Autor des Bestsellers The *Reconnection; Heal Others, Heal Yourself,* der in mehr als 30 Sprachen übersetzt wurde. Er hat seine Methoden vor den Vereinten Nationen und im Madison Square Garden in New York vorgestellt, und die New York Times hat über seine Seminare berichtet. Pearl hält Vorträge und gibt Trainings-Seminare in der ganzen Welt.

Ich möchte, dass ihr euch wundert....
Ich möchte dass ihr in eine andere Ebene geht...
Teil einer viel größeren Ebene...

Lassen Sie mich als erstes sagen, dass ich, als Ervin Laszlo mich fragte, einen Beitrag für sein Buch über Akasha-Erfahrungen zu schreiben – die Erfahrung der Kommunikation mit dem Akashafeld –, keine Ahnung hatte, womit ich anfangen sollte. Ich war so konzentriert darauf, genau die *richtige* Geschichte für dieses Buch zu erzählen, dass ich den Wald vor lauter Bäumen nicht sah. Aber hier ist nun einfach *meine* Geschichte. Sie kann auch *Ihre* Geschichte sein: Wir alle können das Feld betreten.

Mein erstes großes „Aha"-Erlebnis – wenigstens das erste, das ich vielleicht bereit war, als ein solches zu erkennen – kam, als ich plötzlich mitten in der Nacht durch ein helles Licht aufgeweckt wurde, das durch meine Augenlider drang. Ich öffnete meine Augen, um herauszufinden, dass dies nicht irgendetwas war, was einen besonders spirituellen Charakter hatte. Es war einfach die Nachttischlampe neben meinem Bett. Sie hatte sich entschlossen, von selbst anzugehen.

Während mein logischer Verstand mir sagte, dass dies irgendeine Art elektrischer „Kurzschluss" oder besser Rückschluss gewesen sein musste, wenn es denn überhaupt so etwas wie einen Rückschluss gibt, wurde sich ein anderer Teil von mir, der nicht sonderlich interessiert an meinen Übungen im logischen Denken war, intensiv bewusst, dass da jemand in meinem Haus war. Ich kann Ihnen nicht sagen, was es für ein ungemütliches Gefühl ist, von jemandem geweckt zu werden, der in Ihrem Haus ist und der noch nicht da war, als Sie einschliefen. Lassen Sie mich nur sagen, dass ich aufsprang, ein Messer in der Hand, eine Dose Pfefferspray im Gürtel und meinen Dobermann-Pinscher an der Seite…, und nachsehen ging. Irgendwann wurde klar, dass da doch niemand war, den ich in dieser Nacht entdecken würde, wenigstens nicht in der Form, die ich bewusst antizipierte. Also ging ich wieder schlafen, immer noch nicht ganz sicher, dass sich da nicht irgendwo jemand in meinem Zuhause versteckte.

Am folgenden Montag ging ich in meine Praxis, um meine Patienten zu behandeln, genauso, wie ich es an jedem anderen Montag gemacht hätte. Ich gab meinem ersten Patienten eine chiropraktische Behandlung und sagte ihm, er solle die Augen schließen, sich eine Minute oder so entspannen und die Korrektur sich in seinem Körper setzen lassen. Als er seine Augen wieder öffnete, fragte er mich, wer den Raum betreten hatte, während er die Augen geschlossen hielt. Ich erklärte ihm, dass niemand im Raum gewesen sei. Er sagte: „Nein", so, als hätte ich die Frage nicht richtig verstanden, „wer ist ins Zimmer gekommen, während ich hier mit geschlossenen Augen lag?"

„Niemand," antwortete ich.

Er fuhr fort: „Der Mensch, der da im Flur stand."

Ich sagte: „Da stand niemand im Flur."

„Ich habe ihn doch reinkommen gehört", sagte er fast flehend.

„Aber da ist niemand hereingekommen."

„Ich habe doch gespürt, dass er dort stand", sagte er, und sein Tonfall wurde zunehmend ärgerlich, so, als ob ich ihm nicht die ganze Wahrheit sagte.

So ging es hin und her und hin und her, bis er zuletzt sagte: „Okay." Aber der Ausdruck auf seinem Gesicht sagte mir, dass er mir immer noch nicht ganz glaubte.

Ich dachte mir weiter nichts dabei, außer der Tatsache, dass das eigentlich nicht ganz zu der Persönlichkeit dieses Patienten passte, und ging in ein anderes Behandlungszimmer, um meine nächste Patientin zu behandeln. Als wir fertig waren, öffnete sie die Augen und fragte: „Wer ist hier ins Zimmer gekommen, während ich auf dem Behandlungstisch lag?"

„Niemand", sagte ich und fand das alles langsam sowohl amüsant als auch ein bisschen unheimlich.

Sie fuhr fort: „Aber ich habe doch gehört, wie jemand hereingekommen ist."

„Da ist niemand hereingekommen."

„Ich habe es doch gespürt", insistierte sie.

Alles, was ich Ihnen sagen kann, ist, dass an jenem Tag sieben meiner Patienten unabhängig voneinander und hartnäckig darauf bestanden, dass jemand im Flur gestanden habe, während sie auf dem Behandlungstisch lagen, dann hereingekommen sei und im Zimmer umhergegangen oder sogar gelaufen sei. Zwei meiner Patienten schauten mir sogar dabei direkt in die Augen und sagten mit gesenkter Stimme, es habe sich so angefühlt, als ob jemand *an der Decke herumfliegen* würde.

Dies war das zwölfte Jahr, dass ich in dieser Praxis arbeitete. Niemand hatte vorher jemals irgendetwas Ähnliches zu mir gesagt. Und dennoch, an diesem einzigen Tag, informierten mich sieben meiner Patienten, und dazu noch in völliger persönlicher Gewissheit, über ihre erstaunlich ähnlichen Erlebnisse. Erstaunlich ähnlich einander – und erstaunlich ähnlich der Erfahrung, die ich nur wenige Nächte zuvor selbst gehabt hatte.

Und als ob das nicht genug wäre, sagten weitere Patienten an diesem Tag mir noch, dass sie meine Hände gefühlt hätten, noch bevor ich sie wirklich berührt hätte.

„Oh, natürlich können Sie das", sagte ich ungläubig. „Schließen Sie bitte die Augen."

Und als sie die Augen geschlossen hatten, bewegte ich meine Hände über verschiedene Teile ihres Körpers, meine Handfläche ihnen zugewandt, in Entfernungen von wenigen Zentimetern bis dahin, dass sie weit von ihnen entfernt waren. Es schien aber, dass das Gefühl sich verstärkte und ihre Wahrnehmung stärker wurde, je weiter ich meine Hände wegnahm, als genau das Gegenteil von dem eintrat, was man normalerweise beim Energieheilen erfährt.

„Linke Schulter", sagten sie. „Rechter Knöchel."

Sie wussten es. Auf irgendeine Weise wussten sie genau, wo ich gerade meine Hand hinhielt, oder sogar, in welche Richtung ich sie bewegte. Manchmal fühlten sie Hitze, aber noch öfter berichteten sie davon, dass sie eine ganz deutliche „kühle Brise" gespürt hätten. Als ich fortfuhr, dieses Spiel mit meinen Patienten zu spielen, begannen sich unerwartete körperliche Geschehnisse zu zeigen. Meine Handflächen begannen sich bei mehr als einer Gelegenheit mit Blasen zu bedecken. Und dann fingen sie an zu bluten. Nicht wie Stigmata, sondern mehr wie die Art, wie sie bluten würden, wenn sie aus Versehen mit einer Nadel getroffen worden wären – mit diesem kleinen Tropfen Blut, der nicht wirklich irgendwo hinfließt. Und dann spüren Menschen plötzlich Heilungen. Unerwartete Heilungen. Menschen standen plötzlich aus ihren Rollstühlen auf, berichteten, dass ihr Krebs plötzlich weg sei, während sie mit Laborergebnissen, Röntgenbildern, Computer-Tomografien und was sie sonst noch finden konnten, herumfuchtelten, falls ich ihnen nicht glaubte. Mütter berichteten, dass ihre Kinder keine epileptischen Anfälle mehr hätten, und Kinder mit Zerebralparese gewannen ihre Fähigkeit zurück, zu gehen und zu sprechen. Nicht alle. Aber dennoch viele. Genügend viele, dass wir merkten, dass da irgendetwas Großes im Gange war.

Und wenn meine Patienten dann fragten, was ich getan hätte, antwortete ich: „Nichts. Und sagen Sie es niemandem." Bald schon kamen Menschen von überall her zu mir und sagten: „Ich will das haben, was sie bekommen hat." Und sie sagten: „Unterrichten Sie das."

„Unterrichten?" – „Wie um alles in der Welt kann ich das unterrichten?", dachte ich. „Hier hat doch keiner ein Anleitungs-Manual hinterlassen. Alles, was ich tue, ist, dass ich meine Hände in der Luft herumzuschwenke."

Ungefähr alles, was ich denken konnte zu sagen, war: „Schwenkt eure Hände in der Luft herum." Aber ich wusste schon, dass da in Wirklichkeit mehr drin war. Ich wusste, was ich fühlte. Ich wusste, wie ich das *fand* und dem *folgte*, was ich fühlte, und wie ich dann lernte, wie ich es mit stets zunehmender Klarheit erkennen konnte. Konnte ich das erklären? Und wie sollte ich es unterrichten? Würde ich es nicht erst einmal überhaupt *verstehen* müssen? Und sollte ich meinem Fehlen eines bewussten Besitzes, eines vollen Verständnisses davon erlauben, in Konflikt zu geraten mit meinem Teilen der Einsichten, die ich hatte und die sich ständig weiter offenlegten und sich mir offenbarten? In anderen Worten, konnte ich die unterrichten als eine Arbeit, die noch im Gange war? Und, noch wichtiger: Sollte ich es nicht tun?

Patienten riefen an und sagten mir, dass nach ihrer Sitzung, als sie in ihre Häuser zurückgekehrt waren, eine Lampe oder der Fernseher wiederholt von selbst an- und ausgegangen waren und dass sie seltsame Gefühle in ihren Händen verspürten. Sie fuhren fort, Dinge zu sagen wie die, dass sie instinktiv ihre Hände in die Nähe von jemandem in ihrer Familie gehalten hätten, und ihr Großvater, der einen Schlaganfall gehabt hatte, gewann seine Fähigkeit zu sprechen zurück oder ihre Tante die Benutzung ihrer Arme... Nichts von diesen Dingen war jedoch vor diesem Moment Teil ihres Alltags gewesen, und den meisten Menschen war so etwas vorher nicht einmal in den Sinn gekommen.

Der Anfang von Reconnective Healing

Ich stimmte also zu, ein Seminar zu geben, und wir waren insgesamt etwa 25 Menschen. Da ich nicht über das verfüge, was man gemeinhin ein gut organisiertes oder diszipliniertes Wesen nennt, fand ich mich dabei wieder, mir zum ersten Mal Notizen zu machen und einen Ablauf zu konzipieren, während ich schon auf dem Weg dorthin war, verspätet und auch noch falsch gefahren. Ich betrat den Raum, schaute auf meine Notizen und wusste, dass jeder Versuch, ihnen zu folgen, sinnlos sein würde: Allenfalls töricht, und, viel wahrscheinlicher, eine peinliche Ablenkung. Deshalb öffnete ich meinen Massagetisch, setzte mich darauf und erzählte ihnen, so gut ich konnte, die Geschichte, wie dies alles gekommen war und sich bis zu diesem Tag weiterentwickelt hatte.

Dann ließ ich alle, die da waren, in ihren Händen die Gefühle dessen spüren, was inzwischen weltweit als die neue Ebene des Heilens anerkannt ist, die man das Reconnective Heilen nennt. Ich ließ sie abwechselnd auf der Liege Platz nehmen und es erfahren, und aufstehen, um damit zu arbeiten. Zehn Minuten vor dem vorgesehenen Ende des Seminars hatte ich plötzlich nichts mehr zu sagen (eine Krankheit, an der ich inzwischen nicht mehr leide) und beendete den Abend. So sandte ich eine Gruppe von 25 neuen Praktizierenden des Reconnectiven Heilens hinaus auf einen nichts ahnenden Planeten und sagte ihnen, sie sollten mich anrufen, wenn etwas Interessantes geschehen würde.

Und sie riefen an. Und riefen an. Die Telefone klingelten so oft, dass ich jemanden in der Praxis nur dafür einstellen musste, die Gespräche anzunehmen, und meinen ersten Computer kaufen musste, um all die Nachfragen zu beantworten. Nachfragen über Heilsitzungen. Nachfragen, ob ich wieder unterrichten würde. Und irgendwann schrieb ich ein Buch mit dem Titel *The Reconnection: Heal Others,*

Heal Yourself, damit Sie dieses hier noch besser nachvollziehen können – und sich selbst und anderen helfen können.

In meiner Praxis und ebenso in den Seminaren, die ich zu geben begann, fuhr ich fort zu entdecken, was *nicht-ortsgebunden* eigentlich bedeutet. Ich erkannte nämlich, dass die Hände bei diesem ausgedehnten Bereich des Heilens im Prinzip nur dazu benutzt werden, Menschen ein Gefühl und eine Vertrautheit zu vermitteln und diese Erfahrung selbst zu machen. Wenn sie dies einmal tun, zeige ich ihnen, wie sie es auch mehrere Meter von dem Menschen entfernt tun können, mit dem sie gerade arbeiten, und dass dies das ist, was ich tat, als Menschen zum ersten Mal bemerkten, dass sie „das Gefühl" hatten, dass meine Hände sie berührten. Manchmal war ich nur wenige Zentimeter von ihnen entfernt, ein anderes Mal stand ich in der gegenüberliegenden Zimmerecke oder beobachtete sie vom Flur aus.

Als die Seminare an Größe und Beteiligung zunahmen, mussten wir große Video-Leinwände einsetzen, damit die Demonstrationen gesehen werden konnten. Ich brachte dazu gerne Menschen aus dem Zuhörer-Raum hinauf auf die Bühne, Menschen, die weder *The Reconnection* gelesen hatten noch irgendetwas von dem praktizierten, was traditionell unter „Energie-Heilung" verstanden wird. Ich zeigte ihnen dann, wie sie diese vielfältige Bandbreite in ihren Händen fühlen konnten, ließ sie dann damit auf der Bühne arbeiten, um den Zuhörern zu zeigen, dass sie auf der Stelle dieselben Wirkungen erzielen konnten wie ich, Wirkungen, die inzwischen fortlaufend in kontrollierten, randomisierten Doppelblindstudien reproduziert werden. Dann lasse ich die Person langsam weggehen, *ziehe* das Gefühl mit ihnen weg, und währenddessen können wir auf der Leinwand ganz klar die ungewollten körperlichen Reaktionen der Menschen beobachten, die auf dem Massagetisch liegen, während sie auf diese Bandbreite des Reconnectiven Heilens reagieren. Diese „Register" werden stärker und klarer augenscheinlich, während der Mensch, der steht, weiter und weiter weggeht.

Einmal während einer solchen Veranstaltung wurde ich wagemutig und ließ den Menschen, der da arbeitete, die Leinwand beobachten, statt den Menschen auf dem Massagetisch, wobei die Leinwand so gedreht war, dass der Mensch den Patienten auf dem Tisch überhaupt nicht sehen konnte. Das stellte sich als ebenso wirkungsvoll heraus. Als die Seminare noch größer wurden, merkten wir, dass wir gleichzeitig mehrere Räume in einem Konferenzzentrum besetzen oder eine andere Form finden mussten, um jeden unterzubringen. Ich brachte also denjenigen, der arbeitet, aus dem Hauptraum hinaus an einen anderen Ort und ließ ihn oder sie von dort die Arbeit für den Menschen tun, der im Hauptraum auf der Bühne war. Die Wirkungen waren ebenso eindeutig und lebendig, und sie erwiesen sich sogar als relativ beständig stärker, als wenn wir im selben Raum waren.

Heute zeige ich Menschen dann gegen Ende des Seminars, wie sie dies mit ihren Augen tun können. Jeder kann es tun, wenn man einmal in Interaktion damit ist – einschließlich Menschen, die von Geburt an blind sind. Nicht einfach von Rechts wegen blind, sondern blind. Eine Frau hatte nicht einmal mehr Augen, sondern nur Prothesen. Es geht dabei nicht um die körperlichen Augen. Es geht um das dritte Auge. Gibt es ein drittes Auge?

Die Erfahrung, jemanden fühlen lassen zu können, dass ich meine Hände auf seinem Körper habe oder dass er die Hände von anderen Reconnectiven Heilern auf sich spürt, kann sich auf den ersten Blick so anfühlen, als wäre dies ein örtliches Gefühl, weil es sein könnte, dass es über das Biofeld des Körpers übertragen wird. Aber wenn dieselbe Wirkung über die wahrscheinliche Ausdehnung des Biofelds hinaus übertragen wird, dann handelt es sich um eine nicht-ortsgebundene Wirkung, ist die Heilung örtlich, wenn zwei Menschen im selben Raum sind. Und ist sie nicht-ortsgebunden, wenn eine Wand sie trennt? Wie weit entfernt muss die Wand sein? Macht ein Video-Bildschirm oder ein Monitor in einem anderen Raum sie weniger nicht-ortsgebunden? Oder geschieht Heilung nur mit den Augen?

Licht und Information bringen

Lassen Sie mich jetzt zu einem Teil dieses Berichts kommen, der noch ein bisschen fremdartiger wird. An einem Tag im Januar verlor ein Patient von mir sein Bewusstsein – oder *bekam* sein Bewusstsein, je nachdem, von welcher Perspektive aus man das betrachtet. In diesem Zustand sprach er – oder, genauer, *jemand sprach durch ihn* – zwei ganz klar zu unterscheidende Sätze: „Wir sind hier, um dir zu sagen, dass du damit weitergehen sollst, was du gerade tust." – „Was du tust, ist, *Licht* und *Information* auf diesen Planeten zu bringen." Zwei Tage später geschah dasselbe mit drei weiteren Patienten. Drei Tage später geschah es mit fünf. Im Verlauf von drei Monaten – von der zweiten Woche im Januar bis zu vielleicht der dritten Woche im April desselben Jahres – hatten mehr als 50 meiner Patienten dasselbe Erlebnis gehabt und eine Summe von sechs wortwörtlich dieselben Sätze gesprochen. Niemand von ihnen, mit Ausnahme des ersten Patienten, hatte jemals eine andere Stimme als seine eigene durch sich kommen gefühlt, und keiner von ihnen kannte irgendeinen der anderen Patienten, denen dies in meiner Praxis passierte.

„Mach damit weiter, was du gerade tust." Was konnte das bedeuten? Nun, für Anfänger, was es *nicht* bedeutet, ist, einfach immer weiter und weiter genau dasselbe zu tun. *Weitermachen* ist kein Wort für Stagnation, es ist ein Wort, das Bewegung signalisiert. Weitermachen, vorwärts gehen, kontinuierlich, Kontinuum....

Der zweite Satz: „Was du gerade machst, ist, Licht und Information auf diesen Planeten zu bringen", war genauso faszinierend. Warum *Licht* und *Information*? Warum nicht *Licht* und *Liebe*? Ich gewann einige Einsicht in diese Frage über Menschen, die eine „Nach-Tod-Erfahung" gehabt haben. Ich weiß, dass es üblich ist, von so etwas als einer „Nah-Tod-Erfahrung" zu sprechen; ich ziehe es dagegen vor, dem zuzuhören, was diejenigen sagen, die eine solche Erfahrung hatten. Und was sie sagen, ist nicht, dass sie dem Tode *nahe* waren, sondern dass sie *starben*. Und was sie sagen, ist, dass das Licht, was sie sehen, wenn sie tot sind, Liebe ist, und die Liebe ist unbeschreiblich. Wahrscheinlich wissen wir irgendwo in uns, dass es mehr im Licht gibt als das, was das Wort Licht zu übermitteln scheint, und dass es mehr in der Liebe gibt, als das Wort Liebe zu übermitteln scheint. Deshalb resultiert vielleicht unsere Sehnsucht, etwas zum Ausdruck zu bringen, von dem wir wissen, dass es mehr ist als etwas, für das wir Worte haben, in der gut gemeinten, unbewussten, new-age-sprachlichen Redundanz der Worte: „Licht *und* Liebe."

Dies erklärt jedoch immer noch nicht, warum die Worte *Licht* und *Information* ausgewählt wurden. Viele, die sich mit diesem Thema beschäftigt haben, fühlen, dass wenigstens eine potenzielle Eingebung bezüglich dieser Frage im Photon gefunden werden kann, das für seine Eigenschaften der Energie, des Lichts und der Information bekannt ist. Deshalb, warum kam der Satz nicht durch als „Was du gerade tust, ist, *Energie*, Licht und Information auf diesen Planeten zu bringen"? Denn so gut wir das sagen können – die Energie war bereits da; sie war das, auf das wir bereits zugreifen konnten. Licht und Information sind das, auf das wir zugreifen können, um uns über die Energie und die Energieheilung hinaus auszudehnen und ihre Myriaden von Techniken und ihre Sprösslinge zu transzendieren – alte und neue.

Lassen Sie uns einmal auf diese Weise darüber nachdenken: Wenn Licht Bewusstsein ist, dann kommt mit ausgedehntem Licht auch ausgedehnte Bewusstheit. Mit einem ausgedehnten Bewusstsein haben wir mehr Information, die uns zur Verfügung steht. Wir können uns über das Bedürfnis hinausentwickeln, unsere Hände in eine Richtung statt in eine andere zu bewegen, über das Bedürfnis hinaus, vor uns aufwärts zu streichen oder hinter uns abwärts (und uns selbst zu erlauben, über die Illusion des oben/unten/vorne/hinten vollständig hinaus zu sehen), uns selbst mit weißen, violetten oder goldenen Flammen zu schützen oder das besonders kodierte Halsband des Tages zu tragen, einzuatmen mit einem Zählen und auszuatmen mit einem weiteren, besondere Punkte zu berühren, Wellenlängenzusammenbrüche bewusst herbeizuführen, Chakras im Uhrzeigersinn oder gegen denselben zu bewegen, und „negative" Energie wegzublasen, abzuschütteln oder wegzusprühen. Ein erweitertes Bewusstsein erlaubt uns, über diese „negative" Energie – wie sie nur allzu oft in der Heilwelt angesehen worden ist – hinauszusehen und zu erkennen, dass Dunkelheit gar nicht existiert, denn wenn sie existierte, dann könnten wir sie aufwärts streichen, sie in eine Papiertüte packen oder sie mit dem Müll vor die Tür stellen. Wir könnten stattdessen heute erkennen, dass sie nur ein Ort ist, wo wir uns selbst noch nicht erlaubt haben, als das Licht zu scheinen. Die auf Angst basierenden Konzepte der „bösen" und der „negativen" („schlechten") Energie beim Heilen, und im Feld selbst, erweisen sich als Illusion. Das Geschenk ist die Entmystifizierung. Die Herausforderung ist unsere Bereitschaft, zu erlauben, dass sie entmystifiziert wird.

Heilung mit dem Feld

Und wie arbeitet man mit dem Feld? Wie sind Menschen, die ein Seminar zum Reconnectiven Heilen verlassen, in der Lage, klarer und umfassender ein multidimensionales Feld zu betreten, als sie dies vor ihrer Ankunft konnten, oder dass sie es durch die verschiedenen Energieheilungsverfahren konnten, die sie schon zur Verfügung hatten? Und wie kann dies in einer Weise unterrichtet werden, die es möglich macht, dass Menschen dies verstehen?

Es ist nicht wirklich möglich, Heilung oder Feldwechselwirkung zu *unterrichten*. Feldwechselwirkung und Heilung geschehen bis zu einem gewissen Grad *sowieso*. Sie sind ein Geschenk, ein Teil unserer Existenz, unserer Präsenz, unserer natürlichen Funktion. Und dennoch gibt es mehr. Und das *Mehr* ereignet sich einfach, wenn wir uns selbst erlauben, unsere Bewusstheit dafür zu öffnen. Es geschieht, wenn wir es einmal sehen, es fühlen und uns selbst erlauben zu erkennen, was wir sehen und fühlen, und dann, wenn wir uns die Erlaubnis geben, dies *anzuerkennen*. Denn ohne diese Anerkennung schwindet unsere Fähigkeit, es zu betreten, weil unsere Bereitschaft schwindet, es zu betreten.

Das Mehr geschieht, wenn wir uns einmal erlauben zuzuhören ... mit einem anderen Sinn. Aufhören zu tun und stattdessen zu werden: der Beobachter zu werden und das Beobachtete. Dann und dort wählt das Universum oft, uns seine

Wunder und seine Schönheit zu zeigen. Dies ist das Geschenk. Wir sehen dann Dinge, die neu sind, anders, wirklich. Sehr, sehr wirklich. Wir erfahren dann jede Sitzung mit einem Gefühl der Neuheit und Entdeckung, weil sie mit jedem neuen Menschen neu ist. Ein Flur, der für uns geöffnet ist, ist der, der uns dann ermöglicht, Türen für andere zu öffnen. Diese Tür ist eine bewusstere und achtsamere Wechselwirkung mit dem Feld und bereichernder für alle Beteiligten. Sie füttert nicht das Ego desjenigen, der es tut, stattdessen gibt es allen Beteiligten eine höhere und bleibendere Nahrung mit noch nie da gewesenen Heilerfolgen. Das Wesen und die Form des Heilens wird bestimmt nicht durch den begrenzten, bewussten, erzogenen menschlichen Geist und das Ego des Tuns, sondern stattdessen durch die Intelligenz des Feldes, die Intelligenz des Universums, das Nullpunktfeld, den Heiligen Geist, Gott, Liebe, Spiritualität – oder das Akashafeld.

Wenn wir uns selbst nicht mehr im Weg stehen und uns erlauben, das Akashafeld der Spiritualität, der Heilung, der Intelligenz und der Evolution zu betreten, dann erlauben wir uns selbst, Einheit zu erfahren. Und wenn wir sie einmal wirklich erfahren, dann finden wir heraus, wie normal dies wirklich ist.

Dies ist Heilung von einer sehr anderen Natur als derjenigen, die wahrzunehmen, zu verstehen oder sogar zu glauben oder anzunehmen uns beigebracht worden ist. Bei diesem Heilen geht es um einen evolutionären Prozess, der durch Mitschöpfung auf höchster Ebene der Interaktion mit dem Universum, auf höchster Ebene der Interaktion mit dem Feld ins Leben gebracht wird.

Wir sind alle hier als Eins.
Wir haben unsere eigene Schwingung … aber wir sind alle vom selben Klang.
Wir alle tragen in uns die Musik des Lebens.

14 • Gestaltung kreativer Felder

Lektionen aus meinen Akasha-Erfahrungen

Masami Saionji

Masami Saionji ist Ureinwohnerin von Tokio, Japan, und arbeitet als Präsidentin der Goi-Friedensstiftung und der Welt-Friedensgebets-Gesellschaft. Als Abkömmling der königlichen Ryukyu-Familie von Okinawa führt sie das Werk ihres Vaters Masahisa Goi fort, der eine Bewegung für den Weltfrieden initiierte. Saionji ist Autorin von 20 Büchern und bekam 2008 zusammen mit ihrem Ehemann Hiro Saionji den Philosoph-Saint-Shree-Dhyaneshwara Welt-Friedenspreis verliehen. Sie ist Mitglied des Club of Budapest und des Welt-Weisheits-Rates.

Es gibt wirklich ein Akashafeld, das Informationen über alles enthält, was je seit dem sprichwörtlichen „Big Bang" geschehen ist. Diese Information umspannt die Geburt von Galaxien ebenso wie von winzigen Einzellern. Es enthält eine Erinnerung an jeden Gedanken, jedes Wort oder jede Bewegung, die jemals von Anbeginn der Zeit an erzeugt worden ist. Um sicher zu sein, diese Akasha-Erinnerungen beinhalten eine Aufzeichnung nicht nur von dem, was auf einer berührbaren, sichtbaren Ebene geschehen ist, sondern auch auf der unberührten, unsichtbaren Ebene. Es passt deshalb, dass Ervin Laszlo ein gesamtes Buch der Darstellung der Akashaerfahrungen widmet: die Unterschiedlichkeiten der Erfahrungen, die uns den Einstieg in dieses alles-einschließende Akasha-Feld ermöglichen.

Meine mystische Erfahrung

Meine früheste Erinnerung an eine mystische Akasha-Erfahrung stammt aus der Zeit, als ich 19 Jahre alt war. Während einer Familienfahrt nach Okinawa wurde ich plötzlich krank. Ich wurde bewusstlos, und zwar an einem Ort, wo am Ende des Zweiten Weltkriegs viele Mädchen aus Okinawa Selbstmord begangen hatten. Ich wurde mit einem Krankenwagen ins Krankenhaus gebracht und später zurück nach Tokio.

Meine Erkrankung wurde als Hirntumor diagnostiziert, und die Prognose für die Operation war nicht sehr vielversprechend. Im Verlauf des nächsten Jahres hatte ich praktisch jeden Tag Krampfanfälle und war nicht in der Lage, meine Nahrung bei mir zu behalten. Ich wurde sehr dünn und verlor nach und nach mein Augenlicht, dann auch mein Hörvermögen.

Von den frühen Tagen meiner Erkrankung an bekam ich jeden Tag Besuch von Goi Sensei, den ich im Alter von 15 Jahren getroffen hatte, bevor ich als Freiwillige angefangen hatte, in seiner Bewegung für das Welt-Friedensgebet mitzuarbeiten (1). Nachdem ich krank geworden war, betete Goi Sensei mit mir jeden Tag und heilte mich mit reinigender Energie.

Goi Sensei hatte mir oft etwas über meine Schutzengel erzählt (er nannte sie „Schutzgeister und Schutzgötter"). Dennoch, bis zu dem Zeitpunkt hatte ich mich immer geweigert zuzuhören, denn ich mochte keine Themen, die irgendetwas mit Übersinnlichem oder Spirituellem zu tun hatten. Während ich krank war, änderten sich jedoch meine Gefühle, und ich gewöhnte mir an, zu meinem Schutzgott zu beten.

Während meiner Erkrankung pflegte ich groteske Visionen von Menschen ohne Gesichter oder mit fehlenden Augen, Nasen oder anderen Körperteilen zu sehen. Aber dank der Ermutigung durch Goi Sensei ergab ich mich niemals der Angst oder versuchte, vor diesen Phantomwesen davonzulaufen. Ich fuhr beständig fort zu beten und sprach auf eine bestätigende Weise mit ihnen. Dabei sagte ich Dinge wie: „Ihr seid schon richtig! Gott liebt euch. Gott kümmert sich um euch. Ihr werden gesund werden! Dankt Gott dafür. Denkt an Frieden. Denkt: Möge Frieden überall auf der Erde sein."

Nach einiger Zeit wurden diese Visionen nach und nach weniger und hörten dann ganz auf. Auch mein Hörvermögen kehrte nach und nach zurück, und ebenso mein

Sehvermögen. Aber ich war noch lange Zeit schwach und hatte weiter Krampfanfälle. Ich hatte das Gefühl, dass meine Anwesenheit sicherlich eine Last für meine Familie war und dachte oft ans Sterben.

Als ich in die Sonne schaute...

Wann immer ich mich ängstlich oder unsicher fühlte, betete ich. Eines Tages, als ich gerade in mein Gebet vertieft war, schaute ich zufällig auf zu dem Fenster über meinem Bett. Es war ungefähr Mittag. Seit mein Sehvermögen wieder besser geworden war, war ich in der Lage, die scheinende Sonne zu sehen. Ich erinnere mich daran, wie ich dachte: „Oh, die Sonne scheint! Wie wundervoll das ist und wie warm. Sie schmilzt die Kälte und wärmt meinen Körper. Danke, liebe Sonne! Danke!"

Indem ich dies dachte, begann die Sonne sich mir zu nähern. Sie wurde größer und größer. Ich hatte das Gefühl, sie würde direkt aus dem Himmel nach unten fallen. Die Sonne kam immer näher und, als sie direkt vor mir stand, verschmolz sie mit meinem Körper.

Genau in diesem Moment sah ich das Licht meiner Schutzgottheit. Es war ein warmes, liebendes Licht – nicht eine menschliche Form – und ich wusste sofort, dass dies meine Schutzgottheit war. Sie sprach zu mir, nicht in Worten, aber mit einem unmittelbaren Blitz des Verstehens, der weniger als eine Sekunde dauerte. Wenn man es in Worte fassen würde, dann wäre dies wohl das, was sie gesagt hätte:

> Ich bin immer bei dir, genauso, wie du mich jetzt siehst. Ich bin deine Schutzgottheit. Jeder hat eine Schutzgottheit, die zu allen Zeiten direkt hinter ihnen scheint, sie lenkt und schützt. Ich weiß, wie sehr du hast leiden müssen, aber du musst in dieser Welt bleiben. Du hast hier eine Aufgabe. Deine Aufgabe besteht darin, anderen zu erzählen, das Schutzgottheiten und Schutzgeister tatsächlich existieren. Nun, da du mich mit eigenen Augen gesehen hast, weißt du, dass dies wahr ist, deshalb kannst du es ihnen sicher sagen. Wenn du von jetzt an nichts anderes mehr tust, wird alles in Ordnung sein. Erzähle einfach Menschen etwas von ihren Schutzgeistern und ihren Schutzgottheiten.

Als ich diesen Informationsblitz von meiner Schutzgottheit bekam, fühlte ich mich sanft von ihrer Liebe umfasst. Ich fühlte mich vollkommen angenehm und im Frieden. Es war zu diesem Zeitpunkt, dass ich bemerkte, dass ich nicht mehr in meinem physischen Körper war. Ich konnte von oben auf meinen Körper herab sehen. Ich konnte die Energie aus meinen Fingern und Zehen herausfließen sehen. „Oh", dachte ich, „die Energie verlässt meinen Körper! Wie interessant! So muss der Tod sein!" Dann, indem ich mich daran erinnerte, was meine Schutzgottheit gesagt hatte, war ich plötzlich wieder in meinem Körper und lag in meinem Bett.

Ein wunderbarer Zustrom universeller Energie

Es war nach dieser Nah-Tod-Erfahrung, dass ich ein tiefes Gefühl für die Unendlichkeit des Universums bekam. Ich wurde mir klar bewusst, dass es wirklich eine Quelle des Lebens gibt – eine Ausdehnung unbegrenzten Potenzials – die am Ursprung des Universums existiert. Von einem Moment zum nächsten wird jeder von uns von der Lebensenergie erhalten, die sie kontinuierlich zu uns aussendet.

Nach dem Big Bang strahlte die Quelle des Universums verschiedene Lebensfelder aus – mineralisches Leben, Pflanzenleben, tierisches Leben, menschliches Leben und so weiter. Menschliches Leben wurde mit einer kreativen Fähigkeit erfüllt – der Fähigkeit, kreative Felder zu erzeugen. Ob wir dies nun beabsichtigen oder nicht – wir erschaffen kontinuierlich. Bei den Menschen heißt existieren kreieren.

Wenn Menschen verwirrt wurden und anfingen, unharmonische Bedingungen zu erzeugen, strahlte die Quelle des Universums neue Felder göttlichen Lebens aus, deren Sinn darin bestand, den Menschen Liebe und Führung zu bringen. Diese Felder können beschrieben werden als „Schutzengel" oder „Schutzgeister und –götter." Seit meiner Nah-Tod-Erfahrung bin ich mir immer und ständig der Gegenwart dieser schützenden Wesen bewusst gewesen.

Selbst jetzt schickt die Quelle des Lebens immer weiter Energie an alle Menschenwesen. Sie schickt nicht nur eine Art Energie an einen einzigen Menschen und eine andere Art Energie an einen anderen. Sie schickt dieselbe Art Energie an alle. Aber die Art jedes Menschen, diese Energie zu nutzen, ist unterschiedlich. Und wie wir diese Energie nutzen, bestimmt den Verlauf unserer Zukunft und der Zukunft der Welt.

In jedem Moment kann ein Mensch neue Energie aus der Quelle des Universums empfangen. Um jedoch diese reine Energie empfangen zu können, müssen unsere Gedanken sich damit verbinden. Wir können dies mit einem reinen Gebet tun oder mit Frieden liebenden Gedanken wie „Ich bin so dankbar! Alles wird ganz sicher besser werden!" oder „Möge allzeit Frieden auf Erden sein!"

Kreative Felder, die von Natur aus hell und positiv sind, sind in der Lage, sich mit der harmonischen universellen Absicht zu verbinden. Deshalb, ganz egal, wie viele destruktive Felder in der Welt existieren mögen – wir dürfen uns nie entmutigt fühlen. Wenn wir unsere Energie für positive Ziele einsetzen – Ziele, die gut für die Erde und für alle Wesen sind – dann werden wir von einem wundervollen Zustrom universeller Energie unterstützt. Zu der Zeit werden die kreativen Felder für den Weltfrieden ganz sicherlich auch wachsen und sich ausdehnen. Dieser Prozess hat bereits begonnen.

Meine meditative Akashaerfahrung

Wenn ich in Meditation gehe, dann konzentriere ich mich einfach auf die Einheit mit der essenziellen universellen Schwingung. Meine Atmung vertieft sich, wird langsamer und spiritualisierter. Auch mein Körper richtet sich mehr auf Spiritualität aus. Ich kann fühlen, wie sich meine Zellen durch den sie umgebenden Raum ausdehnen, bis es keine Trennungslinie mehr zwischen mir und dem Raum gibt, und auch nicht zwischen mir und anderen. Mein Bewusstsein erkennt noch, dass ich Masami Saionji bin, aber es gibt keine Grenzlinie mehr zu meiner Existenz. Ich bin eins mit dem Universum, eins mit der Erde, eins mit allen lebenden Dingen, die jenseits von Raum und Zeit existieren.

Weil wir alle miteinander verbunden sind, können wir den Geist und die Gefühle eines jeden anderen verstehen. Wir können verstehen, was in der Vergangenheit geschehen ist und wie wir unsere Zukunft gestalten müssen. Wenn wir einmal diese Einheit erfahren haben, gibt es für uns kein weiteres Bedürfnis, nach etwas zu streben oder etwas auszuhalten oder uns anzustrengen – auch kein Bedürfnis, von irgendeinem Lehrer zu lernen. Wir brauchen nur in dieser Einheit zu sein. Wir brauchen nur die Verbindung herzustellen.

Bis wir diese Verbindung herstellen, sollten wir unsere Gedanken immer wieder auf die Quelle des Lebens ausrichten, die Quelle unendlichen Potenzials. Wir sollten dabei nicht aufgeben. Selbst wenn das Ziel weit entfernt scheint, sollten wir immer nur an den nächsten Schritt nach vorn denken. Wir müssen üben, üben und üben.

Dabei sollten wir immer daran denken, dass es in Wahrheit keine Trennungslinien zwischen den Menschen gibt. Wenn wir wissen, dass Trennungslinien nicht wirklich existieren, dann verstehen wir, dass die Wirkungen unseres Sprechens, unseres

Denkens oder unserer Bewegungen sich im selben Moment auf andere ausbreiten. Dieses Wissen schenkt uns ein Gefühl von Verantwortung. Wir wissen dann, dass wir uns bemühen müssen, einen positiven Einfluss auf andere auszuüben.

Deshalb ist es wichtig, unser Bewusstsein zu erhellen und es immer näher an die universelle Quelle zu bringen. Dieser helle Schein wird unmittelbar andere berühren, sie anregen, sich in eine positive Richtung zu entwickeln und kreativ zu werden.

Wenn wir vermeiden wollen, unsere Energie an unharmonische kreative Felder abzugeben, dann sollten wir sorgsam auf unsere Worte, unsere Gedanken und unsere Handlungen achten und eine positive Kontrolle darüber ausüben. Auf diese Weise werden unharmonische kreative Felder irgendwann verschwinden, und nur die strahlendhellen werden zurückbleiben.

Kreative Felder

Seitdem ich 19 oder 20 Jahre alt war und nachdem ich mein Nah-Tod-Erlebnis gehabt und meine Schutzgottheit getroffen hatte, wurden mystische und meditative Akashaerfahrungen nach und nach zum integralen Bestandteil meines Lebens. Ich lebte zwar weiter im materiellen Bereich, hatte täglich mit Menschen zu tun und sie mit mir, aber ich bin mir seither immer sehr klar der Spiritualität in jedem von ihnen bewusst. Ich höre auf ganz natürliche Weise die Stimme von Pflanzen, Tieren und anderen Lebewesen, und ich fühle ihre Freuden und Sorgen genauso intensiv, als wären es meine eigenen.

Wenn ich die Menschen um mich herum anschaue, dann sehe ich dieselben Eigenschaft in ihnen, die auch jeder andere sehen kann: ihre materielle Form, die Kleidung, die sie tragen, die Haltung, die sie einnehmen, ihre Gesten und ihren Gesichtsausdruck. Gleichzeitig aber sehe ich auch die Felder kreativer Energie, die sie erzeugen.

Die Gedanken, Worte und Gefühle, die Menschen in jedem Augenblick aussenden, strömen ständig aus ihren Körpern heraus, formen kreative Felder, die in verschiedenen Farben, Formen und Gestalten sichtbar sind. Einige dieser kreativen Felder sind in ihrer Erscheinung verschwommen und trüb, und sie schweben in unbestimmbaren Mustern um den Menschen herum. Andere sind extrem hartnäckig, und sie schlingen sich fest um den Menschen herum wie eine elastische Kette.

Emotionen wie Glückseligkeit und Zuneigung erscheinen in strahlenden Farben, und sie umschließen den Menschen mit einem halo-ähnlichen Schein. Emotionen wie Sorgen, Ängste und Feindseligkeit reflektieren rauchige Farben, und sie hängen ganz nah an dem Menschen fest, so, als wollten sie ihm fast die Luft nehmen.

Jeder Gedanke und jede Emotion hat ihre ganze eigene Form kreativer Energie, und Gedanken mit einer ähnlichen Frequenz binden sich aneinander, um ein homogenes kreatives Feld um den Menschen zu erzeugen, der sie ausgesandt hat. Wenn die zusammengeballte Energie eines speziellen kreativen Feldes bis zu einem entscheidenden Punkt angewachsen ist und von irgendeinem äußeren Umstand ausgelöst wird, dann manifestiert sie sich auf irgendeine Weise auch in der sichtbaren Ebene. Diese Manifestation kann sich in Form irgendeines Ereignisses zeigen, eines Vorfalls oder einer Situation, die im Leben des Menschen geschieht. Sie kann Gestalt in Form einer Begegnung mit einem anderen Menschen annehmen. Oder sie kann sich in Worten manifestieren, die gehört oder gelesen werden, oder man kann sie beobachten, wie sie unerwartet im Geist des Menschen aufkommen. Wenn diese Manifestation einmal stattgefunden hat, dann wird die Energie, die in diesem kreativen Feld gehalten ist, genau bis zu diesem Ausmaß verringert.

Die vielen Arten kreativer Felder

Meinen Beobachtungen zufolge gibt es so viele kreative Felder, wie es menschliche Gedanken und Gefühle gibt. Auf der positiven Seite gibt es kreative Felder für solche Qualitäten wie Aufmerksamkeit und Rücksicht, Optimismus, Sanftheit, Würde, Reinheit, Sauberkeit, Güte und Aufrichtigkeit. Es gibt kreative Felder für Gefühle wie Glück, Enthusiasmus, Freundschaft, Mut, Bewunderung, Dankbarkeit, Vertrauen, Achtung dem Leben gegenüber, Achtung der Natur gegenüber und menschenfreundliche Liebe. Es gibt kreative Felder für Verhaltensweisen wie Lob, Ermutigung, Annahme, Großzügigkeit und Vergebung. Es gibt kreative Felder für Phänomene wie Inspiration, Heilung, Erfülltheit, Verbesserung und Bewältigung. Und es gibt kreative Felder für Zustände wie Frieden, Harmonie, Wahrheit, Heiligkeit, Fülle und Seligkeit.

Auf der negativen Seite gibt es kreative Felder für Gefühle wie Pessimismus, Frustration, Unruhe, Selbstbeschuldigung, Selbstmitleid, Selbstzweifel, Selbsthass, Selbstgerechtigkeit, Schuld, und, am schlimmsten von allen, Rache. Es gibt kreative Felder für Phänomene wie Diskriminierung, Selbstmord, Unfälle, Kriege und

Katastrophen. Es gibt auch kreative Felder für fixe Ideen wie der Glaube an Sünde und Bestrafung, der Glaube an Niederlagen, der Glaube an das eigene Versagen und der Glaube an Krankheit oder Armut.

Einfach durch das Lesen dieser Worte können wir ein Gefühl für die emotionale Energie bekommen, die sie aufrechterhält. Worte allein sind schon eine konzentrierte Form der Energie und ein kraftvolles Mittel der Schöpfung.

Wie kann man kreative Felder in Gang setzen?

Da kreative Felder wie diese unseren Persönlichkeiten, unserer Gesundheit, unseren Beziehungen und den Bedingungen, die uns umgeben, ihre Form verleihen, würde ich gern kurz diskutieren, wie man sie in Gang setzen kann.

Woher kommt unsere kreative Energie in erster Linie? Reine Energie wird fortlaufend aus der Quelle des Universums ausgesandt, übersprudelnd vor unendlichem Potenzial. Diese Energie unterstützt alle Lebensformen, klein oder groß. Jeder Mensch wird ständig mit dieser universellen Energie versorgt, und jeder von uns überträgt durch seine Worte, Gedanken und Gefühle dieser Energie seine Form. Dies ist der Prozess der Schöpfung.

Die Energie jedes Gedankens, egal, was für einer es ist, enthält das Potenzial, ein kreatives Feld zu erzeugen. Dennoch, bis mehrere Gedanken desselben Typus ausgesandt werden, wird sich kein kreatives Feld formen. Ein einzelner Gedanke, ganz für sich genommen, wird schnell seine Kraft verlieren, es sei denn, er wird von der Energie anderer Gedanken verstärkt, die ihm ähneln. Wenn mehrere Gedanken derselben Art ausgesandt werden, dann wird die Energie dieser Gedanken sich verbinden und die Grundlagen eines kreativen Feldes nehmen Form an. Wenn sich einmal dieses rudimentäre Feld gebildet hat, kann sich leicht neue Energie daran binden. Und indem seine Masse zunimmt, wird es sich konsolidieren und ein zusammenhängendes kreatives Feld bilden. Und wenn dann das Feld weiter wächst, übt es einen immer größeren Einfluss auf den Willen, die Entscheidungen und das Verhalten von Menschen aus.

Kollektive kreative Felder

Die Aktivität eines kreativen Feldes wird weiter verstärkt, wenn ähnliche kreative Felder von anderen Menschen erzeugt werden. Dies ist so, weil kreative Felder mit derselben Schwingungsfrequenz dazu tendieren, zu verschmelzen und so großangelegte kollektive kreative Felder bilden. Diese kollektiven kreativen Felder können extrem durchdringend sein. Je größer sie sind, desto machtvoller reagieren sie auf Gedanken, die von Menschen an verschiedenen Orten ausgehen.

Lasst uns als Beispiel einmal sagen, dass jemand träge darüber nachdenkt, Selbstmord zu begehen. Anfangs ist sein Wunsch, Selbstmord zu begehen, nicht besonders stark. Unglücklicherweise jedoch ziehen seine trägen Gedanken die Schwingungen eines großen kollektiven Selbstmord-Feldes an. Diese Schwingungen dringen in seinen Körper ein und üben dort erheblichen Einfluss auf seinen Gedankenprozess und sein Verhalten aus. Wenn sich jetzt keine positiven Einflüsse einmischen oder wenn der Mensch diese negativen Schwingungen nicht bewusst zurückweist, könnte er oder sie dahin kommen, tatsächlich Selbstmord zu begehen.

Wenn wir nun über positive Gedanken berichten, dann wird das Szenario wesentlich heller. Hier ist ein Beispiel einer Erfahrung aus dem wirklichen Leben einer meiner Leserinnen:

Eine lange Zeit hatte sie die Angewohnheit, sich selbst zu unterschätzen. Selbst bei ganz trivialen Dingen fand sie bei sich ein Haar in der Suppe und dachte unhöfliche Worte wie: „Ich bin egoistisch." – „Meine Seele ist befleckt." – „Ich bin es nicht wert." – „Ich werde nicht wertgeschätzt." – „Ich werde nicht geliebt."

Jedes Mal, wenn solche Worte ihr durch den Kopf gingen, riefen sie aus dem großen kollektiven kreativen Feld ähnliche Energiemuster herbei. Sie wurde dann überfallen von einem Ansturm selbst-abwertender Energie. Das Einstürmen dieser Energie ließ sie in einen Zustand intensiven Unglücklichseins stürzen. Und als Ergebnis fand sie es sehr schwierig, Tag für Tag bei guter Laune zu sein.

Nachdem sie mit meiner Theorie der Wirkung und Ursache (2) in Kontakt gekommen war, erkannte sie, was für einen schlechten Dienst sie sich mit ihrem Denken erwiesen hatte. Und mit wilder Entschlossenheit befand sie, dass sie eine völlig neue Lebensweise auf der Basis positiver Worte erzeugen wollte. Sie wählte zwei Worte, die ihr besonders attraktiv erschienen: „gereinigt" und „spiritualisiert".

Dann erzeugte sie eine Art Litanei um diese beiden Worte, indem sie sie mit ihrem eigenen Namen verband. Diese Litanei ging so (zur Illustration dieses Beispiels werden ich sie hier einfach Annie Hunt nennen):

Gereinigte Annie Hunt, spiritualisierte Annie Hunt,
gereinigte Annie Hunt, spiritualisierte Annie Hunt,
gereinigte Annie Hunt, spiritualisierte Annie Hunt,
wie können wir dir danken?
Möge allzeit Frieden auf Erden sein.
Im Namen der Menschheit danken wir der Liebe des Universums
für die gereinigte Existenz von Annie Hunt.

Diese Worte wiederholte sie wieder und wieder, in einem kontinuierlichen Rhythmus – wie ein Gedicht oder eine Melodie. Und wenn unangenehme Gefühle aufkamen, dann atmete sie tief ein, hielt den Atem an und affirmierte gedanklich die ersten Worte. Später veränderte sie die Worte, um sie für sich passender zu machen. Und um ihre Gedanken über andere Menschen aufbauender zu machen, versuchte sie auch ähnliche Litaneien zu erzeugen, bei denen sie die Namen der anderen Menschen einsetzte.

Da die eigene Existenz ebenso wie die anderer zu respektieren in Übereinstimmung mit dem großen universellen Willen steht, zogen diese positiven Worte einen Fluss strahlender Energie aus dem gesamten Universum an. Und weil sie die humanitären Worte „Möge allzeit Frieden auf Erden sein" ebenso wie Worte der Dankbarkeit für die universelle Liebe hinzufügte, war sie in der Lage, auf die unglaublich aufbauende Kraft der höher-dimensionierten universellen Energie zuzugreifen. Und dies brachte ihr nicht nur selbst Glück, sondern half ihr auch, ein dichteres kollektives Feld für das Glück auf dem Planeten Erde herzustellen.

Kontrolle über unseren kreativen Prozess übernehmen

Über die kreative Kraft der Gedanken und Worte ist schon viel geschrieben und gesagt worden – besonders über die der Worte. Aber mir scheint es, dass nur wenige Menschen diese Kraft wirklich verstehen. Wenn sie sie verstehen würden, wie könnten sie dann weiterhin Worte mit solcher Achtlosigkeit benutzen. Genau wie Kinder, die mit dem Feuer spielen, spucken Menschen negative Worte aus, ohne dass es sie scheinbar kümmert, welche Wirkungen sie damit auslösen. Hier würde ich gern klar erklären, dass die Energie jedes Wortes von uns, wenn es einmal ausgesprochen ist, in die kreativen Felder fliegt, die sich um uns herum formen, und deren Aktivität stark intensivieren. Nicht nur erzeugen diese kreativen Felder unser individuelles Glück oder unser Unglück, sondern sie führen auch zu Weltzuständen der Armut oder Fülle, Achtung oder Diskriminierung, Umweltzerstörung oder Wiedergeburt, Krieg oder Frieden.

Wie können wir Kontrolle über unseren kreativen Prozess gewinnen? Wie können wir die unharmonischen Felder auslöschen, die wir unbewusst erzeugt haben? Unser erster Schritt, meine ich, sollte der sein, stets unsere eigenen Gedanken und Worte zu beobachten, um ein Gefühl dafür zu bekommen, welche Art Felder wir eigentlich erzeugen. Als Nächstes schlage ich vor, dass wir uns selbst trainieren, alle negativen Worte zu streichen, sobald sie uns in den Kopf kommen, und sie durch positive zu ersetzen. Zur selben Zeit, so empfehle ich, dass wir uns entschließen, unsere destruktiven Glaubensmuster zu verbannen, indem wir sie in konstruktive umformulieren.

Um dies zu tun, müssen wir ganz klar wissen, dass unsere Energie in genau die Richtung fließt, in die wir denken. Wenn wir an unser Potenzial denken und daran glauben, eine friedliche, glückliche Welt zu erschaffen, dann macht unsere Gedankenenergie einen Sprung nach vorn und bildet ein kreatives Feld für diese Situation. Und indem sich dieses Feld mit Energie füllt, verstärkt sich seine Kraft.. Irgendwann wird es so stark, dass es uns in Richtung auf die friedliche Zukunft ziehen kann, die wir selbst uns ausgemalt haben. Wenn wir dieses Stadium erreicht haben, dann ist es nicht notwendig für uns, starke Anstrengungen zu machen. Wir sind dann so nah verbunden mit dem kreativen Feld für den Weltfrieden, dass wir uns mit ihm ohne Anstrengung verbinden können.

Es könnte wirkungsvoll für uns sein, Ziele in kleinen Schritten anzustreben, und vielleicht tun die meisten von uns das schon ganz natürlich. Ich glaube jedoch, dass wir, um Wirkungen im großen Umfang in unserem Leben und in der Welt zu bewirken, auch groß angelegte Visionen in unserem Geist hegen und ihnen bewusst Energie zufließen lassen müssen.

Destruktive Felder deaktivieren

Eine zunehmende Zahl von Menschen deaktivieren destruktive Felder mit dem Mittel positiver Affirmationen. Wie die Frau, über die wir berichtet haben (diejenige, die ich Annie Hunt nannte), kann jeder von uns die Worte unserer Wahl dazu einsetzen. Ebenso können sich unsere bevorzugten Affirmationen mit unseren sich verändernden Umständen verändern. Eine Affirmation kann ein Gebet sein, ein Gedicht, ein Glaubensmuster oder ein Ziel. Das Wichtigste dabei ist, eine Affirmation zu wählen, die eine Bedeutung für uns hat und die auf irgendeine Weise einen Beitrag zum Glück der Menschheit und der gesamten Erde leistet. (3). Ich schlage vor, dass jeder verschiedene Affirmationen ausprobiert, um herauszufinden, welche davon am besten mit ihren oder seinen Zielen und seiner Persönlichkeit übereinstimmt.

Wie praktiziert man eine positive Affirmation? Lasst uns annehmen, dass du die positiven Worte „Alles wird ganz sicherlich besser werden!" wählst. Wann immer du nun eine Gelegenheit hast, sprich diesen Satz laut aus, wieder und wieder. Du kannst auch versuchen, tief einzuatmen und dann den Satz geistig immer wieder zu wiederholen, während du den Atem anhältst. Viele Menschen haben herausgefunden, dass ihre Gedankengewohnheiten sich wirklich durch diese Praxis verändern, und ihre Umstände eine Wendung zum Guten nehmen.

Ein weiteres Beispiel einer positiven Affirmation ist „Ich bin so dankbar!" Viele Menschen finden, dass sie auf ganz natürliche Weise anfangen, der Erde, ihrer Familie, ihren Freunden und der gesamten Schöpfung dankbar zu sein, wenn sie diese Worte in ihr Bewusstsein eingraben. Indem sie bewusst erklären, dass sie dankbar sind, gebären sie auf natürliche Weise ihr eigenes kreatives Feld der Dankbarkeit. Dieses wiederum verschmilzt mit anderen derartigen kreativen Feldern und macht es so einfacher für viele Menschen, dankbare Gefühle zu erleben. Wenn der Geist dankbarer Gefühle die Erde umschließt, dann wird die Natur sich wieder beleben und alle lebenden Wesen – darunter auch wir selbst – werden in der Lage sein, in Harmonie zusammenzuleben.

Wenn ich Menschen beobachte, wie sie Affirmationen der Dankbarkeit praktizieren oder intensiv für den Frieden auf der Erde beten, dann sehe ich ein klares, weißes Licht, das von ihren Körpern ausgeht. Dieses Licht hüllt die destruktiven Felder ein, die Kriege projizieren, Umweltkatastrophen und andere Tragödien, macht sie weicher und reduziert den Grad ihrer Aktivität.

Jeder von uns ist verantwortlich dafür, positive kreative Felder um sich herum aufzubauen, indem wir unser spirituelles Potenzial und unsere physikalische Energie einsetzen. Jeder Mensch ist verantwortlich dafür, sich mit der rätselhaften universellen Energie zu verbinden und sie aus der Zukunft zu uns zu ziehen.

Der Tag ist nicht fern, so glaube ich, an dem jeder Mensch in der Lage sein wird, sich mit den Erinnerungen in Verbindung zu setzen, die in der Akasha-Chronik enthalten sind. Dort werden wir Erzählungen von Zivilisationen finden, die blühten und dann versunken sind. Wir werden beobachten, wie sie zerstört wurden, nachdem sie heilige Felder einbrachen und die Gesetze der Natur und der Wahrheit brachen. Die gegenwärtige Menschheit ist auch auf diesem Weg. Dennoch können wir einen positiven Wandel erreichen, wenn wir dem Beispiel erwachter Vorläufer folgen.

Wenn die Menschheit eine bessere Richtung einschlagen soll, dann muss jeder von uns seine Inspiration nicht aus der Vergangenheit beziehen, sondern aus der Zukunft. Wir müssen damit weitermachen, uns auf diesen Gedanken zu konzentrieren. Wir müssen es versuchen, versuchen und noch mal versuchen. Wir dürfen niemals aufgeben.

Im Akashafeld wartet wunderbare, leuchtende neue Information darauf, aufgenommen zu werden. Wir sind diejenigen, die diese Aufnahme kreieren müssen. Möge Frieden auf der Erde herrschen.,

TEIL DREI

DIE ERFAHRUNG WISSENSCHAFTLICH ERFORSCHEN

15 • Die Akasha-Erfahrung auskundschaften

Eine Brücke zwischen den subjektiven und den objektiven Wegen zum Wissen

Marilyn Mandala Schlitz

Marilyn Mandala Schlitz ist Anthropologin und seit drei Jahrzehnten eine Pionierin im Feld der Laborexperimente, der klinischen und Feldforschung im Bereich Bewusstsein, Kultur und Heilung. Als Forscherin, Referentin, Veränderungsberaterin und Autorin hat sie vier Bücher geschrieben und mehr als 200 Studien durchgeführt und Artikel darüber geschrieben. Schlitz ist Vizepräsidentin für Forschung und Ausbildung am Institut für Noetische Wissenschaften, Wissenschaftsseniorin am California Pacific Medical Center und Chef-Lernoffizier am Integralen Heil-Netzwerk.

Wo fängt die eigene Geschichte an? Ich werde meine mit dem beginnen, woran ich mich nicht erinnere.

Als ich 18 Monate alt war, so wurde mir in meiner Familie erzählt, fand ich eine Dose Feuerzeugbenzin auf dem Tisch. Da ich ein neugieriges Kind war, tat ich das, was neugierige Kinder eben tun: Ich steckte sie in den Mund. Monate später noch ruhte und kämpfte mein kleiner Körper im Krankhaus, schwebte ins Leben und wieder heraus, als meine Lungen die Bejahung meines Atems suchten.

Vielleicht war es da, in den damit betrauten Händen einer Gruppe von Fachleuten im Gesundheitswesen, in den Gebeten und Absichten meiner aufopferungsbereiten Familie, in einer persönlichen biologischen Suche nach dem Leben selbst, selbst unter miserablen Chancen, dass ich meine beständige Faszination für das Heilen entwickelte.

Indem ich meine Geschichte durchforste, bin ich mir der verschiedenen Saaten und Kunstdünger bewusst, die mich zu einer Karriere geführt haben, die weit ab vom

Mainstream liegt, eine, in der ich die Schnittstelle der Wissenschaft und des Akashafelds zu verstehen versucht habe. Es war eine Folge von kleinen, ungewöhnlichen Erfahrungen, die den Weg bahnten sowohl für meine persönliche Transformation als auch für meine professionellen Beiträge zu einer aufstrebenden neuen Weltsicht.

Heilung und Transformation

Ich wuchs in Detroit, Michigan, in den 1960ern und 70ern auf. Es war die Zeit, in der die Vereinigten Statten mit sich selbst im Krieg lagen. Es war ein Krieg der Rassen, der Klassen, und letztlich, wie ich endlich begriff, ein Krieg des Bewusstseins und der Weltsicht.

In solch einer komplexen Zeit und in einem Umfeld, das die Rebellion auf individueller und sozialer Ebene anfeuerte, war ich lebendig und wurde erwachsen, mit meiner Verwirrung, meiner Wut und meinem Verlangen nach Veränderung. Eines Abends, als ich 15 war, war ich bei jemandem, bei dem ich nicht hätte sein sollen, und tat etwas, was ich nicht hätte tun sollen. Ein betrunkener Fahrer fuhr aus einem Parkplatz einer Bar, ohne das Licht angeschaltet zu haben, und rammte das Motorrad, auf dem ich Beifahrerin war, worauf mein Körper durch die Luft flog. Ich erinnere mich ganz deutlich daran, wie mein körperliches Wesen durch den Himmel taumelte und dann auf den Boden krachte.

Während dessen, was ich inzwischen als eine Außer-Körper-Erfahrung kennengelernt habe, fühlte ich, wie meine Bewusstheit meinen Körper überschritt und von einem höheren Blickwinkel auf ihn hinuntersah. Es war die Eröffnung einer Fähigkeit, für die ich in meiner begrenzten Lebenserfahrung bisher keinen Rahmen oder Bezug und auch keine Sprache hatte. Während einer längeren Zeitspanne in der Notaufnahme und während ich auf meine Eltern wartete, die Stunden entfernt waren, gab es ein Gespräch über eine mögliche Amputation. Der Schnitt in meinem linken Bein war tief und breit. Das Notärzte-Team tat sein Bestes und nähte den Bereich unter meinem Knie mit 66 Stichen, worauf sie mich voll Fragezeichen, was meine Genesung anging, nach Hause schickten.

Später, auf der Couch im Wohnzimmer meiner Familie liegend, bekam ich irgendwie die Idee, ich könnte ja – und sollte es vielleicht auch tun – mein Immunsystem visualisieren und mein Bein heilen. Ich lag da lange Zeit und fühlte das Prickeln der Heilung. Ich kam nicht aus einer Familie, die mit Medizin zu tun hatte, und ich habe keine Erinnerung daran, in den frühen 1970er etwas über Geist-Körper-

Medizin gehört zu haben. Inzwischen kann ich erkennen, dass ich ein unmittelbares, noetisches Verständnis davon hatte, was ich zu tun hatte, um meine eigene Heilung zu bewerkstelligen. Heute besitze ich noch zwei gut positionierte Füße auf dem Boden und ein Bewusstsein über einige Aspekte meines Selbst, die mehr sind als nur körperlich.

Übersinnliche Erforschung

Als ich in meinem Bachelor-Studium war, hatte ich mehrere bedeutungsvolle Erlebnisse, die mir halfen, mein Leben zu modellieren. Das erste bestand darin, dass ich Thomas Kuhns Buch *Die Struktur wissenschaftlicher Revolutionen* las. (1) Dieses Buch und die Vorstellung, dass unser Wirklichkeitsparadigma gesellschaftlich konstruiert und nicht absolut ist, war nicht viel weniger als eine konzeptuelle Befreiung. Es vermittelte mir Hoffnung, dass die fehlgeschlagene Vision der Gesellschaft um mich herum nicht endgültig oder bindend war. Tatsächlich, selbst im Kontext der Wissenschaft, haben wir unterschiedliche Wirklichkeitsmodelle erlebt – und auch, dass eins das andere ersetzt. Was für unsere Gesellschaft gebraucht wurde, dessen war ich mir sicher, war eine fundamentale, ganzheitliche Systemtransformation.

Im Huckepack dieser Eingebung gab es meine Gespräche mit einem Professor der Neurowissenschaften, Robin Baracco. Während sehr langer Gespräche lernte ich, viele Jahre vor der Revolution in der Neurowissenschaft, wie viel wir eigentlich über unser Bewusstsein, unser Gehirn und unseren Geist wissen – und immer noch nicht wissen. Eines Tages gab mir Dr. Baracco ein weiteres Buch: *Übersinnliche Erforschungen* von Edgar Mitchell, dem Apollo-14-Astronauten. (2) Dieses Buch veränderte mein Leben vollkommen und schickte mich auf eine intellektuelle Odyssee, die mich bis heute mitreißt. Die Vorstellung, dass eine Gruppe Wissenschaftler übersinnliche oder PSI-Phänomene untersuchen könnte, schien mir der Vorbote eines neuen Paradigmas zu sein, von dem ich sicher war, dass wir es brauchten. Statt meinen Fokus auf die materiellen Aspekte der Wirklichkeit zu richten, was in der derzeitigen Leitkultur vorherrschend ist , entschloss ich, mein Leben dem Verstehen des transformativen Potenzials des menschlichen Bewusstseins zu widmen.

Ich begann damit, sehr vorläufige Hellsichtigkeits-Experimente mit dem experimentellen Psychologen Charles Solley an der Wayne State University durchzuführen. Wir verbrachten den Sommer 1977 damit, dass wir persönlich die Behauptungen testeten, die von den Physikern Russell Targ und Harold Puthoff in ihrem Buch

Mind-Reach aufgestellt worden waren, dass nämlich Menschen die geografischen Orte beschreiben können, über die sie keine konkreten sinnlichen Informationen besitzen. (3) Wir waren unsere eigenen Versuchspersonen und Experimentatoren zur selben Zeit, und die Ergebnisse waren überraschend und überzeugend.

An unserem ersten Tag luden wir einen selbsternannten Hellseher ein, das Psychologielaboratorium zu besuchen und unsere Versuchsperson zu sein. Ich war der „ausfahrende" Versuchsleiter unserer ersten Sitzung, derjenige, der zu einem anderen Ort fahren musste. Die Beschreibung, die die Hellseherin gab, entsprach nicht einmal im mindesten den geografischen Verhältnissen, die ich vorfand. Wir versuchten es ein zweites Mal. Dieses Mal war ich die „dort bleibende" Versuchsleiterin, saß mit der Versuchsperon in meinem Laboratorium und bat sie um Eindrücke der Location, die Dr. Solley besuchte, der der „ausfahrende" Versuchsleiter war.

Als Dr. Solley zurückkehrte, bat er die Hellseherin, ihre Eindrücke zu beschreiben. Wieder beschrieb sie beinahe nichts, was mit dem Ort zusammenpasste. Indem er sich jedoch erinnerte, dass sowohl er als auch ich bei unseren ersten Versuchen sehr starke Übereinstimmungen gefühlt hatten, fragte er mich, ob ich irgendwelche Eindrücke hätte. Ich wollte schon nein sagen, schließlich war ich doch der objektive Versuchsleiter. Aber er blieb hartnäckig: Ich hätte doch sicher auch Eindrücke gehabt? Und ich gab zu, dass ein merkwürdiges Symbol (das dem griechischen Buchstaben *Omega* glich) mir in den Kopf gekommen war, und ich machte davon eine schnelle Zeichnung. Er wurde ganz aufgeregt und brachte uns zu dem Haus, wo er während des Übertragungszeitraums gesessen hatte. Und tatsächlich war da ein Zaun, der das Gebäude umgab und der aus Teilen bestand, die aussahen wie das Symbol, das ich gezeichnet hatte, und auf der Seite des Gebäudes war genau dieses Symbol eingefräst. Dies war meine erste Begegnung mit dem potenziellen Mythos der Objektivität in unseren Studien des Bewusstseins. Es war auch das erste Mal, dass ich eine direkte, unmittelbare Erfahrung mit dem Phänomen machte, das ich hoffte zu studieren.

PSI im Forschungslabor

Seit dieser frühen Phase meiner Karriere vor mehr als drei Jahrzehnten habe ich viele überzeugende Begegnungen mit der Akashaerfahrung gehabt. Anders als bei den meisten anderen Menschen jedoch haben vieler meiner persönlichen Treffen im Kontext von wohl kontrollierten Laborexperimenten stattgefunden. Lassen Sie mich drei konkrete Beispiele aus meinen formalen Studien zitieren:

Hellsehen

Im Jahr 1980 führte ich ein Experiment im Hellsehen zusammen mit Elmar Gruber durch, bei dem wir beide Versuchspersonen und Versuchsleiter zugleich waren. (4) Wir designten eine formale Studie von zehn Durchläufen über Tausende Kilometer zwischen Detroit, Michigan und Rom, Italien. Gruber suchte ein Bündel geografischer Zielpunkte um Rom herum aus, die ich nicht kannte. An jedem der zehn Tage wählte der „ausfahrende" Versuchsleiter. Ich saß zur selben Zeit da und beschrieb den Ort, wo er sich befand, ohne dass ich darüber irgendeine sinnliche Kenntnis hatte. Während der Experimentalperioden baten wir zwei Kollegen, Kopien unserer Zielliste und der Zeichnungen jedes Tages bei sich zu behalten, das taten wir aus Sicherheitsgründen. Nach Abschluss der zehn Durchläufe wurden die zehn Beschreibungen nach dem Zufallsverfahren fünf unabhängigen Analytikern präsentiert. Jeder wurde gebeten, unabhängig voneinander die verschiedenen Orte aufzusuchen und den Grad zu evaluieren, in dem der Ort mit jeder der Hellseh-Beschreibungen übereinstimmte. Insgesamt identifizierten diese „blinden" Auswerter korrekt den Zielort bei sechs von zehn Durchläufen, ein Ergebnis, das statistisch betrachtet, hoch signifikant ist.

Kurz nachdem diese Studie abgeschlossen war, führte ich ein Wiederholungsexperiment mit Jo Marie Haight durch, dieses Mal zwischen Durham, Nordcarolina und Cape Canaveral, Florida. (5) Dasselbe Forschungsdesign ergab erneut ein signifikantes Ergebnis, dass die Hellseh-Hypothese und meine eigene Akasha-Erfahrung stützte.

Ich würde gern hinzufügen, dass diese Ergebnisse der Studien mit mit selbst als Versuchsperson mir gefielen. Tatsächlich, auf einer Ebene taten sie das. Es war aufregend, diese Fähigkeiten in einem wissenschaftlichen Rahmen irgendwie zu nutzen. Gleichzeitig aber waren sie zutiefst beunruhigend. Ich war Anfang 20 und hatte eigentlich nicht genügend Boden unter den Füßen für solche Experimente. Es war leichter zu denken, dass andere Menschen über diese Fähigkeiten verfügten, als sie selbst zu haben. Es gab ein Missverhältnis zwischen meinem abstrakten Verständnis einer beispielhaften Wissenschaft und meinen eigenen persönlichen Erfahrungen mit dem Akashafeld. Ich weiß inzwischen, dass ich in meinem Unbehagen nicht allein war. Für viele Leute sind PSI-Erfahrungen unerwünscht und unwillkommen, umso mehr, als wir nicht über einen starken kulturellen Rahmen verfügen, in dem wir sie verstehen können. Nach und nach fing meine Weltsicht jedoch an, sich zu erweitern und sich auf eine erweiterte Sicht der menschlichen Möglichkeiten einzustellen, einschließlich meiner eigenen.

PSI im Ganzfeld

Eine zweite erstaunliche Erfahrung machte ich während der Studie, die ich mit Charles Honorton durchführte und dabei das Ganzfeld-Paradigma verwendete, eine Technik der sensorischen Deprivation, die die visuelle Imaginationsfähigkeit stimuliert und in gewisser Weise eine Traumerfahrung simuliert (manche übersinnlichen Erfahrungen werden in dieser Art von Bewusstsein berichtet). Dieses Test-Paradigma hat starke Beweise für PSI-Phänomene in verschiedenen Labors mit vielen Experimentierenden geliefert (6). In diesem Fall arbeiteten wir mit Studenten der Julliard School der darstellenden Künste. (7) Ein Student wurde in einen elektrisch abgeschotteten und schalldichten Raum gesetzt, während ein anderer in einem anderen Raum einen zufällig ausgewählten Videoclip anschaute. Bei einer Gelegenheit, an die ich mich besonders intensiv erinnere, war ich der Sender. Als das Experiment begann, suchte der Versuchsleiter eine Sammlung von vier rechtwinkligen Ausschnitten aus einer größeren Reihe Filmclips aus. Diese Clips wurden in einer solchen Weise gruppiert, dass die Versuchsperson nach der Sitzung objektiv den Clip auswählen konnte, der am stärksten mit ihren Eindrücken während der Ganzfeld-Periode übereinstimmte.

Der zufällig ausgewählte Clip jenes Tages war aus dem Film „Altered States". Es war die Szene des Abstiegs in die Hölle einschließlich einer Sonne mit einem Strahlenkranz, einem Kruzifix und einer großen Eidechse, die ihren Mund öffnete und schloss. Als ich ihn fasziniert anschaute, konnte ich den Studenten seine Eindrücke durch Kopfhörer schildern hören, die seine Stimme zu mir aus dem abgeschotteten Raum in einer Einweg-Kommunikation schickte. Ich kann immer noch gut das Gefühl von Prickeln in meiner Wirbelsäule spüren, das hinauf- und hinunterlief, als der Schauspiel-Student beschrieb, was ich da gerade sah, einschließlich des höchst unwahrscheinlichen Bildes der Eidechse, die ihren Mund öffnete und schloss, und zwar exakt in dem Moment, als ich das Bild auf meinem Videoschirm ansah. Diese Erfahrung hat mich über all die Jahre begleitet, während ich das Wesen der Beweise für PSI-Phänomene und die Debatte darüber studierte, was an der Theorie von der Begrenztheit unserer Bewusstheit wirklich wahr ist. Vielleicht ist es diese Erfahrung, mehr als das hochsignifikante statistische Ergebnis, das wir erhielten, das meine Grundüberzeugung bildete, dass es eine Welt gibt, die Akashaphänomene beinhaltet.

Die Wirkung geistiger Absicht auf lebende Systeme aus der Distanz

Eine dritte Studie, die ich erwähnen möchte, schließt meine Arbeit über Fernabsicht und Heilung ein. Mehr als ein Jahrzehnt lang arbeitete ich mit William Braud in der Mind-Science-Stiftung zusammen, um ein Forschungsprotokoll zu entwickeln, das uns ermöglicht, die Korrelation zwischen der Absicht eines Menschen und der Physiologie eines anderen zu erforschen. (8) Dies ist ein Ablauf, den wir irgendwann Entfernte Mentale Interaktionen zwischen lebenden Systemen (EMILS, englisch DMILS, Distant Mental Interactions between Living Systems) genannt haben. Die Vorstellung hinter dieser Arbeit bestand darin, eine Erfahrung im Labor zu simulieren, die uns ermöglichen würde, übersinnliche Heilung zu studieren, nur dass wir mit gesunden Menschen arbeiteten, die als Modelle für das Verständnis dessen dienen sollten, was in der „wirklichen Welt" geschieht.

Im Verlauf dieses Jahrzehntes vervollständigten wir eine Folge von prozess-orientierten Studien, die als Ergebnis eine hochsignifikante Abweichung von der Wahrscheinlichkeitserwartung bei 14 formalen, randomisierten Doppelblind-Experimenten hatten. Während unsere Ergebnisse keine Heilung per se nachwiesen, half diese Arbeit jedoch, einen Beweis des Prinzips zu erbringen, dass Heiler die Körper ihrer Patienten beeinflussen können, sogar über Distanz. (9) Auf diese Weise halfen wir dabei, ein Forschungsprotokoll zu erstellen, mit dem untersucht werden kann, was Heiler in aller Welt und in vielen Kulturen zu tun glauben, wenn sie einem anderen Menschen heilende Absichten schicken, selbst unter Bedingungen, die den Austausch über die Sinne zwischen ihnen ausschließt. (10)

Diese Effekte wurden später in der Partnerschaft mit Stephen Laberge vom Cognitive Sciences Laboratory repliziert und ausgeweitet (11). Wir nutzen dazu erneut das EMILS-Design, dieses Mal in Bezug auf die Theorie des Fern-Starrens. Dabei untersuchten wir die weit verbreitete Erfahrung, bei der Menschen berichten, dass jemand sie aus einer Entfernung anstarrt.

Das Grunddesign beinhaltet, die Physiologie eines Menschen zu messen, während ein anderer seine Aufmerksamkeit auf ein Bild richtet, das über einen Fernseher mit geschlossenem Kreislauf von einem Raum zu einem anderen übertragen wird. Der Sender wird angewiesen, seine Absicht während bestimmter experimenteller Zeitabstände zu senden, aber nicht während der Kontrollperioden. Am Ende des Experiments bildeten wir den Mittelwert aus den Messwertablesungen des Autonomen Nervensystems des Empfängers und korrellierten ihn mit den Absichtsperioden im Vergleich zu den Kontroll-, also ohne Absicht gebliebenen Perioden. Bei zwei Experimenten stellten wir erneut statistisch signifikante Beweise für einen PSI-Effekt. Auf der Basis einer Meta-Analyse sind diese Effekte auch in verschiedenen anderen Labors rund um die Welt nachgewiesen worden. (12)

Aufgebaut auf dieser Arbeit, begann ich in den frühen 1990er Jahren eine ungewöhnliche Forschungszusammenarbeit. Ich arbeitete mit Dr. Richard Wiseman zusammen, einem Psychologen, Zauberer und eingetragenem Mitglied der Skeptischen Gemeinschaft, und so begann eine zehnjährige Partnerschaft, um die Natur des „Versuchsleiter-Effekts" zu untersuchen.

Richard hatte schon eine Folge von EMILS-Studien durchgeführt. Während meine Daten jedoch als Ergebnis eine signifikante Abweichung zwischen der Behandlung und den Kontrollbedingungen aufwies, fand Wieseman beständig Zufallsergebnisse in seinen Studien. Da wir verstehen wollten, warum unsere Ergebnisse in dieser Weise voneinander abwichen, designten wir zwei identische Experimente, die dasselbe Labor nutzten, dasselbe Equipment, dieselben Versuchspersonen, denselben Randomisierungsablauf und so weiter. Der einzige Unterschied war, dass ich mit der Hälfte der Menschen arbeitet und Wiseman mit der anderen Hälfte.

In unserer ersten Studie, die in seinem Labor an der Universität von Hertfordshire durchgeführt wurde, replizierten wir unsere ursprünglichen Ergebnisse; ich fand einen signifikanten Unterschied im Mittelwert der Physiologie der Teilnehmer, und er fand ein Zufallsergebnis. (13) Dies konnte bedeuten, dass wir unsere Annahmen bezüglich der Natur der Objektivität und des Wertes eines Forschungsdesigns für eine randomisierte Doppelblindstudie neu überdenken mussten – die beide als grundsätzliche Eckpfeiler wissenschaftlicher Methoden galten. Vielleicht braucht Bewusstsein andere Methoden und andere Hypothesen?

Eine zweite Studie wurde in meinem Labor am Institut für Noetische Wissenschaften durchgeführt, um zu erkennen, ob wir unsere provokativen Ergebnisse replizieren konnten; und tatsächlich bestätigten wir unsere ursprünglichen Resultate. (14)

Dann designten wir eine dritte Studie, um die Hypothese zu testen, dass die Differenz unserer Ergebnisse auf einen „Gemütlichkeitsfaktor" zurückging: Vielleicht machte ich es den Menschen gemütlicher und ließ sie offener werden als Richard. Dies hätte die Unterschiede in unseren Ergebnissen erklären können. (15) Unglücklicherweise, als wir Versuch nach Versuch identisch durchführten, wurde das Projekt langweilig. Vielleicht ist das ein Faktor, vielleicht nicht. Aber am

Ende konnten wir keinen signifikanten PSI-Effekt nachweisen, obwohl es einige interessante interne Ergebnisse gab.

Ich glaube, dass wir beide immer noch neugierig auf die Unterschiede in unseren Ergebnissen der Experimente sind. Wir sind beide offen, miteinander zu arbeiten, selbst wenn unsere Glaubenssysteme und Forschungserfahrungen sich unterscheiden. (16) Durch eine solche offene Geisteshaltung in der Zusammenarbeit können wir in der Lage sein, größere Einsichten in die Natur der Akashaerfahrungen zu gewinnen und, wie wir sie vielleicht durch die Brille der Wissenschaft untersuchen können. Ich bin davon überzeugt, dass Durchbrüche an den Stellen der Überschneidungen zwischen den Weltsichten, Disziplinen und Wegen des Wissens und des Seins erzielt werden können.

Außergewöhnliche und transformative Erfahrungen

Im Laufe der Zeit habe ich versucht, das Wesen von PSI und anderen Akashaerfahrungen auch außerhalb des Labors zu verstehen. Indem ich einen Doktortitel in Anthropologie machte, hatte ich das Gefühl, dass vielleicht qualitative Methoden Einzelheiten aufdecken würden, die auf dem Boden des Schneideraums unserer labor-basierten Studien vergessen worden waren. Ich bin stets sehr daran interessiert gewesen, wie außergewöhnliche Erfahrungen das Leben von Menschen in einer Art und Weise beeinflussen, die transformierend ist. Dies hat mich dazu geführt, dass ich mich in einem Jahrzehnt der Forschung der Frage widmete, was eigentlich Transformation bewirkt, was sie erhält und was aus Erfahrungen wird, die uns für eine größere Sammlung von Möglichkeiten öffnen.

In einem kürzlich erschienen Buch: „Living Deeply: The Art and Science of Transformation in Everyday Life" (17) haben meine Kollegen und ich den Begriff transformative Erfahrung so verstanden, dass er sich auf diejenigen Ereignisse bezieht, die zu bleibenden Veränderungen und Weltanschauungen im Leben von Menschen führen. Wir stellten diese transformativen Ereignisse anderen extremen, außergewöhnlichen oder spirituellen Erfahrungen gegenüber, die keine Langzeitveränderungen des Bewusstseins zur Folge haben. Viele Menschen berichten von Akashaerfahrungen, aber nicht alle haben letztlich zu tiefen Veränderungen bei der Frage geführt, wer sie sind und was sie in der Lage sind zu werden. Wie die transpersonale Psychologin Frances Vaughn uns während eines Interviews im Jahr 2002 sagte:

„Transformation bedeutet wirklich eine Veränderung in der Art, wie wir die Welt sehen – und einen Wandel, wie du dich selbst siehst. Es ist nicht einfach eine Veränderung deiner Ansicht, sondern vielmehr eine ganz neue Wahrnehmung dessen, was möglich ist. Es ist die Fähigkeit, deine Weltanschauung auszudehnen, sodass du unterschiedliche Perspektiven wertschätzen kannst, sodass du gleichzeitig multiple Anschauungen einnehmen kannst. Du bewegst dich dabei nicht einfach herum von einer Ansicht zur anderen, sondern du erweiterst deine Bewusstheit so, dass du mehr Möglichkeiten umschließt." (18)

Wir fingen die Studie damit an, dass wir die Geschichten von Menschen über die Transformation ihres Bewusstseins sammelten. Über hunderte von Erzählungen ergab sich das Muster, dass wahre Transformation oft als ein entscheidender Wendepunkt gesehen wird, etwa in der Art der Heldenreise, die von Joseph Campbell dargestellt wird. (19) Wir versammelten dann Lehrer, die sich auf Transformation spezialisiert haben, und stellten ihnen Fragen, die uns halfen, eine Sprache für den Transformationsprozess zu finden. Wir hatten das große Glück, dass wir ausgedehnte Interviews mit 60 Meistern aus unterschiedlichen transformativen Traditionen führen konnten, wobei wir sowohl auf die Unterschiede zwischen ihnen als auch auf die Muster achteten, die sie verbinden. Unsere Teilnehmer repräsentierten die großen Weltreligionen (Christentum, Hinduismus, Buddhismus, Islam, Judentum), Traditionen, die die Erde verehrten, und Menschen, die neue Formen kreiert hatten, die die moderne Interpretation der Transformationstechnologien widerspiegelten. Diese Feldstudie führte unser Team dazu, eine ökologisch valide Umfrage durchzuführen, die uns erlaubt hat, Daten von beinahe 2000 selbstgewählten Menschen zu sammeln. Die Arbeit geht bis heute weiter, mit einer Mischung aus Feld- und Laborexperimenten, darunter ein noch laufendes Experiment, bei dem wir erforschen wollen, ob ein Transformationstraining zu größerer Verbundenheit führt, als sie in einer formalen EMILS-Studie gemessen worden war.

Durch diese Arbeit haben meine Kollegen und ich herausgefunden, dass Bewusstseinstransformationen im Allgemeinen von Erlebnissen des Schmerzes oder des Leidens hervorgerufen werden. Lebensereignisse wie Krankheit, Scheidung und der Verlust von Arbeitsplätzen kann dazu dienen, den Gleichgewichtszustand im Leben eines Menschen zu erschüttern – und ihnen so die Gelegenheit zu geben, wenn sie diese als solche erkennen, ihren Weg zu verändern und mit einer erweiterten, sinnvolleren Weltanschauung zu leben. Schmerzliche und Angst auslösende Erfahrungen haben die Fähigkeit, unsere Kontrolle zu vermindern und unsere Identitäten auf eine Art zu schmelzen, die unser Verständnis von dem erweitert, was möglich ist. Wie die Ärztin und Lehrerin Rachel Remen bemerkt:

„Krise, Leid, Verlust, die unerwartete Begegnung mit dem Unbekannten – dies alles hat das Potenzial, einen Perspektivwandel zu initiieren. Eine Möglichkeit, das Bekannte mit neuen Augen zu sehen, eine Art, das Selbst auf eine vollständig neue Weise zu sehen. Sie schiebt die Werte eines Menschen zusammen wie ein Kartenspiel. Ein Wert, der viele Jahre unten in dem Spiel gewesen ist, kommt nun als oberste Karte heraus. Und es gibt einen Moment, in dem der Mensch aus seinem früheren Leben und seiner früheren Identität heraustritt, vollkommen außer Kontrolle gerät und sich vollkommen hingibt – und dann wiedergeboren wird mit einer größeren, erweiterten Identität." (20)

Natürlich bestehen nicht alle Katalysatoren einer Transformation aus Schmerz. Viele Menschen berichten von Gefühlen einer tiefen Schönheit, Ehrfurcht, Wunder, und einer tiefen Verbindung mit etwas Größerem als sie selbst. Diese Akashaerfahrungen können oft das umfassen, was William James eine mystische Erfahrung nennt (21) und was Abraham Maslow später Gipfelerfahrungen nannte (22), und was Carl G. Jung als Begegnungen mit dem Numinosen bezeichnete (23). Diese Wahrnehmungen bringen uns aus unserer engen Definition des Selbst heraus. Sie können die Form eines tief verwurzelten, verkörperten Gefühls der Einheit annehmen, ein Bewusstsein der großen Liebe, und ein fundamentales Gefühl des Miteinander-Verbundenseins.

In unseren Forschungen haben wir bemerkt, dass transformative Erfahrungen oft plötzlich und tiefgehend sind. (24) Diese plötzlichen persönlichen Metamorphosen, die von Miller und C'de Baca „Quantenveränderungen" genannt werden (25), können PSI-Erfahrungen einschließen, die vollkommen unerwartet auftreten, ebenso wie Offenbarungen, „Lehrträume" und Enthüllungen. Sie können verschiedene Erfahrungen einschließen, die eine erweiterte Reichweite unseres menschlichen Bewusstseins vermuten lassen, einschließlich Nah-Tod-Erfahrungen, Spontanheilungen oder verschiedene andere Fähigkeiten und Phänomene, die in nicht-gewöhnlichen Bewusstseinszuständen aufkommen. Die transpersonale Gelehrte und Archivarin Rhea White meinte, dass, selbst wenn die Erscheinungsform solcher Erfahrungen sich unterscheide (wie beispielsweise eine Erscheinung sehen, mystische Einheit mit der gesamten Existenz spüren oder hellsichtige Träume haben), all diese Erfahrungen als Portal zu einer neuen Weltanschauung dienen könnten. (26)

Meine eigene Weltanschauung ist durch diese Gelehrten sowie durch meine Erfahrungen in und außerhalb des Labors geformt worden. Sie haben mir eine Sprache und eine Traditionslinie für meine Erforschungen des Bewusstseins gegeben. Zum

Beispiel schrieb vor mehr als einem Jahrhundert William James über das transformative Potenzial von etwas, was er als noetische Erfahrung definierte. Er beschrieb es als „Zustand der Einsicht, unerreicht von dem diskursiven Intellekt."(27) Diese noetischen Formen der Akashaerfahrung haben verschiedene essenzielle Eigenschaften: Sie müssen unmittelbar erfahren werden, denn es ist häufig der Fall, dass sie nicht einfach anderen kommuniziert werden können. Zweitens ist es das, was James eine noetische Eigenschaft nennt, was sie zu tatsächlichen Formen des Wissens macht. Wie der berühmte Gelehrte im Jahr 1902 notierte: „Sie sind Erleuchtungen, Offenbarungen, voll Bedeutung und Wichtigkeit, alle undeutlich, obschon sie bleiben; und in aller Regel tragen sie ein seltsames Gefühl von Autorität mit sich."(28) Sie sind auch, so James, Zustände, die vorübergehend sind und die nicht kontrolliert werden können.

Nun, mehr als hundert Jahre, nachdem James diese Beschreibung gegeben hat, führen meine Kollegen und ich über eben diese Phänomene, die er für uns entworfen hat, Forschungen im Institut für Noetische Wissenschaften durch. Und wir haben beispielsweise herausgefunden, dass mehr als 61 Prozent der Menschen, die wir befragten, gesagt haben, dass ihre transformativen Erlebnisse aufgrund von Umständen erfolgt sind , die „außerhalb der Kontrolle von irgendjemandem lagen" (29). Diese Tatsache allein zeigt erneut, wie komplex es ist, solche Erfahrungen unter den kritischen Blick einer Wissenschaft zu bringen, die der klassischen Annahme von Ursache und Wirkung unterliegt.

Die Suche nach einem neuen Paradigma

Dies bringt mich zurück zu unserem Ausgangspunkt: Nach einem grundsätzlichen Paradigma, einer Kosmologie oder einer Geschichte der Welt zu suchen, die einbeziehend genug ist, um die Akasha- oder die noetischen Dimensionen zu umfassen, während sie das nicht aus dem Blick verlieren, was real und wahr in den objektiven und intersubjektiven Bereichen der gelebten Erfahrung ist.

Wir leben in einer Zeit unglaublicher Komplexität: Wie bringen wir zusammen, dass ein Christ, ein Jude, ein Muslim, ein Buddhist, ein säkularer Humanist, und ein Mensch der Naturreligion alle in denselben Supermarkt gehen, dieselben öffentlichen Schulen besuchen und dieselben Gesundheitszentren benutzen? Wie kommt es, dass ein materialistischer Wissenschaftler mit einem kontemplativen Mönch zusammensitzen und über das Wesen des Bewusstseins debattieren kann? Gibt es hier vielleicht Einsichten, die erscheinen, wenn wir die inneren und die äußeren Wege des Wissens so verbinden, dass sie uns helfen können, das Leben und die Zeiten des 21. Jahrhunderts zu steuern? Für mich heißt die Antwort Ja.

Da ich damit weitermache, Wissenschaft und unmittelbare Erfahrung zusammenzuweben, habe ich ein neues Projekt begonnen, um Brücken zwischen Weltanschauungen und Arten des Wissens zu schlagen. Das Programm beschäftigt sich mit der Ausbildung, was wohl die einflussreichste gesellschaftliche Kraft ist, die junge Menschen heute formt. Die vorherrschende Weltanschauung ist die, dass die vorrangige Funktion der Bildung in der Entwicklung kognitiver Fähigkeiten bestehe. Analytische und Gedächtnisfähigkeiten werden derzeit als höchste Formen der Intelligenz geschätzt (z.B. der IQ). Aber eine zunehmende Zahl von Erziehern, Forschern und Eltern stellen diese Annahmen in Frage.

Kürzliche Fortschritte in der Psychologie und der Neurowissenschaft zeigen an, dass die Ausbildung des ganzen Menschen eine Vorstellung ist, deren Zeit gekommen ist. Ausgehend von Howard Gardiners Theorie der multiplen Intelligenzen (1983) bis zur Erkenntnis der weiten Variabilität der Lernstile gibt es eine immer weitere Sicht auf das, was Intelligenz und menschliches Potenzial eigentlich sind, mit dem unsere Mainstream-Erziehungs-Programme gleichziehen müssen.

Was wir brauchen, ist ein neues Lernmodell, das globalen Schülern eine neue Art von Alphabetisierung vermittelt – eine, die unterschiedliche Weltanschauungen und Wissensarten wertschätzt und einbezieht, einschließlich des Akashawissens.

Indem wir mit einem kleinen Team von Forschern, Erziehern und Wissenschaftlern arbeiten, schaffen wir einen Lehrplan zu dem, was wir „Weltsicht-Alphabetisierung" nennen. (31) Wir definieren dies als die Fähigkeit, nicht nur unsere eigene Weltanschauung zu verstehen und zu kommunizieren, sondern auch anzuerkennen, dass unsere Glaubensmuster aus unseren besonderen Bezugssystemen hervorgegangen sind, und zu verstehen, dass andere davon verschiedene und potenziell gleich wertvolle Weltanschauungen besitzen, aus denen ihre Annahmen und damit auch ihre Handlungen hervorgehen. Diese Fähigkeit beinhaltet auch, in der Lage zu sein, sich Veränderungen anzupassen, die durch ein Aufeinandertreffen der unterschiedlichen Perspektiven, Sitten, Praktiken und Glaubenssysteme entstehen.

Das gemischte Lernprogramm wird Multimedia-Präsentationen wie Video-Interviews mit Lehrern und Meistern der kulturellen und religiösen Systeme der Welt einschließen, Geschichten für Kinder aus den verschiedenen Traditionen der Welt, video-gelenkte Praktiken aus verschiedenen Traditionen sowie Gruppendiskussionen und Kunst. Wir vertreten die Hypothese, dass wir damit messbare Unterschiede vor und nach dem Programm finden werden, und zwar in den Bereichen Intoleranz, Abwehrhaltung gegenüber Andersdenkenden, Gefühl von Identifikation mit der In-Group, Fähigkeiten, Gegensätzlichkeiten auszuhalten, und Verständnis für unterschiedliche Weltanschauungen.

Das neue Programm basiert auf der Philosophie des kulturellen Pluralismus und einer Suche nach dem Beständigen über alle Kulturen hinweg. Unser Ziel ist, Studenten dabei zu helfen, dass sie von der einfachen Toleranz der Andersartigkeit zur Entwicklung einer tiefen Wertschätzung unseren Unterschieden gegenüber gelangen – ebenso wie unseren Verbindungspunkten gegenüber. In einer Welt, die zunehmend geteilt ist, erlaubt uns diese Bewegung zu einer Weltanschauung im wörtlichen Sinne, ein neues Paradigma zu formulieren, das multiple Arten des Wissens und des Seins wertschätzt – über alle Menschen hinweg und in uns selbst.

Abschließende Reflektionen

Durch meine Arbeit und meine Lebenserfahrungen habe ich erkannt, dass der transformative Prozess eine Veränderung im Selbst beinhaltet, die sowohl unsere inneren als auch unsere äußeren Realitäten beinhaltet. Er schenkt uns Verbindungen zwischen unserer unmittelbaren Erfahrung und unserem Sein in der Welt durch Handlung und Dienst. Die Akashaerfahrungen und das Rationale zusammenzubringen, hat mir erlaubt, ein tieferes und reicheres Gefühl der Verbindung mit mir selbst, mit meiner Familie, meiner Gemeinschaft und meiner Umwelt zu entwickeln. In diesem Prozess habe ich eine zunehmende Bewusstheit und eine Wertschätzung für das Heilige in jedem Aspekt meines Lebens entwickelt.

Während jeder von uns seine erweiterten Fähigkeiten lebt, können wir gleichzeitig zur Kernebene unseres Seins zurückkehren. Starhawk, eine Wicca-Lehrerin und Schriftstellerin, betonte dies in einem Interview im Jahr 2006. Sie bemerkte, dass ein Weg, unser natürliches Bewusstsein wiederzugewinnen, darin besteht, dass wir die kollektiven Bereiche der gegenseitigen Verbundenheit beachten, wie wir sie zum Beispiel in der Akashaerfahrung finden können. Sie sagt:

„Uns Menschen steht eine ganze Bandbreite unterschiedlicher Bewusstseinsarten zur Verfügung. Eigentlich ist es unnormal, dass die westliche Kultur diese Bandbreite, die wir eigentlich inspiriert sind wahrzunehmen, so verengt hat. Vielleicht ist es nicht so sehr eine Transformation, von der wir hier sprechen, als vielmehr ein Sich-Öffnen. Es bedeutet etwas wieder zu gewinnen." (32)

Ein natürliches Bewusstsein ist für Menschen leicht erreichbar, es ist unser Geburtsrecht. Es ist nicht so sehr eine übernatürliche Wahrnehmung als vielmehr eine Wahrnehmung dafür, in dieser Welt präsent und offen dafür zu sein, die gegenseitige Bezogenheit und Verbundenheit zu verstehen. Es geht darum, achtsam zu sein und in Mustern und Beziehungen zu denken statt an getrennte, isolierte Objekte.

Es ist wichtig, den Ort in uns zu finden, an dem sowohl Akasha-Einsichten als auch rationales Wissen Platz haben, wenn wir eine Transformation und eine größere Selbstentdeckung anstreben. Sie sind beide auch wichtig, da sie uns führen können, wenn wir in der weitergewordenen Welt tätig werden. Erfahrungen gegenseitiger Verbundenheit erinnern uns an das Netz, das uns alle verbindet, und zwar sowohl auf sichtbare wie auch auf unsichtbare Weise. Zusammen können wir ein neues Paradigma schaffen, das unsere Ganzheit umfasst und nicht nur Teile von uns. In diesem Prozess können wir gemeinsam eine Weltanschauung kreieren, die der Fülle dient, die wir sind – individuell und kollektiv.

16 • Das Feld betreten

Fälle von Nah-Tod-Erfahrungen bei Überlebenden eines Herzstillstands

Pim van Lommel

Pim van Lommel, ein niederländischer Kardiologe, hat mehr als 20 Artikel veröffentlicht, außerdem zwei Bücher und mehrere Kapitel über Nah-Tod-Erfahrungen, seit er im Jahr 1986 seine Forschungen über dieses Thema begann. Sein Buch *Endless Consciousness* wurde 2007 in Niederländisch veröffentlicht und danach in mehrere Sprachen übersetzt. Im Jahr 2005 erhielt van Lommel den Bruce Greyson Forschungspreis der IANDS (der Internationalen Vereinigung für Nah-Tod-Studien) in den USA und im Jahr 2006 bekam er von dem Präsidenten Indiens den Lebensleistungspreis beim Weltkongress für Klinische und Präventive Kardiologie in Neu Delhi.

Die Erfahrungen

Manche Menschen, die eine lebensbedrohliche Krise überlebt haben, berichten von außergewöhnlichen bewussten Erfahrungen. Ich beginne diesen Bericht daher mit der Geschichte einer Frau, die eine Nah-Tod-Erfahrung (NDE, engl. near-death experience) während einer Geburt erlebte:

> Plötzlich wird mir bewusst, dass ich auf eine Frau hinunterschaue, die auf einem Bett liegt, die Beine in Beinhaltern. Ich sehe Krankenschwestern und Ärzte, die in Panik sind, ich sehe eine Menge Blut auf dem Bett und auf dem Boden, ich sehe große Hände, die hart auf dem Bauch der Frau herumdrücken, und dann sehe ich die Frau, wie sie ein Kind zur Welt bringt. Das Kind wird sofort in ein anderes Zimmer gebracht. Ich weiß, dass es tot ist. Die Krankenschwestern sehen niedergeschlagen aus. Jeder wartet auf etwas. Mein Kopf fällt hart zurück, als das Kissen weggezogen wird. Erneut bin ich Zeugin einer großen Aufregung. Schnell

wie ein Pfeil fliege ich durch einen dunklen Tunnel. Ich werde überflutet von einem überwältigenden Gefühl von Frieden und Seligkeit. Ich höre wunderbare Musik. Ich sehe wunderbare Farben und traumhaft schöne Blumen in allen Farben auf einer großen Wiese. Am anderen Ende sehe ich ein wundervolles, klares, warmes Licht. Dort muss ich hin. Ich sehe eine Gestalt in einem hellen Gewand. Diese Gestalt wartet auf mich und streckt ihre Hand aus. Ich spüre, dass ich warmherzig und liebevoll erwartet werde. Hand in Hand fliegen wir weiter, dem wunderbaren, warmen Licht entgegen. Dann lässt die Gestalt meine Hand los und dreht sich um. Ich fühle, dass ich zurückgezogen werde. Ich bemerke eine Krankenschwester, die mich fest auf beide Wangen schlägt und meinen Namen ruft.

Nachdem ich einmal aus dieser wunderbaren Welt, von dieser wundervollen Erfahrung zurückgekehrt bin, war mein Empfang hier in dieser Welt kalt, frostig und vor allem lieblos. Die Krankenschwester, mit der ich meine wundervolle Erfahrung zu teilen versuchte, tat sie ab und sagte, ich würde demnächst noch mehr Medikamente bekommen, damit ich gut schlafen könnte, und dann würde alles vorbei sein. Alles vorbei? Ich wollte das überhaupt nicht. Ich wollte nicht, dass das vorbei ist. Ich wollte zurückgehen. Der Gynäkologe sagte mir, dass ich doch noch so jung sei, dass ich noch viele weitere Kinder haben könnte und dass ich weiterleben und mich auf die Zukunft einstellen sollte. Ich hörte dann auf, meine Geschichte zu erzählen. Allein für meine Erfahrung Worte zu finden, war schwer genug, aber wie konnten diese Worte zum Ausdruck bringen, was ich wirklich erlebt hatte? Aber was konnte ich sonst tun? Wohin konnte ich meine Geschichte bringen? Was war überhaupt mit mir los? War ich duchgedreht? Ich wurde still. Ich verbrachte Jahre damit, dass ich in aller Stille weitersuchte. Als ich irgendwann ein Buch in der Bibliothek mit einem Bericht über eine NDE fand, konnte ich fast nicht mehr glauben, dass ich auch eine solche Erfahrung gehabt hatte. Selbst ich hatte aufgehört, mir zu glauben. Nur sehr, sehr langsam kam ich dazu, den Mut und die Stärke zu entwickeln, mir zu glauben, meinem Erlebnis zu vertrauen, damit ich anfangen konnte, es zu akzeptieren und in mein Leben zu integrieren.

Als Kardiologe habe ich die besondere Ehre gehabt, viele Patienten zu treffen, die bereit waren, ihre Nah-Tod-Erfahrungen mit mir zu teilen. Das erste Mal geschah dies im Jahr 1969. In der Herzstation ging der Alarm plötzlich aus. Der Monitor zeigte, dass das Elektrokardiogramm (EKG) eines Patienten mit einem Myocardinfarkt plötzlich geradlinig wurde. Der Mann hatte einen Herzstillstand (er war klinisch tot). Nach zwei Elektroschocks und einer Phase der Bewusstlosigkeit von etwa vier Minuten gewann der Patient das Bewusstsein zurück, zur großen Erleichterung des Pflegepersonals und des Bereitschaftsarztes. Der

Bereitschaftsarzt war ich. Gerade in jenem Jahr hatte ich meine Ausbildung zum Kardiologen begonnen.

Nach der erfolgreichen Reanimation war jeder zufrieden, außer dem Patienten. Zur Überraschung aller war er extrem enttäuscht. Er sprach von einem Tunnel, von Farben, von einer wunderschönen Landschaft und von Musik. Er war überaus emotional. Der Begriff Nah-Tod-Erfahrung existierte zu der Zeit noch nicht, und ich hatte auch noch nie von Menschen gehört, die irgendeine Erinnerung an die Zeit ihres Herzstillstands hatten. Tatsächlich, während ich für meinen Abschluss lernte, hatte ich gelesen, dass so etwas unmöglich sei: Bewusstlos zu sein bedeutet, nicht bewusst zu sein, und das bezieht sich auch auf Menschem mit einem Herzstillstand oder auf Patienten im Koma. Im Falle eines Herzstillstands ist ein Patient bewusstlos, hat aufgehört zu atmen, hat keinen fühlbaren Puls und auch keinen Blutdruck mehr. Mir war beigebracht worden, dass es in einem solchen Augenblick schlicht unmöglich ist, bewusst zu sein oder sich an etwas zu erinnern, weil alle Gehirnfunktionen aufgehört haben.

Obwohl ich den erfolgreich reanimierten Patienten des Jahres 1969 mit seiner Erinnerung an die Zeit seines Herzstillstands nie vergessen habe, hatte ich nie etwas aus dieser Erfahrung gemacht. Das veränderte sich im Jahr 1986, als ich George Ritchies Buch *Return from Tomorrow* über Nah-Tod-Erfahrungen las. (1) Als er als Medizinstudent eine doppelseitige Lungenentzündung im Jahr 1943 hatte, war Ritchie eine Weile klinisch tot. Zu der Zeit waren Antibiotika wie Penicillin noch nicht sehr oft im Gebrauch. Nach einer Zeit sehr hohen Fiebers und extremer Enge in der Brust war er gestorben: Er hörte auf zu atmen und sein Puls stand still. Er wurde von einem Arzt für tot erklärt und mit einem Laken bedeckt. Aber ein Krankenpfleger war so traurig über den Tod dieses Medizinstudenten, dass er den anwesenden Bereitschaftsarzt überzeugen konnte, dem Studenten eine Adrenalininjektion in die Brust in der Nähe des Herzens zu spritzen – ein sehr ungewöhnliches Verfahren zu jener Zeit. Und nachdem er etwa neun Minuten lang „tot" gewesen war, gewann George Ritchie sein Bewusstsein wieder zurück – zur unendlichen Überraschung des Arztes und des Pflegers.

Es zeigte sich, dass er während dieser Periode der Bewusstlosigkeit, der Periode, in der er für tot erklärt worden war, eine äußerst tiefe Erfahrung erlebt hatte, an die er sich in vielen Einzelheiten erinnern konnte. Anfangs war er dazu nicht in der Lage und auch voll Furcht, darüber zu sprechen. Später dann schrieb er sein Buch über das, was mit ihm in diesen neun Minuten geschehen war. Und nachdem er sein Examen gemacht hatte, teilte er seine Erfahrungen mit Medizinstudenten in Psychiatrie-Vorlesungen. Einer dieser Studenten, die seine Vorlesungen hörten, war Raymond Moody, der von seiner Geschichte so angeregt war, dass er anfing, über Erfahrungen zu forschen, die Menschen während lebensbedrohlicher medizinischer Situationen machen. Im Jahr 1975 schrieb er sein Buch „Das Leben nach dem Tod", das ein weltweiter Bestseller wurde. (2) In diesem Buch benutzte Moody zum erstenmal den Begriff *Nah-Tod-Erfahrung*.

Was ist eine NDE? Eine NDE ist ein besonderer Bewusstseinszustand, der während einer drohenden oder gegenwärtigen Periode körperlichen, psychologischen oder emotionalen Todes geschieht. Viele Umstände sind beschrieben worden, in deren Verlauf von NDEs berichtet worden ist, wie Herzstillstände, Schock nach Blutverlust, Koma nach einer traumatischen Hirnverletzung oder einer intrazerebralen Blutung, Beinahe-Ertrinken (bei Kindern) oder Ersticken, aber auch in gefährlichen Krankheitszuständen, die nicht unmittelbar lebensbedrohlich sind, ebenfalls bei Depression oder bei Isolation, mit oder ohne erkennbaren Grund. Ähnliche Erfahrungen können in der Endphase einer Krankheit vorkommen und werden dann Sterbebett-Visionen oder Vor-Tod-Erfahrungen genannt. Eine NDE ist jedoch die berichtete Erfahrung einer ganzen Sammlung von Eindrücken während eines nicht gewöhnlichen Bewusstseinszustandes, einschließlich einer Anzahl besonderer Elemente wie beispielsweise außerkörperlicher Erfahrungen, angenehmen Gefühlen, Sehen eines Tunnels, eines Lichts, bereits verstorbene Verwandte oder eine Revue des Lebens.

NDEs sind transformierend und verursachen tiefgehende Veränderungen in der Lebenseinstellung sowie einen Verlust der Angst vor dem Tod. Der Inhalt einer NDE und die Wirkungen auf den Patienten scheinen weltweit dieselben zu sein, über alle Kulturen und alle Zeiten hinweg. Dennoch führen die subjektive Natur und das Fehlen eines Bezugsrahmens für diese Erfahrung zu individuellen, kulturellen und religiösen Faktoren, die das Vokabular bestimmen, das benutzt wird, um diese Erfahrung zu beschreiben und zu interpretieren.

Meine Forschungen über NDEs

Nachdem ich George Ritchies Buch gelesen hatte, fragte ich mich, wie jemand denn Bewusstsein während eines Herzstillstands erleben konnte und ob dies tatsächlich ein normales Geschehen war. Darum begann ich seit 1986 systematisch alle Patienten meiner Tagespatientenklinik, die einmal eine Reanimation erlebt haben, zu fragen, ob sie irgendeine Erinnerung an die Zeitspanne während ihres

Herzstillstands hatten. Ich war überrascht, dass ich im Verlauf von zwei Jahren zwölf Berichte einer NDE unter den 50 Überlebenden eines Herzstillstands hörte. Vor diesen Nachforschungen hatte ich noch nie von solchen Berichten gehört, außer jenem einen im Jahr 1969, den ich selbst erlebte. Ich hatte bis zu jenem Zeitpunkt auch noch nicht weiter geforscht, weil ich für diese Frage nicht offen gewesen war. Denn schließlich ist es dem gegenwärtigen medizinischen Wissen zufolge nicht möglich, Bewusstsein zu erfahren, wenn das eigene Herz aufgehört hat zu schlagen. Aber alle diese Berichte, die ich anfing zu hören, machten mich sehr neugierig.

NDEs geschehen mit zunehmender Häufigkeit durch eine verbesserte Überlebensrate durch moderne Technologien der Reanimation. Einer kürzlich veröffentlichten randomisierten Studie in Deutschland und den USA zufolge haben 4 Prozent der Gesamtbevölkerung der westlichen Welt schon einmal eine NDE erlebt. Das bedeutet, dass mehr als neun Millionen Menschen allein in den USA eine solche Erfahrung gehabt haben müssen.

Warum hören wir Ärzte dann so selten, was Patienten über ihre NDEs erzählen? Patienten zögern, ihre Erfahrungen anderen mitzuteilen, weil sie meist negative Antworten darauf bekommen. Als Arzt muss man sich dem öffnen, was man über NDEs hören kann, und Patienten müssen das Gefühl haben, dass man ihnen vertraut und dass man ihnen ohne Vorurteile zuhören kann.

Für mich begann das alles mit meiner Neugier: Ich stellte Fragen, versuchte mir bestimmte objektive Ergebnisse und subjektive Erlebnisse zu erklären. Das Phänomen der NDEs ließ eine Anzahl fundamentaler Fragen aufkommen: Wie und warum geschehen NDEs? Wie kommt es zu dem Inhalt einer NDE? Warum ändert sich das Leben eines Menschen so radikal nach einer NDE? Ich war unfähig, einige der Antworten zu akzeptieren, die normalerweise auf diese Fragen gegeben werden, weil sie mir unvollständig schienen, nicht richtig oder unbegründet. Ich bin in einer akademischen Umgebung aufgewachsen, in der ich gelehrt worden war, dass es eine materielle Erklärung für alles gibt. Und bis zu jenem Zeitpunkt, als ich wirklich anfing, meinen Patienten zuzuhören, hatte ich dies immer als unbestreitbar wahr akzeptiert.

Einige Wissenschaftler glauben nicht an Fragen, die nicht beantwortet werden können, aber sie glauben an falsch formulierte Fragen. Das Jahr 2005 erlebte die Veröffentlichung einer bestimmten Festausgabe der Zeitschrift *Science*, in der 125 Fragen gestellt wurden, die Wissenschaftler bis heute nicht beantworten konnten.

(3) Die wichtigste unbeantwortete Frage war: „Woraus besteht das Universum?",
gefolgt von „Was ist die biologische Grundlage des Bewusstseins?" Ich würde
diese zweite Frage umformulieren und so stellen: „Gibt es (überhaupt) eine biologische Grundlage des Bewusstseins?" Wir können auch unterscheiden zwischen
vorübergehenden und zeitlosen Aspekten unseres Bewusstseins. Dies führt zu
der folgenden Frage: „Ist es möglich, von einem Beginn unseres Bewusstseins zu
sprechen, und wird unser Bewusstsein jemals enden?"

Um diese Fragen zu beantworten, brauchen wir ein besseres Verständnis der Beziehung zwischen der Gehirnfunktion und dem Bewusstsein. Wir werden damit
beginnen müssen, dass wir untersuchen, ob es irgendeinen Hinweis darauf gibt,
dass Bewusstsein auch während des Schlafes erlebt wird oder während eines Ko-
mas, eines Gehirntodes, klinischen Todes, des Sterbeprozesses und schließlich bei
einem bestätigten Tod. Wenn die Antworten auf diese Fragen positiv sind, müssen
wir nach wissenschaftlichen Erklärungen in diesen unterschiedlichen Situationen
suchen. Indem wir alles untersuchen, was bisher über den Tod im Verlauf der
Geschichte gelehrt und geschrieben wurde, zu allen Zeiten, in allen Kulturen und
Religionen, können wir vielleicht in der Lage sein, uns ein anderes oder besseres
Bild vom Tod zu machen. Aber es könnte sein, dass wir dasselbe auf der Basis von
Ergebnissen jüngster wissenschaftlicher Forschung zu NDEs erreichen.

Es ist deutlich geworden, dass die meisten Menschen jede Furcht vor dem Tod
nach einem NDE verlieren. Ihre Erfahrung sagt ihnen, dass der Tod nicht das Ende
von allem ist und dass das Leben in einer oder der anderen Form weitergeht. Nach
den Aussagen von Menschen mit einem NDE ist der Tod nichts anderes als ein
anderer Weg des Seins mit einem besseren und weiteren Bewusstsein, das überall
zugleich ist, weil es nicht länger an den Körper gebunden ist. Hier ist, was jemand
mir nach seiner NDE geschrieben hat:

> „Es übersteigt meine Möglichkeiten, etwas zu diskutieren, das nur vom Tod bewie-
> sen werden kann. Dennoch, für mich persönlich war diese Erfahrung entscheidend,
> um mich zu überzeugen, dass das Bewusstsein über das Grab hinaus bestehen
> bleibt. Der Tod zeigte mir, dass er kein Tod ist, sondern eine andere Form des
> Lebens."

Die niederländische prospektive Studie

Um mehr reliable Daten zu erhalten und damit die vorhandenen Theorien über die Ursache und den Inhalt einer NDE zu untermauern oder zurückzuweisen, brauchten wir eine wirklich gut designte wissenschaftliche Studie. Das war der Grund dafür, dass im Jahr 1988 Ruud van Wees und Vincent Meijers, die beide Psychologen sind, die ihre Doktorarbeit über NDEs geschrieben haben, und ich, ein Kardiologe mit großem Interesse an dem Thema, anfingen, eine prospektive Studie in den Niederlanden zu designen. Zu dem Zeitpunkt waren nirgendwo auf der Welt bisher groß angelegte prospektive Studien über NDE durchgeführt worden. Unsere Studie zielte darauf ab, alle aufeinander folgenden Patienten einzubeziehen, die in den zehn teilnehmenden Krankenhäusern einen Herzstillstand überlebt hatten. In anderen Worten, alle Patienten unserer Studie waren eine kurze Zeitlang klinisch tot gewesen. Klinisch tot zu sein ist definiert als eine Zeitspanne der Bewusstlosigkeit, die durch einen Sauerstoffmangel im Gehirn (Anoxie) verursacht wird, der wiederum durch einen Abbruch des Kreislaufs, der Atmung oder beider gleichzeitig geschieht, wie dies beispielsweise bei einem Herzstillstand bei Patienten mit einem akuten Myocardinfarkt passiert. In dieser Situation, wenn keine Reanimationsmaßnahmen begonnen werden, sind die Gehirnzellen innerhalb von fünf bis zehn Minuten irreversibel geschädigt, und der Patient stirbt.

In dieser prospektiven Studie wurden alle Patienten innerhalb weniger Tage nach ihrer Wiederbelebung befragt, ob sie irgendeine Erinnerung an den Zeitabschnitt haben, in dem sie den Herzstillstand hatten, das bedeutet, an den Zeitabschnitt ihrer Bewusstlosigkeit. Alle medizinischen und anderen Daten des Patienten werden vor uns nach ihrer Wiederbelebung sorgfältig aufgenommen. Wir hatten von allen Patienten, die wir in unsere Studie einschlossen, EKGs. Ein EKG zeigt die elektrische Tätigkeit des Herzens. Bei einem Herzstillstand zeigen Patienten in ihrem EKG eine gewöhnlich tödliche Arrhythmie (ventrikuläre Fibrillation) oder eine Asystolie (eine waagrechte Linie in ihrem EKG). Im Fall einer Wiederbelebung außerhalb des Krankenhauses bekamen wir das EKG der Ambulanz. Nachdem die Wiederbelebung erfolgreich gewesen war, zeichneten wir sorgsam die demografischen Daten aller Patienten auf, einschließlich Alter, Schulbildung, Religion, Vorkenntnisse über NDE, und ob sie schon einmal eine NDE gehabt hatten. Sie wurden auch gefragt, ob sie unmittelbar vor ihrem Herzstillstand Todesangst gehabt hatten. Ebenso nahmen wir sehr sorgfältig alle medizinischen Daten auf, wie die Dauer des realen Herzstillstands und die Dauer der Bewusstlosigkeit, wie oft der Patient oder die Patientin reanimiert werden musste, welche Medikamente und in welcher Dosierung vorher, während und nach der Wiederbelebung gegeben worden waren. Wir trugen ein, wie viele Tage nach der Wiederbelebung das Interview stattfand, ob der Patient während des Interviews klar war und ob sein oder ihr Kurzzeitgedächtnis gut funktionierte.

Innerhalb von vier Jahren, zwischen 1988 und 1992, wurden 344 aufeinander folgende Patienten, die insgesamt 509 mal wiederbelebt worden waren, in die Studie einbezogen. Unser Studiendesign erforderte auch eine Kontrollgruppe Patienten: diejenigen, die einen Herzstillstand erlebt, aber keinerlei Erinnerungen an die Zeit ihrer Bewusstlosigkeit hatten. Eine Longitudinalstudie über Lebensveränderungen auf der Basis dieser Interviews fand zwei und acht Jahre nach dem Ereignis mit allen Patienten statt, die von einer NDE berichtet hatten und noch lebten, ebenso mit einer Kontrollgruppe von wiederbelebten Patienten, die den anderen nach Alter und Geschlecht entsprachen, die aber keine NDE erlebt hatten. Unsere Hauptfrage war, ob die normalen Veränderungen in der Haltung und im Leben nach einer NDE das Ergebnis der Wiederbelebung nach dem Herzstillstand waren oder ob diese Veränderungen durch die Erfahrung der NDE verursacht wurden. Diese Frage war zuvor noch nie wissenschaftlich und systematisch untersucht worden. Die niederländische Studie wurde im Dezember 2001 in der Zeitschrift *The Lancet* veröffentlicht. (4)

Wenn Patienten von Erinnerungen während der Zeit ihrer Bewusstlosigkeit berichteten, wurden ihre Erfahrungen in den WCEI-Fragebogen „Index gewichteter Kernerfahrungen" eingetragen. (5) Je größer die Anzahl der berichteten Elemente war, desto höher war die Punktzahl und desto tiefer war die NDE. Unsere Studie ergab, dass von den 344 Patienten 282 (gleich 82 Prozent) keine Erinnerung an den Zeitraum ihrer Bewusstlosigkeit hatten, wohingegen 62 Patienten (also 18 Prozent der 344 Patienten) von einer NDE berichteten. Von diesen 62 Patienten mit Erinnerungen hatten 21 Patienten nur entfernte Erinnerungen; sie hatten also nur einige NDE-Elemente erfahren und hatten eine oberflächliche NDE mit einer geringen Punktezahl. 18 Patienten hatten eine mitteltiefe NDE gemacht und 17 Patienten berichteten von einer tiefen NDE, sechs von einer sehr tiefen NDE.

Die Hälfte der Patienten mit einer NDE waren sich bewusst, dass sie tot waren, und hatten positive Gefühle; 30 Prozent hatten eine Tunnelerfahrung, beobachteten eine himmlische Landschaft oder trafen bereits gestorbene Personen, etwa 25 Prozent hatten eine außerkörperliche Erfahrung, eine Kommunikation mit „dem Licht" oder eine Wahrnehmung von Farben, 13 Prozent erlebten einen Lebensrückblick und acht Prozent erlebten die Gegenwart einer Grenze. In anderen Worten, alle bekannten Elemente einer NDE wurden in unserer Studie auch berichtet, mit Ausnahme einer angstauslösenden oder negativen NDE.

Gibt es irgendwelche Gründe, warum einige Menschen dies erleben, aber die meisten sich nicht an den Zeitraum ihrer Bewusstlosigkeit erinnern? Um diese Frage zu beantworten, verglichen wir die aufgezeichneten Daten der 62 Patienten mit einer NDE mit den Daten der 282 Patienten ohne eine NDE. Zu unserer großen Überraschung fanden wir keinerlei signifikante Unterschiede in der Dauer des Herzstillstands, auch keine Unterschiede in der Dauer der Bewusstlosigkeit und keine Unterschiede dabei, ob eine Intubation für eine künstliche Beatmung bei gefährlich erkrankten Patienten notwendig gewesen war, die tage- oder wochenlang nach einem komplizierten Wiederbelebungsversuch im Koma gelegen hatten. Wir fanden auch keine Unterschiede bei den 30 Patienten, die einen Herzstillstand während einer elektrophysiologischen Stimulation (EPS) im Katheterlabor erlebt hatten und deren Herzrhythmus mit einer Defibrillation (einem Elektroschock) innerhalb von 15 bis 30 Sekunden wieder aktiviert worden war. Wir schafften es also nicht, Unterschiede zwischen den Patienten im Hinblick auf die Zeitdauer des Herzstillstands nachzuweisen. Das Maß oder die Schwere des Fehlens von Sauerstoff im Gehirn (Anoxie) schien also nicht ausschlaggebend zu sein. Genauso stellte sich heraus, dass die Art der Medikation auch keine Rolle spielte. Die meisten Patienten, die einen Myocardinfarkt haben, erhalten morphin-ähnliche Schmerzmittel, während Menschen, die nach einer komplizierten Wiederbelebung an einen Respirator angeschlossen werden, extrem hohe Dosen von Beruhigungsmitteln bekommen.

Psychologische Ursachen wie die unregelmäßig notierte Todesfurcht schien das Auftreten einer NDE auch nicht zu beeinflussen, obwohl sie die Tiefe der Erfahrung beeinflusste. Ob Patienten vorher von NDE gehört oder darüber gelesen hatten, machte auch keinen Unterschied. Irgendeine Art religiöser Überzeugung, oder auch gerade deren Abwesenheit in nichtreligiösen Menschen oder Atheisten war irrelevant und dasselbe galt für den Bildungsgrad. Faktoren, die die Häufigkeit einer NDE dagegen beeinflussten, waren: unter 60 Jahre alt sein und mehrere Wiederbelebungsversuche während des Klinikaufenthalts gehabt zu haben. In diesen Fällen waren die Chancen, eine NDE zu haben, größer. Erstaunlicherweise fanden wir in unserer Studie, dass Patienten, die bereits einmal eine NDE in ihrer Vergangenheit gehabt hatten, häufiger von NDEs berichteten. Eine komplizierte Wiederbelebung kann zu einem langen Koma führen, und bei den meisten Patienten, die bewusstlos oder tage- oder wochenlang an ein Beatmungsgerät angeschlossen waren, treten häufiger Störungen im Kurzzeitgedächtnis als Ergebnis einer dauerhaften Hirnschädigung auf. Diese Patienten berichteten signifikant seltener von einer NDE in unserer Studie. Dies kann bedeuten, dass ein gutes Gedächtnis ausschlaggebend dafür ist, ob man sich an eine NDE erinnert.

Wir waren besonders überrascht, als wir herausfanden, dass es offenbar keine medizinische Erklärung für das Auftreten einer NDE gibt. Alle Patienten in unserer Studie waren klinisch tot gewesen, und nur ein kleiner Prozentsatz berichtete von einer erweiteren Bewusstheit mit klaren Gedanken, Gefühlen, Erinnerungen und manchmal der Wahrnehmung einer Position außerhalb oder über dem leblosen Körper, während die Ärzte und das Pflegepersonal Wiederbelebungsmaßnahmen vornahmen. Wenn es eine physiologische Erklärung für das Auftreten dieser erweiterten Wahrnehmung geben würde, wie beispielsweise Sauerstoffmangel im Gehirn (Anoxie), dann hätte man erwarten können, dass alle Patienten unserer Studie eine NDE erlebt hätten. Denn alle waren als Folge ihres Herzstillstands, der einen Blutdruckverlust und einen Atemstillstand sowie ein Ende aller körperlichen und Hirnstammreflexe verursachte, bewusstlos gewesen. Ebenso konnte die Schwere der medizinischen Situation, wie ein Langzeit-Koma nach einer komplizierten Wiederbelebung, nicht erklären, warum Patienten von einer NDE berichteten oder nicht berichteten, außer im Fall von zurückbleibenden Gedächtnisschäden.

Die psychologische Erklärung ist zweifelhaft, weil die meisten Patienten keine Todesfurcht während ihres Herzstillstands empfanden, weil dieser so plötzlich auftrat, dass sie ihn nicht einmal bemerkten. In den meisten Fällen blieben sie ohne jede Erinnerung an ihre Wiederbelebung zurück. Dies wird erhärtet durch die Studie von Greyson (6), der ausschließlich subjektive Daten von Patienten nach ihrer Wiederbelebung sammelte und nachwies, dass die meisten Patienten nicht einmal gemerkt hatten, dass sie einen Herzstillstand hatten. Das ist bei einer Ohnmacht ähnlich. Wenn Menschen wieder zu Bewusstsein kommen, wissen sie meist nicht mehr eindeutig, was mit ihnen geschehen ist. Eine pharmakologische Erklärung konnte auch ausgeschlossen werden, da die verabreichten Medikamente keine Auswirkung darauf hatten, ob die Menschen von einer NDE berichteten oder nicht.

Elemente einer NDE, die von Menschen in unserer Studie erwähnt wurden, waren Außerkörper-Erfahrungen, ein holografischer Lebensrückblick, Treffen mit verstorbenen Verwandten und eine bewusste Rückkehr in den Körper. Diese Elemente wurden während des Zeitraums des Herzstillstands erfahren, des Zeitraums offensichtlicher Bewusstlosigkeit: des Zeitraums des klinischen Todes.

Die Außerkörper-Erfahrungen

In dieser Erfahrung haben Menschen wahrheitsgetreue Wahrnehmungen aus einer Position außerhalb und über ihrem leblosen Körper. Die Außerkörper-Erfahrung (OBE, engl. Out-of-body-experience) ist wissenschaftlich bedeutsam, weil Ärzte, Krankenschwestern und Verwandte die berichteten Wahrnehmungen bestätigen können, und sie können auch den genauen Zeitpunkt bekräftigen, an die die NDE mit der OBE während der Periode der Herz-Lungen-Wiederbelebung passierte. Dies beweist, dass die OBE keine Halluzination sein kann, denn eine Halluzination ist die Erfahrung einer Wahrnehmung, die keine Basis in der „Wirklichkeit" hat. Es kann auch keine Wahnvorstellung sein, die eine unrichtige Einschätzung einer richtigen Wahrnehmung ist, und auch keine Illusion, die ein missverstandenes oder irreführendes Bild ist.

Sollte eine OBE gesehen werden als eine Art nichtsinnlicher Wahrnehmung – eine Abwandlung einer Akashaerfahrung? Hier ist der Bericht einer Krankenschwester der Herzstation:

Während der Nachtschicht brachte ein Krankenwagen einen 44-jährigen zyanotischen, komatösen Mann auf die Herzstation. Er war 30 Minuten zuvor, im Koma liegend, in einer Wiese gefunden worden. Als wir den Patienten zu intubieren versuchten, entdeckten wir, dass er falsche Zähne im Mund hatte. Ich nahm die oberen Zähne heraus und stellte sie auf den Notfallwagen. Nach etwa eineinhalb Stunden hatte der Patient ausreichend Herzrhythmus und Blutdruck, war aber immer noch ventiliert und intubiert und immer noch komatös. Er wurde auf die Intensivstation gebracht, um die notwendige künstliche Beatmung weiter durchzuführen. Ich traf den Patienten erst nach einer Woche wieder. Zu der Zeit war er schon wieder auf der normalen Herzstation. In dem Moment, als er mich sah, meinte er: „Oh, diese Krankenschwester weiß, wo sie meine Zähne hingelegt hat." Ich war sehr, sehr überrascht. Dann erläuterte er: „Sie waren da, als ich ins Krankenhaus gebracht wurde, und Sie haben meine Zähne aus meinem Mund genommen und sie auf diesen Wagen gelegt, es waren viele Flaschen darauf und ein rutschendes Tablett darunter, und darauf haben Sie meine Zähne gelegt." Ich war besonders überrascht, weil ich mich daran erinnerte, dass dies geschehen war, während der Mann in einem tiefen Koma lag und wir im Prozess waren, ihn künstlich zu beatmen. Es schien, dass der Mann sich selbst auf dem Bett liegend gesehen hatte und dass er von oben gesehen hatte, wie die Krankenschwestern und die Ärzte mit der Beatmung beschäftigt waren. Er war auch in der Lage, den kleinen Raum, in dem er wiederbelebt worden war, ganz korrekt zu beschreiben, ebenso wie das Aussehen der Menschen, die dabei waren, wie beispielsweise mich.

Der holografische Lebensrückblick

Hier fühlt die Versuchsperson die Gegenwart und erlebt erneut nicht nur jede Handlung, sondern auch jeden Gedanken aus ihrem oder seinem Leben und erkennt, dass alles ein Energiefeld ist, das andere ebenso beeinflusst. Alles, was getan und gedacht wurde, scheint also aufbewahrt zu werden. Wegen ihrer Verbindung mit den Erinnerungen, Gefühlen und dem Bewusstsein anderer Menschen erfahren die Versuchspersonen die Folgen ihrer eigenen Gedanken, Worte und Handlungen für diese Menschen und auch zum selben Zeitpunkt, in dem sie geschahen. Sie verstehen, dass alles, was jemand anderen antut, letztlich zu einem selbst zurückkehrt. Die Patienten sehen ihr ganzes Leben auf einen Blick; Zeit und Raum scheinen während dieser Erfahrung nicht zu existieren – in einem Moment sind die da, wo sie ihre Aufmerksamkeit hinrichten. Sie können stundenlang über den Inhalt ihres Lebensrückblicks sprechen, selbst wenn die Wiederbelebung nur wenige Minuten gedauert hat.

Hier sind einige Berichte:

Mein gesamtes Leben bis zu diesem Augenblick schien in einer Art Panorama, in einem dreidimensionalem Rückblick vor mich hingestellt zu werden, und jedes Ereignis scheint von einem Bewusstsein von Gut oder Böse oder mit einer Einsicht in Ursache und Wirkung begleitet zu sein.

Nicht nur nahm ich alles von meinem eigenen Gesichtspunkt aus wahr, sondern ich kannte auch die Antworten von allen, die mit dem Ereignis zu tun hatten, so, als hätte ich ihre Gedanken in mir. Dies bedeutete, dass ich nicht nur das wahrnahm, was ich gedacht und getan hatte, sondern sogar, in welcher Weise ich andere beeinflusst hatte, und ich sah die Dinge mit alles-sehenden Augen. Und daher scheinen nicht einmal deine Gedanken vollkommen ausgelöscht zu werden. Und die ganze Zeit während des Rückblicks wurde die Bedeutung der Liebe betont.

Wenn ich zurückschaue, dann kann ich nicht sagen, wie lange dieser Lebensrückblick und die Lebenseinsicht dauerte, es kann lange gewesen sein, denn jedes Thema kam einmal, aber zur selben Zeit schien es nur einen Bruchteil einer Sekunde gedauert zu haben, denn ich nahm alles zum gleichen Zeitpunkt wahr. Zeit und

Entfernung schienen nicht zu existieren. Ich war zum selben Zeitpunkt an allen Orten und manchmal wurde meine Aufmerksamkeit zu etwas hingezogen, und dann war ich genau an diesem Ort gegenwärtig.

Eine Vorschau (ein Vorwärtsblitz) wurde auch manchmal erwähnt, in dem zukünftige Bilder aus den persönlichen Lebensereignissen ebenso wie mehr allgemeine Bilder der Zukunft geschehen. Und wiederum scheint es hier, als ob Zeit und Raum während dieser Erfahrung nicht existieren. Manche Patienten beschreiben, wie sie in ihre Körper zurückkamen, meistens durch den obersten Punkt des Kopfes, nachdem sie verstanden hatten, dass es „noch nicht ihre Zeit war" oder dass „sie noch eine Aufgabe zu erfüllen" hatten. Diese bewusste Rückkehr in den Körper wird als etwas sehr Bedrückendes erfahren. Die Patienten erkennen, dass sie in ihren geschädigten Körpern „gefangen" sind, und sie erleben erneut all die Schmerzen und Begrenzungen ihres Zustands.

Die folgenden Interviews in der Longitudinalstudie wurden mit Hilfe eines standardisierten Fragebogens vorgenommen, der 34 Lebensveränderungs-Fragen stellt. (7) Unter den 74 Patienten, die zuließen, dass sie nach zwei Jahren erneut interviewt wurden, waren 14 der insgesamt 34 Faktoren, die in dem Fragebogen aufgelistet waren, signifikant anders bei denen, die eine NDE erlebt hatten, als bei denen ohne NDE. Die Interviews zeigten, dass bei Menschen mit einer NDE die Todesangst signifikant abgenommen hatte, während der Glaube an ein Leben nach dem Tod signifikant zugenommen hatte.

Nach acht Jahren verglichen wir erneut die 13 Faktoren, die nach zwei Jahren zwischen den beiden Gruppen mit und ohne NDE signifikant unterschiedlich gewesen waren. Es traf uns, dass beide Gruppen zweifellos durch Transformationsprozesse gingen. Wir waren überrascht herauszufinden, dass die Transformationsprozesse, die nach zwei Jahren bei den Menschen angefangen hatten, die eine NDE erlebt hatten, sich nach acht Jahren eindeutig intensiviert hatten. Und dasselbe war bei den Menschen ohne NDE so. Während es weiterhin klare Unterschiede zwischen den Menschen mit oder ohne eine NDE gab, waren diese Unterschiede weniger stark ausgeprägt.

Zusammengefasst konnten wir sagen, dass acht Jahre nach ihrem Herzstillstand alle Patienten sich auf vielerlei Weise verändert hatten – sie zeigten mehr Interesse an der Natur, der Umwelt und an sozialer Gerechtigkeit, zeigten mehr ihre Liebe und ihre Gefühle und waren unterstützender und engagierter im Familienleben.

Nichtsdestotrotz blieben die Menschen, die eine NDE während ihres Herzstillstands erlebt hatten, eindeutig anders. Sie hatten weiterhin weniger Angst vor dem Tod und glaubten stärker an ein Leben nach dem Tod. Wir bemerkten, dass sie ein stärkeres Interesse an Spiritualität und an dem Sinn des Lebens hatten, genauso wie eine stärkere Akzeptanz und Liebe für sich selbst und für andere. Ebenso zeigten sie eine größere Wertschätzung für gewöhnliche Dinge, wohingegen ihr Interesse an Besitztümern und Macht sich vermindert hatte.

Die Gespräche zeigten auch, dass die Menschen vermehrte intuitive Gefühle nach der NDE erworben hatten, zusammen mit einem starken Gefühl für Verbundenheit mit anderen und mit der Natur. Wie viele von ihnen es ausdrückten, hatten sie „paranormale Geschenke" erworben. Viele beobachteten, dass das plötzliche Ereignis vergrößerter Intuition ziemlich problematisch für sie gewesen war, da sie plötzlich ein ganz starkes Gefühl für andere entwickelten, was sehr einschüchternd sein kann; sie erlebten auch Hellsehen, prophetische Gefühle und Visionen. Dieses intuitive Gefühl kann sehr extrem sein, wobei Menschen Gefühle und Traurigkeit in anderen „fühlen" oder ein Gefühl haben zu wissen, wann jemand sterben wird – was sich normalerweise auch als richtig erweist. Die Integration und Annahme einer NDE ist ein Prozess, der aufgrund seiner weitreichenden Folgen für die Lebenseinstellung und der Werte des Menschen vor seiner NDE viele Jahre dauern kann. Es ist sehr bedeutsam, wie ein Herzstillstand, der nur ein paar Minuten dauert, Anlass für einen lebenslangen Transformationsprozess gibt.

Eine NDE ist sowohl eine existenzielle Krise als auch eine intensive Lektion im Leben. Eine NDE gibt einem Menschen eine bewusste Erfahrung einer Dimension, in der Zeit und Entfernung keine Rolle spielen; in der es möglich ist, einen Blick in die Vergangenheit und in die Zukunft zu tun, wo sie sich vervollständigt und geheilt anfühlen und wo man ein unbegrenztes Wissen und bedingungslose Liebe erfährt. Die Lebensveränderungen, die darauf folgen, entspringen meist einer Einsicht, dass Liebe und Mitgefühl für einen selbst, für andere und für die Natur die wichtigsten Voraussetzungen des Lebens sind. Nach einer NDE erkennen Menschen, dass alles und jeder verbunden ist, dass jeder Gedanke einen Einfluss auf einen selbst und auf andere hat, und dass unser Bewusstsein auch nach dem körperlichen Tod weitergeht.

Rätsel und mögliche Erklärungen

Die großangelegte niederländische Studie erlaubte eine statistische Analyse der Faktoren, die mit dem Auftreten einer NDE in Zusammenhang stehen. Wir waren in der Lage, physiologische, psychologische und pharmakologische Erklärungen auszuschließen. Unsere Studie war auch die erste, die eine longitudinale Komponente mit Interviews nach zwei und nach acht Jahren enthielt, was uns erlaubte, die Transformationsprozesse bei Menschen mit und ohne NDE zu vergleichen. Wir konnten ein klares Veränderungsmuster in Menschen mit einer NDE identifizieren und aufdecken, dass es ein langer und schwerer Prozess ist, diese Veränderungen ins tägliche Leben zu integrieren. Und wir kamen zu der unvermeidlichen Schlussfolgerung, dass die Patienten all diese NDE-Elemente während des Zeitabschnitts ihres Herzstillstands erlebten, in einer Zeit also, in der es ein völliges Aufhören der Blutversorgung zu ihrem Gehirn gegeben hatte. Wir waren nicht in der Lage, die Frage zu beantworten, wie dies möglich gewesen sein konnte.

Bruce Greyson, der eine prospektive Studie mit 116 Überlebenden eines Herzstillstands in den USA veröffentlichte, schrieb, dass

> …nicht ein physiologisches oder psychologisches Modell allein all die gemeinsamen Erscheinungsformen einer NDE erklären kann. Das paradoxe Geschehen, dass eine erhöhte, klare Bewusstheit und ein logischer Denkprozess während eines Zeitabschnitts gestörter Hirndurchblutung passiert, lässt besonders verwirrende Fragen nach unserem derzeitigen Verständnis des Bewusstseins und seiner Beziehungen zur Gehirnfunktion entstehen. Ein klares Sensorium und ein komplexer Wahrnehmungsprozess während eines Zeitabschnitts offenkundigen klinischen Todes stellt das Konzept infrage, nach dem Bewusstsein ausschließlich im Gehirn angesiedelt wird. (8)

Die britische prospektive Studie von Sam Parnia und Peter Fenwick umfasste 63 Patienten, die einen Herzstillstand überlebten. Nach ihren Angaben „lassen die NDE-Berichte vermuten, dass die NDE während des Zeitabschnitts der Bewusstlosigkeit geschieht." Dies ist eine überraschende Schlussfolgerung, denn…

> …wenn das Gehirn so dysfunktional ist, dass der Patient tief komatös ist, dann müssen die Gehirnstrukturen, die die subjektive Erfahrung und Erinnerung unterstützen, ernsthaft beeinträchtigt sein. Komplexe Erfahrungen, wie sie über die NDE berichtet werden, sollten nicht vorkommen oder im Gedächtnis bleiben. Solche

Patienten dürften eigentlich keine subjektiven Erfahrungen haben, wie das bei der großen Mehrheit der Patienten der Fall war, die einen Herzstillstand überlebten, da alle Zentren im Gehirn, die verantwortlich für die Erzeugung bewusster Erfahrungen sind, ihre Funktion als Folge des Sauerstoffmangels eingestellt haben. (9)

Eine häufig zitierte Erklärung ist, dass die beobachteten Erfahrungen während der Frühphase des Aufhörens des Bewusstseins oder während seiner Wiederaufnahme geschehen. Parnia und Fenwick behaupten jedoch, dass die nachprüfbaren Elemente einer Außerkörperlichen Erfahrung während der Bewusstlosigkeit, wie beispielsweise die Berichte des Patienten über ihre Reanimierung, dies extrem unwahrscheinlich machen. Über einen Zeitraum von vier Jahren führte Penny Sartori eine kleinere Studie über NDE bei 39 Überlebenden eines Herzstillstands in Großbritannien durch. Sie schlussfolgerte, dass „es der herrschenden Wissenschaft zufolge ziemlich unmöglich ist, eine wissenschaftliche Erklärung für die NDE zu finden, jedenfalls, solange wir „glauben", dass Bewusstsein nur eine Nebenwirkung eines funktionierenden Gehirns ist." (10) Die Tatsache, dass Menschen von klaren Erfahrungen in ihrem Bewusstsein berichten, wenn die Gehirnaktivität aufgehört hat, ist, ihrer Ansicht nach, schwer mit der herrschenden medizinischen Meinung unter einen Hut zu bringen.

Mit den herrschenden medizinischen und wissenschaftlichen Konzepten scheint es unmöglich zu sein, alle Aspekte der subjektiven Erfahrungen zu erklären, wie sie von den Patienten mit einer NDE während ihres zeitweiligen Verlustes aller Hirnfunktionen berichtet werden. Darüber hinaus haben selbst blinde Menschen wahrheitsgetreue Wahrnehmungen während ihrer außerkörperlichen Erfahrungen während der Zeit ihrer NDE beschrieben. Es ist wirklich eine Herausforderung für die Wissenschaft, eine neue Hypothese aufzustellen, die das Geschehen des Folgenden während eines Zeitabschnitts gestörter zerebraler Durchblutung erklären könnte, die als Ergebnis ein geradliniges EEG von im Durchschnitt 15 Sekunden hat:

- die berichtete wechselseitige Verbundenheit mit dem Bewusstsein anderer Menschen und verstorbener Angehöriger

- die Möglichkeit, gleichzeitig und unverzüglich eine Rückschau und eine Vorschau des eigenen Lebens in einer Dimension zu erleben, wo alle vergangenen, gegenwärtigen und zukünftigen Ereignisse existieren, und zwar ohne unser konventionelles, mit dem Körper verbundenes Konzept von Raum und Zeit.

- die Möglichkeit, ein klares Bewusstsein von Erinnerungen zu haben, mit einer Selbstidentität, mit Kognitionen und der Möglichkeit einer Wahrnehmung (11)

Die häufig eingewandte Feststellung, dass ein geradliniges EEG nicht alle Hirnaktivitäten ausschließt, weil es in der Hauptsache eine Registrierung der elektrischen Aktivität im zerebralen Cortex ist, verpasst das Thema. Das Thema ist nicht, ob es überhaupt irgendeine Hirnaktivität irgendeiner Art gibt, sondern ob es eine Hirnaktivität in einer besonderen Form gibt, die von der neuzeitlichen Neurowissenschaft als notwendige Bedingung einer bewussten Erfahrung angesehen wird. Und es ist bewiesen worden, dass es keine solche spezifische Hirnaktivität während eines Herzstillstands gibt. Andererseits wird trotz einer messbaren EEG-Aktivität im Gehirn während des Tiefschlafs (ohne REM-Phase) kein Bewusstsein erfahren, weil es keine Integration von Information und keine Kommunikation zwischen den verschiedenen neuronalen Netzwerken gibt. (12) Also kann Bewusstsein selbst unter Umständen, in denen eine Hirnaktivität gemessen werden kann, manchmal nicht erfahren werden.

In einigen Artikeln (13) und in meinem jüngsten Buch (14) beschreibe ich ein Konzept, in dem unser gesamtes und ungeteiltes Bewusstsein mit erklärenden Gedächtnisfeldern in einem nicht-ortsgebundenen Raum als Wellenfelder von Information seinen Ursprung findet und aufbewahrt wird. Dieser nicht-ortsgebundene Aspekt des Bewusstseins kann mit Schwerkraftfeldern verglichen werden, bei denen auch nur die physikalischen Wirkungen gemessen, die Felder selbst aber nicht unmittelbar aufgezeigt werden können. In diesem Konzept dient der Cortex lediglich als eine Relais-Station für Teile dieser Wellenfelder des Bewusstseins, die in unserem Wachbewusstsein empfangen werden. Dieses Letztere gehört zu unserem physischen Körper.

Also gibt es zwei komplementäre Aspekte von Bewusstsein, die nicht auf ein einzelnes reduziert werden können, und die neuronalen Netzwerke sollten so gesehen werden, dass sie als Empfänger und Überträger fungieren, nicht als Anker für Bewusstsein und Erinnerungen. In diesem Konzept ist das Bewusstsein nicht verwurzelt in der messbaren Domäne der Physik, unserer manifesten Welt. Der Wellenaspekt unseres unzerstörbaren Bewusstseins in der nicht-ortsgebundenen Sphäre ist grundsätzlich unfähig, mit physikalischen Mitteln gemessen zu werden. Dennoch kann der physikalische Aspekt des Bewusstseins, der aus dem Wellenaspekt des Bewusstseins entsteht, mit den Mitteln der neuro-abbildenden Techniken wie dem EEG, dem fMRI und dem PET-Scan gemessen werden.

Auf der Basis der NDE-Forschung schließe ich, dass unser Wachbewusstsein, das wir als unser Tagesbewusstsein erfahren, nur ein komplementärer Aspekt unseres ganzen und unendlichen, nicht-ortsgebundenen Bewusstseins ist. Dieses Bewusstsein basiert auf unzerstörbaren und sich stets weiterentwickelnden Informationsfeldern, wo alles Wissen, alle Weisheit und bedingungslose Liebe gegenwärtig und verfügbar sind, und diese Bewusstseinsfelder werden in einer Dimension aufbewahrt, die jenseits unseres Konzepts von Zeit und Raum mit einer nicht ortsgebundenen und universellen gegenseitigen Verbundenheit liegt. Man könnte dies unser höheres Bewusstsein, unser göttliches Bewusstsein, unser kosmisches Bewusstsein nennen. Es ist das Akashafeld, zu dem die Bedingungen an den Toren des Todes eine besondere Art des Zugangs schaffen.

17 • Beweise für das Akashafeld aus der modernen Bewusstseinsforschung

Stanislav Grof

Stanislav Grof ist Psychiater mit mehr als 50 Jahren Erfahrung in nicht-gewöhnlichen Bewusstseinszuständen, die entweder durch den Einsatz psychedelischer Drogen oder durch verschiedene nicht-pharmakologische Methoden hervorgerufen werden. Er ist Professor für Psychologie am Kalifornischen Institut für Integrale Studien (CIIS) in San Francisco, leitet professionelle Trainingsprogramme und hält weltweit Vorträge und gibt Seminare. Er hat zahlreiche Bücher und mehr als 140 Studien in Fachzeitschriften veröffentlicht. Grof ist einer der Stammväter der Transpersonalen Psychologie und Gründungspräsident der Internationen Transpersonalen Vereinigung (ITA). Im Oktober 2007 erhielt er den Visionen-97-Preis von der Dagmar-und-Vaclav-Havel-Stiftung in Prag.

Im Laufe des 20. Jahrhunderts haben verschiedene Disziplinen der modernen Wissenschaft eine außergewöhnliche Bandbreite von Beobachtungen gesammelt, die sich nicht in den Begriffen materialistischer Weltanschauung erklären lassen oder zumindest nicht ausreichend erklärt werden können. Diese „anormalen Erscheinungen" kamen aus einer weiten Bandbreite von Forschungsfeldern wie der Astrophysik, der Quantenphysik, der Chemie oder Biologie, der Anthropologie, der Thanatologie, der Parapsychologie und der Psychologie.

Wissenschaftliche Pioniere aus den verschiedenen wissenschaftlichen Disziplinen haben mehr oder weniger erfolgreiche Versuche unternommen, die beeindruckenden konzeptionellen Probleme anzugehen, die uns von den anormalen Daten vorgelegt werden. Sie haben Theorien formuliert, die revolutionäre neue Arten und Weisen vorschlugen, wie man die hartnäckigen Probleme betrachten kann, den sie in ihren Forschungsfeldern gegenüberstanden. Im Lauf der Zeit begann sich ein radikal andersartiges Verständnis der Wirklichkeit und der menschlichen

Natur abzuzeichnen, was heute gewöhnlich als das neue oder aufsteigende Wissenschaftsparadigma bezeichnet wird.

Dennoch erzeugte diese neue Perspektive ein Mosaik, das aus beeindruckenden, aber unverbundenen Teilen besteht – Barrow und Tiplers anthropischem Prinzip, den philosophischen Auswirkungen der Relativitäts- und Quantenphysik, David Bohms Theorie der Holobewegung, Karl Pribhams holografisches Modell des Gehirns, Rupert Sheldrakes Theorie der Morphogenetischen Felder, Ilya Prigogines Theorie der dissipativen Strukturen und so weiter.(1) Das Verdienst, eine elegante interdisziplinäre Lösung für die Anomalien zu finden, die die moderne Wissenschaft plagen, und dafür, diese unverbundenen Anstrengungen zusammenzubringen, gebührt Ervin Laszlo, der wahrscheinlich der wichtigste Systemtheoretiker und interdisziplinäre Wissenschaftsphilosoph der Welt ist.

Laszlo erreichte dies durch die Formulierung seiner „Konnektivitäts-Hypothese", deren Eckpfeiler die Existenz dessen ist, was er früher das PSI-Feld und in jüngerer Zeit das Akashafeld nannte – ein Subquantum-Feld, in dem alles, was je geschehen ist, dauerhaft und holografisch aufgezeichnet bleibt. (2)

Notizen aus meiner Forschung zu den Akashaerfahrungen

Mein vorherrschender Interessenbereich und die Leidenschaft meines Lebens war das Studium einer wichtigen Unterkategorie der nicht-gewöhnlchen Bewusstseinszustände, die ich *holotropisch* nenne (was wörtlich genommen *„in Richtung auf Ganzheit bewegend"* bedeutet, aus dem Griechischen kommend und zusammengesetzt ist aus *holos* = ganz und *trepein* = sich in Richtung auf etwas bewegend). Was diese Zustände zu einem so faszinierenden Studienobjekt macht, ist ihr heuristisches, therapeutisches und evolutionäres Potenzial. (3) Diese Forschung, in die ich nun inzwischen seit mehr als einem halben Jahrhundert involviert bin, hat eine Reihe das Paradigma brechender anormaler Phänomene hervorgebracht.

Holotrope Zustände decken ein reiches Spektrum ab: Von solchen, die Schamanen in ihren Initiationskrisen erfahren und in ihren Heilungen benutzen, über Zustände, die Eingeborene in ihren Übergangsriten und Heilzeremonien hervorrufen, die Initianden in den antiken Mysterien von Tod und Wiedergeburt erfuhren, bis zu außergewöhnlichen Erfahrungen, die im Verlauf systematischer spiritueller Praktiken von Yogis, Buddhisten, Taoisten, Kabbalisten, Sufis, christlichen Hesychasten und Wüstenvätern geschehen, ebenso wie die, die in den Erzählungen von

Mystikern aller Länder und aller geschichtlichen Epochen zu finden sind. Moderne Psychiater und Therapeuten haben diese Zustände in der psychedelischen Therapie erfahren, bei tiefen experimentellen Arbeiten ohne den Einsatz psychotroper Drogen, in Experimenten mit sensorischer Deprivation und Biofeedback und im Verlauf von Therapien mit Einzelnen, die durch spontan auftretende Episoden holotropischer Zustände gehen.

Die fünf Dekaden, die ich der Bewusstseinsforschung gewidmet habe, sind für mich ein außergewöhnliches Abenteuer der Entdeckung und der Selbst-Entdeckung gewesen. Ich habe etwa die Hälfte dieser Zeit damit verbracht, Therapien mit psychedelischen Drogen durchzuführen, zuerst in der damaligen Tchechoslowakei, im Psychiatrischen Forschungsinstitut in Prag, und dann in den Vereinigten Staaten, am Maryland Psychiatrischen Forschungszentrum in Baltimore, wo ich an dem letzten überlebenden offiziellen amerikanischen psychedelischen Forschungsprogramm teilnahm. Seit 1975 habe ich mit dem Holotropen Atmen gearbeitet, einer powervollen Therapie- und Selbsterforschungs-Methode, die ich zusammen mit meiner Frau Christina entwickelt habe. Im Lauf der Jahre haben wir auch viele Menschen unterstützt, die durch spontan auftretende psychospirituelle Krisen oder „spirituelle Notfälle" gehen, wie Christina und ich sie genannt haben. (4)

In meiner Arbeit mit holotropen Zuständen bin ich beinahe täglich auf Phänomene gestoßen, die nicht durch den Theorierahmen der akademischen Psychiatrie erklärt werden konnten und die eine ernsthafte Herausforderung für die grundlegenden metaphysischen Annahmen westlicher Wissenschaft darstellen. Meine frühen Beobachtungen in der psychedelischen Therapie zeigten jenseits irgendwelcher einleuchtender Zweifel, dass meine Klienten in der Lage waren, in holotropischen Zuständen ihre eigene biologische Geburt und sogar Episoden aus ihrem pränatalen Leben wieder zu durchleben, und zwar oft mit außergewöhnlichen Einzelheiten, viele dieser Erfahrungen konnten dann objektiv verifiziert werden. In der akademischen Psychiatrie wird eine Erinnerung an die Geburt für unmöglich gehalten, weil der zerebrale Cortex eines Neugeborenen noch keine vollständige Markscheide ausgebildet hat. Ich habe die Schwäche einer solchen Argumentation in anderen Publikationen nachgewiesen. (5)

Aber ich bin auch auf viel erheblichere konzeptionelle Herausforderungen gestoßen. Bei vielen Gelegenheiten erlebten meine Klienten Episoden aus den Leben ihrer Vorfahren und sogar tierischer Vorfahren. Das einzige denkbare materielle Substrat für Erfahrungen aus Zeiten, die unserer Zeugung vorausgehen, müsste im Kern einer einzelnen Zelle enthalten sein – dem Sperma oder dem Ei – oder, genauer, in der DNA. Dennoch haben wir Erlebnisse beobachtet, für die sogar diese ziemlich fantastische Möglichkeit kein zufriedenstellendes Erklärungsprinzip dargestellt hätte. Wir haben viele Situationen miterlebt, in denen die Erfahrungen biologische Erblinien überschritten. Menschen identifizierten sich oft erfahrungsgemäß mit Personen einer anderen Rasse, wie beispielsweise ein Slawe mit einem japanischen Samurai, ein Angelsachse mit einem schwarzafrikanischen Sklaven oder ein Japaner mit einem spanischen Conquistadoren und so weiter.

Ebenso war die erfahrene Identifikation mit Tieren nicht auf unsere direkten Tiervorfahren beschränkt, wo die Keimzellen – wenigstens theoretisch – als materieller Bote der Information dienen könnten. Wir haben beispielsweise bei unseren Versuchspersonen authentische erfahrene Identifikationen mit einem Silberrückengorilla oder einem Schimpansen erlebt, Tieren, mit denen wir gemeinsame antike protohominide Vorfahren teilen, aber keine Verbindung durch eine direkte genetische Linie besitzen. Der Evolutionsbaum von Darwin teilt Gorilla- und Schimpansenlinien, lange bevor sie den *Homo sapiens* erreichen. Dieses Problem ist sogar noch offensichtlicher, wenn eine solche Identifikation Vögel beinhaltet, Reptilien oder Insekten.

Es ist wichtig zu betonen, dass alle oben erwähnten Arten erfahrener Identifikationen mit anderen Menschen, Tieren und Pflanzen typischerweise detaillierte und wahrheitsgetreue Informationen über die verschiedenen Aspekte der Welt liefern, die weit über das hinausreichen, was die Menschen durch konventionelle Kanäle im Verlauf ihres gegenwärtigen Lebens hätten erlangen können. Die Überprüfung der Information, die durch erfahrene Identifikation zugänglich gemacht wird, ist leichter, wenn es sich um Tiere handelt. Der Grund dafür ist, dass es viele wichtige Aspekte dieser Erfahrungen gibt, die nicht durch konventionelle Medien – Bücher, Fotos, Filme, Fernsehen und so weiter – vermittelt werden können. Es ist beispielsweise normal, ein Ganzkörperbild der betreffenden Spezies, seines Bewusstseinszustandes und seiner besonderen Art der Wahrnehmung der Welt zu erfahren, die tatsächlich der Anatomie seines optischen Systems (z.B., das eines Raubvogels, einer Biene oder eines Tintenfischs) oder auch seines akkustischen Systems (eines Delfins etwa oder einer Fledermaus) und so weiter entspricht. Diese Erfahrungen bieten oft außergewöhnliche Einsichten in Bezug auf die Tierpsychologie, die Ethnologie, die Balztänze oder die Partnerschaftsgewohnheiten dieser Tiere.

Erinnerungen an Ahnen, an Rassen und Kollektive sowie vergangene Lebenserfahrungen bieten häufig sehr spezifische Einzelheiten über die Architektur, die Kleidung, die Waffen, die Kunstformen, die Sozialstrukturen und die religiösen oder rituellen Praktiken der Kultur und der historischen Zeit, um die es dabei geht, und manchmal sogar ganz spezifische geschichtliche Ereignisse. Der Wahrheitsgehalt dieser Informationen ist oft nicht einfach nachzuprüfen, denn dazu wären sehr exakte Beschreibungen der damit verbundenen Ereignisse notwendig, ebenso wie Zugänge zu den darauf bezogenen Familienchroniken, Archive und historischen Quellen. Dennoch gibt es außergewöhnliche Fälle, in denen diese Kriterien erfüllt sind und die Ergebnisse des Prozesses der Überprüfung des Wahrheitsgehaltes wirklich erstaunlich sein können.

In einer früheren Veröffentlichung habe ich die bahnbrechenden Beiträge erforscht, die Ervin Laszlos Arbeit zu den beiden Feldern beigetragen hat, in denen ich über eine professionelle Erfahrung verfüge – der Bewusstseinsforschung und der transpersonalen Psychologie. (6) Das Ziel jenes Beitrags über Ervin Laszlos Arbeit ließ nicht zu, dass ich praktische Beispiele für die Beobachtungen anführte, über die ich schrieb. Die gegenwärtige Veröffentlichung macht es mir jedoch möglich, dass ich Fallstudien darstelle, die das Material erst lebendig werden lassen.

Geschichten, die bei meiner Arbeit geschahen

Ich beschreibe jetzt hier einige konkrete Beispiele von Erfahrungen, die weit in die Geschichte zurückreichten und die ganz spezifische Einzelheiten enthielten, die unabhängig auf ihren Wahrheitsgehalt überprüft werden könnten. Die erste Geschichte bringt uns ins Europa des 17. Jahrhunderts, an den Anfang des 30-jährigen Krieges. Dieser Fall illustriert extrem gut die konzeptionellen Herausforderungen, die mit den Versuchen verbunden sind, das historische Material aus den holotropischen Zuständen zu überprüfen und die Kanäle zu identifizieren, durch die eine solche Information übermittelt wird.

Erinnerungen an Ahnen oder Erlebnis eines vergangenen Lebens?

Die Geschichte von Renata

Die Hauptdarstellerin dieser Geschichte ist Renata, eine frühere Klientin von mir aus der Tschechoslowakei, die zur Behandlung kam, weil sie an einer Krebsphobie litt, die ihr Leben sehr schwierig machte. In einer Serie von LSD-Sitzungen erlebte sie verschiedene traumatische Erfahrungen aus ihrer Kindheit wieder und beschäftigte sich wiederholt mit der Erinnerung an ihre Geburt. In einem fortgeschrittenen

Stadium ihrer Selbsterforschung änderte sich das Wesen ihrer Sitzungen plötzlich auf dramatische Weise. Was dann geschah, war sehr ungewöhnlich und bis dahin noch nie da gewesen.

Vier ihrer aufeinander folgenden LSD-Sitzungen beschäftigten sich beinahe ausschließlich mit Material einer besonderen Geschichtsepoche. Sie erlebte eine Anzahl Episoden, die im Prag des 17. Jahrhunderts stattgefunden hatten, einer besonders wichtige Epoche in der tschechischen Geschichte. Nach der desaströsen Schlacht am Weißen Berg 1621, die den Beginn des 30-jährigen Krieges in Europa markiert, hörte das Land praktisch auf, als unabhängiges Königreich zu existieren, und kam unter die Oberhoheit der Habsburger Dynastie. Im Versuch, die Gefühle von Nationalstolz zu zerstören und die Kräfte des Widerstands zu brechen, schickten die Habsburger Söldner aus, die die mächtigsten Adeligen des Landes gefangen nehmen sollten. Insgesamt 27 prominente Aristokraten wurden gefangen genommen und in einer öffentlichen Hinrichtung geköpft, und zwar auf einem Schafott, dass im Altstadt-Platz von Prag errichtet worden war.

Während ihrer Geschichtssitzungen hatte Renata eine ungewöhnliche Vielfalt von Bildern und Einsichten, bei denen es um die Architektur der erlebten Epoche und typische Kleidungsstücke und Kostüme ebenso wie um Waffen und verschiedene Utensilien des Alltags ging. Sie war auch in der Lage, viele der komplizierten Beziehungen zu beschreiben, die zu der Zeit zwischen der Königsfamilie und den Vasallen bestanden. Renata hatte sich nie besonders mit jener Epoche der tschechischen Geschichte beschäftigt und hatte sich bisher auch nicht dafür interessiert. Ich musste in die Bibliothek gehen und eine geschichtliche Forschung durchführen, um zu bestätigen, dass die Informationen, von denen Renata berichtet hatte, genau stimmten.

Viele von Renatas Erlebnissen bezogen sich auf unterschiedliche Zeitabschnitte im Leben eines jungen Adeligen, der einer jener 27 Aristokraten war, die von den Habsburgern geköpft wurden. In einer dramatischen Folge erlebte sie schließlich mit mächtigen Emotionen und beträchtlichen Einzelheiten die realen Ereignisse der Hinrichtung wieder, einschließlich der Todesangst und des Todeskampfes des Aristokraten. Bei vielen Gelegenheiten hatte Renata eine vollständige Identifikation mit jenem Menschen erlebt. Sie war jedoch nicht in der Lage, herauszufinden, was diese geschichtlichen Abläufe mit ihrem gegenwärtigen Leben zu tun hatten, warum sie in ihrer Therapie auftauchten und was sie bedeuteten. Nach vielem Nachdenken schloss Renata schließlich, dass sie wahrscheinlich das Leben eines ihrer Vorfahren wieder erlebt hatte. All dies geschah zu einem frühen Zeitpunkt meiner psychedelischen Forschungen, und ich war zugegebenermaßen intellektuell noch nicht auf diese Interpretation vorbereitet.

Indem ich versuchte, etwas Licht in die Dunkelheit zu bringen, wählte ich zwei unterschiedliche Zugänge. Einmal verbrachte ich eine beträchtliche Zeit damit, die besondere geschichtliche Information, die dabei zutage getreten war, nachzuprüfen, und war zunehmend beeindruckend, als sie sich als vollkommen zutreffend herausstellte. Andererseits versuchte ich die Methode der Freudianischen Freien Assoziation einzusetzen und Renatas Geschichte zu behandeln, als wäre sie ein Traum. Ich hoffte, dass ich in der Lage sein würde, ihn als eine symbolische Verkleidung einiger Kindheitserinnerungen zu entschlüsseln oder als Probleme ihres gegenwärtigen Lebens. Aber egal, wie intensiv ich es versuchte – die erfahrenen Abläufe machten von einem psychoanalytischen Gesichtspunkt aus nicht viel Sinn. Als Renatas LSD-Erfahrungen sich in andere Bereiche zu begeben begannen, gab ich schließlich auf, hörte auf, über diesen besonderen Augenblick nachzudenken, und konzentrierte mich stattdessen auf die jüngeren und unmittelbareren konzeptionellen Herausforderungen.

Zwei Jahre später, nachdem ich in die USA gekommen war, bekam ich einen langen Brief von Renata mit der folgenden ungewöhnlichen Einleitung: „Lieber Dr. Grof, Sie werden wahrscheinlich denken, dass ich absolut verrückt bin, wenn ich mit Ihnen nun die Ergebnisse meiner jüngsten privaten Suche teile." Im Text, der folgte, beschrieb Renata, wie sie zufällig ihren Vater getroffen hatte, den sie seit der Scheidung ihrer Eltern, die erfolgte, als sie drei Jahre alt war, nicht mehr gesehen hatte. Nach einem kurzen Gespräch lud der Vater sie ein, mit ihm, seiner zweiten Frau und ihren Kindern zu Abend zu essen. Nach dem Essen sagte er ihr, dass er mit ihr etwas teilen wollte, was sie vielleicht interessant finden würde.

Während des Zweiten Weltkriegs hatten die Nazis einen Befehl herausgegeben, nach dem alle Familien in den besetzten Gebieten den deutschen Behörden ihre Ahnentafeln vorlegen mussten, um nachzuweisen, dass sie in den letzten fünf Generationen keine Personen mit einem jüdischen Hintergrund darin hatten. Dies war ein sehr ernsthaftes Thema, da es katastrophale Folgen für alle Familienmitglieder hatte, wenn es nicht gelang, die „Reinheit" des Familienstammbaums nachzuweisen. Während er diese vorgeschriebene Ahnenforschung durchführte, fing diese Arbeit an, Renatas Vater zu faszinieren. Und nachdem er die erforderliche Fünf-Generationen-Ahnentafel abgeschlossen hatte, forschte er – nun aus privatem Interesse – weiter.

Er war in der Lage, die Geschichte seiner Familie dank der gründlich geführten Archive der europäischen Kirchenbücher, die die Geburten-Einträge aller Menschen aufbewahrt hatten, die über unzählige Generationen hinweg in ihrem Gebiet geboren worden waren, über mehr als drei Jahrhunderte zurückzuverfolgen. Er war deshalb auch in der Lage, Renata die Ergebnisse von vielen Jahren intensiver Recherchen zu präsentieren, nämlich einen sorgsam gezeichneten, komplexen Stammbaum ihrer Familie, und er wies sie darauf hin, dass sie Abkömmlinge eines jener Adeligen waren, die nach der Schlacht am Weißen Berg auf dem Altstadtplatz in Prag hingerichtet wurden.

Renate war über diese unerwartete Bestätigung der Information, die sie während der LSD-Sitzungen bekommen hatte, sehr erstaunt. Nachdem sie diese ungewöhnliche Episode beschrieben hatte, brachte sie ihren festen Glauben zum Ausdruck, dass „hochemotional aufgeladene Erinnerungen sich im genetischen Code einprägen und durch Jahrhunderte hindurch an zukünftige Generationen weitergegeben werden." Renatas Brief endete mit einem triumphalen: „Habe ich's Ihnen doch gesagt!" Sie fühlte, dass diese neue, unerwartete Information ihres Vaters bestätigte, was sie die ganze Zeit auf der Basis der überzeugenden Natur ihrer Erlebnisse gefühlt hatte – dass sie nämlich auf eine authentische Ahnenerfahrung gestoßen war. Wie ich bereits erwähnt habe, war dies eine Schlussfolgerung, die ich zu der Zeit nur schwer annehmen konnte.

Nach meinem anfänglichen Erstaunen über dieses sehr ungewöhnliche Zusammentreffen entdeckte ich eine ziemliche ernsthafte Lücke in Renatas Erzählung. Eine der Erfahrungen, die sie während ihrer „geschichtlichen" LSD-Sitzungen gehabt hatte, bezog sich auf die Hinrichtung des jungen Adeligen, einschließlich aller sinnlichen Wahrnehmungen und aller Gefühle während des Momentes des Geköpft-Werdens. Im siebzehnten Jahrhundert jedoch, lange vor den revolutionären Durchbrüchen moderner Geburtshilfe, war ein toter Mensch noch nicht in der Lage, Nachkommen zu zeugen. Der Tod zerstörte alle materiellen Kanäle, durch die irgendeine Information über das Leben des Verstorbenen an die Nachwelt übergeben werden konnte.

Als Folge dieser Erkenntnis wurde die Situation noch komplizierter, als sie schon war: Die Sache wurde immer undurchsichtiger. Einerseits bekam Renatas Erfahrung durch die genealogischen Forschungen ihres Vaters eine mächtige unabhängige Validierung. Andererseits wiederum gab es keinerlei materielles Substrat, mit dem man die Aufbewahrung, Übertragung und Bergung der damit verbundenen Information erklären konnte. Dennoch, bevor wir die Information, die in Renatas

Geschichte enthalten ist, als unterstützenden Beweis für die Authentizität von Ahnenerinnerungen zu den Akten legen, müssen wir noch verschiedene Faktoren sehr ernsthaft betrachten.

Keiner der anderen tschechischen Patienten, die insgesamt mehr als 2 000 Sitzungen bei mir hatten, berichteten je über diese geschichtliche Epoche. In Renatas Fall hatten vier aufeinander folgende Sitzungen beinahe ausschließlich geschichtliche Sequenzen aus jener Zeit zum Inhalt gehabt. Und die Wahrscheinlichkeit, dass das Zusammentreffen von Renatas innerer Suche und der genealogischen Forschung ihres Vaters ein bedeutungsloser Zufall war, ist so astronomisch, dass es schwer ist, diese Alternative ernst zu nehmen. Und klarerweise hat die akademische Psychiatrie keine nüchterne logische Erklärung für diese Abfolge von Ereignissen.

Bei einigen Gelegenheiten haben Menschen, die diese Geschichte gelesen oder gehört haben, vorgeschlagen, dass Renata vielleicht die Information von ihrem Vater aufgenommen haben könnte, der sich so leidenschaftlich mit seiner genealogischen Suche beschäftigte. Allerdings ging Renatas Wissen über das Leben des jungen Adeligen und über die geschichtliche Epoche weit über das Wissen ihres Vaters davon hinaus. Während er vor allem an den genealogischen Ergebnissen seiner Suche interessiert war, hatte diese Suche kein echtes Interesse an einer geschichtlichen Suche in ihm hervorgerufen. Was von dieser Geschichte also zurückbleibt, ist eine außergewöhnliche Situation, für die das gegenwärtige materialische Paradigma keine Erklärung hat. Sie ist ein Beispiel für die Beobachtungen moderner Bewusstseinsforschung, die durch Arbeiten wie die von Stanley Krippner, kürzlich die Bezeichnung „anomaler Erscheinungen" bekommen hat

Die Belagerung von Dùn an Òir: Die Geschichte von Karl

Erinnerungen an vergangene Leben repräsentieren eine faszinierende und klinisch bedeutsame Gruppe von Erfahrungen bei holotropen Zuständen. Außer dass sie neue wahrheitsgetreue Informationen über andere Kulturen und andere historische Epochen hervorbringen können, schenken sie uns oft wichtige Einsichten in ansonsten unverständliche Bereiche des gegenwärtigen Lebens eines Menschen und besitzen ein erstaunliches Heilungspotenzial. Aber so beeindruckend und überzeugend die verschiedenen Seiten der Past-Life-Erfahrungen auch in sich und über sich sein mögen, ist der Traum eines jeden Forschers in diesem Bereich, Fälle zu finden, wo irgendein wichtiger Aspekt dieser Erfahrungen durch unabhängige historische Recherchen verifiziert werden kann. Bei mir erfüllte sich solch ein

Traum, als Christina und ich Karl trafen und das Privileg hatten, seinen Prozess einer tiefen Selbsterkundung und Heilung zu begleiten. Karl tauchte bei einer unserer einmonatigen Esalen-Seminare auf, nachdem er schon einige innere Arbeit in einer abtrünnigen Primärtherapie-Gruppe in Kanada gemacht hatte. Es war eine der Gruppen Menschen, die das Institut für Primärtherapie in Los Angeles verlassen hatten, nachdem sie in ernsthafte Streitigkeiten mit Arthur Janov geraten waren.

Im Verlauf jener Primärtherapie hatten diese Leute angefangen, unterschiedliche Formen transpersonaler Erfahrungen zu machen, wie beispielsweise archetypische Visionen, Identifikationen mit verschiedenen Tieren, und Past-Life-Erinnerungen. Janov, der nichts von der transpersonalen Dimension des Unbewussten wissen wollte, wehrte sich heftig gegen jede Form von Spiritualität und interpretierte diese Erfahrungen als „Abwehr primärer Angst". Viele Menschen, die eigentlich die Technik der Primärtherapie sehr hoch schätzten, aber die Zwangsjacke von Janovs konzeptionellen Vorurteilen nicht aushalten konnten, verließen das Institut und bildeten ihre eigenen Gruppen.

Karl hatte seine Selbsterforschung als Mitglied einer dieser Gruppen begonnen. Nach einiger Zeit erreichte sein innerer Prozess das Stadium seiner Geburt. Als er verschiedene Aspekte seiner biologischen Geburt durchlebte, begann er Fragmente dramatischer Szenen zu erleben, die sich offenbar in einem anderen Jahrhundert und in einem fremden Land abspielten. Sie waren mit machtvollen Emotionen und körperlichen Gefühlen verbunden und schienen eine tiefe und nahe Verbindung zu seinem jetzigen Leben zu haben; dennoch machte keine von ihnen irgendeinen Sinn in Bezug auf seine derzeitige Biografie. Er hatte Visionen von Tunneln, Lagerräumen im Untergrund, Militärkasernen, dicken Wänden und Burgwällen, die alle zu einem Fort zu gehören schienen, das auf einem Felsen stand und die Meeresbucht überblickte. Zwischendurch tauchten Bilder von Soldaten in vielen verschiedenen Situationen auf. Er war erstaunt, denn die Soldaten schienen Spanier zu sein, aber die Landschaft sah eher nach Schottland oder Irland aus.

Dies war genau die Zeit, als Karl in unseren Workshop in Esalen kam und von der Primärtherapie zur Holotropen Atemarbeit wechselte. Als der Prozess weiterging, wurden die Szenen dramatischer und engagierter; viele von ihnen bestanden aus heftigen Kämpfen und blutigem Abschlachten. Obwohl er von Soldaten umgeben war, erlebte sich Karl als Priester und hatte zu einem Zeitpunkt eine sehr bewegende Vision, bei der eine Bibel und ein Kreuz vorkamen. An diesem Punkt sah er einen Siegelring an seiner Hand und konnte klar die Initialen erkennen, die er trug.

Da er ein talentierter Künstler war, entschloss er sich, diesen fremdartigen Prozess zu dokumentieren, zumal er ihn zu jener Zeit noch nicht verstehen konnte. Er stellte also eine Folge von Zeichnungen her sowie einige kraftvolle und impulsiv entstandene Fingermalereien. Einige von ihnen zeigten unterschiedliche Bereiche des Forts, andere Szenen der Schlacht, und einige wenige Karls eigene Erlebnisse, darunter das, wie er von dem Schwert eines britischen Soldaten durchbohrt und über den Burgwall geworfen wurde und dann am Meeresufer starb. Unter seinen Zeichnungen war eine seiner Hände mit dem Siegelring, in denen die Initialen des Namens des Priesters eingraviert waren.

Als er mehr und mehr Teile seiner Geschichte aufdeckte, fand Karl mehr und mehr bedeutungsvolle Verbindungen zwischen den verschiedenen Aspekten dieser Geschichte und seinem gegenwärtigen Leben. Er fing an zu vermuten, dass das Drama des spanischen Priesters in der weit zurückliegenden Vergangenheit die Quelle vieler seiner eigenen emotionalen und psychosomatischen Symptome sein könnte, ebenso wie die seiner Probleme in seinen zwischenmenschlichen Beziehungen. Ein Wendepunkt geschah, als Karl plötzlich, einem Impuls folgend, entschied, dass er seine Ferien in Irland verbringen wollte. Nach seiner Rückkehr, und als er die Dias anschaute, die er an der irischen Westküste gemacht hatte, erkannte er, dass er elf aufeinander folgende Fotos von genau derselben Landschaft gemacht hatte. Dies überraschte ihn, da er sich nicht erinnerte, dies getan zu haben, zumal die Aussicht, die er gewählt hatte, nicht einmal besonders interessant war.

Da er ein pragmatischer Mann war, beschritt er einen sehr rationalen und analytischen Ansatz im Hinblick auf diese rätselhafte Situation. Er schaute seine Landkarte an und rekonstruierte genau, wo er zu der Zeit, als er die Fotos gemacht haben musste, gestanden hatte und in welche Richtung er fotografiert hatte. Er entdeckte, dass der Ort, der seine Aufmerksamkeit angezogen hatte, die Ruine einer alten Festung mit Namen Dùn an Òir oder Forte de Oro (Goldene Festung) gewesen war. Aus der Entfernung, aus der er fotografiert hatte, war sie mit bloßem Auge kaum zu erkennen, und er musste genau hinschauen, um sie überhaupt auf dem Dia zu erkennen. Er vermutete eine Verbindung zwischen seinem seltsamen Verhalten und seinen Erfahrungen aus der Primärtherapie und dem Holotropen Atmen und beschloss, die Geschichte von Dùn an Òir zu erforschen, vielleicht um irgendwelche Hinweise zu erhalten.

Er entdeckte zu seiner riesigen Überraschung, dass im Jahr 1580 eine kleine Invasionstruppe spanischer Soldaten im nahegelegenen Hafen Smerwick Harbour an Land gegangen war, um die Iren in der Desmond Rebellion zu unterstützen.

Nachdem sie sich mit den irischen Soldaten vereinigt hatten, betrug ihre Zahl etwa 600. Sie schafften es, sich selbst in den Verteidigungsanlagen des Forts in Dún an Òir zu verbarrikadieren, bevor sie umzingelt und von einer zahlenmäßig überlegenen englischen Truppe, die von Lord Grey angeführt wurde, geschlagen wurden. Walter Raleigh, der Lord Grey begleitete, spielte eine Rolle als Vermittler in diesem Konflikt und verhandelte mit den Spaniern. Er versprach ihnen freien Abzug aus dem Fort, wenn sie die Tore öffnen und sich den Briten ergeben würden. Die Spanier akzeptierten die Bedingungen und ergaben sich, aber die Briten hielten ihr Versprechen nicht. Als sie einmal innerhalb des Forts waren, schlachteten sie gnadenlos alle Spanier ab und warfen ihre Körper über die Burgwälle ins Meer oder auf den Strand.

Trotz dieser absolut erstaunlichen Bestätigung seiner Geschichte, die er mühselig bei seiner inneren Erforschung rekonstruiert hatte, war Karl noch nicht zufrieden. Er fuhr mit seiner Bibliothekssuche fort, bis er ein besonderes Dokument über die Schlacht bei Dún an Òir entdeckte. Dort las er, dass ein Priester die spanischen Soldaten begleitet hatte und mit ihnen zusammen getötet worden war. Die Initialen des Namens des Priesters waren identisch mit denen, die Karl in seiner Vision auf dem Siegelring gesehen und die er in einer seiner Zeichnungen abgebildet hatte.

Ein Besuch bei der Hexenjagd von Salem

Unsere Beobachtungen in Bezug auf Past-Life-Erfahrungen sind nicht auf unsere Arbeit mit Klienten, Workshop-Teilnehmern und Auszubildenden beschränkt, viele von ihnen geschahen auch in unserem eigenen Leben. (7) Im Jahr 1976 lebten Christina und ich mehrere Monate lang im Runden Haus am Esalen-Institut in Big Sur in Kalifornien. Es war ein kleines, charmantes Haus, das an einem kleinen Fluss liegt, der den Esalen-Besitz in zwei Teile teilt. Sein emsig strömendes Wasser rauschte von einem Bergrücken herunter und bildete einen großen Wasserfall, direkt bevor es in den Pazifischen Ozean mündete. Vor dem Haus war eine Öffnung im Boden, die heißes, Minerale enthaltendes Wasser in einen kleinen privaten Pool spuckte. Nach dem überlieferten Wissen des Ortes hatten die heißen Quellen von Esalen ihren Ursprung in einem miteinander verbundenen System vulkanischer Untergrundhöhlen, die sich unter großen Teilen von Kalifornien erstrecken.

Das Brausen des Flusses und das Tosen des Wasserfalls stellten einen sehr mächtigen Input für die Sinne dar. Dennoch noch beeindruckender war die übersinnliche Kraft dieses Ortes. Im Lauf der Jahre haben wir zu unseren Esalen-Workshops als Gastlehrer viele Menschen mit außergewöhnlichen übersinnlichen Fähigkeiten eingeladen – Hellseher, Schamanen aus verschiedenen Teilen der Welt, Mitglieder der Spiritistischen Kirche, indische Yogis und tibetische Meister. Sie alle schienen darin überein zu stimmen, dass der Bereich rund um das Runde Haus ein „Kraftplatz" war, ein Ort, der aufgeladen war mit einer außergewöhnlichen spirituellen Energie. Diejenigen, die versuchten, eine wissenschaftliche Erklärung für die Kraft, die es besaß, zu finden, schrieben sie einer hohen Konzentration negativer Ionen aufgrund der Nähe zum Meer, der krachenden Wassermassen des Wasserfalls und der Gegenwart von gigantischen Redwood Bäumen zu, die den Fluss von beiden Seiten säumten.

In jedem Fall, und was der Grund auch immer sein mochte, hatte das Leben im Runden Haus einen sehr kraftvollen psychologischen Einfluss auf uns beide. Es war ungewöhnlich einfach dort, in einen meditativen Zustand zu kommen; und ich fand mich oft dabei wieder, dass ich in eine Trance hineinschliderte, in der ich unsere geographischen und geschichtlichen Gegebenheiten vergaß und fühlte, dass unser kleines Adlernest irgendwo in einem archetypischen Herrschaftsbereich jenseits von Raum nd Zeit lag. Christina, die zu der Zeit ihren spirituellen Notfall erlebte, erfuhr eine außerordentliche Intensivierung ihres inneren Prozesses. An einem Wochenende erreichten ihre Erfahrungen eine solche Intensität, dass sie einer psychedelischen Sitzung glichen.

Nach einer Zeitspanne intensiver Unruhe und einem ungemütlichen körperlichen Gefühl hatte sie eine kraftvolle Erfahrung von etwas, was sie als eine Erinnerung aus einem ihrer vergangenen Leben wahrnahm. Sie wurde ein heranwachsendes Mädchen , das in Salem in Neu England lebte und Episoden nichtgewöhnlicher Bewusstseinszustände durchlebte. Ihre fundamentalistischen christlichen Nachbarn interpretierten diese Episoden in ihrem engstirnigen Wahn als eine Inbesitznahme durch den Teufel. Dies führte zu einer Anklage wegen Hexerei; sie wurde zwei Richtern, die in zeremonielle Roben gekleidet waren, vorgeführt und zum Tod durch Ertränken verurteilt.

Mitten in ihrer Erfahrung erkannte Christina, dass diese beiden Richter in diesem Leben ihr Ex-Mann und ihr Vater waren, die beide Erzieher waren. Sie verstand plötzlich, warum sie immer eine solch negative Reaktion in sich gespürt hatte, wenn sie sie in ihren dunklen wissenschaftlichen Kutten gesehen hatte, in denen sie die Schulzeremonien durchführten. Es schien ihr auch, dass die Schwierigkeiten, die sie mit ihnen in diesem Leben hatte, wenigstens zum Teil karmische Reste aus der Salem-Epoche waren. Die Past-Life-Erfahrung kulminierte in einer

Erfahrung der Hinrichtung durch Ertränken. Christina fand sich selbst wieder, wie sie zu einem Teich getragen, an ein Brett gebunden und mit dem Kopf zuerst unter Wasser getaucht wurde. Sie schaffte es zu bemerken, dass der Teich von Birken gesäumt war. Als sie ihren Tod durch Ertränken wieder erlebte, schrie sie, keuchte und brachte eine Menge Schleim nach oben, und zwar sowohl durch ihren Mund wie auch durch ihre Nase.

Während sie in Hawaii lebte, hatte Christina unter starken Allergien und Schnupfen gelitten. Sie war oft medizinisch untersucht worden, war getestet und behandelt worden, darunter auch mit einer Serie von Injektionen zur Desensibilisierung. Ihre Ärzte, frustriert von den Fehlschlägen aller therapeutischen Anstrengungen, schlugen zuletzt einen chirurgischen Eingriff vor, bei dem die Nasennebenhöhlen ausgeschabt und gereinigt werden sollten. Christina entschloss sich, einen solch radikalen Eingriff zurückzuweisen, und nahm ihre missliche Lage an. Sie entdeckte zu ihrem größten Erstaunen, dass nach der Episode, in der sie ihren Prozess und ihre Verurteilung in Salem wieder erlebt hatte, ihre Schnupfenprobleme verschwanden.

Glücklicherweise war inzwischen mein Glaube an das, was ich einmal als eine „wissenschaftliche Weltanschauung" hochgehalten hatte, die rigoros für mich über jeden Zweifel erhaben gewesen war, bereits ernsthaft von vielen ähnlichen Beobachtungen unterminiert worden. Wenn es das nicht gegeben hätte, dann hätte mich dieser Vorfall in eine ernsthafte intellektuelle Krise gestürzt. Es gab sicherlich ein gewisses Element kosmischen Humors darin, dass Christinas Schwierigkeiten – die den versammelten Bemühungen wissenschaftlicher Experten standgehalten hatten – sich lösten, indem sie eine karmische Begebenheit wieder erlebte, bei der es um Unwissenheit, religiösen Fanatismus und eine falsche Anschuldigung wegen Hexerei ging.

Dieser Vorfall hatte viele Jahre später ein sehr interessantes Nachspiel, als Christina und ich Boston besuchten, um einen Workshop in Holotropem Atmen zu leiten. Der Workshop endete am Abend und unser Rückflug nach San Francisco ging erst am Nachmittag des nächsten Tages. Deshalb hatten wir einen guten Teil des Tages zum Sightseeing frei. Wir entschlossen uns, Marilyn Hershenson anzurufen, eine Psychologin und gute Freundin von uns, die ein Mitglied von Swami Muktanandas innerem Kreis gewesen war. Wir waren einander in den frühen 1980ern sehr nahe gekommen, als wir gemeinsam eine große internationale transpersonale Konferenz in Bombay organisierten. Marilyn war sehr begeistert und bot an, den Tag mit uns zu verbringen und uns herumzufahren.

Marily schlug vor, dass wir in ihrem Lieblingsrestaurant Mittag essen sollten, das sich am Meer in der Nähe von Salem befand. Als wir näherkamen, fanden wir heraus, dass der Name des Restaurants Hawthorne Inn war. Dies brachte uns sofort Nathaniel Hawthorne in den Sinn, sein Buch *Scarlet Letter* und das Thema Hexen. Als wir zu Mittag aßen, erzählte Christina Marilyn die Geschichte ihrer Past-Life-Erfahrung mit den Hexenprozessen von Salem. Marilyn war erstaunt, denn sie hatte einen ähnlichen Vorfall für sich in einer ihrer Meditationen im Siddha Yoga Ashram erlebt.

Weil wir nur wenige Kilometer von Salem entfernt waren, schien es plötzlich sehr richtig, diese Stadt zwischen dem Mittagessen und unserer Abreise nach Kalifornien zu besuchen. Als wir nach Salem hineinfuhren, fragte Christina Marilyn, ob es hier einen Teich gebe. Marilyn, die ihre gesamte Kindheit in Salem verbracht hatte, bestritt dies energisch. Aber dann fuhr sie aus Versehen einmal in die falsche Richtung, was sie sehr überraschte, da sie die Stadt so gut kannte. Dieser ungeplante Umweg brachte uns zu einem Teich in der Nähe des Meeresstrandes. Er sah so aus, als wäre er ursprünglich einmal eine Bucht gewesen, die nun durch einen alten Steindamm von dem restlichen Wasser getrennt war.

Christina stieg wie in Trance aus dem Wagen. Sie schaute sich um und schien enttäuscht. „Ich sehe keine Birken", sagte sie und begann, um den Teich herumzugehen. „Wohin gehst du?", fragten wir sie. „Da müssen doch welche sein", sagte sie und ging weiter. Wir parkten das Auto und folgten ihr. Schließlich entdeckte Christina auf der anderen Seite des Teichs eine Birke; ihr Stamm war gebrochen und ihre Krone ins Wasser getaucht. „Seht ihr, hier war es," sagte sie. „Das muss die letzte sein."

Wir gingen zum Auto zurück und entschlossen uns, das Gerichtsgebäude zu besuchen, in dem die Prozesse stattgefunden hatten. Auf dem Weg dahin erzählte Christina Marilyn, dass sie die beiden Richter in ihrer Past-Life-Erfahrung in ihrem Ex- Mann und ihrem Vater in ihrem jetzigen Leben wiedererkannt hatte. „Aber da war doch nur ein Richter bei dem Prozess", wandte Marilyn ein. „Da waren zwei Richter!", sagte Christina bestimmt. Als wir zum Gerichtsgebäude kamen, fanden wir heraus, dass es geschlossen war. Aber neben der Vordertür war eine große Tafel, auf der die Prozesse beschrieben waren. Nicht nur bestätigte sie, dass es in der Tat zwei Richter gegeben hatte, sondern einer von ihnen trug auch noch den Namen Corwin, was uns plötzlich wie ein kosmischer Witz erschien, denn der Name von Christinas Ex-Mann lautete Win.

Bevor wir zum Auto zurückgingen, kaufte ich in einem Andenkenladen ein kleines illustriertes Büchlein über Salem, das auch die Geschichte der Hexenprozesse aufführte. Als Marilyn uns zum Flughafen fuhr, las ich einige Abschnitte aus diesem Büchlein vor. Wir fanden heraus, dass die Mädchen, die wegen Hexerei angeklagt worden waren, viel Zeit mit einer Sklavin namens Tituba verbracht hatten, die dann beschuldigt worden war, die Verbindungsstelle zum Teufel gewesen zu sein. Tituba war Indianerin und stammte aus einem Arawak-Dorf in Südamerika, wo sie als Kind geraubt worden, dann nach Barbados verschleppt und in die Sklaverei verkauft worden war. Wir schlossen daraus, dass Tituba ihnen wahrscheinlich einige schamanische Techniken beigebracht hatte, die von unwissenden Nachbarn missverstanden und als Teufelswerk fehlinterpretiert worden waren.

Die interessante Information aber, die ich in dem Führer entdeckte, war, dass Alt Salem, wo viele der geschichtlichen Ereignisse geschahen, gegenwärtig Danvers genannt wurde. Dies war wie ein Schock für uns. Danvers war der Ort, wo wir 1978 eine große Konferenz der Internationalen Transpersonalen Vereinigung (ITA) abgehalten hatten. Dort hatten wir zum ersten Mal unser Konzept der spirituellen Notfallhilfe vorgestellt, die davon ausgeht, dass viele Fälle von nichtgewöhnlichen Bewusstseinszuständen, die Mainstream-Psychiater als Psychosen diagnostizieren und oft mit drastischen Methoden wie Insulin-Koma und Elektroschocks behandeln, in Wirklichkeit psychospirituelle Krisen sind.

Während unseres Vortrags in Danvers hatten wir vorgeschlagen, dass – gut verstanden und unterstützt – solche Krisen einer spirituellen Öffnung in Wirklichkeit heilend sein können, transformierend und vielleicht sogar evolutionär. Wir hatten den Vortrag in einer Halle gehalten, von der wir auf der anderen Seite des Tales ein altmodisches psychiatrisches Hospital sehen konnten, das eine der schlimmsten Reputationen im Land besaß. Sie benutzen immer noch Schock-Methoden, die eine große Ähnlichkeit mit den Praktiken der Inquisition und anderen Hexenjägern aufwiesen.

Wir waren fassungslos über diese unglaubliche Synchronizität. Von allen möglichen Orten präsentierten wir unseren modernen Appell für eine radikale Veränderung in der Haltung gegenüber nichtgewöhnlichen Bewusstseinszuständen an einem Ort, der – ohne jedes Wissen von Christina – der Ort gewesen war, an dem ihre Past-Life-Erinnerung sich abspielte und in dem ihr Leid und ihr Tod durch Missverständnisse und Missinterpretationen nichtgewöhnlicher Bewusstseinszustände hervorgerufen worden war.

Die Existenz von Past-Life-Erfahrungen mit all ihren bemerkenswerten Charakteristiken ist ein unbestreitbares Faktum, das von jedem seriösen Forscher verifiziert werden kann, der ausreichend offen und interessiert genug ist, die Belege zu prüfen. Ich habe hier in diesem Artikel drei Beispiele von Past-Life-Erinnerungen vorgestellt, die von Erwachsenen in holotropen Bewusstseinszuständen erlebt wurden. Noch zwingenderes und herausforderndes Material ist von Ian Stevenson vorgelegt worden, einem kanadischen Psychiater, der eine akribische Forschung mit mehr als 3 000 Kindern durchführte, die sich an ihre vergangenen Leben erinnern; und er war in der Lage, die Richtigkeit bei einer erstaunlichen Anzahl dieser Erinnerungen nachzuweisen.

Während all diese beeindruckenden Fakten nicht notwendigerweise ein definitiver „Beweis" dafür sind, dass wir den Tod überleben und als dieselbe getrennte Bewusstseinseinheit oder als dieselbe individuelle Seele wieder inkarnieren, repräsentieren sie dennoch eine beeindruckende konzeptionelle Herausforderung für die traditionelle Wissenschaft, und sie haben ein Paradigma brechendes Potenzial. Es ist klar, dass es keine plausible Erklärung für diese Erscheinungen innerhalb des konzeptionellen Rahmens der Mainstream-Psychiatrie und -Psychologie gibt. Nach Hunderten von Past-Life-Erinnerungen jedoch, die ich beobachtet habe, und vielen, die ich selbst erlebt habe, muss ich mit Chris Bache übereinstimmen, dass „die Beweise in diesem Bereich schon so reich und so außergewöhnlich sind, dass Wissenschaftler, die nicht glauben, dass das Problem der Wiedergeburt einer ernsthaften Erforschung bedarf, entweder uninformiert oder verbohrt sind." (8)

Schlussfolgerungen

Meine Beobachtungen weisen darauf hin, dass wir Informationen über das Universum auf zwei radikal unterschiedliche Weisen erhalten können. Neben der konventionellen Möglichkeit des Lernens durch sinnliche Wahrnehmung und einer Analyse und Synthese der Daten können wir auch etwas über die unterschiedlichen Aspekte der Welt durch direkte Identifikation mit ihnen in einem erweiterten Bewusstseinszustand herausfinden. Jeder von uns scheint ein Mikrokosmos zu sein, der auch Zutritt zu den Informationen über den Gesamtkosmos hat. Diese Situation erinnert an die Beschreibungen, die man in den antiken indischen spirituellen Systemen findet, besonders im Jainismus und im Avatamsaka Buddhismus.

Nach der Kosmologie des Jainismus ist die Welt der Schöpfung ein unendliches komplexes System von verblendeten Bewusstseinseinheiten oder *jivas*, die in verschiedenen Aspekten und Stadien des kosmischen Prozesses gefangen sind. Jeder Jiva bleibt trotz seiner scheinbaren Trennung weiter mit allen anderen Jivas verbunden und trägt Wissen von ihnen allen in sich. Das *Avatamsaka Sutra* benutzt ein poetisches Bild, um die gegenseitige Verbundenheit aller Dinge zu illustrieren. Es ist das berühmte Halsband des vedischen Gottes Indra: „Im Himmel von Indra gibt es ein Netzwerk von Perlen, die so zusammengestellt sind, dass du, wenn du auf eine Perle schaust, alle anderen darin wieder gespiegelt siehst. Auf dieselbe Weise ist jedes Objekt der Welt nicht nur einfach es selbst, sondern beinhaltet alle anderen Objekte und ist in Wirklichkeit auch alle anderen." Ähnliche Konzepte können auch in der Hwa-Yen-Schule des buddhistischen Gedankenguts gefunden werden, der chinesischen Version derselben Lehre.

Gottfried Wilhelm von Leibnitz' Monaden – die höchsten Elemente des Universums – ähneln den Jivas des Jainismus, da jede von ihnen die Information über alle anderen enthält (9). In den esoterischen Traditionen wurde dies durch Sätze ausgedrückt wie: „Wie unten, so oben" oder „Wie außen, so innen." In der Vergangenheit schien diese grundsätzliche Lehre der esoterischen Schulen, wie Tantra, der Hermetischen Tradition, der Gnostik und der Kabbala, eine absurde Verwirrung der Beziehung zwischen den Teilen und dem Ganzen und eine Missachtung der Aristotelischen Logik zu sein. In der zweiten Hälfte des 20. Jahrhunderts jedoch, erhielt diese Behauptung eine unerwartete wissenschaftliche Unterstützung durch die Entdeckung der Prinzipien, die in der optischen Holografie wirksam sind. (10)

Erinnerungen an Ahnen, an Rassen, kollektive und karmische Erinnerungen; erfahrene Identifikationen mit Tieren, Pflanzen sowie mit anorganischen Materialien und Prozessen und andere Arten transpersonaler Erfahrungen erfüllen die Kriterien für „anormale Erscheinungen". Ihre Existenz und ihr Wesen verletzen einige der Grundannahmen der materialistischen Wissenschaft. Sie implizieren solch scheinbar absurden Vorstellungen wie die beliebige Natur aller physikalischen Grenzen, nicht-örtliche Verbindungen im Universum, Kommunikation durch unbekannte Mittel und Kanäle, Gedächtnis ohne ein materielles Trägermaterial, die Nichtlinearität der Zeit und ein Bewusstsein, das mit allen lebenden Organismen und selbst mit anorganischer Materie verbunden ist. Viele transpersonale Erfahrungen beinhalten Ereignisse aus dem Mikrokosmos und dem Makrokosmos, Bereichen, die normalerweise nicht von den menschlichen Sinnen erreicht werden können, oder von geschichtlichen Epochen, die dem Ursprung des Sonnensystems, der Bildung des Planeten Erde und dem Auftreten von lebenden Organismen, der Entwicklung des Nervensystems und dem Erscheinen des *Homo sapiens* vorausgehen.

Ich kenne kein wissenschaftliches konzeptuelles Bezugssystem außer Ervin Laszlos Konnektivitätshypothese und seinem Konzept des Akashafelds, das eine vernünftige Erklärung für diese paradoxen Ergebnisse liefert. Die Beobachtungen aus der Erforschung holotroper Bewusstseinszustände geben zu der Vermutung Anlass, dass die individuelle menschliche Psyche – wenigstens potenziell – die Fähigkeit besitzt, alle Information, die im Akashafeld gespeichert ist, abzurufen. Und dies kann sie nicht nur in der Rolle eines unbeteiligten Beobachters tun, sondern auch als Hauptdarsteller, indem sie sich mit allen Menschen, Tieren, Pflanzen und sogar mit anorganischen Objekten und Prozessen identifiziert, die Teil dieses Feldes sind.

Ich habe bisher über Erscheinungen gesprochen, die zur materiellen Welt gehören. Eine faszinierende Frage bleibt weit offen, um weiter erforscht zu werden. Laszlos Akashafeld ist ein exzellentes Modell für den historischen Aspekt von C.G. Jungs kollektivem Unbewussten. (11) Allerdings beinhaltet Jungs kollektives Unbewusstes auch einen anderen Bereich, der sich radikal von dem anderen unterscheidet – dem archetypischen Bereich mit seinen mythologischen Wesen und Aufenthalten im Jenseits. Und dennoch, in den holotropen veränderten Bewusstseinszuständen erscheinen Besuche in archetypischen Regionen und Treffen mit archetypischen Figuren oft auf demselben Kontinuum und in verschiedenen Kombinationen mit Erfahrungen, die Erscheinungen aus der materiellen Welt widerspiegeln. Dies lässt darauf schließen, dass – in einer bisher unerklärten Weise – Spuren der archetypischen Welt Teil des Akashafeldes sind und dass das Akashafeld auch einen erfahrbaren Zugang zu diesem Bereich vermittelt.

18 • Gespräche mit meinem toten Bruder

Bruder Francois Brune

Francois Brune ist als Priester der römisch-katholischen Kirche im Jahr 1960 ordiniert worden. Er hat Philosophie und Theologie in Paris, Paderborn und Tübingen und die Heiligen Schriften in Rom studiert. Er hat einen Abschluss in Theologie vom Institut Catholique in Paris und im Bereich der Heiligen Schriften vom Istituto Biblico in Rom. Er war Professor für Theologie und Heilige Schrift an verschiedenen Seminaren in Frankreich. Er hat zwölf Bücher geschrieben, die in sieben Sprachen übersetzt wurden, und hat in verschiedenen Ländern Europas sowie Nord- und Südamerikas Vorträge gehalten.

Seit Anbeginn der Menschheit hat es in jeder Zivilisation Menschen gegeben, die eine Kommunikation mit den Toten durch Medien gehabt haben. Aber seit wir neue technische Möglichkeiten entwickelt haben, scheint es so zu sein, dass die Toten versucht haben, diese zu nutzen, damit wir bessere Kommunikationsformen mit ihnen entwickeln können. In manchen Fällen hat ein lebendiger Mensch, gewöhnlich in Gegenwart eines Mediums, ein Telefongespräch mit einem Toten geführt. Es ist schwierig, präzise zu wissen, wo und mit wem diese Entwicklung begonnen hat. Der erste Fall, von dem ich weiß, spielte sich in Brasilien zwischen 1917 und 1925 ab und beinhaltete eine Telefonkommunikation, die von einem Mann namens Oscar d'Argonnel vermittelt wurde. Telefonkommunikationen mit Toten sind seither in verschiedenen Ländern, über die ganze Welt verstreut, immer wieder berichtet worden, aber sie sind nach wie vor selten.

Kontakte mit Verstorbenen sind auch über Fernsehschirme und Computer sowie noch häufiger über Tonbandgeräte erreicht worden. Diese Arten, sich über elektronische Geräte mit dem „Jenseits" zu verbinden, werden Instrumentelle Trans-Kommunikationen oder ITCs genannt. (Manche sprechen von Elektronischen Stimmen-Erscheinungen oder EVP, aber diese beziehen sich ausschließlich auf stimmliche Übertragungen, wohingegen Bilder und Texte auch empfangen werden können). Die verschiedenen Formen von ITC sind anfangs in Deutschland und Italien entwickelt worden.

Nach vielen Jahren, in denen ich mich mit diesem Bereich beschäftigt habe, glaube ich, dass ich die wichtigsten ITC-Forscher der Welt inzwischen getroffen habe. Ich bin bei zahlreichen Gelegenheiten mit ihnen zusammengekommen, um zu beobachten, wie sie vorgehen, aber ich hatte noch nie versucht, selbst eine Kommunikation herzustellen, weil das nicht meine Aufgabe ist. Meine Aufgabe ist, die Ergebnisse zu erforschen, die Dokumentation darüber zu erstellen und sie zu veröffentlichen. Dasselbe gilt auch für die Erfahrungen, die ich nun mit Ihnen hier teilen möchte und bei denen durch zwei Freunde ein Kontakt zu meinem verstorbenen Bruder hergestellt wurde, nur dass ich diesmal dabei war.

Trans-Kommunikation mit meinem Bruder

Mein älterer Bruder starb am 24. April 2006 in Paris. Am 27. Mai war ich in Caen, einer Stadt in der Normandie, um einen Vortrag bei einem Treffen zum Thema Tod, Leben nach dem Tod und Kommunikation mit dem Jenseits zu halten. Am nächsten Tag, am 28. Mai, genau einen Monat nach dem Tod meines Bruders, war ich in der Wohnung meiner jüngeren Schwester in der Stadt, zusammen mit einigen anderen Gastsprechern. Zwei Freunde, die aus Toulouse ebenfalls zu der Konferenz gekommen waren, wollten versuchen, Kontakt zu meinem Bruder herzustellen. Sie wussten nichts über meine Familie; sie wussten nur, dass Jean-Pierre Brune mein Bruder gewesen und dass er gestorben war.

Einer meiner Freunde setzte sich ins Schlafzimmer und versuchte, Kontakt zu meinem Bruder durch ein Mittel herzustellen, das man automatisches Schreiben nennt. Der andere Freund war mit mir, meiner jüngeren Schwester und einem Medium zusammen im Wohnzimmer. (Die anderen hatten keine wirkliche Funktion – sie waren mit uns zusammen, nur um zu bezeugen, was wir taten, und uns vielleicht mit ihrer Liebe und ihren Gebeten zu unterstützen). Im Esszimmer versuchten wir, über ein Tonband Informationen von meinem Bruder zu erhalten. Wir waren nur durch eine Tür vom Schlafzimmer getrennt, die manchmal offen stand und manchmal geschlossen war. Auf jeder Seite der Tür stand ein Kameramann und filmte das Experiment.

Das Szenario war sehr einfach: Wir hatten ein kleines Radio auf Empfang gestellt – zunächst in Niederländisch, dann in Deutsch. (Es scheint so, als ob es einfacher für die Toten ist, vorhandene Schallwellen zu transformieren, als sie aus dem Nichts zu erzeugen). Etwa vierzig Zentimeter vor dem Radio hatten wir ein kleines Tonbandgerät aufgestellt, und zwar mit einer Vorrichtung, mit der wir es schneller oder langsamer laufen lassen konnten. Dies ist notwendig, weil die Stimmen oft zu schnell kommen, um ein sofortiges Verständnis zu ermöglichen. Wenn wir in Kontakt mit Verstorbenen kamen, dann zeichnete das Bandgerät unsere Fragen auf und wir machten eine kleine Pause dazwischen, um denen auf der anderen Seite die Möglichkeit zu geben zu antworten. Während der Zeit, in der wir nichts „aus dem Jenseits" hörten, zeichnete das Bandgerät die Übertragung aus dem Radio auf.

Dann, etwa 15 bis 20 Minuten, nachdem der Kontakt zu Ende gegangen war, spulten wir das Band zum Anfang zurück und hörten es ab. Wir hörten die aufgezeichnete Sendung und unsere Fragen, aber manchmal auch eine Stimme, die aus dem Jenseits zu kommen schien. Manchmal verschwand der Klang der Radiosendung, während es bei anderen Gelegenheiten möglich war, die Radiostimme mit einer anderen Stimme zu hören, die sich darüber gelegt hatte und die keinerlei Bezug zu der Sendung hatte, aber sinnvoll in Bezug auf unsere Fragen war.

Bald war uns im Esszimmer klar, dass die Kommunikation im Schlafzimmer begonnen hatte: Wir konnten sehen, wie der Stift sich über das Papier bewegte. Aber als wir mit der Bandaufzeichnung beginnen wollten, bat uns der Kameramann auf der anderen Seite der Tür, noch ein wenig zu warten; seine kleine Ausstattung war nicht in der Lage, irgendein Geräusch aufzufangen. Er ging zurück zu seinem Auto und holte ein anderes Gerät und ersetzte irgendetwas an seiner Kamera, aber ohne Erfolg. Er ging erneut zu seinem Auto, ersetzte ein weiteres Teil, aber immer noch ohne Erfolg. Er war sehr enttäuscht und erklärte, dass das Filmen nun seit zehn Jahren seine Hauptbeschäftigung sei; dass er die beste Ausrüstung habe, die derzeit auf dem Markt verfügbar sei, und dass er noch nie solch ein Problem gehabt habe. Er gab dann vollständig auf und legte seine Ausrüstung auf den Tisch. Nur das Bild von Menschen aufzunehmen, die im Raum sprachen, ohne zu hören, was sie sagten, wäre nicht von Interesse gewesen.

Nichtsdestotrotz stellten wir das Bandgerät ein und begannen zu meinem Bruder zu sprechen, wobei wir einen Augenblick nach jeder Frage Raum ließen. Nachdem wir einige Zeit gesprochen hatten, rief plötzlich der Kameramann, der seine Geräte nicht mehr angefasst hatte, erstaunt aus: „Jetzt funktioniert es!" Und sofort begann er den Rest des Experiments zu filmen.

Nachdem wir meinem Bruder eine Reihe von Fragen gestellt hatten, kam der Freund aus dem Schlafzimmer herüber und gesellte sich zu uns. Wir beendeten eine Seite des Bandes, spulten es zum Anfang zurück und begannen, das abzuhören und aufzuschreiben, was es aufgenommen hatte. Erst danach baten wir unseren Freund, der im Schlafzimmer gewesen war, uns zu zeigen, was er beim Automatischen Schreiben aufgeschrieben hatte.

Um die Botschaften zu verstehen, die er bei dieser Form des Schreibens erhielt, sollte ich vielleicht erklären, dass die Frau meines Bruders viele Jahre zuvor gestorben war und dass die beiden drei Töchter hatten. Die Älteste ist Schauspielerin an der Comédie Francaise, die zweite studiert Filmemachen an der berühmten Lumière-Schule und die dritte arbeitet für eine Film- und Theater-Castinggesellschaft.

Hier ist die Übertragung dessen, was mein Freund empfing. Die Worte waren klar, obwohl der Schreibstil nicht immer korrekt war und die Worte selbst auch nicht immer die richtigen waren.

Die Verabredung war gut gewählt, und was für eine Überraschung, so schnell mit euch sprechen zu können. Als ich ankam, war Mutter hier, ganz treu. Sie sah ganz anders aus als vorher. Ich erkannte sie aber sofort. Sie war schöner, jünger. Sie schaute mich an, wie sie es immer tat, als wir Kinder waren, beschützend. Sie bewegte ihre Lippen nicht, aber ich konnte sie sprechen hören und erkannte ihre Stimme. Sie sagte: „Mein blonder Engel!" Das brachte mich sofort in die Vergangenheit zurück. Ich war einen Kopf kleiner, nichts hatte sich verändert. Sie sagte zu mir, dass nun nichts mehr mich vom Atmen abhalten konnte.

Ich lerne sehr schnell hier, aber ich muss Geduld haben. Ich bin immer noch nicht in der Lage, gleichzeitig an zwei Stellen zu sein. Ich bleibe deshalb anfangs bei euch dort, und ich verschiebe die Séance, um ganz hier handeln zu können. Eure Freunde sind sehr freundlich. Hörst du diese Melodie? Sie wird für euch von meinen Freunden gespielt werden, die alle Klavierspieler sind, ohne die Tonart G. Ich spiele Tausende von Musikstücken im Herzen, vor allem im Herzen meiner Kinder. Ich helfe ihnen auch, weil sie manchmal sehr schmerzvolle Momente durchleben; aber ich weiß noch nicht genau, was ich tun kann, um ihnen zu helfen. Mum möchte mir dabei helfen; sie möchte, dass sie Künstler werden. Sie hat für sie Hunderte von Sternen vorbereitet. Ich hatte gehofft, in einem Monat viel zu bewirken, aber ich kann immer noch nicht alles tun. Ich mache mich für die Töchter an die Arbeit, ebenso wie für das Theater. Ich blockiere den Klang, ich werde dorthin gehen müssen...

Sag Francois, dass seine Gedanken Kräfte sind und dass Energien sehr nützlich für diejenigen sind, die, wie ich, die endlosen Horizonte entdecken. Der Vater (der Priester), der Freund von Francois, bitte ihn, an Paolo zu denken. Mum liebt euch alle.

Der Klang kommt nicht durch, ich muss dorthin gehen, und dann werde ich zurückkommen.

An diesem Punkt empfing die Hand meines Freundes einige Sekunden lang keinen Impuls mehr, sich zu bewegen, und es war genau in diesem Augenblick, dass die Geräte des Kameramanns im Esszimmer wieder anfingen zu arbeiten. Die Bezugnahme meines Bruders auf Paolo war sehr passend, da er ein italienischer Flugzeug-Ingenieur ist, der im ITC-Labor in Bologna arbeitet. Ich kenne ihn schon seit vielen Jahren und hatte ihn gerade einige Wochen zuvor in Vigo in Spanien bei einer internationalen Konferenz über ITC getroffen, wo wir beide Vorträge hielten. Ich hatte jedoch noch nie meiner Schwester etwas von ihm erzählt und auch die Freunde aus Toulouse, die den Kontakt zu meinem Bruder herstellten, hatten noch nie etwas von ihm gehört.

Das Automatische Schreiben fing wieder an:
Leg eine (Klavier)Musik als Hintergrund auf.
Der Freund, der das Schreiben machte, stand auf und ging ins Esszimmer, um dies zu arrangieren. Meine Schwester legte sofort ein Band mit Klaviermusik auf. Die Reaktion meines Bruders war:
Jetzt ist es besser, die Schwingungen der Musik sind unseren ähnlicher, sie können helfen, mich zu finden.
Dann kam eine geschriebene Antwort auf eine Frage, die wir auf dem Band gestellt hatten.
Ja, ich bin es, und durch das Gemälde wird es magischer sein. Ja, betet für mich, ich bin am Leben, und vergesst Paolo nicht.
Mein Bruder hatte uns gesagt, dass seine neuen Freunde im Jenseits eine Melodie für uns spielen würden. Im Esszimmer hörte nur einer, das Medium, diese Musik. Meine Freunde wussten nicht, dass mein Bruder blond gewesen war, dass er sehr gut Klavier spielen konnte und dass er im Schlafzimmer bis zum Ende seines Lebens sein eigenes Klavier stehen hatte.

Verglichen mit dem, was wir durch das Automatische Schreiben empfingen, war der Inhalt unseres Empfangs durch das Tonbandgerät gering: Es gab nur wenige Worte. Dennoch waren diese Worte bedeutsam, denn sie stellten direkte Antworten auf die Fragen dar, die wir gestellt hatten. Es ist ebenfalls interessant, die Übereinstimmung zwischen den Botschaften zu bemerken, die über das Automatische Schreiben und über das Band gekommen waren.

Manche der Botschaften, die wir empfingen, waren nur schwer zu verstehen, während andere sehr klar waren. Manchmal schien es, dass es mein Bruder war, der antwortet, manchmal war es offenbar jemand anderes. Und manchmal stimmten die Antworten nicht mit den Fragen überein. Ich zitiere hier nur die klarsten und wichtigsten Beispiele.

Auf unsere erste Frage sagte mein Bruder nur: „Ich bin gekommen." Einige Sekunden später sagte eine weibliche Stimme: „Er hat geatmet." Und ein wenig später: „Er ist frei." Zum Ende seines Lebens hatte mein Bruder Schwierigkeiten beim Atmen, und durch das Automatische Schreiben hatte unsere Mutter gesagt, dass ihn nun nichts mehr vom Atmen abhalten würde.

Dann fragte ich: „Wenn mein Bruder nicht sprechen kann, kann dann jemand anderes uns einige Nachrichten von ihm übermitteln?" Vier oder fünf Sekunden später sagte eine weibliche Stimme: „Liebe." Dann sagte ich: „Wir sind in der Wohnung unserer Schwester in Caen, du bist dort auch oft hingekommen." Etwa zehn Sekunden später bestätigte eine weibliche Stimme: „Er ist da."

Mein Bruder liebte Whiskey sehr. Und zum Ende seines Lebens hin wusste er, dass ihm nicht mehr viel Zeit zu leben blieb, und er trank sogar noch mehr. Deshalb fragte ich: „Möchtest du ein Glas Whiskey haben, damit das Gespräch leichter wird?" Er antwortete in einem witzigen Tonfall: „Ich nehme den Whiskey an." Diese Worte waren besonders klar. (Wie wir noch sehen werden, ging die Geschichte mit dem Whiskey auch in unserem zweiten und dritten Kontakt weiter).

Einer meiner Freunde fragte meinen Bruder, ob er mir etwas zu sagen habe. Aber eine weibliche Stimme antwortete: „Ich habe François geliebt." Die letzte Frage: „Möchtest du, dass wir erneut anrufen?" und die Antwort: „Ja, ich warte darauf, ja."

Zweiter Kontakt mit meinem Bruder

Der zweite Kontakt wurde am 28. Januar 2007 wiederum nach einer Konferenz in Caen hergestellt. Er wurde jedoch ein wenig anders organisiert. Die Schreib-Séance wurde vorgezogen und war nicht automatisch, sondern telepathisch, was bedeutet, mein Freund konnte die Worte in seinem Kopf hören und schrieb sie dann mit der Hand auf.

Zwei der drei Töchter meines Bruders kamen zur Sitzung mit der Bandaufnahme, ebenso einige Freunde, von denen einer ein Anästhesie-Arzt war, der ein großes Interesse an Nah-Tod-Erfahrungen hatte. Zusammen waren wir 14 Personen.

Ich gebe hier nur die wichtigsten Elemente wieder und lasse Passagen aus, die zu persönlich waren. Wort für Wort lautete die Botschaft, die von meinem Freund empfangen und dann aufgeschrieben wurde, folgendermaßen:

Ich habe gehört, wie ihr zu einem neuen Treffen gerufen habt. Ich fühle mich viel leichter, flüssig. Das Lernen wird so unterschiedlich gestaltet wie möglich; Wissen ist universal.

Nun erkenne ich die tiefe Bedeutung von Spiritualität. Was ich auf der Erde nicht erreichen konnte, ist nun hier meine Stärke. Tatsächlich, Francois, nun habe ich verstanden. Ich bin nun in der Lage, dein Leben und deine Frömmigkeit zu verstehen, die vorher für mich unmöglich zu verstehen war...

Ich habe dir gestern zugehört, dir auch, Francois, ich habe alles gehört, deine Nachforschungen über Medien und Heiligkeit. Ich werde auch heute Abend an diesem Ort voll von diesen intensiven Schwingungen bei dir sein. Dort wurden auch Heiligkeit und Medienarbeit zusammengebracht...

Dann kam ein langer Absatz über Mont Saint Michel, einen heiligen und berühmten Ort in Frankreich. Die jüngere Tochter meines Bruders brach in Gelächter aus.

„Natürlich," sagte sie, „Vati war Geografie- und Geschichtslehrer! Er gibt uns gerade wieder eine Stunde." (Ich sollte vielleicht hinzufügen, dass meine Freunde aus Toulouse, die den Kontakt hergestellt hatten, nicht wussten, dass ich mich entschlossen hatte, an jenem Nachmittag mit zwei weiteren Freunden zum Mont Saint Michel zu fahren, um dort die Nacht zu verbringen.)

„Ja, meine Töchter, danke für eure Bemühungen und für eure Liebe. Ich solltet merken, wann ich dort bin; ich kann mich auch sehr einfach durch Musik und Elektrizität manifestieren. Ihr wisst das!"

Dies bezieht sich auf die Tatsache, dass in der Wohnung meiner Nichten sich manchmal paranormale Erscheinungen abspielten, bei denen Licht und Lautsprecher einbezogen waren. Und dann, am Ende kamen die Worte: *„Ich werde mit euch eine* coupe *trinken, auch wenn einige fehlen."* (Ich sollte vielleicht erwähnen, dass in Frankreich das Wort „coupe" ausschließlich für Gläser benutzt wird, aus denen man Champagner trinkt, das Wort für Gläser für normalen Wein ist „verre". Während Weingläser verschiedene Formen haben können, werden die Gläser mit der besonderen Form einer „coupe" (oder „flute") ausschließlich für Champagner benutzt.) Wir waren ziemlich überrascht, denn Champagner stand bei diesem Kontakt nicht gerade auf unserem Programm. Aber dann zogen zwei Freunde, die wir eingeladen hatten, zwei Flaschen Champagner aus einem Rucksack. Wir hatten nicht gewusst, dass sie ihn für uns mitgebracht hatten, aber mein Bruder offensichtlich. Natürlich hatte meine Schwester keine 14 „coupes" zur Hand. Deshalb tranken einige von uns den Champagner aus normalen Gläsern.

Während des zweiten Kontaktes empfingen wir über die Bandaufnahme 15 Botschaften. Hier sind einige von ihnen:

Frage: „Wir rufen Jean-Pierre Brune, Jean-Pierre, freust du dich, dass wir dich wieder rufen? Hast du auf diesen Augenblick gewartet?"

„Ich warte auf euch."

Frage: „Jean-Pierre, kannst du uns etwas von deiner Entwicklung im Jenseits erzählen? Darfst du uns das sagen?"

„Hier gibt es jemanden, der mir beibringt, euch zu lieben...es ist jemand, den ich mag..."

Eine Tochter fragte: „Vati, hast du Mami gefunden?"

„Wir sind zusammen, und danke, danke, es ist wunderbar!"

Frage: „Jean-Pierre, vermisst du den Whiskey noch?" (Diesmal fragte nicht ich, sondern einer meiner Freunde)

„Die Flasche!"

Der dritte Kontakt

Der dritte Kontakt mit meinem Bruder entwickelte sich in zwei Abschnitten. Im März 2008 wurde wiederum eine Konferenz in Caen organisiert. Meine Freunde aus Toulouse waren am Vortag gerade in ihrem Hotel eingetroffen, als einer von ihnen fühlte, dass er eine Botschaft aus dem Jenseits durch telepathisch übertragenes Schreiben empfangen sollte. Er nahm sofort einen Stift und Papier zur Hand, und eine Botschaft von meinem Bruder kam durch:

„Es gäbe so viele Dinge zu sagen! Wir wissen gar nicht, mit welchem Thema wir beginnen sollen. Ihr seid alle in dieser Stadt zusammen, wo die Geschichte ein solches Zeichen hinterlassen hat. Diese Stadt hatte zu lernen, wie sie sich selbst wieder errichten konnte. Francois ist immer so tief von diesen Dächern beeindruckt, und von den Wänden, dem Fort, der Geschichte mit den Deutschen, so viel Leid...

Dann folgten einige Absätze, die zu persönlich sind, um hier veröffentlicht zu werden.

„Natürlich werden wir in diesen Tagen bei dir sein wie bei den anderen Malen. Du musst wissen, dass du deinen Nöten eine Bedeutung gibst, wenn du sie schenkst oder teilst, und dass andere auf diese Weise deine Zeugnisse nutzen können, um weiterzukommen. Diese Geschichte ist deine, aber sie ist auch diejenige deiner Brüder.“

Ich glaube, es ist wichtig anzumerken, dass mein Bruder während dieses Kontakts nicht allein war: Er sprach von „Wir". Wir erhielten auch Sprachbotschaften von anderen Personen, sowohl männlichen als auch weiblichen, die während dieses Kontakts bei ihm im Jenseits waren.

Die Konferenz in Caen war am 29. März und am nächsten Morgen trafen wir erneut in der Wohnung meiner Schwester zusammen, um zu versuchen, mit meinem Bruder mit Hilfe des Tonbands zu kommunizieren. Bevor wir noch die erste Frage stellen konnten, empfingen wir zwei Sätze, obwohl sie nicht direkt von meinem Bruder kamen.
„Er lebt...ihr wartet."
„Er ist okay."
Frage: Hat sich seit unserem letzten Kontakt in deinem Leben etwas verändert?"
Drei Antworten kamen, mit nur kleinen Pausen dazwischen:

„Ich liebe mehr und ich bin hier."

„Es ist eine vollkommene Welt, die zu dir spricht."

„Ich fühle mich wohl."

Meine Schwester fragte: „Bist noch bei Mutti?"

„Sehr nah bei meiner Mutter...Ich liebe sie."

Von einem unserer Freunde kam folgende Frage: „Ich habe das Gefühl, du möchtest deiner Tochter etwas sagen."

„Sie ist allein...hilf ihr gern...Oh, ich verstehe gut, wir werden keine zehn Jahre brauchen."

Frage: „Bist du glücklich, wenn wir dich rufen?"

„Es tut mir gut."

Und dann, ohne auf eine Frage zu warten:

„Ich hatte doch Whiskey bestellt." (Es scheint, dass es auch im Jenseits einen Sinn für Humor gibt!)

Ich glaube, dass diese Notizen die wichtigsten Elemente unserer Kontakte wiedergeben. Für mich ist klar, dass mein Bruder eine spirituelle Entwicklung begann, und dabei schnellere Fortschritte machte, als wir das im Allgemeinen hier auf der Erde tun. Er sagte dies selbst am Anfang unseres zweiten Kontakts und am Ende des dritten. Er drängte uns, diese Botschaften anderen weiterzugeben, an unsere „Brüder". Es scheint, dass diese Botschaften uns nicht nur für unsere Familie und unsere Freunde gegeben wurden, sondern für alle Menschen.

Eine Entwicklung dieser Art ist etwas vollkommen Neues für meinen Bruder. Ich wusste schon, dass so etwas möglich ist, aber ich hätte nicht zu hoffen gewagt, dass es so schnell passieren würde.

Mir ist auch klar, dass mein Bruder auf das reagierte, was wir hier auf der Erde tun. Er versuchte, mit unserem Leben in Wechselwirkung zu treten, aber das ist offensichtlich nicht leicht. Er ist lebendig, aber in einer anderen Dimension, einer Dimension, die durch das Akashafeld für uns erreichbar sein könnte.

TEIL VIER

DIE ERFAHRUNG ÜBERPRÜFEN UND ABWÄGEN

19 • Erleuchtung im Weltraum und auf der Erde

Überlegungen zur Akasha-Erfahrung

Edgar Mitchell

Edgar Mitchell war Mitglied der Appollo-14-Mondmission und der sechste Mensch, der den Mond betrat. Er hält zusammen mit Alan Shepard den Rekord für den längsten direkten Aufenthalt auf dem Mond (neun Stunden und 17 Minuten). Er ist Gründer des Instituts für Noetische Wissenschaft, Mitgründer der Vereinigung für Weltraumforscher und Autor mehrerer Bücher sowie von mehr als 100 Artikeln und Papers in wissenschaftlichen und populären Zeitschriften. Mitchell hat einen Bachelor-Abschluss in Industriemanagement von der Carnegie Mellon Universität, einen weiteren als Flugzeugingenieur von der Postgraduierten-Schule der Amerikanischen Marine, und einen wissenschaftlichen Abschluss in Flugtechnik und Raumfahrt vom Massachussetts Institute of Technology. Er ist Träger von vier Ehrendoktortiteln und wurde 2005 für den Friedensnobelpreis nominiert.

Im Februar 1971 während des Rückflugs von Apollo 14, nach Forschungen auf der Oberfläche des Mondes, geschah meine oft beschriebene lebensverändernde Erleuchtung. Es hat viele Jahre intensiven Studiums von meiner Seite gebraucht, um einen kohärenten wissenschaftlichen Rahmen für die Tiefe dieses Ereignisses zu finden, während ich mich schon an seinen emotionalen, ästhetischen und professionellen Befriedigungen erfreuen konnte. Aber was geschah, als ich unseren Heimatplaneten aus großer Entfernung sah, das mich dazu brachte, einen solch großen Umschwung in meinen Werten zu vollziehen, und mich dazu führte, den Verlauf meines Lebens in mehr esoterische Aktivitäten umzulenken? Was ist da in der Natur, das dieses Gefühl von Wunder, Ehrfurcht, Begeisterung und Ekstase auf tiefster Ebene in mir hervorrief? Der bekannte britische Astronom Fred Hoyle sagte zu Beginn des Weltraumzeitalters voraus, dass Bilder der Erde vom Weltraum aus gesehen große Veränderungen in der menschlichen Wahrnehmung von uns selbst erzeugen würden. Bis zu einem gewissen Punkt ist dies auch geschehen, denn die Bilder unseres Planeten, die aus der Tiefe des Weltraums aufgenommen und in Druckform oder über elektronische Medien publiziert werden, seit im Jahr 1969 die von Apollo 8 aufgenommenen ersten Fotos aus der Nähe des Mondes erschienen, werden immer noch nachgefragt.

Das Wort *agape* kommt mir in den Sinn, sowohl in der Bedeutung eines Gefühls von Erstaunen als auch innerhalb des griechischen Konzepts als einer asexuellen Liebe zu allen Dingen in der Natur. Nachfolgende Forschungen nach meiner Rückkehr enthüllten die Tatsache, dass solche tiefen transformativen Ereignisse im Verlauf der Geschichte immer wieder passiert sind, in allen Kulturen, aber nur wenigen Menschen, meist Stammes- oder spirituellen Führern, dass sie aber in der Durchschnittsbevölkerung nicht in allzu großer Häufigkeit vorkamen. Der alte Sanskrit-Begriff *savikalpa* samadhi beschreibt meine Erfahrung, die Getrenntheit und Individualität physikalischer Objekte wie Sterne, Planeten und Galaxien mit meinen Augen zu sehen, sie aber auf einer intuitiven Ebene mit einem Gefühl von Verbundenheit und Einheit aller Materie wahrzunehmen, die in den Schmelztiegeln der Sternensysteme geboren wird, einschließlich denen in unseren Biomolekülen, auf besonders schöne Weise. Die Erfahrung wurde begleitet von einem Gefühl der Ekstase und der Seligkeit.

Alle, die schon einmal im Weltraum unterwegs waren und auf diesen unglaublichen blauen und weißen Hafen des Lebens zurückblicken konnten, haben sich gewundert und gefragt, was es zu bedeuten hat, dass lebendige Objekte auf einem isolierten kleinen Planeten existieren, der sich an einen durchschnittlichen Massenstern kuschelt, der einer von Milliarden in unserer Galaxie ist. Wie viele andere lebenstragende Planeten existieren um diese Sterne herum? Die Reaktionen von uns frühen Raumfahrern ist in einem Buch von Frank White (1998) der „Überblicks-Effekt" genannt worden. Der Autor und wir alle, die in dem Buch genannt werden, werden darin übereinstimmen, dass das Leben auf der Erde signifikant zum Besseren verändert würde, je mehr Menschen die Gelegenheit hätten, unseren Planeten aus dieser Entfernung zu sehen.

Wenn diese Idee stimmt, warum stimmt sie dann? Was ist es, dass uns Menschen dazu bringt, ein starkes, ego-getriebenes Selbstinteresse, sogar Gier, aufzugeben, um einer Idee nachzujagen, einem Traum, einem Ziel, das vielleicht realisiert werden kann, vielleicht aber auch nicht, aber das die Hoffnung bietet, dass eine friedlichere und harmonischere Welt für alle Menschen erreicht werden kann? Alle Raumfahrer während der ersten 50 Jahre der menschlichen Raumfahrt haben

Bemerkungen über eine Welt ohne offensichtliche Grenzen gemacht, eine, die unter den weißen Wolken und der blauen Färbung der umgebenden Atmosphäre harmonisch erscheint und einladend. Diese Erscheinung steht im Gegensatz zu unserem Wissen über den Konflikt und den Kampf, die zwischen Kulturen und Nationen historisch existieren.

Vom Kosmos zum Quantum

In meinem Fall wurde ich zu der Vorstellung hingezogen, dass Menschen aller Epochen zum Himmel geschaut und über die Frage nachgedacht haben, woher wir kommen und wie unsere Beziehung zum größeren Kosmos ist. Ich erkannte, dass die Kosmologie der modernen Wissenschaft sicherlich unvollständig ist und vielleicht sogar Fehler enthält und dass die Kosmologien unserer kulturellen Glaubenssysteme, die in den alten örtlichen Religionen verwurzelt sind, archaisch waren und wahrscheinlich Fehler enthielten. Ein ganz grundlegender Unterschied zwischen der Wissenschaft und den kulturellen Kosmologien ist der, dass die Wissenschaft das Thema vermieden hat, was eigentlich Bewusstsein ist, jedenfalls in den vier Jahrhunderten, seit der Philosoph René Descartes die Inquisition zum Schweigen brachte, indem er erklärte, dass Körper und Geist zu verschiedenen Bereichen der Wirklichkeit gehören, und dadurch der Wissenschaft ermöglichte, sich als materialistische Forschung in der westlichen Welt getrennt vom religiösen Einfluss und von Verfolgung zu entwickeln. Als Ergebnis haben die meisten Wissenschaftssdisziplinen während dieser vier Jahrhunderte einen reduktionistischen Ansatz angenommen und Bewusstsein gesehen als eine Begleiterscheinung der molekularen Komplexität, die die Evolution selbst als Zufallsprozess der Natur ansah. Glücklicherweise für uns in der modernen Epoche sind wir in der Lage gewesen, den Fehler in dem cartesianischen Dualismus (die Getrenntheit von Geist und Körper) zu durchdringen und in der Disziplin der Quantenphysik einige neue Antworten zu finden, die helfen, diese schwierigen Fragen über die Interaktionen zwischen Geist und Materie zu beantworten.

Das alte Hindu-Konzept von Akasha als einem Fundament des Kosmos, einem Äther, der sowohl materielle als auch nichtmaterielle Substanzen enthielt, führte zu der Vorstellung in der Metaphysik, dass Erfahrung in der Natur nicht verloren geht, sondern erhalten bleibt. Dies wurde Akasha-Chronik genannt, obwohl nicht geklärt war, wie die Erhaltung der Erfahrung vor sich gehen könnte. Die Wissenschaft brachte kein korrespondierendes Konzept hervor und auch keinen Mechanismus, anhand dessen man es validieren könnte, bis dies spät im 20. Jahrhundert mit der Arbeit von Ervin Laszlo und der Entdeckung des Quantenhologramms durch Professor Walter Schempp geschah. Schempp – während er erforschte, wie man den Prozess der Magnetresonanzbilder (MRI) verbessern konnte, ein Bereich, der ziemlich wenig mit unserem Thema zu tun hat – jedenfalls dachte man dies anfangs – eröffnete neue Gesichtspunkte in unserem Verständnis. Wie Laszlo es in seinem Schlusswort beschreibt, ist das Quantenhologramm eine nicht-ortsgebundene Quanten-Informationsstruktur, die aus der Max-Planck-Forschung des späten 19. Jahrhunderts hervorgeht und bei der es um die überraschende Strahlung geht, die von materiellen Substanzen ausgeht und die „Schwarzkörper-Strahlung" genannt wurde. Im größten Teil des 20. Jahrhunderts wurde eine solche Strahlung als seltsame, zufällige Photonenemission aus der Materie angesehen, von minimalem Interesse – bis Schempp nachwies, dass die Emissionen miteinander verwoben und kohärent sind und nicht-ortsgebundene Informationen über das ausstrahlende Objekt in sich tragen. Folgestudien haben gezeigt, dass diese nicht-ortsgebundenen Informationen ausschlaggebend nicht nur für unsere normalen Wahrnehmungsfähigkeiten sind, sondern auch die Basis der Information auf intuitiver Ebene darstellen.

Im Englischen bedeutet das Wort Intuition so etwas wie den „sechsten Sinn". Dass Intuition etwas mit Quanteninformation zu tun haben könnte, ist nicht bekannt – obwohl diese bereits vor unserem Sonnensystem und, bevor unser Planet geformt wurde, um eine Basis für die fünf normalen Sinne herzustellen, existiert haben. Deshalb sollte die Intuition eigentlich der „erste Sinn" genannt werden.

Bedeutung für das menschliche Leben und die Existenz

Man könnte vernünftigerweise fragen: „Was hat all dies zu tun mit plötzlichen Veränderungen in unserer Weltanschauung und besonders mit einem Wandel in unserem Wertesystem, mit einer zunehmenden Betonung der Einheit und dem Dienst an einem größeren öffentlichen Guten?" Zwei konvergierende Linien sollten in Betracht gezogen werden, um diese Frage zu beantworten, und beide sind verwurzelt in den alten Konzepten über den Ursprung und das Wesen der Existenz.

Zuallererst sind auf der großen Skala menschlicher Existenz ganz klar Einheit, Frieden und Zusammenarbeit Werte und Ziele, die dem Überleben der Spezies dienlicher sind als Konflikt und Gewalt. Wenigstens würde der Intellekt dies annehmen. Dennoch haben Konflikte und die daraus resultierende Gewalt immer existiert und sind im Lauf der menschlichen Geschichte sogar begründet worden, wahrscheinlich sogar in praehistorischen Zeiten, in denen Stämme andere Stämme bekämpften, um Land zu erobern, Nahrungsmittel, Partner und materiellen Reichtum. Und die Nahrungsmittelkette, bei der manche Spezies andere Spezies essen, und der Kannibalismus, bei dem gewisse Spezies, einschließlich Menschen, ihre Artgenossen verzehren oder dies zumindest in der Vergangenheit taten, sind eine geschichtliche Tatsache. Diese Themen der Existenz und der Verhaltensweisen in der Natur gehen direkt ins Herz der Kräfte, die unsere Weltanschauung und unsere Wertesysteme auf der Erde formen.

Zweitens, und das ist genauso wichtig, liegen am Urgrund aller entwickelten Gedankensysteme Konzepte der Transzendenz, in denen man eine Einsicht erfährt, die so bewegend ist, dass alte Werte, die Gewalt sich selbst oder anderen gegenüber erlauben oder rechtfertigen, undenkbar werden. Allerdings bleibt unsere Frage, welcher Grund dieser Transzendenz und Transformation zugrunde liegt. Müssen wir uns auf traditionelle religiöse Erklärungen verlassen, die Gottheiten einschließen? Oder gibt es einen natürlicheren Mechanismus zu entdecken?

Die Disziplin der Meditation, in einer Anzahl ähnlicher Formen, hilft einem zu lernen, still zu werden, das unruhige Umherstreifen des Geistes zu kontrollieren und einen ruhigen und konzentrierten Zustand zu erreichen. Seit Jahrhunderten schon ist sie eine Methode, um zu lernen, unerwünschte Verhaltensweisen zu bewältigen und zu kontrollieren und einen Zustand des Friedens und des inneren Glücks zu erlangen. Und sicherlich blühen kreative Fähigkeiten auch besser auf dem Boden eines ausgeruhten, konzentrierten und disziplinierten Geistes. Bei Mitgliedern religiöser Orden, die solchen meditativen Praktiken folgen, sind Transzendenz und Bewusstseinstransformationen seit Jahrhunderten bekannt. Avatare und Weise gehen aus solchen Praktiken hervor. Seit langem schon werden sie für ihre Weisheit und ihren Dienst am größeren Guten der Menschheit bewundert und man folgt ihnen nach.

Klösterlich abgeschiedene Orden, die sich dem Dienst an der Menschheit und der Natur gewidmet haben, beziehen gewöhnlich ihre Autorität und Ausrichtung aus einem Glauben an eine Gottheit oder Gottheiten und aus einer langen Linie traditioneller Praktiken. Obwohl es sicherlich eine lange Geschichte der Kriegsführung und Gewalt gibt, die dem politischen Einfluss bestimmter religiöser Glaubenssysteme zugeschrieben werden, ist der innerste Kern eines klösterlichen Lebens noch öfter um Praktiken herum zentriert, die dem Frieden und dem Dienst am größeren Guten von Menschen und der Gemeinschaft gewidmet sind. Einsichten und Erleuchtungserlebnisse beim Dienst an anderen sind bei solchen Praktizierenden nicht selten und werden als Teil der Disziplin manchmal regelrecht erwartet. Dennoch kann dies nicht erklären, warum Menschen, die nicht in religiösen Orden sind oder sich in religiösen Praktiken engagieren, spontan Ereignisse erleben, die zu Einsichten und ähnlichen Verhaltensmodifikationen führen wie bei mir, als ich die erweiterte Sicht des Himmels aus dem Blickwinkel des Weltraums sah.

Eine Antwort könnte in der Akashachronik gefunden werden, genauer gesagt im Akashafeld, das kontinuierlich durch holografische Quanteninformation zunimmt und größer wird. Um routinemäßig diese tiefere Ebene intuitiver Information zu betreten, ist es nötig, dass man sich zunächst einmal einer solchen Information überhaupt öffnet, was durch Übung besser gelingen kann, und indem man lernt, der Gültigkeit solcher Erfahrungen zu trauen. Wie oben vorgeschlagen, sollte Intuition als die Grundquelle von Information (unser „erster Sinn") angesehen werden, die in der Natur zur Verfügung stand, lange bevor die Menschen sich so entwickelten, dass sie Sprache benutzen oder so genannte linksseitige Gehirnprozesse. Intuitive Information beeinflusst uns auf zellulärer Ebene und ist mehr mit dem Fühlen verbunden als mit dem Denken, dem Intellekt und der Sprache.

Es ist inzwischen sehr klar – und Studien haben dies auch aufgezeigt – dass Tiere diese quantenbezogene Information routinemäßig und in einer prälinguistischen Weise benutzen. Beachten Sie bitte beispielsweise die koordinierten Bewegungen der Flüge von Vögeln oder Fischen, wenn sie sich auf kollektive Weise durch ihre Umgebung bewegen. Auf ähnliche Weise scheinen Athleten wie eine Einheit zu funktionieren, wenn sie „in der Zone" sind und emotional auf diese Weise verbunden. Wenn wir Menschen als intellektuelle, individuelle Organismen funktionieren, dann wird diese Fühlebene der Information und Einsicht unterdrückt. Dennoch, wie die in diesem Buch veröffentlichten Berichte zeigen, geschehen ähnliche Weltanschauungen und persönliche Verhaltensänderungen auch in Nah-Tod- oder Außerkörperlichen Erfahrungen.

Was größere und plötzliche Veränderungen des Glaubens, der Werte und des Verhaltens angeht, möchte ich behaupten, dass der Geist für die Quantenebene der Information geöffnet wird, wenn er einer Erfahrung oder einem Ort ausgesetzt wird, der außergewöhnlich erstaunlich oder atemberaubend schön ist, wie die klassische Erfahrung auf einer Bergspitze oder die Erfahrung, die Erde aus der Tiefe des Weltraums zu sehen. Immer wieder in der Geschichte hat sich der Einfluss solcher Akashaerfahrungen auf die Gefühle der Menschen als weitgehend unumkehrbar gezeigt. Das Gefühl von Ehrfurcht, Frieden, Wohlsein und Seligkeit, das solche Erfahrungen begleitet, kann einfach keine Gewalt, keinen Konflikt und keine Disharmonie als brauchbare Verhaltensmöglichkeiten auf der persönlichen, gesellschaftlichen oder kulturellen Ebene annehmen. Welche Anpassungen der Geist auch immer vorher vollzogen hat, um solche Verhaltensweisen zu rationalisieren, zu rechtfertigen oder zu übersehen – sie sind nicht länger möglich.

Es ist herausfordernd, ein Protokoll innerhalb der wissenschaftlichen Methodik zu entwickeln, mit dem man diese Hypothese testen, für gültig befinden oder zurückweisen kann. Dennoch, ob wir die vorgeschlagene Ursache solcher lebensverändernden Akashaerfahrungen nun mit den Protokollen der Wissenschaft für gültig befinden oder nicht, ist es doch wahrscheinlich, dass sie weiterhin geschehen werden, da wir Menschen versuchen, neue Orte in der Natur zu erforschen, die Ehrfucht hervorrufen und unsere Perspektive erweitern.

20 • Nicht-ortsgebundener Geist, Heilung und das Akasha-Phänomen

Larry Dossey

Larry Dossey ist Internist und früherer Stabschef am Medical City Dallas Krankenhaus. Er ist Autor von elf Büchern, die sich mit Bewusstsein, Spiritualität und Heilung beschäftigen. Dossey ist früherer Mitvorsitzender des Forums für Geist-Körper-Interventionen am Nationalen Zentrum für Komplementäre und Alternative Medizin des Nationalen Gesundheitsinstituts NIH. Dr. Dossey ist Leiter der Zeitschrift *Explore: The Journal of Science and Healing*. Er hält weltweit Vorträge.

Die Akashaerfahrung, wie Ervin Laszlo in diesem Buch erklärt, spiegelt die erweiterten Dimensionen der Wirklichkeit wider. Diese Erfahrung sollte nicht nur als eine metaphorische oder poetische Weise des Sprechenden angesehen werden, sondern als als ein universeller Aspekt menschlicher Erfahrung.

Die beiden Gesichter des nicht-ortsgebundenen Geistes

Die Akashaerfahrung spiegelt wider, was ich den *nicht-ortsgebundenen* Geist genannt habe – einen Geist, der unendlich in Zeit und Raum ist, unbegrenzt und unbegrenzbar gegenüber dem Hier und Jetzt. (1)

Als Arzt ist meine Aufmerksamkeit natürlicherweise auf Wege gezogen worden, in denen diese Erfahrungen mit menschlicher Gesundheit zu tun haben. Deshalb habe ich es als nützlich angesehen, diese Erfahrungen so zu betrachten, dass sie auf zwei Arten vorkommen. Bei der einen *bekommen* wir Information über die Welt, und bei der anderen *geben* wir Information in sie hinein. Beide Kategorien überschreiten die körperlichen Sinne und sind durch die konventionelle, klassische Wissenschaft nicht erklärbar. In beiden Fällen schwinden die Schranken der Zeit und des Raumes und wir manifestieren uns als nicht ortsgebundene, unendliche Wesen, deren Bewusstsein in Arten und Weisen arbeitet, die nicht auf das Hier und Jetzt begrenzt sind.

Wie die Hindu-Weisen, die das Akasha-Konzept erfunden haben, erkannten, gibt es Aspekte des menschlichen Geistes, die im Raum unbegrenzt und deshalb omnipräsent sind und die auch ungebunden in der Zeit und deshalb ewig und unsterblich sind. Omnipräsenz und Ewigkeit sind Eigenschaften, die immer dem Göttlichen zugeschrieben worden sind – daher der Hindu-Aphorismus *Tat tvan asi*, „Du bist das", der bestätigt, dass wir Eigenschaften mit der Gottheit oder dem Absoluten teilen, egal, wie sie genannt werden. (2)

Eine der häufigsten Arten und Weisen, in denen wir Information auf nicht ortsgebundene Weise erhalten, ist bei Vorahnungen oder Praekognitionen, was wörtlich „wissen, was kommen wird" bedeutet. Umfragen zeigen, dass die große Mehrheit der Menschen solche Vorahnungen kennt, am häufigsten über Träume. Jüngste computergestützte Laborexperimente durch die Forscher Dean Radin, Dick Bierman und andere zeigen, dass die Fähigkeit, die Zukunft zu fühlen, den meisten Menschen bis zu einem gewissen Grad innewohnt. In diesen streng kontrollierten Studien reagierten die Versuchspersonen auf bestimmte Bilder körperlich und unbewusst wenige Sekunden, bevor der Computer diese zufällig ausgewählt und auf den Bildschirm übertragen hatte. Diese angeborene Fähigkeit wird Vorgefühl genannt, also „ein Gefühl, das vorher kommt"(3,4). Diese Experimente sind von extremer Bedeutung, weil sie eindeutig zeigen, dass menschliches Wissen nicht zeitgebunden und auf die Gegenwart begrenzt ist.

Die Fähigkeit, Information nicht-ortsgebunden zu erhalten, ist nicht nur eine Merkwürdigkeit aus dem Labor, sondern ist auch von praktischem Nutzen. Der Archäologe Stephan A. Schwartz, ein Gründervater in einem Bereich, der als „Hellsehen aus der Ferne" bekannt ist, hat diese Technik wiederholt eingesetzt, um versunkene Schiffe und vergrabene archäologische Orte zu finden, die von der Geschichte verloren gegeben waren. (5) Die Wahrscheinlichkeit, dass man solche Entdeckungen als Zufall abtun kann, ist schlichtweg atemberaubend gering und zeigt, dass nicht-ortsgebundenes Wissen auch praktische Nutzeffekte für diejenigen haben kann, die den Mut haben, es für sich in Anspruch zu nehmen und es in ihrem Leben einzusetzen. Tatsächlich ist das nicht-ortsgebundene Wissen bereits seit Jahrzehnten in der Disziplin der Archäologie erfolgreich eingesetzt worden. Diese wenig bekannte Geschichte wird von Schwartz in seinem faszinierenden Buch *The Secret Vaults of Time* beschrieben. (6)

Die Fähigkeit des nicht-ortsgebundenen geistigen Funktionierens ist möglicherweise während unserer evolutionären Entwicklung in unsere Gene encodiert worden, weil diese Fähigkeit wahrscheinlich dazu beitragen würde, dass ein Mensch überlebt, der sie besitzt. Vorher zu wissen, wo Gefahr droht oder wo man Nahrung findet oder Unterkunft, wäre ein offensichtlicher Vorteil im Survival-Spiel, bei dem es ja um hohe Einsätze geht. Die Zukunft spüren zu können, ist natürlich weiterhin von Vorteil, selbst in diesen modernen Zeiten. In meinem Buch *The Power of Premonition* beschreibe ich viele Beispiele, in denen Menschen bevorstehende Katastrophen fühlen, sie vermeiden und so überleben. (7)

Eine große Anzahl von Hinweisen lässt darauf schließen, dass wir auf nicht-ortsgebundene Weise Informationen über andere erhalten können, die jenseits von Sinneskontakten liegen. Hunderte solcher Experimente sind so dokumentiert worden. Die davon betroffenen Menschen sind meist solche, die emotional nah sind – Ehefrauen, Eltern-Kind-Beziehungen, Geschwister oder Lebensgefährten. (8) Der britische Autor David Lorimer nennt diese Verbindungen „empathische Resonanz" und betont dabei die intimen Gefühle, die ihnen zugrunde liegen. Der Forscher Guy Playfair hat das häufige Auftreten dieser Erscheinungen bei Zwillingen dokumentiert. (9) Und der PSI-Forscher Dean Radin bezeichnet diese Erfahrungen als Beweise für „umschlungene Geister", wobei er sich auf das Phänomen des Quantenumschlingens bezieht, das, so vermutet er (und Laszlo bestätigt dies weiter unten), eine mögliche Erklärung dafür liefert. (10)

Überräumliche Verbindungen zwischen Menschen, die weit voneinander entfernt sind, konnten Studenten nachweisen, die korrelierte Gehirnfunktionen von Menschen untersuchten, die nicht zusammen im selben Raum sind. Kurz gesagt, wenn das Gehirn eines Menschen auf irgendeine Weise stimuliert wird, dann zeigt das Gehirn des abwesenden, anderen Teil des Paares dieselbe Veränderung. Die beiden Menschen, um die es geht, sind oft emotional eng verbunden. Diese Korrelationen sind in Experimenten nachgewiesen worden, bei denen ein EEG (Elektroenzephalogramm) eingesetzt wurde, das die elektrische Aktivität im Gehirn misst, sowie funktionale Magnetresonanzbilder (fMRI), die die Stoffwechselaktivität des Gehirns anzeigen. (11) Die Kehrseite des nicht-ortsgebundenen *Erwerbens* von Information ist die nicht-ortsgebundene *Aussendung* von Information. Wie die Fernheilungsexperimente, von denen auch in diesem Band berichtet wird, zeigen, können wir auch aus der Ferne Informationen senden, und zwar nicht nur über Entfernungen, sondern auch über die Zeit hinweg. Radin hat Dutzende von Experimenten überprüft, die eine „Retrokausalität" vermuten lassen, also einen rückwärts gerichteten Einfluss von Absichten über Ereignisse, die in der Vergangenheit liegen und von denen wir annehmen, dass sie schon geschehen sind, die aber die Möglichkeit enthalten, dass sie sich unter bestimmten Bedingungen verändern lassen. (12)

Die Möglichkeit, dass unsere geistigen Absichten möglicherweise einen Einfluss außerhalb des Hier und Jetzt ausüben können, wird im Allgemeinen als wissenschaftliche Blasphemie angesehen. Wie Radin schreibt:

> Die Implikationen (nicht-ortsgebundener geistiger Handlungen) sind natürlich Gotteslästerungen erster Ordnung. Aber ich glaube, dass die Anklage wegen Gotteslästerung eine unausweichliche Folge ist, der wir irgendwann ins Auge sehen müssen, wenn die wissenschaftlichen Beweise sich weiterhin häufen. Ich glaube weiterhin, dass die Implikationen von all dem hier ausreichend weit von der eingefleischten Art zu denken entfernt sind, dass die erste Reaktion auf diese Arbeit das Vertrauen sein wird, dass sie nicht stimmt. Die zweite Reaktion wird dann der Horror sein, dass sie wahr sein könnte. Und erst die dritte wird die Bestätigung sein, dass es offensichtlich so ist. (13)

Heilung durch Absicht

Eine der ältesten Weisen, in denen Menschen versuchen, nicht-ortsgebundene Informationen in die Welt zu setzen, ist durch Heilungsabsichten. Wenn diese Bemühungen in einem spirituellen oder religiösen Kontext erfolgen, dann werden sie oft Gebet genannt.

Die Vorstellung, dass Gebete einen lebenden Organismus beeinflussen können, ist ein universeller Glaube, der Ideologie, Religion, Kulturen und Rassen umspannt und sich seit wenigstens 50 000 Jahren gehalten hat. Wie Schwartz schreibt:

> Die schamanische Höhlenkunst in Altamira, Très Frères und Lascaux legt ein zwingendes Zeugnis dafür ab, dass unsere genetischen Vorfahren eine komplexe Sichtweise von einer spirituellen und körperlichen Erneuerung hatten, eine, die bis heute wenigstens in einem grundsätzlichen Aspekt unverändert überlebt hat. Die Absicht zu heilen, entweder sich selbst oder andere, ob sie nun als Gott, eine Kraft, eine Energie oder als einer von vielen Göttern zum Ausdruck gebracht wird, ist durchweg als fähig angesehen worden, ein therapeutisches Ergebnis zu erzielen. (14)

Aber was genau ist denn nun Spiritualität? Ich sehe sie als einen „Felt Sense" der Verbundenheit mit „etwas Höherem", eine Präsenz, die das individuelle Selbstgefühl transzendiert. Ich unterscheide Spiritualität von Religion, die ein kodifiziertes System von Glaubensüberzeugungen, Praktiken und Verhaltensweisen ist, die sich gewöhnlich in einer Gemeinschaft von ähnlich-denkenden Gläubigen abspielt. Religion kann oder kann nicht ein Gefühl des Spirituellen beinhalten und spirituelle Menschen sind vielleicht oder vielleicht auch nicht religiös. Ich sehe im Gebet eine Kommunikation mit dem Absoluten, wie auch immer man dieses bezeichnet, und egal, welche Form diese Kommunikation auch annimmt. Gebet kann oder kann sich nicht an ein Höchstes Wesen wenden. Viele Formen des Buddhismus beispielsweise sind nicht theistisch, dennoch ist das Gebet, an das Universum gerichtet, ein wichtiger Teil der buddhistischen Tradition.

Forschungen über das Heilen

Funktioniert Gebet auch in einem empirischen Sinn? Rudolf Otto, der herausragende Theologe und Gelehrte für vergleichende Religionen, hat bekräftigt, dass es „eine fundamentale Überzeugung aller Religionen" ist, dass „das Heilige" „aktiv in die Welt der Erscheinungen" eingreift. (15) Dies ist eine empirische Behauptung und die Wissenschaft die am weitesten akzeptierte Form, um solche Behauptungen zu überprüfen.

Der früheste moderne Versuch, die Wirksamkeit von Gebeten zu testen, war die innovative, aber fehlerhafte Befragung von Sir Francis Galton im Jahr 1872. Das Feld schlief bis zu den 1960er Jahren, als einige Forscher begannen, klinische und Laborstudien durchzuführen, die folgende Fragen beantworten sollten: 1. Können die gebetsgesteuerten, mitfühlenden und heilenden Absichten von Menschen die biologischen Funktionen entfernt lebender Anderer beeinflussen, die zudem auch nichts von diesen Anstrengungen wissen? 2. Können diese Wirkungen mit nichtmenschlichen Prozessen – wie beispielsweise über das Wachstum von Mikroben, spezifischer biochemischer Reaktionen oder der Funktion von unbelebten Objekten – nachgewiesen werden?

Die Antwort auf beide Fragen scheint Ja zu sein. In einer Analyse aus dem Jahr 2003 fanden Jonas und Crawford heraus, dass

…sich mehr als 2200 veröffentliche Berichte, einschließlich Bücher, Artikel, Dissertationen, Kurzfassungen und andere Schriftstücke mit spirituellem Heilen, Energiemedizin und Wirkungen geistiger Absicht beschäftigten. Diese Zahl schloss 122 Laborstudien, 80 randomisierte, kontrollierte Tests, 128 Zusammenfassungen oder Kritiken, 95 Berichte von Beobachtungsstudien und nicht-randomisierten Tests, 271 deskriptive Studien, Fallberichte und Umfragen ein, außerdem 1286 andere Dokumente wie Meinungen, Behauptungen, Anekdoten, Briefe an Herausgeber, Kommentare, Kritiken und Protokolle sowie 259 ausgewählte Bücher. (17)

Wie gut sind die klinischen und die Laborstudien? Indem sie die CONSORT-Kriterien (die konsolidierten Standards für Testberichte) anlegten, vergaben Jonas und Crawford ein A, also die Bestnote, an Studien, die die Ergebnisse der Absichten über unbelebte Objekte geprüft hatten, wie beispielsweise über ausgefeilte Zufallsgeneratoren. (18) Sie vergaben ein B an die Fürbittenstudien, die Menschen beinhalteten, und ebenso an Laborexperimente, die keine Menschen beinhalteten, dafür aber Pflanzen, Zellen und Tiere. Religion-und-Gesundheits-Studien, die versuchen, den Einfluss religiöser Verhaltensweisen wie beispielsweise der von Kirchenbesuchen auf die Gesundheit nachzuweisen, erhielten ein D, da beinahe alle von ihnen Beobachtungsstudien waren, die keine hochqualifizierten randomisierten Kontrolltests aufwiesen.

Die Tiefe und Breite der Heilungsforschung ist immer noch unter den im Gesundheitsbereich Tätigen wenig bekannt, und unter ihnen sind viele, die sich sehr kritisch und analysierend darüber geäußert haben. Unglücklicherweise sind diese Kritiken leider beinahe nie umfassend und bedauerlicherweise sehr uninformiert. Die Kritiken nennen typischerweise eine oder zwei Studien, die problematisch sind, ignorieren den Rest und verallgemeinern ihr Urteil, um den ganzen Bereich zu verdammen. Oder aber die Kritiker verlassen sich auf philosophische und theologische Sätze, ob beispielsweise Fernheilung und Gebete funktionieren sollten oder nicht, und ob Gebetsexperimente gotteslästerlich oder blaspemisch seien. (19) Sind solche Studien legitim? Sollten sie überhaupt gemacht werden? Dossey und Hufford haben diese Fragen geprüft und die 20 am häufigsten verbreiteten Kritikpunkte in diesem Bereich ihrerseits einer kritischen Überprüfung unterzogen. (20)

Es ist wahr, dass die Heilungsforschung noch nicht ausgereift ist, und jeder, der darauf hofft, perfekte Studien zu finden, muss sich anderswo hinwenden. (Ehrlich gesagt: perfekte Studien scheint es auch in keinem anderen Bereich der medizinischen Wissenschaft zu geben). Dennoch ist dieser Bereich inzwischen reifer geworden und man kann erwarten, dass dies auch noch weitergeht.

Warum rufen solche Studien eine so starke Kritik hervor? In den meisten wissenschaftlichen Kreisen ist es eine Frage des Glaubens, dass das menschliche Bewusstsein aus dem Gehirn kommt und seine Wirkungen auf das Gehirn und den Körper eines Menschen beschränkt sind. Deshalb wird meist davon ausgegangen, dass bewusste Absichten keine Distanzwirkung haben können und auch nicht in Zeit und Raum wirken. Die oben erwähnten Heilstudien stellen diese Annahme in Frage – und diese Herausforderung, so vermute ich, liegt unter den meisten der gefühlsmäßigen Antworten, die dieser Bereich hervorruft.

Was wissen wir wirklich über die Ursprünge und das Wesen des Bewusstseins? Der Philosoph Jerry Fodor sagt: „Niemand hat auch nur die geringste Idee, wie irgendetwas Materielles bewusst sein könnte. So viel zur Philosophie des Bewusstseins." (21) Und der Philosoph John Searle meint: „Zum gegenwärtigen Zeitpunkt der Bewusstseinsforschung können wir nicht sagen, wie Bewustsein arbeitet, und wir müssen deshalb alle Arten verschiedener Vorstellungen ausprobieren." (22)

Sind Gebets-und-Heilungs-Studien gotteslästerlich? Diese Experimente sind kein Versuch, Gott zu beweisen oder zu testen, wie viele Kritiker behaupten. Vor allem sind diese Studien Forschungsreisen in das Wesen des Bewusstseins. Im Hinblick auf die erschreckende Unwissenheit über dieses Thema wäre es eigentlich ratsam, dass man diese Nachforschungen vorantreibt, denn sie könnten einige der massiven weißen Flecken auf der gegenwärtigen wissenschaftlichen Landkarte füllen.

Ein weiterer häufiger Kritikpunkt dieser Studien ist, dass sie so theoretisch unplausibel sind, dass sie einfach nicht durchgeführt werden sollten. In anderen Worten verletzen sie radikal den akzeptierten Kanon der Wissenschaft und der bekannten Gesetze des Bewusstseins, und dies stellt sie so vollständig außerhalb der wissenschaftlichen Landkarte, dass sie nicht einmal Beachtung verdienen. Allerdings gibt es eigentlich keine unverletzbaren Gesetze des Bewusstseins. Wie Sir John Maddox, der frühere Herausgeber der Zeitschrift *Nature*, sagte: „Aus was das Bewusstsein besteht... ist... ein Rätsel. Trotz all der wundervollen Erfolge der Neurochirurgie im letzten Jahrhundert... scheinen wir ebenso weit von einem Verstehen des kognitiven Prozesses entfernt zu sein, wie wir das vor hundert Jahren waren." (23) Diese Studien verletzen nicht die Gesetze des Bewusstseins, sondern, so scheint es wenigstens oft, tief verwurzelte und vor allem weitgehend unbewusste Vorurteile.

Ein weiterer gängiger Kritikpunkt ist, dass diese Studien metaphysisch seien: Sie beschwören angeblich eine transzendente Handlungsmacht oder höhere Macht, was sie außerhalb des Bereichs empirischer Wissenschaft stellt. Dies ist ein Strohmann-Argument, da Forscher in diesem Bereich keine Aussagen über Entelechien, Götter oder metaphysische Mächte machen, wenn sie ihre Befunde interpretieren. Sie suchen lediglich nach Korrelationen zwischen Absichten und beobachtbaren Wirkungen in der Welt. Beinahe immer verschieben sie die Frage nach dem Mechanismus, was eine akzeptierte Strategie innerhalb der Wissenschaft ist. Harris et al. zum Beispiel schlossen in ihrer Studie über Gebete bei Patienten mit einer koronaren Herzerkrankung aus dem Jahr 1999, dass

> wir nicht bewiesen haben, dass Gott Gebete erhört oder auch nur, dass Gott überhaupt existiert. … Wir haben lediglich beobachtet, dass, wenn Menschen außerhalb der Klinik den Vornamen eines im Krankenhaus liegenden Patienten aussprechen (oder auch nur denken), dieser Letztere eine „bessere" CCU-Erfahrung hat. (24)

Der spirituelle Faktor in der Heilung

Sollten Ärzte sich mit dem spirituellen Leben ihrer Patienten beschäftigen? Sollten sie für sie beten? Diese Fragen sind nicht zu beantworten, ohne zunächst die Daten in diesem Bereich überhaupt zur Kenntnis zu nehmen. Wie sind die Korrelationen zwischen Gebeten und anderen religiösen Verhaltensweisen sowie Gesundheit und Langlebigkeit? Wie groß ist die Effektstärke? Was ist mit dem Risiko, den Kosten, der Verfügbarkeit und der Akzeptanz des Patienten? Wenn es hier um Penicillin statt um Gebete ginge, dann würden wir die Frage nach dem Einsatz nicht beantworten, bevor wir Schlüsselfragen wie die obigen nicht beantwortet hätten.

Selbst wenn man annimmt, dass Gebete und religiöse Verhaltensweisen das Gesundheitsergebnis positiv beeinflussen, was bedeutet das? Sollten Ärzte sich mehr mit Spiritualität beschäftigen? Ich glaube, wir können diese Frage mit Mitteln beantworten, die denen ähneln, die wir benutzt haben, um uns in der Vergangenheit anderen sensiblen Themen zu nähern. Zum Beispiel glaubten vor nicht allzu langer Zeit Ärzte noch, dass sie einen Patienten nicht nach seinem Sexualleben befragen sollten. Dies zu tun, war zu persönlich und respektierte die Privatsphäre nicht genug. Dann kam die Epidemie sexuell übertragbarer Krankheiten und AIDS auf, und über Nacht fingen Ärzte an, dieses Thema ganz anders zu sehen. Als Folge davon haben inzwischen die meisten Ärzte gelernt, mit Respekt und Einfühlungsvermögen nach den sexuellen Gewohnheiten ihrer Patienten zu fragen. Nachfragen nach den spirituellen und religiösen Praktiken können mit vergleichbarer Vorsicht durchgeführt werden. Ethische Codes oder Verhaltensvorschriften existieren schon für Krankenhaus-Geistliche und verbieten Missionararbeit, Bekehrungsversuche, Plumpheit und krasse Aufdringlichkeit, und ähnliche Richtlinien könnten auch Ärzten helfen, sich in diesem Terrain zu bewegen. Tatsächlich geschieht dies auch schon, denn Medizinstudenten im ganzen Land lernen bereits, auch die spirituellen Geschichten von Patienten aufzunehmen, und zwar auf eine Weise, die ihre Privatsphäre und ihre persönliche Wahl ehrt.

Mehr noch, Konsultationen sind immer eine Möglichkeit, und Ärzte können Patienten weiterleiten, die ihre spirituellen Sorgen einem religiösen Fachmann/-frau vortragen wollen. Dies vorausgeschickt, können sich Ärzte, die sich angenehm mit spirituellen Fragen fühlen, gerne an den Rand setzen.

Niemand erwartet von einem Arzt, bei diesen Fragen solche Experten zu sein wie ein Priester, aber das bedeutet nicht, dass wir nicht wenigstens ein Grundlagenniveau eines solchen Fachwissens erreichen können. Wir bringen ja auch Laien die grundlegenden Wiederbelebungsmaßnahmen bei, ohne von ihnen zu erwarten, dass sie Kardiologen oder Herzchirurgen werden; und genauso können Ärzte die Grundbegriffe spiritueller Nachfragen lernen, ohne deshalb so ausgebildet zu sein wie Priester oder Krankenhaus-Seelsorger.

Dieser Bereich kann auch als ein Thema für die öffentliche Bildung angesehen werden. Ärzte halten gewöhnlich Vorträge vor Patienten über Fakten rund um das Rauchen, den Einsatz von Autogurten oder geschützten Sex. Sie könnten genauso sachlich Informationen über die jüngsten Forschungsergebnisse über die Zusammenhänge zwischen Spiritualität und Gesundheit geben und Patienten ermutigen, ihre eigene Wahl in diesem Bereich zu treffen.

Sensibilität und Delikatesse sind in hohem Maße erreichbar, wenn Ärzte patientenzentriert bleiben. Ein befreundeter Internist fing an, sich für die Gebets-und-Heilungs-Studien zu interessieren und entschloss sich irgendwann, dass er eine Verpflichtung dazu hatte, für seine Patienten zu beten. Er entwickelte ein dreisätziges Handout, dass an der Rezeption jedem Patienten gegeben wurde, bevor sie ins Wartezimmer kamen. Ganz schlicht stand darauf: „Ich habe die Beweise rund um das Thema Gebet und Gesundheit überprüft, und ich glaube, dass Gebete vielleicht auch Ihnen helfen könnten. Als Ihr Arzt habe ich mich deshalb entschlossen, für Sie zu beten. Wenn Sie sich jedoch unwohl mit dem Gedanken fühlen, dann unterzeichnen Sie dieses Blatt, geben es der Rezeptionistin zurück, und ich werde sie nicht auf meine Gebetsliste setzen." Im Laufe vieler Jahre unterzeichnete nicht ein Patient das Blatt.

Forscher untersuchen derzeit Hypothesen aus verschiedenen Bereichen der Wissenschaft, die den Fernwirkungen von Gebeten und Absicht gegenüber freundlich eingestellt sind. (26)

Indem nach und nach ein Theorierahmen für diese Arbeit entsteht, werden Spiritualität und die Fernwirkungen der Heilung anfangen, weniger fremd für uns zu scheinen, und zukünftige Ärzte werden sich vielleicht wundern, warum wir solche Verstimmungen über diese Themen erlebt haben.

Aber das Spiel hat gerade angefangen, dieses Forschungsfeld existierte vor wenigen Jahren beinahe noch gar nicht. Die britische Marine brauchte 200 Jahre, um den Einsatz von Zitrusfrüchten zur Vorbeugung gegen Skorbut auf ihren Schiffen zuzulassen, trotz überwältigender Beweise ihrer Wirksamkeit. Die Vorstellung, dass ein schlichter Teelöffel voll Zitronensaft pro Tag eine solch tödliche Krankheit abwenden könnte, wurde als Verrücktheit abgetan: Die theoretische Unwahrscheinlichkeit wog schwerer.

Wo es sich um Spiritualität handelt, lassen Sie uns hoffen, dass wir nicht so eigensinnig sind. (27)

Ein Blick nach vorn

Wir können nicht wissen, welche Form unser Wissen über das Bewusstsein irgendwann einmal annehmen wird, aber glücklicherweise sind die Zeiten der konventionellen Ansicht, wonach Bewusstsein ausschließlich mit der Arbeit des Gehirns identifiziert wird und die Erscheinungsformen des Bewusstseins auf das Hier und Jetzt begrenzt werden, endgültig vorbei – so scheint es zumindest. Warum? Der Grund dafür ist ganz einfach der, dass diese konventionellen Ansichten so etwas wie Akashaphänomene nicht erklären können und ebenso wenig andere Arten und Weisen, in denen Bewusstsein in der Welt vorhanden ist. Die alten Modelle passen nicht mehr zu dem, was wir sehen und erfahren, und zu dem, was die Wissenschaft uns demonstriert. Deshalb kann es sein, dass die alten Modelle von den Hypothesen überholt werden, die in diesem Buch beschrieben sind.

Sind wir bereit für die Aufgabe, das Bewusstsein und seine Rolle im Universum zu verstehen? Können wir den Geist *mit* dem Geist verstehen? William James sagte:

Ich glaube ganz fest nicht daran, dass die menschliche Erfahrung die höchste Form der Erfahrung ist, die im Universum existiert. Ich glaube dagegen, dass wir in ziemlich genau derselben Beziehung zum Ganzen des Universums stehen wie unsere Hunde und Katzen im Verhältnis zum menschlichen Leben. Sie bewohnen unsere Salons und Bibliotheken. Sie nehmen an Szenen teil, deren Bedeutung sie nicht im Geringsten verstehen. Sie tangieren lediglich den Verlauf der Geschichte, deren Anfang und Ende und deren Formen vollkommen an ihnen vorbeigehen. Und genauso tangieren wir lediglich das weitere Leben der Dinge. (28)

James war ein Anhänger eines „pluralistischen Universums", das so riesig, so reich an Möglichkeiten, Rätseln und Überraschungen war, dass er glaubte, wir Sterblichen könnten es niemals genau erfassen. (29) Aber es liegt eben in unserem Wesen, es wenigstens zu versuchen.

Unsere Begrenzungen anzuerkennen ist kein Eingeständnis oder Zugeständnis einer Niederlage. Schließlich ist es die menschliche Reise, nicht das Ziel, welche am wichtigsten ist. Wie schon Browning sagte: „Ah, aber ein Mann sollte seine Hand weiter ausstrecken, als er es tut, oder wozu ist der Himmel da?" (30)

Oder – im Licht des Akasha oder anderer damit zusammenhängender Erscheinungen – können wir vielleicht eine Alternativsicht wählen, die auf der nicht-ortsgebundenen Natur des Bewusstseins aufgebaut ist, auf seiner Unendlichkeit in Raum und Zeit. Dies ist die neue Sicht der Vollständigkeit, der „Schon-Jetzt-heit" und der „Jetztheit", der Verwirklichung des Tat tvam asi, des „Du bist das". Diese Bewussthcit bcinhaltct das Wissen, dass die Reise schon getan und das Ziel erreicht ist. Unser Ziel besteht darin, zu dieser Erkenntnis zu erwachen. Daher die phantastische Aussage von Wittgenstein: „Wenn wir die Ewigkeit so nehmen, als ob sie nicht unendliche zeitliche Dauer wäre, sondern Zeitlosigkeit, dann gehört das ewige Leben denen, die in der Gegenwart leben." (31)

Zusammenfassung:
Naturwissenschaft und die Akasha-Erfahrung

Diese Sammlung von Augenzeugenberichten über Akashaerfahrungen erstreckt sich über ein weites Feld. Sie erstreckt sich über den gelebten Aspekt dieser Erfahrung ebenso wie über seine praktische Anwendbarkeit. Sie überprüft die gegenwärtige Forschung, die darauf ausgerichtet wurde, das Wesen und die Wurzeln der Erfahrung zu beleuchten, und sie stellt einen Bericht und eine Einschätzung dessen dar, was diese Erfahrung ist und wie wir darüber denken können. Sie bezeugt, dass die Akashaerfahrung bei einer großen Bandbreite von Menschen geschieht und dass sie in einer großen Vielfalt von Formen zu uns kommt. Obwohl für die Zwecke einer sozialwissenschaftlichen Dokumentation die Erfahrung von 20 (und einschließlich des Autors 21) Menschen keine ausreichende Basis für eine Evaluation darstellt – die Größe des Samples ist zu klein – im Kontext dieser stark vernachlässigten (und wenn nicht vernachlässigten, dann bekämpften) Art von Erfahrung ist sie signifikant. Sie stellt Beweise bereit, dass die Akashaerfahrung nicht auf Mystiker beschränkt ist oder auf Hellseher oder Schamanen oder Gurus. Sie wird von Menschen mit einer großen Bandbreite von Hintergründen und einer großen Unterschiedlichkeit der Interessen erlebt.

Bestätigung der Erfahrung

Wenn die Akashaerfahrung so weit verbreitet ist – warum ist sie dann nicht viel bekannter? Der Grund dafür ist nicht schwer zu finden und ist schon in mehreren der Berichte bereits zitiert worden. In der Perspektive der modernen materialistischen Mentalität ist die Akashaerfahrung fremdartig, und wird deshalb leichtherzig weggeschoben oder auf andere Weise zu einer Kategorie vermindert, die Menschen als esoterisch, spirituell oder New-Age ansehen. Moderne Menschen schieben die Erfahrung nicht nur weg, wenn sie von anderen erzählt wird, sondern sie unterdrücken sie auch, wenn und wann sie ihnen selbst passiert.

Es ist gleichzeitig bemerkenswert, dass viele Menschen ein „Aha"-Erlebnis haben, wenn die Wirklichkeit der Akashaerfahrung bestätigt wird. *Also ist es doch keine*

Phatasie, was ich zu jener Zeit oder zu einem anderen Zeitpunkt in meinem Leben erfahren habe. Dies ist das, was ich auf jeden Fall in den 15 Jahren, seit ich die Theorie eines erfahrbar zugänglichen Informations- und Gedächtnisfeldes veröffentlicht und angefangen habe, in Vorträgen und Seminaren darüber zu sprechen, herausgefunden habe. Was offensichtlich gebraucht wird, um die Akashaerfahrung auf eine Ebene der bewussten Anerkennung zu bringen, ist, eine glaubhafte Erklärung dafür zu finden.

Für den modernen Verstand ist eine plausible Erklärung eine wissenschaftliche Erklärung. Deshalb, wie ich auch schon im Vorwort geschrieben habe, erkunde ich jetzt die Möglichkeit, das Phänomen der Akashaerfahrung mit der Theorie und den Konzepten der Wissenschaft zu verbinden und dabei die jüngsten Entdeckungen in Betracht zu ziehen. (Leser, die interessiert daran sind, tiefer in die Beziehung dieser Erfahrungen mit der Quantenphysik, der Kosmologie, der Biologie, der Gehirn- und Bewusstseinsforschung und verwandten Disziplinen einzutauchen, werden auf meine früheren Bücher verwiesen.) (1)

Die Elemente einer wissenschaftlichen Erklärung

Gibt es eine glaubhafte Erklärung für die Akashaerfahrung? Kann der gelebte und empirisch getestete und überprüfte Aspekt dieser Erfahrung in einer glaubhaften Weise mit dem verbunden werden, was die Wissenschaft uns über die Natur „objektiver" Wirklichkeit erzählt?

Ich schlage vor, dass eine wissenschaftliche Erklärung vollständig möglich ist. Arbeiten am Rande der Quantenphysik, der Quantenbiologie und die Quanten-Gehirnforschung zeigen, dass das Gehirn körperlich in der Lage ist, Erfahrungen zuzulassen, die auf Informationen basieren, die aus der äußeren Welt kommen, ohne dass sie durch die exterozeptiven Sinne vermittelt worden sind. Dieser Befund ist neu und auf den ersten Blick überraschend. Dennoch gibt es dafür solide Beweise. Das menschliche Gehirn, mit seinem erstaunlich komplexen und koordinierten System von Neuronen, ist nicht nur ein klassischen biochemisches System. Es ist auch und bemerkenswerterweise, ein „makroskopisches Quantensystem" – was bedeutet, ein System, das in mancher Hinsicht wie Systeme von Mikropartikeln (so genannten Quanten) handelt, obwohl es von einer makroskopischen Dimension ist. Dieser Befund wirft ernsthafte Zweifel an dem klassischen Dogma auf, dass jede außer- oder nichtsinnliche Erfahrung reine Phantasie sein muss.

Der klassische Lehrsatz kann wie folgt beschrieben werden: Das Gehirn ist ein biochemisches System, das Informationen in Form von Impulsen empfängt und sendet, die durch das Nervensystem reisen. In diesem Konzept werden Informationen über die Außenwelt durch und ausschließlich durch die Organe zu Bewusstsein gebracht, die externe Stimuli registrieren, nämlich die Augen, die Ohren, die Nase, den Gaumen und die Haut. Jeder Gedanke, jede Intuition, jedes innere Bild oder jede Erfahrung, die nicht eindeutig und augenscheinlich durch diese sensorischen Rezeptoren vermittelt werden, müssen deshalb Phantasien sein, die auf einer Neuzusammenstellung der sinnlich wahrnehmbaren Elemente beruhen.

Der wissenschaftlich berechtigte Grund, warum dieser Ansatz nicht länger überzeugend ist, ist der oben genannte Befund, dass das Gehirn (auch) ein makroskopisches Quantensystem ist. Das Gehirn führt Funktionen und Prozesse aus, die früheren Ansichten zufolge auf die sub-mikroskopische Welt der Quanten begrenzt war. Wie wir noch weiter unten sehen werden, gibt es Strukturen im Gehirn, die von beinahe quantenhafter Dimension sind, und diese Strukturen empfangen und senden Information im so genannten Quanten-Resonanz-Modus. Dies ist eine beinahe zeitgleiche, multidimensionale Form der Informationsverarbeitung und –übertragung, die eine Grundeigenschaft der Lebensfunktionen aller biologischen Organismen ist. Dieser Modus ist in der Physik ganz klar anerkannt: Es ist die „Nichtlokalität".

Die Nichtlokalität widerspricht einem anderen Leitsatz des Paradigmas, das die moderne Welt immer noch dominiert und das die Wissenschaft lange dominiert hat: der „örtliche Realismus". Dieser örtliche Realismus ist grundlegend für das moderne Alltags-Konzept darüber, wie die Welt beschaffen ist. Es besteht aus zwei Hauptelementen: einer Annahme der Ortsgebundenheit und einer Annahme der Wirklichkeit. Die *Annahme der Ortsgebundenheit* glaubt daran, dass physikalische Wirkungen sich mit einer begrenzten Geschwindigkeit im Raum fortsetzen, sich dann vermindern und letztlich mit der Entfernung verschwinden. Die *Annahme der* Wirklichkeit wiederum meint, dass alle Dinge in der realen Welt Werte und Charakteristiken besitzen, die ihnen innewohnen, statt dass sie durch ihre Beziehungen oder durch ihre Beobachtung erst erzeugt werden.

Keine dieser Annahmen kann sich halten, wenn es um die Nicht-Ortsgebundenheit geht. Nicht-Ortsgebundenheit bedeutet, dass physikalische Wirkungen sich nicht über den Raum mit einer endlichen Geschwindigkeit fortsetzen, sondern sich in Echtzeit verbreiten (oder in jedem Fall schneller als sie mit existierenden Messinstrumenten messbar wären); und dass die Charakteristiken von Dingen, wie der Zustand der Teilchen, ihnen nicht innewohnt, sondern verbunden ist mit und auf eine Weise erzeugt wird von dem Zustand anderer Dinge. Und diese Zustände können auch durch den Akt unserer Beobachtung bestimmt werden.

Dies sind überraschende Befunde, dennoch sind sie in der neuzeitlichen Physik schon akzeptiert. Wiederholte Laborexperimente zeigen, dass Teilchen, die in einer gegebenen Zeit denselben Quantenzustand besetzt haben, miteinander über alle endlichen Zeiten und Entfernungen hinweg in Verbindung bleiben. Veränderungen im Zustand eines einzelnen Teilchens resultieren unmittelbar in Veränderungen im anderen Teilchen, selbst wenn sie nicht länger auf konventionelle Weise miteinander verbunden sind. Räumliche Trennung und zeitliche Trennung erweisen sich als irrelevant für die Korrelation ihres Zustands: Die Teilchen können überall sein, und sie können zu jeder Zeit existieren oder existiert haben. Raum- und zeitüberschreitende Korrelation zeigt die physikalische Wirklichkeit der Nicht-Ortsgebundenheit an – die Art „Verbindung über Distanz", die Einstein als „gespenstisch" bezeichnete (und mit der er sich nie vollständig abfinden wollte).

Raum und Zeit übergreifende Korrelation (die Erwin Schrödinger „Umschlingung" nannte) geschieht, wenn die Teilchen – die kleinsten messbaren Einheiten der physikalischen Welt, die als *Quanten* bekannt sind – in kohärentem Zustand sind. In ihrem unberührten Zustand, vor jeder Interaktion, sind Quanten tatsächlich in einem solchen Zustand. Dennoch, wenn die Quanten in Beziehung gebracht werden (und ihr Messen selbst stellt schon eine Interaktion dar – und wahrscheinlich auch schon deren Beobachtung) werden sie inkohärent, was bedeutet, sie nehmen die Charakteristiken der gewöhnlichen, „ortsgebundenen" statt „nicht-ortsgebundenen" Objekte an. Nach der klassischen Quantentheorie, sind Objekte der Alltagswelt ständig Interaktionen ausgesetzt und deshalb sind sie permanent in einem inkohärenten Zustand. Aber, wie sich herausgestellt hat, ist dies nicht notwendigerweise der Fall. Beim Übergang zum 21. Jahrhundert konnten Wissenschaftler den Quantenzustand von vollständigen, offenbar nicht kommunizierenden Atomen über viele Kilometer hinweg korrelieren. Und vor wenigen Jahren sind zeit- und raumübergreifende Korrelationen auch in lebenden Organismen entdeckt worden.

Es scheint so, dass Interaktionen im Körper, selbst diejenigen, die die Körpertemperatur warmblütiger Lebewesen aufrechterhalten, die Kohärenz lebender Organismen nicht zerstören. Das war eine Überraschung, denn vorher hatten Physiker gedacht, dass die Brown'sche Bewegung (zufällige Bewegung) von Teilchen im Körper sie inkohärent und dadurch unfähig für die „Umschlingung" über Zeit und Raum machen würde. Aber jüngste Forschung (von Kitaev und Pitkanen sowie anderen) hat gezeigt, dass das Problem der „Hitze-Inkohärenz" nicht unüberwindbar ist. (2) Netzwerke von Quantenpartikeln, die in einer bestimmten Weise organisiert sind (zum Beispiel durch das „Weben" oder „Flechten" der Komponententeilchen) scheinen ausreichend robust zu sein, um eine Quantenkohärenz selbst bei normalen Temperaturen aufrechtzuerhalten. Wie Parsons bemerkte: „Flechten ist robust: Ebenso wie ein vorbeistreichender Windstoß Ihre Schuhbänder kräuseln, aber sie nicht aufschnüren kann, können Daten, die auf einem Quanten-Flechtband gespeichert sind, alle möglichen Arten von Störungen überleben." (3)

Obwohl hier das letzte Wort noch nicht gesprochen ist, scheint die fundamentale Trennung zwischen der Mikrowelt der Quanten und der Welt der Objekte auf Makroebene überwunden zu sein.

Quantenkorrelation und der Organismus

In den lebenden Organismen sind Quanteneffekte nicht nur theoretisch möglich, sondern sie sind sogar lebenswichtig, um den Prozess des Lebens aufrechtzuerhalten. Die atemberaubende Zahl der chemischen und physikalischen Reaktionen, die sich im Organismus abspielen, können wahrscheinlich nicht nur von begrenzten und relativ langsamen biochemischen Signalübertragungen koordiniert werden. Eine der grundlegendsten Funktionen der Zellen – ihre Kommunikation mit anderen Zellen im Körper – beinhaltet, so konnte gezeigt werden – Information, die durch Quanteneffekte übertragen wird: Sie umfasst mehr Information mit einer schnelleren Übertragung, als irgendeine konventionelle Form leisten könnte.

Durch Quanteneffekte erzeugen Zellen ein kohärentes Informationsfeld im ganzen Körper. Dieses „Biofeld" unterstützt den normalen Fluss der Information mit der multidimensionalen, quasi in Echtzeit erfolgenden Information, die notwendig ist, um das koordinierte Funktionieren des Organismus als Ganzes sicherzustellen.

Die Quanteneffekte des Biofelds sind nicht auf die physikalischen Grenzen des Organismus beschränkt: Sie dehnen sich auch auf die Umwelt aus. Durch ihr Biofeld interagiert der lebendige Organismus mit allen Feldern, die ihn umgeben. Dank dieser Interaktion ist der Organismus in einer konstanten Kommunikation mit der Umwelt. Da diese Kommunikation Quanteneffekte umfasst, ist der Organismus in Kommunikation mit mehr als dem, was in seiner unmittelbaren Umgebung ist: Er steht in Kommunikation mit anderen Organismen, ob sie nun nah oder fern sind. Letztlich ist er sogar mit der gesamten Sphäre des Lebens verbunden.

Wie die Sinnesinformation hat die Information, die den Körper über Quanten-effekte erreicht, ihren Ursprung in der realen Welt und bildet Geschehnisse und Zustände dieser Welt ab. Obwohl diese Art der spontanen, außersinnlichen Information in der modernen Welt typischerweise verleugnet wird, war sie bei traditionellen Völkern bekannt – bei Schamanen etwa oder Medizinmännern und -frauen, Propheten und spirituellen Führern. Selbst heute ist ein Mensch mit einer hohen Sensitivität – ein „Mystiker", ein „Medium" oder ein außerordentlich intuitiver, ganz gewöhnlicher Mensch – sich bewusst, dass er Informationen außersinnlicher Art empfängt. Diese Art Information zu empfangen ist nicht notwendigerweise ein Wahn, denn sie wird nicht notwendigerweise vom Gehirn *erzeugt*, sondern es könnte sein, dass sie nur vom Gehirn *übertragen* wird. Das ist ein fundamentaler Unterschied. Gehirn-*erzeugte* Information könnte auch Fantasie sein, gehirn-*übertragene* Information hat ihre Ursprünge in der wirklichen Welt.

Wie Information im Universum gespeichert wird

Wir betrachten jetzt den Weg, wie Information in der Natur gespeichert werden könnte. Hier betreten wir ein Terrain, das den traditionellen Weisheitskulturen bekannt war, aber für die moderne Wissenschaft neu ist.

Wir beginnen damit, zu bemerken, dass die Information, die den Geist in einem außer- oder nichtsinnlichen Modus erreicht, keine konventionellen Begrenzungen in Raum und Zeit zu haben scheint. Solch eine Information könnte von überall her gekommen sein und könnte ihren Ursprung in irgendeiner Zeit in der Vergangenheit haben. Das lässt uns annehmen, dass diese Information nicht ortsgebunden, sondern universell ist. Es ist verteilte Information in einem Feld, das in der gesamten Natur vorkommt.

Dies ist eine neue und vielleicht überraschende Hypothese, aber sie ist aus der jüngsten Physik- und Kosmologieforschung geboren. In der Natur könnte ein universelles Informations- und Gedächtnisfeld existieren, verbunden mit dem fundamentalen Element der physikalischen Wirklichkeit, die Physiker das Einheitsfeld nennen. Das Einheitsfeld, wie schon in der Einleitung bemerkt, ist der Ursprungsgrund aller Feldkräfte und Energien im Universum. Es ist deshalb nur logisch, anzunehmen, dass es nicht nur Energie enthält und überträgt, sondern auch Erinnerungen, und dass es *Information* übermittelt. Um eine antike Intuition zu ehren: Dies ist der Aspekt oder die Dimension des Einheitsfeldes, die ich das Akashafeld genannt habe.

Die am meisten logische und am wenigsten spekulative Hypothese ist die, dass das Akashafeld Information in einem holografischen Modus aufzeichnet, speichert und überträgt. Wir wissen, dass Hologramme, die mit Lasern oder normalen Lichtstrahlen erzeugt werden, in der Lage sind, eine unglaubliche Menge an Information auf minimalstem Raum zu kodieren, zu speichern und zu übermitteln – man sagt, dass die gesamte Kongressbibliothek in Washington in einem multiplexen Hologramm von der Größe eines Zuckerwürfels kodiert werden könnte. Indem sie in einem holografischen Modus funktioniert, könnte das Informationsfeld der Natur Information über alle Dinge, die sich in Raum und Zeit abspielen, aufzeichnen und übermitteln – angefangen vom Big Bang (oder sogar vorher) bis zum Big Crunch (der großen Krise – und vielleicht noch darüber hinaus).

Wir können sogar genau sagen, wie diese Codierung von Information zustande kommen könnte. Wir wissen, dass jedes bewegliche Objekt Energiequanten aussendet, und dass diese Quanten Informationen über die Objekte in sich tragen, die sie ausgesandt haben. Die Quanten formen kohärente Wellen, die sich im Raum verbreiten und – da der Raum kein leerer Raum ist, sondern ein komplexes Feld – verbreiten sich die Wellen ins Einheitsfeld. Die sich ausbreitenden Wellenfronten im Feld interagieren und erzeugen spezifische Muster. Diese Interferenzmuster der Wellen sind ähnlich den Mustern, die von interagierenden Lichtstrahlen in gewöhnlichen Hologrammen erzeugt werden – sie können von derselben Mathematik gemodelt werden. Das ist bedeutsam, denn wir wissen, dass in Hologrammen die Knoten der Interferenzmuster Informationen über die Dinge und Prozesse speichern, die die interferierenden Lichtstrahlen erzeugt haben, oder sie informierten sie zwischen ihrer Aussendung und ihrem Empfang.

Im Einheitsfeld werden Wellen durch Quantenwellen erzeugt und nicht durch Lichtwellen. Die ersteren sind vollkommen kohärent und nicht-ortsgebunden, sie können sich durch das gesamte Feld hindurch „umschlingen". Daher haben die daraus resultierenden Interferenzmuster den Charakter von Quantenhologrammen und nicht von normalen Hologrammen

Der Physikmathematiker Walter Schempp hat gezeigt, dass Quantenhologramme kohärent sind und dass sie einander umschlingen, genau wie die Wirbel, die in hypergekühltem Helium auftauchen. Bei extrem niedrigen Temperaturen – unter 2 172 auf der Kelvin-Skala – wird Helium zu einem supraleitenden Medium: Dinge bewegen sich durch es hindurch ohne jegliche Reibung. Wie unter anderen Russell Donnelly von der Universität von Oregon gezeigt hat, erscheinen Wirbel in dem supraleitenden Medium, das als Helium-II bekannt ist, und sie verbreiten sich durch dieses Medium hindurch. (4) Die Wirbel umschlingen sich durch das ganze Helium-II: Was einem dieser Wirbel geschieht, hat eine sofortige Wirkung auf alle anderen.

Das Akashafeld ist ein Feld der Quantenhologramme, eine Art superleitendes kosmisches Medium. Es gibt nichts in diesem Feld, das die reibungslose Verbreitung und das Umschlingen der Hologramme behindern könnte, die darin aufkommen. Die Quantenhologramme, die von den Wellen erzeugt werden, die von Objekten in Zeit und Raum ausgesandt werden, umschlingen sich durch das gesamte Feld hindurch – und das bedeutet, durch den gesamten Raum und alle Zeit hindurch. Sie erzeugen Sequenzen von Interferenzmustern, die in einem Superhologramm münden, das die Integration aller anderen Hologramme ist. Dieses Superhologramm trägt die Information aller Dinge in sich, die existieren und je existiert haben: Es ist das „Hologramm des Universums".

Wie man Quanten-Hologramm-Informationen im Gehirn empfängt

Der Prozess

Es gibt Hinweise, dass das menschliche Gehirn Informationen mit den Hologrammen in den es umgebenden Feldern austauschen kann. Wie Karl Pribhams holonomische Gehirntheorie ausführt, arbeiten die Rezeptoren und Gedächtnisfunktionen des Gehirns im Kern in einem holografischen Modus (5). Schempp bestätigte dies und sagt weiter, dass „die Bedingungen, die eine Quanten-Holografie möglich machen, ideal zu der Hypothese passen, dass das Gehirn über Quantenholografie arbeitet." (6)

Der Prozess, durch den das Gehirn einen Informationsaustausch mit Hologrammen in den Feldern, die den Organismus umgeben, vornehmen kann, ist die „Phasen-Verbindung" oder, genauer, die „phasen-verbundene Quantenresonanz". Dies bedeutet, dass die Phase der Wellenfronten eines Hologramms im Feld in Übereinstimmung mit der Phase der holografischen Rezeptoren im Gehirn gebracht wird, was genau die Resonanz hervorbringt, die die funktionierende Übertragung der Information vom Hologramm zum Gehirn ermöglicht.

Die Strukturen

Die physiologischen Strukturen, die Quanteninformation im Gehirn empfangen und weiter verarbeiten, sind Strukturen auf winzigster Ebene. Diese Strukturen sind Teil des sogenannten Zytoskeletts. Proteine im Zytoskelett sind in einem Netzwerk von Mikrotubuli organisiert, die strukturell über Proteinverknüpfungen und funktionell durch kommunizierende Verbindungen (Nexus) aneinander angeschlossen sind. (7) Das mikrotubuläre Netzwerk ist ein subzelluläres Netzwerk mit wesentlich mehr Elementen als das neuronale Netzwerk. Das menschliche Gehirn hat annähernd zehn hoch elf Neuronen und es besitzt zehn hoch achtzehn Mikrotubuli, also besitzt das mikrotubuläre Netzwerk nicht nur zehn oder hundert, sondern 10 000 000 mal mehr Elemente als das Netzwerk der Neuronen. Mit dünnsten Fäden (Filamenten), die nur 5 bis 6 Nanometer im Durchmesser groß sind – das so genannte „mikrotrabekuläre Gitter" – funktioniert das mikrotubuläre Netzwerk ähnlich wie die Quantenskala. (8)

Das Zytoskelett stellt eine strukturelle Unterstützung bereit und bildet ein Transportmedium für subzelluläres Material ins Gehirn und durch den gesamten Organismus. Früher dachte man, dass es eine rein strukturelle Rolle hätte, aber die jüngste Forschung lässt vermuten, dass es auch Signale übermittelt und Information verarbeitet.

Der Physiker Roger Penrose und der Neurophysiologe Stuart Hameroff schlagen vor, dass alles Bewusstsein aus den neuroskelettalen Strukturen hervorgeht. (9) Der Neurowissenschaftler Ede Frecska und der Anthropologe Luis Eduardo Luna bekräftigen, dass die ultramikroskopischen Netzwerke des Zytoskeletts die wahrscheinlichsten Strukturen sind, um die Berechnungen anzustellen, die Signale auf Quantenebene in Information im Gehirn umwandeln kann. In dem entstehenden Konsens ist das Netzwerk der Mikrotubuli mit seiner Gitterstruktur auf Quantenebene die physiologische Basis für die Quantenholografie in unserem Gehirn.

Die beiden Modi der Wahrnehmung

Wenn wir also annehmen, dass die Quantenholografie im Gehirn wirkungsvoll durchgeführt wird, dann gibt es zwei Arten der Wahrnehmung der Welt, die uns zur Verfügung stehen, und nicht nur eine. Zusätzlich zu der Möglichkeit, die Außenwelt durch unsere Sinne wahrzunehmen, können wir auch manche ihrer Aspekte und Elemente nicht-ortsgebunden wahrnehmen. Dieser Wahrnehmungsmodus,

der von Frecska und Luna der „unmittelbar-intuitive-nicht-ortsgebundene Modus"
genannt wird, ist ebenso wirklich wie der „perzeptuell-kognitiv-symbolische Modus" der gewöhnlichen Sinneswahrnehmung. (10)

Grundsätzlich kam auch Stanislav Grof zu derselben Schlussfolgerung. Wie er
in seinem oben abgedruckten Bericht schrieb: „Meine Beobachtungen weisen
darauf hin, dass wir Information über das Universum auf zwei radikal unterschiedliche Arten erhalten können. Neben der konventionellen Möglichkeit des
Lernens durch sinnliche Wahrnehmung, durch Analyse und Synthese der Daten,
können wir auch etwas über die verschiedenen Aspekte der Welt über unmittelbare
Identifikation mit ihnen in einem veränderten Bewusstseinszustand herausfinden."
Mehr noch, wie Frecska und Luna bestätigen, kann die Information, die man
über den unmittelbar-intuitiven-nicht-ortsgebundenen Modus erhält, vielleicht
„groß genug sein, um holografische Informationen über das ganze Universum via
nicht-ortsgebundene Interaktion zu enthalten." Dies passt zu Grofs Behauptung,
dass „jeder von uns… ein Mikrokosmos zu sein scheint, der auch Zugang zu der
Information über den gesamten Makrokosmosmos hat."

Quanten-Hologramme im Akashafeld lesen

Wenn alle Dinge Wellen im Einheitsfeld erzeugen und wenn interferierende Wellen Quantenhologramme darin erzeugen, dann kann unser Gehirn im Prinzip
Informationen über einige Aspekte oder Elemente aller Dinge und Ereignisse im
Universum erhalten. Dennoch, es ist klar, dass wir nicht alle Informationen über
alles im Universum zur selben Zeit bekommen und auch nicht mit demselben Grad
an Leichtigkeit. Es muss also Abstufungen des Zugangs zu den Informations-
speichern im Akashafeld geben. Diese Begrenzung ist ähnlich der, wenn wir im
Internet Informationen erhalten: Wir bekommen nicht alles auf einmal, sondern
nur das, für das wir den Code eingegeben haben – beispielsweise eine URL. Was
die Information im Akashafeld angeht, stellen die zytoskeletalen Feinstrukturen
unseres individuellen Gehirns den Zugangscode bereit. Wenn diese Strukturen
mit einem Quantenhologramm im Feld in Übereinstimmung gebracht werden,
dann ist ein Zugang bevorzugt möglich: Gehirn und Hologramm treten in eine
phasen-verbundene Quantenresonanz.

Es gibt weitere Hinweise darauf, dass es verschiedene Zugangsstufen zum phasen-
verbundenen Informationsaustausch mit dem Akashafeld gibt. Das Gehirn ist am
ehesten in der Lage, in eine Quantenresonanz mit demjenigen Hologramm ein-

zutreten, das es selbst erzeugt hat: Dies ist der am meisten bevorzugte Zugang. Information aus dem Hologramm des eigenen Gehirns herzuleiten, bedeutet aber, die Spuren zu betreten, die es im Feld hinterlassen hat. Dies ist die physikalische Basis des Langzeitgedächtnisses, einschließlich des atemberaubend detaillierten und vollständigen Gedächtnisspeichers, der in den „Lebensrückblicken" sichtbar wird, die von vielen Menschen berichtet wird, die eine Nah-Tod-Erfahrung erlebt haben.

Die Hologramme anderer Menschen können auch betreten werden, besonders wenn sie in einer körperlichen Verbindung mit uns stehen, wie beispielsweise bei Zwillingen, oder uns emotional verbunden sind, wie beispielsweise bei Liebenden oder Freunden. Wenn das Gehirn eines Menschen dann in eine phasen-verbundene Resonanz mit dem Quantenhologramm des Gehirns des anderen tritt, dann kann er oder sie einige Elemente oder Aspekte des Bewusstseins dieser Person intuitiv wahrnehmen. (Wir sollten hier anmerken, dass solche Intuitionen nicht notwendigerweise die Ebene der bewussten Wahrnehmung erreichen müssen: wie bei allen Elementen der menschlichen Erfahrung können auch sie ignoriert oder unterdrückt werden.)

Experimente bezeugen, dass manche Menschen zur selben Zeit durch das Akashafeld kommunizieren können. Wenn das Gehirn eines Menschen in eine phasen-verbundene Resonanz mit dem Gehirn eines anderen tritt, dann wird eine subtile nicht-ortsgebundene Form der Kommunikation zwischen ihnen erzeugt. Dies kann eine ganze Gruppe Menschen betreffen, die das erzeugen, was Bache einen Gruppengeist nennt. Dann kann es geschehen, dass die Mitglieder dieser Gruppe diese Art Erfahrungen schildern, von denen Bache weiter oben gesprochen hat: von ähnlichen Träumen, gemeinsamen Ahnungen und Gefühlen oder aufeinander bezogenen Eingebungen.

Bewusste Absicht kann auch dazu führen, dass eine Spontankommunikation zwischen Menschen besondere Wirkungen hervorruft. Zum Beispiel heilen manche Naturheiler aus der Entfernung, indem sie an ihre Patienten das aussenden, was sie „Heilenergie" nennen. In diesem Fall können wir annehmen, dass das Gehirn des Heilers oder der Heilerin in der Lage war, in eine Art Quantenresonanz mit dem Gehirn und dem Körper des zu Heilenden einzutreten.

Die Effektivität der Fernheilung ist in statistischen Studien analysiert worden, an denen Hunderte von Fällen beteiligt waren, und ist dabei jenseits jeden vernünftigen Zweifels bestätigt worden. Andersherum ist die physikalische Basis des Heilprozesses getestet worden, indem man die elektrische Aktivität des Gehirns beider Betroffener, des Heilers und des zu Heilenden, gemessen hat. Wie Maria Sagis Bericht (in Teil 2) ihres Fernheilungsexperiments gezeigt hat, wurden die EEG-Wellen, die im Gehirn der Heilerin erschienen, mit einer Verzögerung von einigen Sekunden im Gehirn des zu Heilenden reproduziert. Diese Muster geschehen in den niedrigeren Regionen des EEG-Spektrum: in der Alpha- oder sogar der Delta-Region. Da diese Regionen ihre Aktivität nur im Tiefschlaf oder in hochentspannten meditativen Zuständen zeigen, scheint es so zu sein, dass das menschliche Gehirn leichter in eine phasen-verbundene Quantenresonanz eintritt, wenn es in einem tief veränderten Zustand ist.

Wenn zwei oder mehr Menschen eine nahe Beziehung zueinander haben, dann treten ihre Gehirne öfter und gründlicher miteinander in Resonanz. In parapsychologischen Testlabors werden Versuchspersonen oft gebeten, vor dem Experiment miteinander zu interagieren, um eine empathische Verbindung zueinander herzustellen. Dann wird ein Mensch einer Form von Stimulation unterzogen – beispielsweise Lichtblitzen oder schwachen Elektroschocks – während der andere dies nicht erhält. Dennoch zeigt sich das Muster der Gehirnaktivität, die durch die Stimulation hervorgerufen wird, nicht nur im EEG der stimulierten Person, sondern auch im EEG der anderen, selbst wenn letztere in keinerlei Sinneskontakt mehr zu der ersten steht. Liebe und tiefes Wohlwollen erhöhen die Häufigkeit und die Tiefe dieser Verbindung. Gemeinsam in tiefe Meditation einzutreten, hilft genauso. Bei Experimenten, die von Dr. Montecucco durchgeführt wurden – Experimente, die ich selbst miterlebt habe – erreichten Menschen in tiefer Meditation, aber ohne jeden Sinneskontakt, mehr als 90 Prozent Übereinstimmung ihrer EEG-Wellen.

Nicht-ortsgebundene Kommunikation kann auch mit Hilfe eines funktionellen magnetischen Resonanzbildes (fMRI) getestet werden. In einem bahnbrechenden Experiment, das von Jeanne Achterberg und ihren Kollegen in Hawaii durchgeführt wurde, wählten elf Heiler Personen aus, zu denen sie eine empathische Verbindung fühlten. (11) Jeder Empfänger wurde in einen MRI-Scanner gebracht, der von jedem Sinneskontakt mit dem Heiler isoliert war. Dann schickten die Heiler Energie, Gebete oder gute Absichten – so genannte Fernintentionalität – in Zufallsintervallen aus, die den Empfängern nicht bekannt waren. Zwischen den „Sende-„ und den „Pausen"-(=Kontroll-)Intervallen gab es signifikante Unterschiede in der Aktivität verschiedener Bereiche des Gehirns der Empfänger – nämlich in den anterioren und mittleren cingulären Bereichen des Cortex, dem Praecuneus und den Frontalbereichen. Die Wahrscheinlichkeit, dass diese Korrelation zwischen dem Imput des Heilers und der Gehirnfunktion auf Zufall beruht, wurde mit 1 zu 10 000 angegeben.

Die rätselhaften Varianten der Akashaerfahrung

Phasen-verbundene Quantenresonanz zwischen dem menschlichen Gehirn und der Information, die im Einheitsfeld gespeichert ist, bildet eine viel versprechende Basis für eine wissenschaftliche Erklärung der Standardvariationen der Akashaerfahrung. Normalerweise können wir die Quanten-Hologramme im Feld betreten, weil unser Gehirn im Quantenmodus funktionieren kann. Aber was ist mit den Akashaerfahrungen von Menschen, deren Gehirn vorübergehend nicht arbeitet? Wie bei den Nah-Tod-Erfahrungen, den Außer-Körper-Erfahrungen und der Nach-Tod-Kommunikation, die in diesem Buch beschrieben werden, bezeugt wird (bitte lesen Sie dazu die Berichte von van Lommel, Brune oder Grof), kann Kommunikation selbst unter so unwahrscheinlichen Umständen stattfinden.

In Nah-Tod-Erfahrungen (NDEs) ist das Gehirn vorübergehend unfähig zu arbeiten, bei den Außer-Körper-Erfahrungen (OBEs) ist es in einem besonderen Zustand, in dem es nicht länger der körperliche Ort des Bewusstseins ist; und bei der Nach-Tod-Kommunikation (ADC einschließlich ITC, ihrer Instrumentellen Trans-Kommunikations-Variante) ist das Gehirn dauerhaft nicht in Funktion. Dennoch können bewusste Wahrnehmungen, und in einigen Fällen sogar Zwei-Wegs-Kommunikationen stattfinden. Bei NDEs haben manche Menschen klare und luzide Wahrnehmungen, die überprüft werden können, wie Wahrnehmungen ihrer Umgebung, bei den OBEs berichten sie von verifizierbaren Wahrnehmungen, die von einem Ort außerhalb (oft über) ihres Körpers kommen; und bei den ADEs scheinen verstorbene Menschen in der Lage zu sein, Information von einem Ort jenseits ihres Grabes aus zu empfangen und auch zu senden.

Bevor ich schließe, sollte ich noch ein instrumentelles Kommunikation (ITC)-Experiment erwähnen, bei dem ich nicht nur Zeuge war, sondern selbst teilnahm. Ich sprach mit offensichtlich unkörperlichen Stimmen, die durch ein altmodisches Radio kamen, bei dem die üblichen elektromagnetischen Frequenzen und ihre elektronischen Modulationen vollkommen fehlten. Ich führte sogar ein Gespräch in meiner Muttersprache Ungarisch (eine Stimme sagte: „Hier sprechen wir alle Sprachen"), obwohl das Medium, das den Radiokontakt mit wahrscheinlich verstorbenen Gesprächspartnern herstellte, diese Sprache nicht beherrschte.

Nah-Tod-, Außer-Körper- und Nach-Tod-Erfahrungen sind eine rätselhafte Spielart der Akashaerfahrung. Sie sind für den modernen Alltagsverstand rätselhaft und sogar für die modernste Wissenschaft. Sie sind jedoch nicht rätselhaft für traditionelle Kulturen, wo die erweiterten Bewustseinszustände, in denen sie vorkommen, bereits gut bekannt waren und sogar bewusst herbeigeführt wurden. Aber jetzt ist diese rätselhafte Spielart der Erfahrung zum Objekt von Beobachtungen und Tests geworden und kann und vielleicht neue Einsichten vermitteln.

In meinem Buch *Quantum Shift in the Global Brain* habe ich angemerkt, dass Transkommunikationen durch nicht-ortsgebundene Quantenresonanz zwischen Hologrammen, die im Akashafeld erhalten bleiben, und dem Gehirn des Experimentatoren geschehen. Ein Informationsaustausch findet statt, wenn das Gehirn des Experimentators sich auf das Quantenhologramm einschwingt (was meint, in eine Beziehung eintritt mit dem phasen-verbundenen Quantenresonanzfeld), das die Erfahrungen der verstorbenen Person in sich trägt. Der Experimentator *stellt* die Stimmen nicht *her*, die durch das Radio, das Fernsehen oder ein anderes elektronisches Gerät kommen (wie manche Hypothesen behaupten), er oder sie *überträgt* sie lediglich. Ein Radio, das auf leere Frequenzen des Kurzwellenbereichs eingestellt wird, oder wie ein Fernseher, der auf die Leerstellen des Übertragungsbereichs eingestellt wird, ist ein System in einem Zustand des Chaos; es produziert eine zufällige Statik. In diesem Zustand ist es ultrasensitiv, und es ist nachvollziehbar, dass es die Impulse, die aus dem Gehirn und dem Nervensystem des Experimentators ankommen, aus dem gesamten Spektrum der Schallwellen in einen hörbaren Bereich überträgt. (12)

Das Akashafeld enthält nicht nur eine passive Aufzeichnung des Bewusstseins eines Menschen, die im Verlauf seines Lebens erzeugt wurde und dann unverändert erhalten bleibt, sondern auch ein dynamisches Bündel von Information, die auf den gesammelten Erfahrungen dieses Lebens basieren. Unter geeigneten Umständen ist dieses Bündel von Information – ein Quantenhologramm – fähig, sich zu entwickeln, selbst wenn das lebendige Gehirn und der Körper, die es geschaffen haben, nicht mehr da sind. Ich schloss, dass „wenn die theoretischen Werkzeuge, die mathematischen Berechnungen und die elektronischen Stimulationsmethoden zu unserer Verfügung stünden, es möglich sein müsste zu entdecken, wie komplexe Sätze kohärenter Elemente innerhalb eines informationsreichen und extrem komplexen Feldes mit einer Form und einem Autonomieniveau funktionieren können, die erlauben, frische Information zu erzeugen, die auf derjenigen Information basiert, die bereits vorhanden ist." (13)

Zu entdecken, wie diese autonome Kreativität möglich sein kann, ist eine große Herausforderung für die Wissenschaft. Dennoch ist es nicht unvernünftig, zu erwarten, dass sie aufgeklärt wird, wenn man einmal die großen Schritte bedenkt, die schon dabei getan wurden, die Modalitäten der Informationsverarbeitung in komplexen Systemen zu verstehen. Einige vielversprechende Hypothesen sind dazu schon vorgelegt worden. Stuart Hameroff beispielsweise hat vorgeschlagen, dass „wenn der Stoffwechsel (z.B. eines lebendigen Körpers) ...verloren ist, die Quanteninformation in die Raumzeitgeometrie des Universums als Ganzes ausläuft. Da sie holografisch und verschlungen ist, löst sie sich nicht auf. Dadurch können Bewusstsein (oder traum-ähnliches Unterbewusstsein) bestehen bleiben." (14) Solches Bewusstsein kann in der Tat bestehen bleiben, da es ein Feld in der Natur gibt, das die Informationen von allem speichert, was geschieht und je in Raum und Zeit geschehen ist.

Eine glaubhafte Erklärung, die Akashaerfahrungen zu finden, selbst wenn sie in der Abwesenheit eines funktionsfähigen Gehirns stattfinden, bedeutet nicht, die Wissenschaft aufzugeben und sich stattdessen der Esoterik und Metaphysik zuzuwenden. Es bedeutet, so glaube ich, dass man in den einschlägigen Bereichen der Vorreiter-Wissenschaft weiter forschen muss, vorrangig in der Physik der Quantenhologramme und der nicht-ortsgebundenen Kohärenz, ebenso wie in der Theorie der Selbstregulation und Evolution in komplexen Systemen.

Für die Mainstream-Wissenschaft ist die Akashaerfahrung rätselhaft und ärgerlich; sie sollte nicht einmal existieren. Aber die sich erweiternden Horizonte wissenschaftlicher Forschung sind vollkommener und gefälliger. Hier kommen experimentelle Befunde, Hypothesen und Theorien ans Licht, die einen soliden Grund für die Erkenntnis der Wirklichkeit der Erfahrungen des Akashafeldes in all seinen Formen anbieten.

Die Akashaerfahrung, und damit schließe ich, ist eine wahrheitsgemäße außer- und nichtsinnliche Erfahrung, eine Wiederentdeckung und Neubewertung der spontanen Eingebungen und Intuitionen, die die menschliche Kultur und ihr Bewusstsein durch die Jahrhunderte und Jahrtausende unserer Geschichte hindurch begleitet und inspiriert haben.

Nachwort:
Eine Bemerkung zu meiner Akasha-Erfahrung

Meine eigene Akasha-Erfahrung ist von einer eher bescheidenen Art als die Mehrheit der Erfahrungen, über die in diesem Buch berichtet wurde, aber sie war bemerkenswert konstant und erleuchtend. Ich fing an, diese Erfahrung zu haben, als ich noch professioneller Konzertpianist war. Und sie geschah, während ich Klavier spielte.

Bis zum Herbst 1996 hatte ich meinen Lebensunterhalt auf dem Konzertpodium verdient. Obwohl es eine Vollzeitbeschäftigung ist, ein professioneller Musiker zu sein, hatte ich auch seit 1959 ein intensives Interesse entwickelt, über die grundlegende Natur der Welt so viel herauszufinden, wie ich konnte, und ich widmete alle Zeit, die ich erübrigen konnte, dieser Suche. Ich hatte eine jugendliche Vermutung, dass ich mit Hartnäckigkeit und Hingabe zu den Einsichten kommen konnte, die darüber hinausführten, was schon erreicht worden war. Ich las alle Bücher, die ich bekommen konnte, hörte mir Vorträge an und dachte ununterbrochen über die Bedeutung dessen nach, was ich gehört und gelesen hatte.

Mein Geist war besonders frei, all das zu erforschen, was in meinem Bewusstsein hochkam, während ich Klavier spielte. Wie jeder erfahrene Instrumentalist Ihnen sagen kann: Wenn man ein Stück sorgfältig aufgenommen und angemessen geübt hat, dann braucht es keiner bewussten Anstrengung mehr, es auch aufzuführen. Tatsächlich vermindert bewusste Anstrengung die Spontaneität der Vorführung und macht sie trocken und technisch. Es ist wesentlich besser, sich zurückzulehnen und zuzulassen, dass die Musik ganz von allein auffliegt. Dann fließen Gedanken, Intuitionen und Gefühle frei, und man betritt das, was ich inzwischen als einen erweiterten Bewusstseinszustand erkenne.

Vor der Zeit meiner intensiven Beschäftigung mit der intellektuellen Suche nach einem tieferen Verständnis der Wirklichkeit diente mir der veränderte Zustand, in den ich eintrat, während ich spielte, als Quelle der Inspiration für meine musikalische Darbietung. In diesem Zustand folgten die Hände den gelernten Mustern; man spielt die Partitur des Komponisten. Aber das Gefühl für diese Muster, die

Art der Interpretation, kommt spontan. Dieses Gefühl ist es, was eine inspirierte Interpretation ausmacht und sich von einer gleichgültigen wesentlich unterscheidet.

Manchmal hatte ich ein spontanes „Fühlen" der Musik, während ich sie zu Hause spielte, aber wesentlich häufiger geschah dies auf der Bühne. Wenn alles gut geht, dann fliegt der Geist hoch. Das Publikum ist dann wie der Korpus des Musikinstruments, der die Gefühle vergrößert, die im Geist des Vorführenden entstehen.

Aber als ich mich immer tiefer in meine Suche hineinversenkte, die Natur der Wirklichkeit zu verstehen, wurde das Hereinströmen der musikalischen Interpretation überlagert von einem Hereinströmen der Konzepte und Ideen. Sie hatten alle mit den Problemen zu tun, die meinen Geist besetzten. Einige der hereinströmenden Ideen bestätigten, was ich schon dachte, und manche anderen erschienen als ein Gefühl, das mir noch gefehlt hatte. Und einige bestanden aus neuen Eingebungen, frischen Einsichten in die Fragen, mit denen ich mich beschäftigte.

Nach und nach, über einen Zeitraum von mehreren Jahren, verbanden sich die „richtigen" Ideen zu einem sinnvollen Konzept der Welt. Dies war das Konzept einer organischen und dynamischen Welt, in der alle Dinge miteinander verbunden waren und alle sich miteinander zu höheren Formen der Komplexität, Harmonie und Ganzheit verändern und entwickeln.

Augenscheinlich war dieses Konzept beeinflusst von meinen Erfahrungen der Musik. Dort verlieren auch die individuellen Elemente ihre Getrenntheit und verbinden sich zu einem integralen, harmonischen und bedeutungsvollen Ganzen. Aber meine Weltsicht war auch beeinflusst von der Lektüre der Werke des Philosophen Alfred North Whitehead und besonders von seinem Hauptwerk *Prozess und Wirklichkeit*. Whiteheads „organische Metaphysik" machte mir großen Eindruck; es war sinnvoll und intuitiv richtig. Diese komplexe Metaphysik war nicht in ihrer Gesamtheit für mich überzeugend: Es gab Elemente darin, die sich nicht mit meiner Intuition verbinden ließen, wie beispielsweise Whiteheads Konzept der platonischen Idee, die er „ewige Objekte" nannte, sowie einige Aspekte seines Konzepts des Göttlichen. Im Ganzen jedoch, war die Organische Metaphysik Whiteheads ein wichtiger Faktor in meinem Versuch, das Konzept einer dynamischen und integralen Wirklichkeit hevorzubringen.

Meine Akasha-Erfahrungen, die vor beinahe 50 Jahren begannen, während ich Klavier spielte, haben sich im Laufe der Jahre fortgesetzt; und sie tun dies auch weiter, bis zum heutigen Tag. Naja, heutzutage spiele ich nur noch gelegentlich, da meine Tage mit anderen Beschäftigungen erfüllt sind, aber es gibt Momente, in denen ich in diesen ruhigen reflexiven Zustand komme, der zu einem spontanen Fließen der Ideen führt. In dem halbbewussten Halbtraumzustand, der dem vollständigen Wachwerden vorausgeht, denke ich noch einmal über die Probleme nach, die meinen Geist während des Tages beschäftigen, und oft spüre ich so eine intuitive Gewissheit, dass einige meiner Theorien und Annahmen auf der richtigen Spur sind, während andere es nicht sind. Frische Ideen kommen auf und schlagen kreative Lösungen für Probleme vor, die mich vor ein Rätsel stellen. Aber das Grundgefühl, dass die Wirklichkeit organisch ganz ist und sich dynamisch entwickelt, hat sich nie verändert und ist auch nie verschwunden.

Ein Nachwort ist nicht der Ort, um all die Konzepte und Ideen noch einmal darzustellen, die auf diese intuitive Weise zu mir gekommen sind, aber ich sollte vielleicht einige erwähnen, die ich für besonders wichtig halte.

Ein klares und elementar sicheres Konzept ist immer das der integralen Einheit der Welt bei all ihrer Verschiedenheit gewesen. Das Universum ist kein Schichtkuchen, inhärent unterschiedlicher Arten von Dingen und Prozessen, sondern ein sich selbst entwickelndes System. Letztlich gibt es aber nur eine Art Dinge, die sich in Zeit und Raum auftun und entwickeln, und auch nur eine Art Prozess. Dank meiner Freundschaft mit dem Biologen Ludwig von Bertanlanffy und dem Physiker Ilya Prigogine und einem Studium ihrer Theorien bin ich dazu gekommen, diese „eine Art Dinge" als ein *natürliches System* anzusehen – ein komplexes System, dass in ständiger Kommunikation mit seiner Umwelt steht. Die „eine Art Prozess" in der Welt ist der, der der Evolution – genauer der Co-Evolution – dieser Systeme unterliegt.

Eine weitere Eingebung bezog sich auf die fundamentalen Elemente der körperlichen Wirklichkeit. Diese, so erkannte ich, sind Energie und Information. Materie andererseits ist eine Illusion, die nur durch unsere Beobachtung der offenen Systeme erzeugt wurde, die sich durch Energie und Information miteinander entwickeln. In den 1970ern lernte ich, dass in komplexen Systemen der Evolutionsprozess Sprünge macht, durchbrochen von abrupten Veränderungen – „Weggabelungen". Diese sind ihrem Wesen nach unvorhersehbar, aber nicht unkontrollierbar: Das Ergebnis einer Weggabelung hängt in großem Maße von den Mitgliedern oder Komponenten des sich gabelnden Systems ab. Dieses Konzept hatte sofort einen Geschmack von Wahrheit. Ich erkannte, dass es von unmittelbarer Bedeutung für unsere Zeit ist, da wir so, wie wir leben, an der Schwelle einer größeren Weggabelung stehen.

Die Vorstellung, dass wechselseitige Verbundenheit unter offenen Systemen in der Natur universell und physikalisch real ist, war eine weitere solcher Basis-Intuitionen. Die wechselseitigen Verbindungen sind wesenhaft und begründen sich gegenseitig. Whitehead nannte sie „Binnenbeziehungen". Sie sind grundlegender als die Ursachen und Wirkungen, die Dinge und Ereignisse in den manifesten Dimensionen von Raum und Zeit in einen Zusammenhang bringen. Dank dieser Erkenntnis habe ich nie Zweifel daran gehabt, dass wir Menschen, bemerkenswert entwickelte offene Systeme, miteinander und mit anderen komplexen Systemen auf Weisen kommunizieren, die sich über die gewöhnlichen Grenzen von Raum und Zeit hinaus erstrecken. Es hat mich nicht überrascht, dass eine solche Kommunikation von einer Disziplin nach der anderen entdeckt worden ist, zuallererst von der Quantenphysik, von der Kosmologie, der Biologie und der Bewusstseinsforschung.

Ich bin, und das schon seit geraumer Zeit, intuitiv sicher, dass alles, was je im Universum geschehen ist, auf irgendeine Weise gegenwärtig bleibt – nichts verschwindet vollständig. Als mir an einem Sommerabend am Ufer des Mittelmeers ein Freund sagte, dass ein Wissenschaftler, den ich bewunderte und dessen zu der Zeit noch unvollendetes Buch ich zu lesen gehofft hatte, plötzlich verstorben war, antwortete ich mit einer großer Sicherheit, die mich selbst nicht weniger als meinen Freund überraschte, dass seine Ideen nicht mit ihm gestorben seien; sie gingen weiter und seien weiter zugänglich. (Dieses Geschehnis übrigens motivierte mich, mich ernsthaft mit der Physik der Informationsspeicherung in der Natur zu beschäftigen.)

Eine weitere grundlegende Intuition, die nie aufgehört hat, meinen Geist zu informieren, ist, dass *Psyche* und *Physis*, Geist und Materie, keine getrennten Wirklichkeiten sind und nicht einmal getrennte Elemente derselben Wirklichkeit. Sie *sind dieselbe* Wirklichkeit. Der Unterschied liegt im Auge des Betrachters: Auf eine Art gesehen – mit einer Sorte von Prämissen – erscheint die Wirklichkeit körperlich; auf eine andere Art betrachtet, erscheint sie geistig. In Wirklichkeit ist sie beides.

Ich möchte hier nicht den Eindruck hinterlassen, dass alles, was ich im vergangenen halben Jahrhundert gedacht und geschrieben habe, durch solche Akasha-Erfahrungen in mir erweckt worden wäre. Nur das grundlegende Wirklichkeitskonzept kam auf diese Weise, aber dieses Konzept ist entscheidend gewesen: Es funktionierte wie der Lackmustest, um die Theorien und Konzepte zu testen, denen ich begegnete. Wenn ein Konzept oder eine Theorie diesen Test bestand, dann würde ich es näher betrachten und versuchen, es in mein Konzept eines integralen und dynamischen Universums einzubeziehen. Wenn dies nicht der Fall war, dann würde ich es nicht ernstnehmen.

Die Wirklichkeit, die in meinen Akasha-Erfahrungen vorgeschlagen wurde, ist kein explizit formuliertes Konzept gewesen; es ist ein Rahmen und eine Grundlage für ein explizites Konzept. Ich habe herausgefunden, dass es ein fruchtbarer und sinnvoller Boden ist. Ich bin nicht der Einzige, der in der Lage war, darauf aufzubauen; immer mehr Wissenschaftler und kreative Geister haben Akasha-Erfahrungen. Das Unternehmen, ein explizites und testfähiges Konzept über das fundamentale Wesen der Wirklichkeit zu haben, wird weitergehen, es ist eine „laufende Arbeit". Das Unternehmen wird von Menschen weitergetragen, die wie ich, mit der vollen Leidenschaft gesegnet – oder verflucht – sind, alles über das Leben, den Geist und das Universum herauszufinden, was sie können, und die, wie ich, eine intuitive Gewissheit haben, dass die Welt des Lebens, des Geistes und des Universums dynamisch und ganzheitlich ist, und prinzipiell erkennbar.

Anmerkungen

Einleitung

1. Ervin Laszlo, *Zuhause im Universum* (Berlin: Ullstein Verlag, August 2010)

Kapitel 3: Rückkehr nach Amalfi und in die Akasha-Heimat

1. Ervin Laszlo, *Zuhause im Universum* (Berlin: Ullstein Verlag, August 2010
2. David Loye, *3 000 Years of Love: The Life of Riane Eisler and David Loye* (Carmel, Kalifornien: Benjamin Franklin Press, 2007)
3. David Loye, *Die Sphinx und der Regenbogen. Das Potenzial unseres Bewusstseins, die Zukunft vorauszusehen* (Reinbek: Rowohlt Verlag 1991), David Loye, *An Arrow Through Chaos: How We See Into the Future* (Rochester, Vermont: Street Press, 2000)
4. Russel Targ und Harold E. Puthoff, *Jeder hat einen 6. Sinn* (Köln: Kiepenheuer & Witsch 1985)
5. David Loye, *Return to Amalfi* (Carmel, Kalifornien: Benhamin Franklin Press, 2007)
6. Riane Eisler, *Kelch und Schwert: Unsere Geschichte, unsere Zukunft* (Arbor Verlag 2005)
7. Riane Eisler, Sacred Pleasure: Sex, Mythj and die Politics of the Body (San Francisco: HarperSanFrancisco, 2007)

Kapitel 4: Unterwegs im Akashafeld mit Geflecktem Rehkitz

1. Der Autor bringt seine Dankbarkeit gegenüber dem Vorsitz der Saybrook Graduate School für Bewusstseinsforschung für ihre Unterstützung in der Vorbereitung dieses Berichts zum Ausdruck.
2. Stanley Krippner, „Spottet Fawn's Farewell, in: L. Lawson, *Visitations from the Afterlife: True Stories of Love and Healing* (San Fracisco: Harper-San Francisco, 2000), 57-58
3. Ervin Laszlo, *Zuhause im Universum* (Berlin: Ullstein Verlag 2010)
4. W. G. Roll, „The PSI Field" in W.G. Roll und J.G. Pratt, Hrsg., *Proceedings of the Parapsychological Association, 1957-1964* (Durham, Nordcarolina: Parapsychological Association, 1965), 32-65
5. D.M. Stokes, "Theoretical Parapsychology", in S. Krippner, Hrsg., *Advances in Parapsychological Research 4* (Jefferson, Nordcarolina: McFarland, 1987), 77-189
6. R. Cheney, *Akashic Records: Past Lives and New Directions* (Upland, Kalifornien; Astara, 1996)

Kapitel 6: Ein journalistisches Treffen mit der Akasha-Erfahrung

1. Longchampa, *You are the Eyes of the World* (Ithaca, New York: Snow Lion Publication, 2000); Tulku Thondup, *Friedliches Sterben, glückliche Wiedergeburt* (Windpferd Verlag, 2008), Dzogchen, *Der Geist überwindet den Tod* (Theseus, 2009)
2. Robert Monroe, *Der Mann mit den zwei Leben. Reisen außerhalb des Körpers* (Berlin: Heyne Verlag 2005); *Der zweite Körper: Astral- und Seelenreisen in ferne Sphären der geistigen Welt* (Berlin: Heyne, 2007); *Über die Schwelle des Irdischen hinaus: Reisen in Dimensionen jenseits von Tod und Materie* (Berlin: Heyne 2006); Russell Targ, *Limitless Mind* (Novato, Kalifornien: New World Library, 2004); *The End of Suffering* (Charlottsville, Virginia,: Hampton Roads, 2006)

Kapitel 7: Das lebendige Klassenzimmer

1. Die Geschichte dieser Reise und die damit zusammenhängende Ausweitung der pädagogischen Theorie und Praxis wird in meinem Buch: *The Living Classroom: Teaching and Collective Consciousness* (Albany: State University of New York Press, 2008) erzählt

2. S. Blackman, *Graceful Exits* (Boston: Shambala Publications, 1997)

3. C. Bache, *Dark Night, Early Dawn*, (Albany: State University of New York Press, 2000)

4. R. Sheldrake, *Das Gedächtnis der Natur* (Frankfurt: Scherz, 2003); *Das schöpferische Universum: Die Theorie des morphogenetischen Feldes* (Berlin: Ullstein, 2009); *Sieben Experimente, die die Welt verändern könnten* (München: Goldmann, 1997)

5. Ervin Laszlo, *Zuhause im Universum* (Berlin: Ullstein 2010), *Holos – Die Welt der neuen Wissenschaften* (Petersberg: Verlag Vianova 2002), *The Connectivity Hypothesis* (Albany: State University of New York Press, 2003)

6. S. Strogatz, *Synchron. Vom rätselhaften Rhythmus der Natur* (Berlin: Berlin Verlag, 2004)

Kapitel 10: Besuch im Omniverse-Zentrum

1. Die folgende Beschreibung ist eine gekürzte Version eines 1994 gehaltenen und online geposteten Vortrags, vgl. www. Inwardboundvisioning.com/Docd/MONTREALOmniverseSpeech.htm

2. Willis Harmann, Oliver Marklev, Russell Rhyne, "The Forecasting of Plausible Alternative Future Histories: Methods, Results and Educational Policy Implications", *Long Range Policy Planning in Education* (Paris, Organization for Economic Cooperation and Development, 1973), Kapitel 3.

3. Ich erfuhr später, dass Oliver Stapledon in seinem Buch *Der Sternenschöpfer* dieses Phänomen "Geistigkeit" (mindedness) genannt hatte, durch die alle Individuen einer gegebenen Spezies, Planeten und so weiter simultan sich als Individuen wie auch als Gruppenbewusstsein erleben. Stapledon nimmt den Leser mit auf eine Reise durch viele Welten, die auf unterschiedliche Weise mit dem Planeten Erde vergleichbar sind, und schlussfolgert, dass „Geistigkeit" eine wahrscheinlich evolutionäre Voraussetzung für die ökologische nachhaltige Entwicklung auf einem Planeten ist, dessen dominante Spezies wettbewerbsorientiert und kriegerisch ausgerichtet ist. Vgl. Oliver Stapledon, *Der Sternenschöpfer* (Berlin: Heyne, 1985)

4. Diese aus dem Omniverse-Zentrum stammende Eingebung führte unmittelbar zu dem stark positiv geprägten, krisen-transformierenden Szenario, das in dem Buch *Seven Tomorrows: Toward a Voluntary History* von Paul Hawkins, Jan Ogilvy und Peter Schwartz (New York: Bantam Books, 1982) beschrieben wird.

Kapitel 11: Mit dem Feld singen

1. Raffi Cavoukian und Sharna Olfman, Hrsg., Child Honoring: How to Turn This World Around (Westport, Connecticut: Homeland Press, 2006)

Kapitel 14: Gestaltung kreativer Felder – Lektionen aus meinen Akasha-Erfahrungen

1. Masahisa Goi (1916-1980), oft auch Goi Sensei genannt, war ein japanischer Philosoph, der eine internationale Gebetsbewegung für den Weltfrieden initiierte. In Japanisch heißt Sensei „Lehrer". Masahisa Goi war der Mentor der Autorin und wurde ihr Adoptivvater, als er sie zu seiner spirituellen Nachfolgerin machte. Vgl. Masahisa Goi, Gott und Mensch. Schutzgeister, Schutzgötter, Außerirdische. Byakko Press, 1980

2. Für eine Diskussion der Theorie von Wirkung und Ursache s. M. Saionji, *You are the Universe* (AuthorHouse, 2004); Ervin Laszlo, *Wie kann ich die Welt verändern? Ein Report des Club of Budapest* (Berlin: Ullstein 2005), Masami Saionji, *Vision for the 21st Century* (AuthorHouse, 2005)

3. Bzgl. Nützlicher Affirmationen vgl. Amsahisa Saionji, *Think Something Beautiful, Exercises in Positive Thinking* (BookSurge, 2005), auch: *Die Stimme des friedvollen Herzens* (Aquamarin Verlag, 1997)

Kapitel 15: Die Akasha-Erfahrung auskundschaften – Eine Brücke zwischen den subjektiven und den objektiven Wegen zum Wissen

1. Thomas Kuhn, *Die Struktur wissenschaftlicher Revolutionen* (Frankfurt: Suhrkamp 2001)

2. E. Mitchell, *Psychic Exploration. A Challenge for Science* (New York: G.P.Putnam, 1977)

3. Russell Targ und Harold E. Puthoff, *Jeder hat einen 6. Sinn* (Köln: Kiepenheuer&Witsch, 1985)

4. M. Schlitz und Gruber, „Transcontinental remote viewing", *Journal of Parapsychology 44* (1980): 305-27; M. Schlitz und Gruber, „Transcontinental remote viewing: A rejudging", *Journal of Parapsychology 45* (1981): 233-37

5. M. Schlitz und Haight, „Remote Viewing Revisited: An Intrasubject Replication", *Journal of Parapsychology 48*, (1984): 39-49

6. M. Schlitz und Honorton, "A ganzfeld ESP study within an artistically gifted population", *Journal of the American Society for Psychical Research 86* (1992): 83-98

7. D. Ben und C. Honorton, "Does PSI exist? Replicable Evidence of an Anomalous Process of Information Transfer", *Psychological Bulletin 115* (1) (1994): 4 – 18

8. W. Braud und M. Schlitz, "Psychokinetic influence of electrodermal activity", *Journal of Parapsychology 47* (1983); 95-119

9. M. Schlitz und Braud, "Distant intentionality and healing: Assessing the evidence", *Alternative Therapies 3* (6) (1997): 95-119

10. M. Schlitz, D.I.Radin, B.F.Malle, S. Schmidt, J. Utts und G.L.Yount, "Distant healing intention: Definitions and evolving guidelines for laboratory studies", *Alternative Therapies in Health and Medicine 9* (3) (2003): A31-A43; M. Schlitz und Durkin, "Compassionate Intention, Prayer and Distant Healing", *A Self-Paced Learning Program* DVD (Institut für Noetische Wissenschaften, 2008)

11. M Schlitz und S. LaBerge, "Covert Observation Increases Skin Conductance in Subjects Unaware of When They Are Being Observed: A Replication", *Journal of Parapsychology 61* (1997): 185-96; W. Braud und M. Schlitz, "Psychokinetic Influence on Electrodermal Activity", *Journal of Parapsychology 47* (1983): 95-119

12. M. Schlitz, S. Schmidt, R. Schneider, J. Utts und H. Walach, „Distant Intentionality and the Feeling of Being Stared At: Two Meta-Analyses", British Journal of Psychology 95 (2004): 235-47

13. R. Wiseman und M. Schlitz, "Experimenter Effects and the Remote Detection of Staring", *Journal of Parapsychology 61* (1997): 197-207

14. R. Wiseman und M. Schlitz, „Experimenter Effects and the Remote Detection of Staring: A Replication", *Journal of Parapsychology 63* (1999): 232-33.

15. M. Schlitz, R. Wiseman, C.Watt und D. Radin, „Of Two Minds: Skeptic-proponent Collarboration within Parapsychology", *British Journal of Psychology 97* (3)(2006): 312-22.

16. M. Schlitz, "The Discourse of Controversial Science: The Skeptic-Proponent Debate of Remote Staring", *Journal of Consciousness Studies 12* (6) (Juni 2005): 101-5

17. M. Schlitz, T. Amorok und C. Vieten, *Living Deeply: Transformational Practices from the World's Wisdom Traditions*, DVD (Oakland, Kalifornien: New Harbinger, 2008)

18. F. Vaughan, interviewt von Cassandra Vieten und Tina Amorok. Videoaufzeichnung, 10. Dezember 2002, Mill Valley, Kalifornien

19. J. Campbell, *Der Heros in tausend Gestalten* (Frankfurt/M.: Insel-Verlag, 1999)

20. R.N.Remen, interviewt von Marilyn Schlitz. Videoaufzeichnung, 12. Mai 2003, Mill Valley, Kalifornien

21. William James, *Die Vielfalt religiöser Erfahrung* (Frankfurt: Insel-Verlag, 1997)

22. A. H. Maslow, Religion, Values and Peak Experiences (New York: Penguin, 1994)

23. C.G. Jung, Studienausgabe in 11 Bänden (Frankfurt: Deutscher Taschenbuch Verlag, 2001)

24. M. Schlitz, T. Amorok und C. Vieten, *Living Deeply: Transformational Practises from the World's Wisdom Traditions*, DVD (Oakland, Kalifornien: New Harbinger, 2008)

25. W.R.Miller und J.C'de Baca, *Quantum Change: When Epiphanies and Sudden Insights Transform Ordinary Lives* (New York: The Guilford Press, 2001)

26. R.A.White, "Working Classification of Ehes (Exceptional Human Experiences)", In: *Exceptional Human Experience: Background Papers* (Dix Hills, New York: Exceptional Human Experience Network, 1994), 149-50.

27. William James, Die Vielfalt religiöser Erfahrung (Frankfurt/M.: Insel-Verlag, 1997

28. ebd.

29. M. Schlitz, Amorok und Micozzi, *Consciousness and Healing: An Integral Approach to Mind Body Medicine* (Amsterdam: Elsever/Churchill Livingstone, 2005)

30. Howard Gardner, *Abschied vom IQ. Die Rahmen-Theorie der vielfältigen Intelligenz* (Klett Verlag, 2005)

31. M. Schlitz, „Worldview Literacy", Shift Magazine (Sommer 2008)

32. Starhawk, interviewt von Tina Amorok. Videoaufzeichnung, 25. April 2006 (Petaluma, Kalifornien: Institut für Noetische Wissenschaften, 2006)

Kapitel 16: Das Feld betreten – Fälle von Nah-Tod-Erfahrungen bei Überlebenden eines Herzstillstands

1. George G. Ritchie, *Rückkehr von morgen* (Francke-Buchhandlung, 1994)

2. R.A. Moody, *Leben nach dem Tod* (Reinbek: Rowohlt Taschenbuch Verlag, 2001)

3. D. Kennedy und C. Norman, „What „we Don't Know", *Science 309* (5731) (2005): 75

4. P. van Lommel, R. van Wees, V. Meyers und I. Elfferich, „Near-Death-Experiences in Survivors of Cardiac Arrest: A Prospective Study in The Netherlands", *Lancet 358* (2001): 2039-45

5. K. Ring, Life *at Death: A Scientific Investigation of the Near-Death-Experience* (New York: Coward, McCann & Geoghegan, 1980)

6. B. Greyson, "Incidence and Correlates of Near-Death-Experiences in a Cardiac Care Unit", *General Hospital Psychiatry 25* (2003): 269-76.

7. K. Ring, *Healing Toward Omega: In Search of the Meaning of the Near-Death Experience* (New York; Morrow, 1984)

8. B. Greyson, "Incidents and Correlates of Near-Death-Experiences in a Cardiac Care Unit, *General Hospital Psychiatry 25* (2003): 269-76

9. S. Parnia, D.G.Waller, R. Yeates und P. Fenwick, "A Qualitative and Quantitative Study of the Incidence, Features and Aetiology of Near-Death Experience in Cardiac Arrest Survivors", *Resuscitation 48 (*2001): 149-56

10. P. Sartori, "The Incidence and Phenomenology of Near-Death-Experiences", *Network Review* (Scientific andMedical Network) 96 (2006):23-25

11. J.W. De Vries, P.F.Bakker, G.H. Visser, J.C.Diephuis und A.C. Van Huffelen, "Changes in Cerebral Oxygen Uptake and Cerebral Electrical Activity during Defibrillation Threshold Testing*", Anest Analg 87* (1998): 16-20; H. Cute und W.J. Lewy, "Electroencephalograpgic Changes Druing Brief Cardiac Arrest in Humans" *Anestesiology 73* (1990): 821-25; T. J. Losasso, D.A. Muzzi, F.B. Meyer und F. W. Sharbrough, "Electroencephalographic Monitoring of Cerebral Function during Asystole and Successful Cardiopulmonary Resuscitation", *Anest Analg 75* (1992): 12-19; S. Parnia und P. Fenwick, "Near-Death-Experiences in Cardiac Arrest: Visions of a Dying Brain or Visions of a New Science of Consciousness", *Resuscitation 52* (2002): 5-11

12. M Massimini, F. Ferrarelli, R. Huber, S.K.Esser, H. Singh und G. Tononi, "Breakdown of Corticval Effective Connectivity during Sleep", *Science 309* (5744) (2005): 2228-32

13. P. van Lommel, "About the Continuity of our Consciousness", *Adv Exp Med Biol 550* (2004); C. Machado und D.A. Shewman, Hrsg., *Brain Death and Disorders of Consciousness* (New York: Springer, 2004); P. van Lommel, Near-Death Experience, Consciousness and the Brain: A New Concept about the Continuity of Our Consciousness Based on Recent Scientific Research on Near-Death Experience on Survivors of Cardiac Arrest", *World Futures, The Journal of General Evolution 62* (2006): 134-51

14. P. van Lommel, *Eindeloos Bewustzijn, Een wetenschappelijke visie op de bijna-dood ervaring* (Endless Consciousness, A Scientific Approach to the Near-Death Experience). In Englisch erhältlich über Harper Collins, 2010 (Ten Have, Kampen)

Kapitel 17: Beweise für das Akashafeld aus der modernen Bewusstseinsforschung

1. J.D. Barrow und F.J. Tipler, The Anthropic Cosmological Principle (Oxford: Clarendon Press, 1986); E. Cradeña, S.J. Lynn und S. Krippner, Hrsg., Varieties of Anomalous Experience: Examining the Scientific Evidence (Washington, APA-Bücher, 2000); A. Goswami, Das Bewusste Universum: Wie Bewusstsein die materielle Welt erschafft (Lüchow, 2007); David Bohm, Die verborgene Ordnung des Lebens (Aquamarin Verlag, 1988); Karl Pribham, Languages of the Brain (Englewood Cliffs, New Jersey: Prentice Hall, 1971); Ilya Prigogine, Vom Sein zum Werden. Zeit und Komplexität in den Naturwissenschaften (Frankfurt: Piper, 1992), R. Sheldrake, Das schöpferische Universum: Die Theorie des morphogenetischen Feldes (Berlin: Ullstein, 2009); I. Stevenson, Children who remember previous lives (Charlottsville, Virginia: University of Virginia Press, 1987); I. Stevenson, Reincarnation and Biology: A Contribution to the Etiology of Birthmarks and Birth Defects (Wetsport, Connecticut: Praeger, 1997)

2. E. Laszlo, Zu Hause im Universum, Eine neue Vision der Wirklichkeit (Allegria, 2005); Ervin Lazslo, Kosmische Kreativität: Neue Grundlagen einer einheitlichen Wissenschaft von Materie, Geist und Leben (Freiburg: Insel-Verlag, 1999), Ervin Laszlo, Holos. Die Welt der neuen Wissenschaften (Petersberg: Vianova, 2002)

3. Stanislav Grof, Wir wissen mehr als unser Gehirn: Die Grenzen des Bewusstseins überschreiten (Freiburg: Herder 2007): Stanislav Grof, Geburt, Tod und Transzendenz: Neue Dimensionen in der Psychologie (Reinbek: Rowohlt, 2001)

4. Stanislav und Christina Grof, Spirituelle Krisen – Chancen der Selbstfindung (Schirner, 2008), Stanislav und Christina Grof, Die stürmische Suche nach dem Selbst. Praktische Hilfe für spirituelle Krisen (Kösel, 1991)

5. Stanislav Grof, Geburt, Tod und Transzendenz: Neue Dimensionen in der Psychologie (Reinbek: Rowohlt, 2001); Die Psychologie der Zukunft: Erfahrungen der modernen Bewusstseinsforschung (Edition Astrodata, 2002)

6. Stanislav Grof, The Akashic Field and the Dilemma of Modern Consciousness Research, in: Ervin Laszlo, Science and the Reenchantment of the Cosmos (Rochester, Vermont: Inner Traditions, 2006).

7. Stanislv Grov, Impossible – Wenn Unglaubliches passiert (Kösel Verlag, 2008)

8. C.M. Bache, Lifecycles – Reincarnation and the Web (New York: Paragon House, 1988

9. Wilhelm Leibniz, Monadologie (Akademie Verlag, 2008)

10. Michael Talbot, The Holografic Universe (New York: Harper Collins Publications, 1991) dt.: Das holografische Universum (Droemer, 1992)

11. C.G. Jung, Taschenbuchausgabe in 11 Bänden, Deutscher Taschenbuch Verlag, 2001

Kapitel 20: Nicht-ortsgebundener Geist, Heilung und das Akasha-Phänomen

1. Larry Dossey, Wahre Gesundheit finden (Verlag Droemer Knaur , 1995)
2. Larry Dossey, Immortality: Alternative Therapies through Health and Medicine 6 (3) (2000): 12-17, 108-15
3. D. I Radin, Unconscious Perception of Future Emotions, in: Journal of Consciousness Studies Abstracts (1996), Tuscon II conference, Universität von Arizona
4. D. I Radin, Entangled Minds (New York: Paraview/Simon and Schuster, 2006)
5. S. A. Schwartz, Opening to the Infinite (Buda, Texas: Nemoseen Media, 2007)
6. S. A. Schwartz, The Secret Vaults of Time (Charlottesville, Virginia: Hampton Roads Publishing Company, 2005)
7. Larry Dossey, The Power of Premonition, in Veröffentlichung
8. D. Lorimer, Whole in One (New York, Penguin, 1991); I. Stevenson, Telepathic Impressions: A Review and Report of Thirty-Five New Cases (Charlottesville: University of Virginia Press, 1970)
9. G. Playfair, Twin Telepathy (Walnut Creek, Kalifornien: Vega, 2003)
10. D. I. Radin, Entangled Minds (New York: Paraview/Simon & Schuster, 2006)
11. L.J. Standish, L.C. Johnson, T. Richards und L. Kozak, "Evidence of Correlated Functional MRI Signals between Distant Human Brains", Alternative Therapies in Health and Medicine 9 (2003); 122-28; L. Standish, L. Kozak, L.C. Johnson und T. Richards, "Electroencephalographic Evidence of Correlated Signals betweeen the Brains of Spatially and Sensory Isolated Human Subjects", Journal of Alternative and Complementary Medicine 10 (2) (2004): 307-14; J. Wackerman, C. Seiter, H. Keibel und H. Walach, "Correlations between Brain Electrical Activites of Two Spatially Separated Human Subjects", Neuroscience Letters 336 (2003): 60-64; J. Achterberg, K. Cooke, T. Richards, L. Standish, L. Kozak, und J. Lake, "Evidence for Correlations between Distant Intentionality and Brain Functions in Recipients: A Functional Magnetic Resonance Imaging Analysis", Journal of Alternative an Complementary Medicine 11 (6) (2005): 965-71
12. D. I. Radin, "Time-Reversed Human Experience: Experimental Evidence an Implications", BoundaryInstitute.org, aufgerufen am 31. Juli 2000
13. ebd.
14. S. A. Schwartz, "Thereapeutic Intent and the Art of Oberservation", Subtle Energies and Energy Medicine Journal 1 (1990): ii-vii
15. R. Otto, Das Heilige: Über das Irrationale in der Idee des Göttlichen und sein Verhältnis zum Rationalen (Frankfurt: Beckshe Verlagsbuchhandlung, 2004)
16. Larry Dossey, Heilende Worte – Die Kraft des Gebets als Schlüssel zur Heilung (Crotona Verlag 2010)
17. W. B. Jonas und C.C. Crawford, Healing, Intention and Energy Medicine (New York: Churchill Livingstone, 2003), xv-xix.
18. D. Moher, K.F. Schulz und D. Altman, Gruppe CONSORT, The CONSORT Statement: "Revised Recommendations for Improving the quality of reports of parallel-group randomized trials", Journal of the American Medical Association 285 (2001): 1987-91
19. J.T.Chibnall, J.M. Jeral und M.A. Cerullo, "Experiments in distant intercessory prayer: God, science and the lesson of Massah", Archives of Internal Medicine 161 (2001): 2529-36; K.S.Thomson, "The Revival of Experiments in Prayer", American Scientist 84 (1996): 532-34
20. Larry Dossey und D.B. Hufford, " Are Prayer Experiments Legitimate? Twenty Critisims", Explore 1 (2005): 109-17
21. J. Fodor, "The Big Idea", The Times Literary Supplement (3. Juli 1992): 20
22. J. Searle,Titelblattzitat, Journal of Consciousness Studies 2 (1995)
23. J. Maddox, "The Unexpected Science to Come", Scientific American 281 (1999): 62-67. Verfügbar über: http://herap.ph1.uni-koeln.de/ heintzma/Weinberg/Maddox.htm., aufgerufen am 19. April 2005

24. W. Harris, M. Gowda, J.W. Kolb et al., « A Randomized, Controlled Trial of the Effects of Remote, Intercessory Prayer on Outcomes of Patients Admitted to the Coronary Care Unit ", *Archives of Internal Medicine 159* (1999): 2273-78; W.S. Harris und W.L. Isley, "Massah and Mechanisms", Brief an den Herausgebern, *Archives of Internal Medicine 162* (2002): 1420

25. V.S. Sierpina, Taking a spiritual history? Four Models, verfügbar über http://atc.utmb.edu/altmed/spirit-cases02.htm, aufgerufen am 7. März 2005; H.G. Koenig, Taking a spiritual history, verfügbar über http://jama.ama-assn.org/cgi/content/full291/23/2881, aufgerufen am 7. März 2005

26. D.I. Radin, „Theory" in: D.I. Radin, *The Conscious Universe* (San Francisco: HarperSanFrancisco, 1997), 278-87; D.I. Radin, *Entangled Minds* (San Francisco: HarperSanFrancisco, 2006)

27. D.M. Berwick, "Disseminating Innovations in Health Care", *Journal of the American Medical Association 289 (2003):* 1969-75

28. William James, The Correspondence of William James, vol. 11, John J. McDermott, Hrsg. Mit Ignas K. Skrupskelis, Elizabeth Berkeley und Frederick H. Burckhardt, Hrsd. (Charlottesville: University of Virgina Press, 1992-2004): 143-44

29. William James, The Pluralistic Universe (Lincoln: University of Nebraska Press, 1996)

30. Robert Browning, "Andrea del Saro", Zeile 98, Wikiquote.com

31. Ludwig Wittgenstein, Proposition 6.4311, Tractatus Logico-Philosophicus. 2. Auflg., übers. David Pears und Brian McGuinness (New York: Routledge Classics, 2001), 85

Zusammenfassung: Naturwissenschaft und die Akasha-Erfahrung

1. Ervin Laszlo, *The Creative Cosmos* (Edinburgh: Floris Books, 1993); E. Laszlo, *The Interconnected Universe* (River Edge, New Jersey: World Scientific, 1995); E. Laszlo, *The Whispering Pond* (Rockport, Massachussetts: Element Books, 1996); E. Laszlo, *The Connectivity Hypothesis* (Albany: SUNY Press, 2003); E. Laszlo, *Science and the Akashic Field* (Rochester, Vermont: Inner Traditions, 2004, neu bearbeitete 2. Auflage, 2007): E.Laszlo, *Science and the Reenchantment of the Cosmos (*Rochester, Vermont, Inner Traditions, 2008); E. Laszlos mit Jude Currivan; *Cosmos: A Co-Creator's Guide to the Whole-World* (New York: Hay House, 2008)

2. Alexei Kitaev, "Quantum Error Correction with Imperfect Gates", in *Proceedings of the Third International Conference on Quantum Communication and Measurement*, O. Hirota, A.S. Holevo, und C.M. Caves, Hrsg. (New York, Plenum Press, 1997), Matti Pitkanen, *Topological Geometrodynamics* (Frome, GB: Lunilever Press, 2006)

3. Paul Parsons, „Dancing the Quantum Dream", New Scientist 2431 (2004): 31-34

4. Russell D. Donnelly, "Quantized Vortex Dynamics and Superfluid Turbulence", *Proceedings of a Workshop held at the Isaac Newton Mathematical Institute*, Carlo Barenghi, Russell J. Donnelly und W.F. Vines, Hrsg. (New York: Springer-Verlag, 2001)

5. Karl Pribham, *Brain and Perception: Holonomy and Structure in Figural Processing,* John M. Maceachrran Memorial Lecture Series (Mahwan, New Jersey: Lawrence Erlbaim, 1991)

6. Walter Schempp, "Quantum Holography and Magnetic Resonance Tomography: An Ensemble Quantum Computing Approach", Informatical (Slovenia) 21 (3) (1997)

7. Stuart Hameroff, Ultimate Computing, (Amsterdam: North Holland Publishing, 1987)

8. Ein Nanometer ist 10 hoch minus 9 Meter, das ist ein Meter geteilt durch 1 000 000 000: ein Millionstel Teil eines Millimeters

9. Roger Penrose, *Schatten des Geistes,* Wege zu einer neuen Physik des Bewusstseins, (Hamburg, Berlin, Oxford,Spektrum Akademischer Verlag, 1995), Stuart Hameroff, „Orchestrated Reduction of Quantum Coherence in Brain Micortubules: A Model for Consciousness?" in: Stuart Hameroff und Roger Penrose, *Toward a Science of Consciousness, The First Tuscon Discussions and Debates*, S.R. Hameroff, A.W. Kasniak und A. C. Scott, Hrsg. (Cambridge, Massacussetts: MIT Press, 1996)

10. Ede Frecska und Luis Eduardo Luna, „Neuro-Ontological Interpretation of Spiritual Experiences", Neuropsychopharmakologia Hungarica 8 (3)

11. J. Achterberg, K. Cooke, T. Richards, L. Standish, L. Kozak und J. Lake, "Evidence for Correlations between Distant Intentionality and Brain Function in Recipients: A Functional Magnetic Resonance Imaging Analysis", *Journal of Alternative and Complementary Medicine 11 (6) (2005)*.

12. In einem Brief an den Autor schrieb Dr. Anabela Cardoso, eine der am meisten geschätzten und ernsthaften Forscher in diesem Bereich, dass eine der unkörperlichen Stimmen, die sie aufgenommen hatte, sagte: „Wir interagieren mit den elektronischen Geräten durch euer Gehirn... Wir brauchen nur die KWs" (ein Radio, das auf Kurzwellenempfang eingestellt ist). Sie schloss: „Nach meiner Ansicht ist Ihre Hypothese der Nicht-Ortsgebundenheit eine der bedeutsamsten und überzeugendsten unter den vielen Theorien, die bisher aufgestellt worden sind, um ITC-Phänomene zu erklären." Brief datiert vom 17. November 2008)

13. Ervin Laszlo, *Der Quantensprung im Globalen Gedächtnis – Wie ein neues wissenschaftliches Weltbild uns und unsere Welt verändert* (Petersberg: Verlag Vianova, 2010)

14. Stuart Hameroff, *Ultimate Computing* (Amsterdam: North Holland Publishing, 1987)

Über das Buch

Zu wissen oder zu fühlen, dass wir alle miteinander und mit dem Kosmos über mehr als nur unsere Augen und Ohren verbunden sind, ist keine neue Erkenntnis, sondern eine, die so alt ist wie die Menschheit. Traditionelle Eingeborenengesellschaften waren sich dieser nichtmateriellen Verbindungen vollständig bewusst und integrierten sie in ihr tägliches Leben. Die moderne Welt dagegen weigert sich weiterhin, sie zur Kenntnis zu nehmen, und bestreitet sogar diese immateriellen Verbindungen – und nimmt nur das als „wirklich" an, was sich physikalisch manifestiert oder „wissenschaftlich" bewiesen worden ist. Konsequenterweise ist unsere Kultur spirituell verarmt, und die Welt, in der wir leben, ist ent-zaubert worden.

In „Der Akashacode – Wie das kosmische Bewusstseinsfeld uns beeinflusst" beschreiben 20 führende Autoritäten aus Bereichen wie Psychiatrie, Physik, Philosophie, Anthropologie, natürlichen Heilweisen, Nah-Tod-Erfahrungen und Spiritualität ihre eigenen Erfahrungen der Interaktionen mit einem kosmischen Gedächtnisfeld, das Informationen an Menschen übertragen kann, ohne dass dies über die Sinne geschieht. Ihre Erfahrungen mit dem Akashafeld werden inzwischen von Beweisen aus der Spitzenforschung bestätigt und unterstützt, die nachweist, dass es ein kosmisches Gedächtnisfeld gibt, das alle Informationen enthält – vergangene, gegenwärtige und zukünftige. Die zunehmende Häufigkeit und Intensität dieser Akashaerfahrungen sind ein integraler Bestandteil einer groß angelegten Wiederbelebung und Evolution des menschlichen Bewusstseins, die heute deutlich zu spüren ist.

Der Quantensprung im globalen Gedächtnis

Wie ein neues wissenschaftliches Weltbild uns und unsere Welt
verändert
Ervin Laszlo

Hardcover, 160 Seiten, ISBN 978-3-86616-153-5

Im planetaren Wandel mithelfen, Einsichten verbreiten, menschliches
Überleben, Nachhaltigkeit, Wohlsein und Frieden sichern. Mit Blick auf die
neuesten, oft revolutionären Erkenntnisse in den Bereichen von Kosmologie, Quantenphysik und Bewusstseinsforschung zeigt Ervin Laszlo wissenschaftlich fundiert, aber dennoch in klarer und verständlicher Sprache,
dass das alte Weltbild überholt ist und wir uns einem ganz neuen Bild der
Wirklichkeit stellen müssen. Er beschreibt den global und interkulturell sich
bereits heute vollziehenden Paradigmenwechsel auf allen Ebenen des Lebens. Er begründet mit den
Erkenntnissen der modernen Wissenschaften, dass ein neues Bewusstsein in der Menschheit entsteht.
Dieses Buch informiert umfassend und tiefgründig, regt an und macht Mut, mit erweitertem Bewusstsein diese Initiativen zu unterstützen und zu einer positiven Veränderung in der Welt beizutragen.

HOLOS – die Welt der neuen Wissenschaften

Ervin Laszlo

Hardcover, 208 Seiten, ISBN 978-3-928632-94-2

In den Wissenschaften findet eine Revolution statt. Es ist keine techno-
logische Revolution – es ist eine Revolution des Weltbildes. Prof. Laszlo
verfolgt diese Entwicklung und macht sie jedem zugänglich, der an den
neuesten Erkenntnissen darüber teilhaben möchte, wer und was wir sind,
was die Welt ist, die uns umgibt, und auf welche Weise wir in Beziehung
zueinander und zu dieser Welt stehen. Der Leser erfährt in einfacher Sprache, was Wissenschaftler bereits wissen und vor welchen Rätseln sie im
Hinblick auf den Kosmos, das Quantum, den lebenden Organismus und das
menschliche Bewusstsein immer noch stehen. Dann erforscht der Verfasser
diese Welt, indem er Fragen stellt, auf die er nun zuversichtliche, wenn auch überraschende Antworten
geben kann – Fragen, bei denen es um Ursprünge und Bestimmung des Universums und um Ursprung
und Evolution des Lebens und des Bewusstseins geht –, um dann die größten der „großen Fragen" zu
stellen: Fragen der Unsterblichkeit, zum Bewusstsein im Kosmos und zu einem Bewusstsein, das eine
wissenschaftlich basierte Schau als den Geist Gottes erfassen kann.

Die Neugestaltung der vernetzten Welt

Global denken – global handeln
Ervin Laszlo

Hardcover, 176 Seiten, ISBN 978-3-936486-66-7

Die Bereitschaft zum nüchtern und wissenschaftlich fundierten, gleichwohl
aber mutig visionären „globalen Denken" nimmt in allen Bereichen der Gesellschaft erfreulich zu. Die Erde ist zu unserer einen Heimat geworden und
dementsprechend ist unsere Verantwortung: für die „Einheit in der Vielfalt"
von der Biosphäre bis zum feinsinnigen Beziehungsgeflecht der Menschheit. Ervin Laszlo, Zukunftsforscher und Vordenker eines neuen Denkens,
zeigt in seinem neuen Buch, wie sich neue Denkstrukturen der Vernetzung,
Gleichgewichte und Entwicklungsgesetze parallel in allen Wissenschaften
wie im gesellschaftlich-politischen Denken immer mehr durchsetzen. Diese
verändern nicht nur unser Welt- und Menschenbild aufs Neue und zutiefst. Das neue Denken, das
Laszlo in diesem Buch beschreibt, gibt uns viel von unserer Gestaltungskraft zurück. Der Autor zeigt die
Grundzüge einer entschieden neu orientierten Wirtschaft, Wissenschaft, Kultur und Politik.

Den Tiger reiten
Vision einer neuen globalen Ökonomie
Peter Reiter

Paperback, 320 Seiten, ISBN 978-3-86616-134-4

Das Buch fasst die 10 grundlegenden Kritikpunkte an unserer Wirtschaft zusammen, die im Informationszeitalter noch mit Leitbildern und Paradigmen des überholten Industriezeitalters arbeitet. Es zeigt auf, dass dies in eine große Krise führt, wenn Management und Wirtschaftsführer nicht umdenken, um diesen Wandel zu bewältigen. Der Autor, selbst Unternehmer, aber auch Philosoph und Businnes-Coach, bietet die Vision einer neuen Wirtschaft an, die vorrangig wieder den Menschen dient und langfristig Nutzen für alle bringt: ein Wirtschaften mit Vernunft und Herz, wo Manager als Unternehmer globale soziale Verantwortung übernehmen für ihr Tun und die Folgen und dabei zugleich Profit erwirtschaften. Die Wirtschaft wird dargestellt als Tiger, der wegen seiner Macht gefürchtet wird, aber gezähmt werden kann. Wer als Unternehmer überleben will, muss schnellstens lernen, den Tiger zu reiten. Das Buch zeigt ganz neue, klare und praktische Methoden aus der Bewusstseinsforschung, dies in kurzer Zeit bei sich und im Unternehmen umzusetzen.

Der verborgene Code des Bewusstseins
Der Quantengeist in der Naturwissenschaft und in der Psychologie
Arnold Mindell

Paperback, 608 Seiten, ISBN 978-3-86616-159-7

Man muss das Universum verstehen, um sich selbst zu erkennen. In diesem umfassenden Buch des amerikanischen Psychologen und Physikers Arnold Mindell werden grundlegende moderne Erkenntnisse der Physik und der Tiefenpsychologie auf die traditionelle Weisheit der Menschheit in unterschiedlichen Kulturen bezogen und zusammenfassend erklärt. Die sog. objektive, sinnlich wahrnehmbare, mathe matisch-physikalisch messbare Welt und entsprechendes Denken werden aufgrund der Quantenforschung ergänzt und vertieft, indem die psychischen Befindlichkeiten der Beobachter, ihre nichtlokale, nichtzeitliche Spürerfahrung, Intuition und Träume einbezogen und mathematisch beschrieben werden. Anschauliche Beispiele, experimentelle Übungen und Abbildungen sowie überschaubare Kapitel und sprachliche Vereinfachungen machen die Darlegungen auch für Laien verständlich. Wer auf den sich gegenwärtig vollziehenden Paradigmenwechsel neugierig ist, wird dieses spannende Buch lesen wollen.

Tore zum transpersonalen Bewusstsein
In der Welt sein, aber nicht von der Welt sein
Gela Weigelt

Paperback, 192 Seiten, ISBN 978-3-86616-148-1

Dieses Buch stellt alte Weisheitslehren und neuere wissenschaftliche Erkenntnisse der Quantenphilosophie und Neurowissenschaft vor, die sich mit den großen Problemfragen der Menschheit beschäftigen: Wer oder was ist der Mensch, diese Person (lat. persona = Maske des Schauspielers), die an sich selbst und an anderen Personen leidet, die alle ihre Lebensrollen spielen? Wie kann es gelingen, hinter der Maske die wahre Identität zu erkennen? Wie können wir unsere Ego-Masken transzendieren und das Absolute, das Göttliche, jenseits der Person hindurchtönen lassen und dieses erkennen? Die Autorin Prof. Dr. Weigelt ist im Sinne Buddhas überzeugt: kein Ego – kein Leid.

Vom Urknall zur Erleuchtung
Die Evolution des Bewusstseins als Ausweg aus der Krise
Christian Brehmer

Hardcover, 280 Seiten, Großformat, 140 vierfarbige Fotos, 130 Grafiken, ISBN 978-3-86616-064-4

„Du kannst das Problem nicht lösen auf der Ebene, wo das Problem seine Wurzeln hat", sagte Albert Einstein. Es lässt sich nur von einer übergeordneten Ebene aus lösen. In diesem Buch geht es um die Umrisse dieser übergeordneten Ebene, einer neuen Bewusstseins- und Erkenntnisebene. Sie wird uns evolutionär erschlossen. Und um sie besser einzuordnen, befassen wir uns mit der faszinierenden Geschichte der Evolution, mit unserer Stammesgeschichte. Da gab es mehrere Phasenübergänge: nach der Entstehung des Universums mit dem Urknall die kosmische Evolution, dann den Übergang zur biologischen, zur chemischen, zur mentalen und zur technisch-kulturellen Evolution der Gegenwart. Und die Evolution geht weiter. Sie drängt in die Zukunft. Indem wir uns mit der in diesem Buch erstmals erarbeiteten Theorie der Phasenübergänge auseinandersetzen, gewinnen wir Überblick über das, was uns bevorsteht: die supramentale Evolution, die Erleuchtung, und mit ihr die Lösung der individuellen und kollektiven Probleme von der Wurzel her. Aber es bleibt nicht bei der Theorie. Im Buch finden wir konkrete Hinweise zur evolutionären Erweiterung des Bewusstseins und zur praktischen Neugestaltung unseres persönlichen und gesellschaftlichen Lebens.

Spiritualität ist die Zukunft
Eine neue Weisheitskultur für das 21. Jahrhundert
Copthorne Macdonald

Paperback, 320 Seiten, ISBN 978-3-86616-170-2

In diesem Buch beschreibt der Schriftsteller und Gelehrte C. Macdonald umfassend, übersichtlich und überzeugend die Umbruchsituation, in der sich Individuen und Menschheit heute befinden. Er zeigt wesentliche historische und aktuelle Wirkungskräfte und Zusammenhänge auf und vermittelt tiefgründige Kenntnisse über unsere kosmische, globale und psychisch-mentale Realität. Aus diesem Verstehen im Zusammenhang dieser „Tiefenerkenntnis" entwickelt er eine realistische Vorstellung, wie die heutige Welt, Gesellschaft und Wirtschaft bis 2050 integral transformiert werden sollte, gekennzeichnet durch materielle Nachhaltigkeit, wirtschaftliche Gerechtigkeit, lebendige lokale und globale Kulturen und genügend Freizeit für ein erfülltes Privatleben.

Die Entdeckung des PsyQ
Unser inneres Ordnungssystem erkennen und nutzen
Michael Noah Weiss/Linda Roethlisberger (Hrsg)

Paperback, 144 Seiten, ISBN 978-3-86616-171-9

Anhand von Beispielen und Erlebnissen stellt der Autor die sog. Trilogos-PsyQ-Methode (Verknüpfung rationaler, emotionaler und spiritueller Intelligenz) vor und zeigt, wie diese als „Navigationsinstrument" auf dem Weg zu Sinnfindung, Werteerfüllung und Selbstverwirklichung von jedem Menschen erlernt und angewendet werden kann. Die Leser können durch praktische Übungen erleben, wie sie ihr persönliches Potenzial (PsyQ) zur Entfaltung bringen, menschliche Kompetenz (PsyK) erlangen und damit Gesundheits- und Beziehungsprobleme sowie alltägliche private und berufliche Herausforderungen bewältigen können.

Wenn alle Menschen Freunde wären ...
Dein Beitrag für eine bessere Welt
Chuck Spezzano

Hardcover, 192 Seiten, ISBN 978-3-86616-168-9

Die Welt von heute krankt daran, dass viele Menschen nur auf ihr eigenes Wohl bedacht sind und für ihre Mitmenschen kaum einen Blick übrig haben. Spezzano macht deutlich, dass wir die Welt verändern können, wenn wir alle Menschen als Freunde betrachten. Er zeigt Wege und Möglichkeiten auf, wie wir unseren Freunden helfen und damit nicht nur ihr Leben, sondern auch unser Leben positiv beeinflussen können. Im ersten Teil wird das Prinzip der „Freunde, die Freunden helfen" anhand zahlreicher Beispiele aus der persönlichen Erfahrung des Verfassers ausführlich erläutert. Der zweite Teil bietet eine ganze Reihe von heilenden Prinzipien und Übungen, die dem Leser zeigen, wie er sich mit anderen Menschen verbinden kann, um ihnen – und damit zugleich sich selbst und der Welt – zu helfen.

Im Einklang mit der universalen Ordnung
Geistige Gesetze und Lebensweisheiten für den Alltag
Dr. Diethard Stelzl

Hardcover, 332 Seiten, 90 Graphiken, ISBN 978-3-86616-021-7 *2. Auflage*

Der bekannte Bestseller-Autor Dr. Diethard Stelzl legt mit diesem Buch ein weiteres Resultat seiner tiefgründigen Überlegungen und Erkenntnisse vor. Dieses Buch gibt einen Überblick über Entstehung, Entwicklung und Aufbau der Schöpfung, die Entfaltung der menschlichen Kultur und des menschlichen Bewusstseins sowie die kosmischen Kommunikationssysteme und leitet daraus wichtige geistige Gesetze und kosmische Prinzipien ab, die nach einem „göttlichen Plan" das Sein bestimmen, dem Menschen aber auch die Freiheit geben, im Einklang mit dieser universalen Ordnung seine einzigartige, unverwechselbare Identität zu finden. Dem Leser werden sowohl Einsichten in dieses menschliche Urwissen, die „kosmischen Verkehrsregeln", vermittelt als auch Lebensweisheiten für den Alltag empfohlen, mit deren Hilfe er sein Leben jederzeit ändern, in innerem Gleichgewicht und Harmonie zu anhaltender Gesundheit, Erfolg, Glück und Zufriedenheit aufbauen und gestalten kann. Einleuchtend, in logisch-wissenschaftlicher und verständlicher Weise erklärt dieses Buch die großen kosmischen Zusammenhänge.

Das Neue Bewusstsein
Entwicklungsmöglichkeiten für alle Menschen
Klaus Engel

Paperback, 160 Seiten, ISBN 978-3-86616-058-3

Das Neue Bewusstsein wird zunächst in einleitenden kurzen Kapiteln in das Gesamtkontinuum der Evolution gestellt: von der kosmischen über die biologische bis zur geistig-seelischen Entwicklung. Für die wesentlichen Vertreter des Neuen Bewusstseins Jean Gebser, Teilhard de Chardin, Sri Aurobindo und Ken Wilber werden die Lebensläufe und zentralen Konzepte herausgearbeitet. Die praktische Realisierung veränderter und erweiterter Bewusstseinserfahrung wird für den indischen Kulturkreis anhand der tiefen Erfahrungen Yoganandas beschrieben, für die Begegnung christlicher Tradition mit dem Zen über das herausragende Leben und Erleben von Hugo Lassalle. Einzelne Kapitel beschreiben Gefahren, Verwechslungen (Außen-Innen; Weg-Ziel) und Forschungsergebnisse zu den meditativen Wegen. Die Stufenfolge des Yoga- und Zen-Weges wird präzisiert, immer mit dem zentralen Anliegen des Buches: gedachte und erlebte Erfahrungen nicht zu verwechseln.